ILS ÉTAIENT
SEPT HOMMES EN GUERRE

DU MÊME AUTEUR

en poche

L'histoire sous surveillance : science et conscience de l'Histoire, Paris, Gallimard, Folio histoire n° 19, 1987.

La Grande Guerre : 1914-1918, Paris, Gallimard, Folio histoire n° 29, 1990.

Pétain, Paris, Hachette Littératures, Pluriel n° 8541, 1990.

La Révolution russe de 1917, Paris, Flammarion, Champs n° 23, 1990.

1917, l'Occident devant la révolution soviétique : l'histoire et ses mythes, Bruxelles, Complexe, La mémoire du siècle n° 3, 1991.

Nicolas II, Paris, Payot, Petite bibliothèque n° 62, 1991.

Cinéma et histoire, Paris, Gallimard, Folio histoire n° 55, 1993.

Histoire des colonisations : des conquêtes aux indépendances, XIIIe-XXe siècle, Paris, Points histoire n° 229, 1996.

La révolution de 1917, Paris, Albin Michel, Bibliothèque de l'évolution de l'humanité n° 27, 1997.

Histoire de France, Paris, Odile Jacob, Poches n° 115, 2003.

Le choc de l'Islam : XVIIIe-XXIe siècle, Paris, Odile Jacob, Poches n° 119, 1990.

Le livre noir du colonialisme : XVIe-XXIe siècle, de l'extermination à la repentance, Paris, Hachette Littératures, Pluriel, 2004.

Comment on raconte l'histoire aux enfants à travers le monde, Paris, Payot, Petite bibliothèque n° 82, 2004.

Russie, peuples et civilisations, sous la direction de M. Ferro, Paris, La Découverte poche. Etat du monde n° 198, 2005.

Nazisme et communisme : deux régimes dans le siècle, présenté par M. Ferro, Paris, Hachette Littératures, Pluriel, 2005.

1956, Suez : naissance d'un tiers-monde, Bruxelles, Complexe, Historiques n° 152, 2006.

Frères de tranchées, sous la direction de M. Ferro, Paris, Perrin, tempus n° 150, 2006.

Questions sur la Seconde Guerre mondiale, Bruxelles, Complexe, Historiques n° 156, 2007.

collection tempus

Marc FERRO

ILS ÉTAIENT SEPT HOMMES EN GUERRE

1918-1945

Histoire parallèle

PERRIN
www.editions-perrin.fr

© Editions Robert Laffont, S.A., Paris, 2007
et Editions Perrin, 2008 pour la présente édition
ISBN : 978-2-262-02751-3

tempus est une collection des éditions Perrin.

À Vonnie, bien sûr, comme toujours,
et à ces amis, qui, comme nous, ont vécu ces événements :
Mireille, Gilbert, dit Gilles, ainsi que Nicol et Meryem,
Pierre et Fanny, Maurice et Maryse,
Claude, Jacques et mon regretté André, dit Doudou.

Ouverture

Dans *Rashomon*, le film de Kurosawa réalisé en 1950, plusieurs personnages témoignent sur un viol et un crime survenus dans le Japon ancien. Aucune de leurs versions ne coïncide. C'est dire qu'un seul point de vue ne saurait permettre de déchiffrer un simple fait divers. Qu'en est-il quand il s'agit d'une crise, d'une guerre mondiale... ? Un seul regard, une seule approche ne saurait non plus permettre de déceler le sens de l'événement.

Dans cet ouvrage, nous interrogerons les travaux et les jours de plusieurs des grands protagonistes de la Seconde Guerre mondiale pour suivre la manière dont ils l'ont conduite, analysée et vécue.

À comparer la façon dont ils s'y sont pris les uns et les autres, à confronter également leurs raisons, on comprend mieux les données et l'issue du conflit, et comment ces hommes ont pu fasciner ou révulser leurs contemporains.

Précédemment, dans un autre livre, *Les Individus face aux crises du XXᵉ siècle, l'Histoire anonyme*, j'avais convoqué le simple citoyen pour analyser son comportement lorsque l'Histoire ou l'actualité – crise économique, révolution, occupation étrangère, etc. – se croise avec sa propre vie. Dans ce livre-ci, j'inverse l'objectif et observe le comportement des dirigeants, cas extrême puisqu'ils ne cessent d'avoir à résoudre des dilemmes – les cerner aide à saisir la nature des solutions choisies, à comprendre comment ils ont réagi à l'Histoire, influé ou non sur la société et ses développements.

Or, leur vie personnelle, leur vie privée également, peut aussi bien être une énigme, avoir interféré avec leur action.

C'est cette question précisément qu'Orson Welles aborde dans son film *Citizen Kane* (1940). Quel a pu être le secret de la vie de cet homme de pouvoir, lui aussi, pour que son dernier mot ait été « *Rosebud* », le nom du petit traîneau de son enfance perdue...

Durant la Seconde Guerre mondiale, les dirigeants ont-ils été mus, l'un ou l'autre, quelque part, quelquefois, par une motivation, consciente ou non, qui était aussi forte que la logique de l'Histoire ?

En croisant les dispositifs de ces deux types d'enquête, un certain nombre de constatations sont ainsi mises au jour, ce que ne permettaient pas de déceler les approches traditionnelles d'une biographie isolée ou de l'histoire générale.

Le choix des protagonistes s'impose de lui-même : ils ont été tantôt sept, tantôt huit, ou six, tous n'ayant pas été présents du début à la fin de cet immense conflit. Faut-il rappeler qu'il s'agit de Hitler et de Mussolini, de Churchill, Roosevelt, Hiro-Hito, Staline, Chiang Kai-chek, de Gaulle... auxquels, à l'occasion, il s'en adjoindra d'autres.

Je sais bien qu'on a pu considérer qu'étudier la conduite des dirigeants était une démarche insuffisante, voire superficielle car elle revenait à omettre le fait que ces personnages étaient eux-mêmes des produits de l'Histoire. Ne disait-on pas, par exemple, qu'à défaut de Bonaparte, la Révolution française aurait aussi bien sécrété un autre héritier, et que la situation internationale aurait, de même manière, perpétué son conflit avec l'Europe monarchique ?

Certes. Mais cela ne signifie pas que l'analyse du rôle joué par les grands protagonistes, dans leur rapport avec les institutions et la société, n'aide pas à mieux saisir les enjeux des conflits, ainsi que les dilemmes qu'ils ont eu à résoudre.

Surtout, il apparaît nécessaire de recadrer la part de chacun de ces protagonistes de la Seconde Guerre mondiale, y compris dans leurs pratiques les plus inhumaines : déportations, judéocide, armes d'extermination... vu le sort que la postérité leur a réservé. Cette exigence apparaît d'emblée si l'on se saisit des cas de Staline ou de Hitler, mais elle touche aussi les autres, pour des actions différentes ou menées à des degrés différents, il va sans dire.

En ce qui concerne Staline, par exemple, indépendamment des procès que lui firent trotskistes et démocrates, un certain nombre de ses actions criminelles ont été dénoncées, de l'intérieur du régime, par le rapport Khrouchtchev en 1956. L'objectif était d'innocenter le parti communiste de ces crimes-là. Puis, à l'heure de la perestroïka, après qu'on l'eut rendu à son tour coresponsable, ainsi que ses « organes », ce furent les erreurs de Lénine qui furent stigmatisées : n'était-il pas à la source du système ? De sorte que les contemporains de Staline se sentirent à leur tour soulagés. La société respira : elle était une victime innocente de tout ce passé. Il a suffi qu'un cinéaste, Mikhalkov, montre dans *Soleil trompeur* qu'il n'en était rien, que cette société avait participé à ces horreurs, pour qu'on le honnisse : de quel droit parlait-il ainsi, lui qui avait été un enfant béni du régime ?

À la stalinisation de l'Histoire s'est ainsi surajoutée ou substituée une mise en cause du totalitarisme comme système, ce qui a quelque peu dénaturé le rôle propre de Staline, que l'ouverture des archives permet désormais de réévaluer.

Il n'en a pas été exactement ainsi pour Hitler, mais la mise en parallèle est opératoire.

À la démonisation de Hitler a fait écho, au procès de Nuremberg, celle des accusés (vingt-deux). Elle a eu pour effet de dédouaner la société allemande des crimes que celle-ci avait commis pendant la guerre. Surtout, en ne désignant comme accusés que des responsables de très haut rang, civils ou militaires, le tribunal enfermait cette histoire entre 1933 et 1945, comme si elle n'héritait pas du ressentiment et des ambitions des époques précédentes, ce qui innocentait d'une autre façon ceux qui avaient participé aux actions de l'époque hitlérienne. Or il était de tradition en Allemagne, et cela bien avant le nazisme, de rejeter les malheurs du pays sur des phénomènes venus d'ailleurs : omniprésence anglaise, danger de submersion par les Slaves, le péril bolchevik prenant la relève, etc. Ainsi le régime nazi pouvait-il apparaître comme extérieur au cours *normal* de l'histoire allemande (ce qu'on dit aujourd'hui en Russie du régime communiste). Cependant, à force de surestimer les continuités, de Bismarck au nazisme, de s'interroger sur la nature du totalitarisme, d'insérer l'histoire du pays dans celle de l'Europe, voire de réfléchir sur la culpabilité allemande dans le judéocide, sa singularité, on finit par se poser aussi, et à juste titre, des questions sur le fonctionnement de la société, les intentions du régime... Mais peu à peu s'estompent les analyses sur le rôle propre du Führer.

Au point que certains, tel le cinéaste Hans Jürgen Syberberg, vont jusqu'à affirmer qu'aux Amériques, d'autres ont commis autant de crimes que lui. Syberberg se demande même si un Führer n'est pas tapi en chacun de nous.

C'est bien sûr du rôle propre de Hitler dont il est question dans cet ouvrage, comme du rôle propre des autres protagonistes.

Il existe déjà près de mille livres et articles seulement sur Pearl Harbor. Aussi ai-je hésité à écrire un ouvrage de plus sur la Seconde Guerre mondiale. Je ne m'y suis résolu que parce que j'ai eu le sentiment que, pour analyser les données de ce conflit, j'ai pu bénéficier d'une expérience nouvelle.

Il se trouve, en effet, que pour la préparation d'*Histoire parallèle*, émission diffusée sur Arte, j'ai visionné, pendant douze ans, de 1989 à 2001, la quasi-totalité des archives cinématographiques d'une bonne demi-douzaine de pays-images portant sur la période de la guerre, ses origines, ses suites. Cette information incomparable enrichit considérablement l'intelligibilité des problèmes qui se sont posés aux dirigeants et aux sociétés de ce temps-là.

Ajoutons que, pour analyser ces documents, un très grand nombre de témoins, d'historiens, d'artistes, de philosophes ont accepté de participer à cette émission. Leurs commentaires n'ont pas manqué d'ajouter un supplément d'âme à la connaissance que procurent les documents, en bonne part inédits.

Enfin, l'approche retenue ici constitue, j'espère, un pas de plus dans notre effort, issu de l'expérience des *Annales*, de renouveler l'analyse du passé pour mieux maîtriser les problèmes de notre temps.

1
Prélude à la guerre (1918-1939)

L'HÉRITAGE

Comparant les effets du traité de Versailles (1919) à ceux du congrès de Vienne (1815), Henry Kissinger, dans *The World Restored*[1]*, observe que celui-ci a assuré plusieurs décennies de paix à l'Europe, alors que dès le lendemain des traités de Versailles, Saint-Germain, Trianon, des relents de guerre se sont fait sentir, et que celle-ci a éclaté moins de vingt ans après leur signature.

Pourquoi ?

Parce qu'en 1815, estime Kissinger, les puissances victorieuses de Napoléon ont su épargner la France, pays vaincu, et lui restituer quasiment ses frontières de 1792, celles qu'elle avait lorsque a commencé la guerre entre la Révolution et l'Europe. Ces puissances avaient combattu et agi au nom du principe de légitimité et en son nom elles ont rétabli non seulement les frontières de la France mais également rendu son trône à l'héritier légitime de la monarchie, Louis XVIII.

En 1919, les puissances victorieuses prétendaient s'être battues, entre autres raisons, au nom du droit des peuples

* Les notes sont regroupées par chapitre en fin d'ouvrage.

à disposer d'eux-mêmes, dont le président Wilson avait défini les attendus et auxquels, à la veille de sa défaite, l'Allemagne s'était ralliée, tout comme la république des Soviets du reste, par la voix de Lénine.

Or, aux traités de 1919, les vainqueurs, loin d'épargner les vaincus, les accablent. Certes, ils appliquent les principes du droit des peuples, mais seulement au détriment des vaincus. Ainsi, à partir de l'empire Habsbourg, naissent ou renaissent la Tchécoslovaquie, la Yougoslavie, la Pologne, mais lorsque l'Autriche, elle-même dépouillée de ses anciennes dépendances et devenue un État croupion, revendique le droit d'être rattachée à l'Allemagne, il lui est refusé – car l'Allemagne vaincue serait alors plus puissante en 1919 qu'en 1914. En outre, sans être consultés, les Allemands des Sudètes sont rattachés à la Tchécoslovaquie, Dantzig, ville aux trois quarts allemande, est détachée du Reich pour devenir une ville « libre » afin que la Pologne puisse atteindre la mer, une partie de la Transylvanie hongroise est dévolue à la Roumanie, etc.

À ces constatations, on peut ajouter une observation.

Il existe une deuxième différence entre les suites du congrès de Vienne et celles du traité de Versailles.

Si, en 1815, face à la victoire des tenants de la légitimité, des noyaux révolutionnaires avaient survécu, de Buonarroti à Blanqui et autres membres de la Charbonnerie, pour prendre la relève de Babeuf et des Jacobins, il n'y eut de grand élan révolutionnaire qu'en 1848, lorsque la classe ouvrière naissante et les idées socialistes joignirent leurs forces à l'idéal républicain.

Alors qu'à l'heure de Versailles, après qu'une révolution eut abattu l'ancien régime en Russie, et que le mouvement eut gagné l'Allemagne puis la Hongrie, la contagion irait-elle plus loin ?

Ayant à faire face, d'une part à l'expansion révolutionnaire, d'autre part aux revendications nationalistes, les dirigeants « bourgeois » des États vainqueurs répondirent d'abord à la première menace. Ils intervinrent militairement contre les Soviets et établirent une sorte de « cordon sanitaire » aux frontières de cette nouvelle république en créant une série d'États tampons, les États baltes, qui d'ailleurs revendiquaient leur indépendance. C'était oublier que le mouvement révolutionnaire n'avait pas de frontières, qu'il disposait d'une forteresse, la Russie, des partis communistes et d'un état-major, la IIIe Internationale, dirigé par Moscou.

Cette situation suscita la grande peur des possédants, des bien-pensants, et bientôt la méfiance des démocrates.

Quant à la seconde menace, les dirigeants des pays vainqueurs crurent qu'ils l'écarteraient par l'arbitrage et la création d'une Société des nations, installée à Genève, qui assurerait la sécurité collective et un désarmement général programmé. Mais ils ne s'aperçurent pas que, faute d'une force coercitive, la SDN ne pourrait défendre la paix qu'avec des fleurs de rhétorique.

Que pouvaient ces frêles barrages si explosait l'Allemagne, cette poudrière placée au centre de l'Europe qui, précisément, avait été à la fois humiliée par les traités et déchirée par un début de révolution ?

HITLER ET L'ALLEMAGNE :
RESSENTIMENTS EN RÉSONANCE

Lorsqu'on compare les images de l'armistice de 1918 à Paris, Londres et Berlin, on est frappé par leur similitude : c'est la joie, les bannières sont au vent, les jeunes filles lancent des fleurs aux bras des soldats de retour : quelle exubérante allégresse[2] !

Or il y a pourtant une différence.

Les Français et les Anglais savent que pour eux la guerre est gagnée, c'est la victoire. Les Allemands ignorent que pour eux la guerre est perdue : on leur a dit « qu'ils revenaient invaincus des champs de bataille ». Ces cérémonies du retour cristallisent, en quelque sorte, leurs illusions.

Comment eussent-ils pu imaginer les clauses, sévères, de l'armistice ? Pendant quatre ans le sol de la patrie était demeuré inviolé.

On imagine leur colère, leur douleur, leur fureur. « Brusquement la nuit a envahi mes yeux, et, pour la première fois depuis que je m'étais trouvé devant la tombe de ma mère, j'ai éclaté en sanglots[3]. »

Ce désespoir d'Adolf Hitler et cette colère éclatent quand sont connues les clauses du traité de Versailles. Par l'article 231, l'Allemagne est jugée responsable des dommages d'une guerre dont elle est désignée comme l'agresseur. Non seulement elle doit payer des réparations, connaître l'humiliation de ne pas être admise à la Société des nations, mais elle perd aussi des territoires allemands, au déni du droit des peuples à disposer d'eux-mêmes, tandis que ce même droit est refusé aux Autrichiens qui, après l'éclatement de l'empire Habsbourg, demandent à être rattachés au Reich.

Dans une grande partie de l'opinion, l'indignation explose contre « les criminels de novembre », ces signataires de Versailles – social- et chrétiens-démocrates – déjà soupçonnés d'avoir poignardé l'armée dans le dos par leur agitation révolutionnaire. Ce mythe, sans doute, les signataires l'avaient en partie construit eux-mêmes en revendiquant leurs critiques envers les dirigeants politiques et militaires. Mais il émanait avant tout du haut commandement qui, dès l'échec de l'offensive de juillet 1918, avait sommé le chancelier Max de Bade de signer l'armistice avant que le pays ne fût envahi[4]. De fait, cette croyance en un ennemi intérieur s'était forgée pendant la guerre dont peu à peu, pour beaucoup, le sens se perdait, tant devenait virulente l'opposition entre pacifistes et nationalistes. Pour ceux-ci et plus encore pour les soldats des corps francs qui, dans les pays baltes, étaient frustrés de leurs succès face aux bolcheviks, le choc était terrible. Mais il l'était également pour tous ceux qui ne comprenaient pas pourquoi leur pays acceptait de se déclarer vaincu.

Pour beaucoup la guerre était terminée, certes, mais dans les têtes elle continuait[5].

Le déni de ce traité, *diktat* de l'étranger, cette mise en cause des traîtres de novembre s'accompagnent du rejet d'un régime démocratique installé à Weimar dans les fourgons des vainqueurs. La démocratie était ainsi perçue « comme l'agent d'exécution des puissances victorieuses ». Rien qu'à Munich où, démobilisé, le caporal Adolf Hitler avait retrouvé ses anciens camarades de tranchée, on comptait près d'une cinquantaine d'associations où, dans les tavernes, on discutait de la situation pour y stigmatiser les responsables de la défaite et de leurs trahisons.

Mais il y avait plus.

Durant la guerre, la vie en Allemagne avait continué comme avant. Les opérations militaires s'étaient déroulées hors du territoire national, et c'est avec la révolution de novembre 1918 que brusquement grèves et violences avaient mis fin au rythme normal de la vie quotidienne : le désordre était partout[6]. Avec la révolution spartakiste, inspirée de l'Octobre russe et combattue par les sociaux-démocrates et l'armée associés, corps francs et milices politiques se disputent la rue, ce nouveau champ de bataille ; l'Allemagne devient comme une « maison de fous ». « L'État est bouleversé, témoigne Adolf Hitler. Si un habitant de la Lune descendait sur la Terre, il ne reconnaîtrait plus l'Allemagne, il dirait : est-ce donc l'Allemagne de jadis ? »

Pour lui, comme pour d'autres appartenant aux innombrables organisations d'extrême droite qui se constituent alors avec des démobilisés et membres de débris d'anciens partis politiques, la faute revient à ces forces dissolvantes qu'étaient les partis marxistes dont les discours l'exaspéraient déjà avant guerre : « Ils rejetaient tout, la nation, invention des classes capitalistes ; la patrie, instrument de la bourgeoisie pour l'exploitation de la classe ouvrière ; l'autorité des lois, moyens d'opprimer le prolétariat ; l'école, destinée à produire des esclaves ; la religion, moyen d'affaiblir le peuple ; la morale, principe de sotte patience à l'usage des moutons, etc. Il n'y avait rien de pur qui ne fût traîné dans la boue » (*Mein Kampf*[7]).

Et, comme éléments dissolvants, systématiquement critiques, il stigmatisait ces étrangers qui, déjà à Vienne, « souillaient la pureté de la race allemande » : « Le conglomérat de races qu'on y trouvait, ce mélange ethnique de Tchèques, de Polonais, de Hongrois, de Ruthènes, de Serbes, de Croates, etc., me paraissait répugnant, sans oublier le bacille dissolvant de l'humanité, des Juifs et encore des Juifs[8]. »

C'est pour cela qu'il avait quitté Vienne, disait-il, une ville qui au vrai s'identifiait à ses échecs, où par deux fois il s'était fait coller à l'École des beaux-arts : il y avait connu la déchéance d'un artiste raté, contraint à vendre ses petites aquarelles sous forme de cartes postales. À Munich, où il avait continué à végéter, au moins respirait-il « un air purement allemand ». C'est là qu'en 1914 il s'était engagé dans l'armée bavaroise[9].

Or, voilà que Munich, sa chère Munich, connaissait, comme Berlin, les affres d'une révolution dont le chantre est « un vagabond étranger au pays et à la race », le bolcheviste Kurt Eisner, qui espérait obtenir l'adhésion de tous « grâce à un gouvernement par la bonté mais qui, pour avoir jugé que l'Allemagne avait sa part de responsabilité dans le déclenchement de la guerre », avait été assassiné, comme à Berlin avaient été exécutés les spartakistes, Karl Liebknecht et Rosa Luxemburg.

Tous juifs.

Comme étaient juifs, selon lui, « Isaac Zederblum, alias Lénine, son disciple Kohn, en Hongrie, alias Bela Kun, qui disposait d'un luxueux harem, souillait et violait d'honorables vierges[10] »). Bela Kun était juif mais n'avait pas de harem. Lénine ne l'était pas. Pourtant, on susurrait dans les milieux antibolcheviks que trois de ses grands-parents étaient « tatar, allemand, juif ; les trois ennemis de la Russie ». Mais, cela, Hitler l'ignorait. Quant à Liebknecht et Rosa Luxemburg, ils ne se voulaient ni ne se définissaient comme juifs mais comme socialistes.

Le vrai, le faux s'entremêlent dans l'image qu'on se représente de la révolution russe, qu'alimentent à la fois les témoignages de réfugiés, de Blancs, et des textes émanant de la Russie rouge, tels les écrits du Letton Latsis, un des fondateurs de la Tcheka, qui explique que « nous, bolcheviks, sommes en train d'éliminer la bourgeoisie "en tant que classe" », et qui reprend les accents de Saint-Just (selon lequel, on n'avait pas à « juger le roi mais à le combattre »), pour affirmer qu'on est « coupable d'être l'ennemi de la révolution » du seul fait qu'on est bourgeois.

On imagine la peur que ces témoignages et ces théories exercent au lendemain de la révolution spartakiste, quand se constitue un puissant parti communiste (le KPD). « Il faut une force qui exercerait une violence égale à la sienne », explique Hitler dans les réunions de ces petites organisations d'extrême droite qui sont en train de naître dans diverses brasseries. Il combat le bolchevisme, il combat les Juifs, ce qu'il appelle bientôt, comme un de ses maîtres à penser, Dietrich Eckart, le judéo-bolchevisme.

Origines de l'antisémitisme de Hitler

Antisémite, Hitler ne l'a pas toujours été. Si ce trait explose en 1919, il ne s'est pas vraiment manifesté auparavant et, en l'affirmant dans *Mein Kampf*, il reconstruit quelque peu le passé. À Vienne par exemple, il ne l'était pas, même s'il a pu fréquenter, parmi d'autres, des milieux antisémites. Cela, Brigitte Hamann l'a bien montré, qui a rappelé quelle affection il a pu avoir pour le médecin juif de sa mère. Elle montre également que, contrairement à une légende, il n'y avait aucun Juif parmi les membres du jury qui l'avait éliminé à l'examen d'entrée à l'École des beaux-arts. Auparavant, à Linz, sa ville natale, s'il avait été quelque peu xénophobe, cette attitude visait les Tchèques, de plus en plus nombreux dans la cité. Et, pour ce qu'on sait de sa correspondance pendant la guerre, il apparaît que l'antisémitisme y est absent[11].

C'est donc bien à Munich, et plus tard, que se cristallise son hostilité envers les Juifs. L'intérêt du livre de Michael Kellog[12] est d'avoir montré qu'en 1919 ses idées sur les Juifs ont pris forme au contact des émigrés russes blancs qui, associés à des Allemands originaires des pays baltes, combattaient à la fois le « judéo-bolchevisme » et la République de Weimar, notamment autour de l'Association Aufgau : Wirtschaft-politische Vereinigung für den Osten (Organisation pour la reconstruction politique et économique à l'est). Parmi ses animateurs se trouvaient, entre autres, Max Scheibner-Richter, qui mourut aux côtés de Hitler lors du putsch de 1923, ainsi qu'Alfred Rosenberg, un des théoriciens du national-socialisme, le colonel Finberg, etc.

Ceux-ci étaient en relation avec le lieutenant Chabelski-Bork qui, d'Ukraine occupée par les Allemands en 1918, apporta en Allemagne un exemplaire des *Protocoles des Sages de Sion* qui fut alors traduit en allemand et largement diffusé en 1919, à Munich notamment, dans les milieux que fréquentait Hitler. Comme d'autres, il crut à l'authenticité des informations contenues dans ce texte qui évoquait le projet des Juifs de dominer le monde. L'entente des milieux national-socialistes avec les Russes blancs alla très loin puisqu'un des prétendants au trône de Russie, Cyrille Romanov, subventionna les groupes auxquels Hitler était lié. Celui-ci, soutenant la candidature de

Cyrille face à son concurrent, le grand-duc Nicolas, également hostile aux bolcheviks, et qui avait l'appui des Français.

Pendant ces années-là, 1919-1923, Hitler n'est pas du tout hostile aux Russes. Les milieux *völkisch** sont proches de ces Russes qui se jugent, comme ils le sont eux-mêmes, défenseurs de la civilisation et de la haute culture « face aux marxistes et aux Juifs », mais face aussi aux matérialistes français, anglais ou allemands de Weimar[13].

Selon eux, les Juifs ont poignardé dans le dos successivement le tsar quand il s'apprêtait à signer la paix avec Guillaume II, grâce à l'intercession de sa femme Alexandra, puis en accomplissant avec Kerenski et les francs-maçons la révolution de Février. À cette double légende s'ajoutait celle qui rendait les Juifs responsables du coup de poignard qui avait frappé dans le dos l'armée allemande en novembre 1918[14].

Ainsi, les émigrés russes blancs, d'origine germano-balte ou ukrainienne, et les chantres du national-socialisme naissant se soutenaient les uns les autres, les premiers insufflant aux seconds un virulent antisémitisme – par ailleurs déjà présent dans le racisme populaire allemand. « Le bolchevisme juif menaçait à son tour la culture et le peuple allemands comme il le faisait en Russie. »

Tout comme avait existé en Russie, à l'époque du général Kornilov et après, un embryon de régime militaro-fasciste, par le chenal des émigrés antibolcheviks un croisement s'opéra entre cette droite-là et celles qui existaient déjà en Allemagne : ce furent les mêmes hommes appartenant aux mêmes groupes, tel Aufgau, qui assassinèrent, ou tentèrent de le faire, Kerenski et Rathenau, Miliukov et Erzberger. Hitler appartenait à leur mouvance[15].

Après le double échec en Allemagne du putsch Ludendorff-Hitler, en 1923, et en Russie de la restauration des Roma-

---

* Völkisch : populistes, près du peuple.

nov, Hitler abandonna l'idée de cette alliance sacrée des peuples russe et allemand. Désormais il développa son projet d'espace vital – tourné à l'est vers l'Ukraine. Le judéo-bolchevisme n'en demeura pas moins, plus que jamais, l'ennemi à exterminer dans un combat apocalyptique.

Ainsi, pour lui, à cette date, le « Juif capitaliste » est secondaire par rapport au « Juif révolutionnaire ». C'est bien ce qui ressort de cet opuscule paru sous la signature de Dietrich Eckart, *Le Bolchevisme, de Moïse à Lénine. Conversations entre Hitler et moi*, publié en 1924. Tout autant, il condamne les Juifs qui constituent une race « par suite de leurs unions consanguines » (jugement que contredit le problème des couples mixtes qu'aura à résoudre plus tard le régime nazi). Le rejet instinctif que suscitent les Juifs, ajoute Hitler, s'exprime par des pogroms mais l'antisémitisme raisonné doit conduire à l'élimination des privilèges dont ils jouissent puis à leur bannissement[16].

Cette hostilité envers les Juifs, l'enseignement du catéchisme l'avait enracinée et de « bons auteurs » l'avaient légitimée. Dès avant la guerre les idées de Gobineau sur l'inégalité des races étaient connues dans le monde germanique et Hitler en avait connaissance. Mais c'est surtout l'admiration qu'il a pour Wagner qui a marqué son esprit, et notamment l'idée de la corruption du sang et ce qu'elle détermine, « la chute des races » par leur mélange. En Allemagne, il faut rendre au sang noble la place qui lui revient, et c'est le sang juif qui en premier doit disparaître.

Mais aussi bien, sus à l'idée d'égalité, sus à tout ce qui émane de la Révolution française : « Il faut aussi soulager les masses du fardeau de la liberté. »

Pour mettre fin au déclin de l'Europe, explique Hitler à Rauschnig en 1939, « il importe de s'opposer à la marche démocratique de l'Histoire ».

Déjà, à ses débuts, Mussolini avait déclaré que le fascisme s'inspirait de Friedrich Nietzsche. Hitler fit croire qu'il en était de même pour lui : à sa première rencontre, il offrit au Duce une édition des œuvres du philosophe. De fait Mussolini n'était pas antisémite et Nietzsche stigmatisa les antisémites. Pour le Führer la référence à Nietzsche ne fut qu'un ornement, mais celles qui renvoyaient à Wagner étaient bien réelles.

Dès 1919, des militants, tel Anton Drexler, qui veut réconcilier le socialisme et la nation, sont frappés par les extraordinaires dons oratoires d'Adolf Hitler. « Quand il parlait, a noté K.A. Müller, il était à l'origine de la nervosité des auditeurs et en même temps celle-ci se répercutait sur ses accents. » Par contre, il se montre incapable d'ouvrir le moindre dialogue contradictoire. Bientôt il prend conscience de ce don, le cultive, répète devant un miroir ses effets et ses formules : c'est la leçon qu'il a su retenir du spectacle de ces opéras, de Wagner surtout, dont il a vu certains, notamment, dit-on, *Tristan et Yseult*, plus de trente fois. Le mythe qui se construit bientôt autour de sa personne et avec sa collaboration s'inspirera de ces spectacles qui portent l'émotion à son paroxysme.

Sa violence verbale, si communicative, se transforme très vite en un désir de violence physique. À la bataille de Hofbrau, en 1921, lorsque de forts contingents social-démocrates assaillent les membres d'une réunion de son parti, le NSDAP, il lance à ses hommes, les futurs SA, ou Chemises brunes : « Vous ne devez pas quitter cette salle à moins que ce ne soit à l'état de cadavres. Si j'en vois un seul se conduire en lâche, je lui arracherai son brassard... » Et comme des loups, ces hommes se ruent à l'assaut de leurs adversaires... « La cruauté s'impose, répète Hitler, les gens ont besoin d'un effroi salutaire. La masse a besoin d'être horrifiée. » Et c'est à la masse qu'il s'adresse, à elle seule.

Émanant de son parti, le NSDAP ou parti nazi, mais aussi d'autres organisations d'extrême droite, cette violence s'accompagne d'une véritable terreur blanche. Pendant ces années-là, 376 assassinats politiques furent perpétrés, dont 354 frappèrent des hommes de gauche et des modérés, tels Erzberger, du Zentrum chrétien, cosignataire de Versailles, Walter Rathenau, industriel juif et ministre des Affaires étrangères, qui préconisait la bonne volonté dans le règlement des Réparations.

Cette détermination et cette violence contre les dirigeants de 1918 – les marxistes – voilà qui fascine ceux qu'avait terrorisés la crainte d'une contagion révolutionnaire : les militaires, d'une part, les industriels et les financiers, d'autre part[17].

Chronologie : Allemagne 1918-1933

1918 : révolution en Allemagne (novembre) – révolution en Autriche – armistices avec l'Allemagne
1919 : vote de la constitution de Weimar – traités de Versailles et de Saint-Germain
1920 : putsch de Kapp
1921 : assassinat d'Erzberger
1922 : traité de Rapallo – assassinat de Rathenau – inflation
1923 : occupation de la Ruhr
1923 : putsch de Hitler et Ludendorff à Munich (novembre)
1925 : Stresemann aux Affaires étrangères – traité de Locarno
1925-1932 : Hindenburg succède à Ebert comme président du Reich – chômage
1929 : crises politiques, montée du nazisme
1933 : Hitler, chancelier du Reich (31 janvier) – incendie du Reichstag

La semence du nazisme se répand

L'armée demeure le ciment de la nation, ce sont les militaires qui, avec les partis nationalistes, inaugurent une ère de coups d'État que zèbrent les opérations commandos au secours des minorités allemandes des pays baltes ou de Silésie. Le putsch des généraux Kapp et von Lüttwitz est brisé par une grève des syndicats ; celui du héros de la nation, le général Ludendorff, et de Hitler à Munich – à défaut d'une « marche » sur la capitale, à l'imitation de Mussolini – se dissout dans le sang, mais le gouvernement social-démocrate en est déconsidéré et la fusillade de la Feldernhalle « a agi comme une bombe qui en éclatant a répandu la semence du Parti à travers le Reich[18] ». Certes, le Führer est en prison, où il rédige *Mein Kampf*, mais alors que, faute de « réparations », les Français occupent la Ruhr, « pour se faire payer en charbon », et que se développe l'inflation, l'agitateur anonyme, qui souffrait de manque de considération, est devenu un personnage central de la vie allemande.

À nouveau, avec la crise de 1929, et la montée vertigineuse du chômage, la société allemande est en plein désarroi. Après les ouvriers, les classes moyennes menacées craignent la prolétarisation. Or, cet effroi, Hitler l'a connu autrefois à Vienne où, contraint à travailler dans les chantiers, il mangeait à l'écart des autres, hanté par le désir de ne pas être confondu avec eux. Sa petite pension d'orphelin, fils d'un douanier – pas d'un haut fonctionnaire, comme il le dit –, le conduit à cette « déchéance », lui qui se veut artiste. Un de ses camarades témoigne qu'il visait moins un but qu'il n'était soucieux de ne pas descendre dans l'échelle sociale. En témoigne sa réflexion lorsque, à sa joie, la guerre avait éclaté et qu'il s'engagea : « Dans l'armée, un directeur général ne vaut pas plus qu'un tondeur de chiens[19]. »

Ce que ressentent les Allemands menacés par la crise, Hitler le sait par expérience. Bien subventionné, son parti accueille les chômeurs, qui peuvent entrer dans les SA, et qui sont nourris, habillés, enrégimentés. Les jeunes affluent, défilent, chantent, cassent la gueule aux marxistes et font la fête. Il inaugure ces groupes populaires où « riches et pauvres mangent tous à la même table ». À ceux qui s'offusquent, aux dirigeants de grands partis en faux col et cravate, qui parlent de démagogie, il rétorque : « Vous ne savez pas ce que c'est qu'avoir eu faim[20]. »

Ainsi, en résonance avec les vœux les plus secrets de la nation, il promet le travail aux chômeurs, garantit la propriété des paysans, défend les commerçants contre les magasins à prix unique... épousant des sentiments qui sont les siens.

Hitler se dédouble. D'un côté, il est un individu ordinaire, « un homme sans qualité », aurait dit Musil, artiste raté, caporal bagarreur, autodidacte qui a lu Marx et Gobineau, conférencier sur la technique des différentes sortes de moteurs, prenant pelle et pioche, etc. De l'autre, lorsqu'il se saisit de la parole, il se métamorphose en visionnaire, et, tel le docteur Mabuse, met son public en état d'hypnose, utilisant tous les moyens sonores et lumineux de la mise en scène, en élève de Wagner ou encore de Fritz Lang. Épaulé par Goebbels, technicien de la propagande politique, puis par Leni Riefenstahl, génie de la mise en scène, se construit ainsi son mythe, ce à quoi il collabore activement[21].

À peine le jeu politique lui confie-t-il la chancellerie, en 1933, que ses décisions surprennent comme la foudre, bien qu'annoncées dans *Mein Kampf* ou ailleurs mais peu écoutées. Jamais ni nulle part autant de mesures de terreur n'ont été prises en si peu de temps : en trois mois, près de cinq cent mille personnes – communistes, sociaux-démocrates, libéraux et chrétiens – ont été envoyées dans des camps de travail forcé, imaginés par Hermann Göring et bientôt pris en main par Himmler. Les partis politiques sont interdits, sauf celui du Führer, les syndicats dissous, c'est un « Versailles intérieur » (Thomas Mann[22]).

La simultanéité et la violence de ces mesures et autres arrestations par les SA et bientôt la Gestapo n'ont pas d'équivalent dans l'Histoire car, en URSS, une terreur spontanée venue d'en bas, tant dans les campagnes que dans l'armée, avait précédé, avant Octobre, la terreur venue d'en haut et émanant du parti de Lénine. Puis la terreur rouge et la terreur blanche avaient additionné leurs effets, et il avait fallu un an ou deux pour que la terreur d'État dispose du quasi-monopole de la violence.

En Allemagne nazie, Hitler l'a instituée, cette terreur, en quelques semaines. Elle touche les rivaux intérieurs avec l'assassinat de Röhm et des SA (perpétré pour complaire à l'armée) en 1934, puis les Juifs, d'abord exclus de l'administration, des activités littéraires, privés de leurs droits civiques avant d'être soumis aux violences systématiques, à partir de la nuit de Cristal, en 1938.

Mais, simultanément, grâce à l'appui financier des industriels, Hitler stimule les grands travaux, relance l'aide aux entreprises agricoles ou autres en difficulté, remet la société à l'œuvre. Il fixe la durée du travail, le taux des salaires, la marge bénéficiaire dans les entreprises, surveille le logement des travailleurs, leur assure des loisirs. Au bout de quelques mois le chômage diminue, en quelques années il disparaît, ou quasiment.

Ce miracle rend compte de l'extrême popularité du Führer. Les populations exultaient, n'accordant désormais plus qu'une attention distraite aux victimes innocentes du régime. À l'extérieur, on est à la fois horrifié et fasciné, l'ordre règne du Rhin à la Baltique. Mais règne aussi le slogan *Kraft durch Freude*, la Force par la joie – une force qui inquiète car, on l'avait oublié, l'Allemagne est sortie intacte de la Grande Guerre, et, sous ce régime autarcique et autoritaire, elle tourne à la toute-puissance.

Le caractère mystérieux de mécanismes économiques semblait dépassé, la peur du déclassement, surmontée ; tout se passait comme si se réalisait le mythe d'un nouvel ordre, par la grâce d'une population allemande sublimée, cette « race supérieure » que Hitler menait de victoire en victoire.

Que pèse désormais, à côté, la France, au quart détruite et vieillie, alors qu'à nouveau, dès le 6 février 1934, menace la guerre civile ?

Et le Führer vola de victoire en victoire

Comme l'a bien montré Alan Bullock[23], les orientations des politiques de Hitler et de Staline sont inverses. L'énergie totalitaire, en URSS, est dirigée contre l'intérieur : purges dans le parti, persécutions des « bourgeois », déportation au Goulag de couches entières définies comme trotskistes, comme koulaks, la population ignorant souvent ce dont elle est accusée. Alors qu'au contraire les ennemis désignés par la terreur hitlérienne, sauf les Juifs, ont la possibilité de se rallier au régime. Pas question de détruire les structures de la société : le mot d'ordre est l'union, la fusion. « L'Internationale juive, chef d'orchestre clandestin des Anglais, des Américains et des Soviétiques » joue les boucs émissaires. Cette stratégie rend compte de l'attachement des Allemands à leur Führer bien-aimé.

Ses ennemis hors de combat – le « Versailles intérieur » –, une fois le peuple uni, l'économie renforcée, la puissance allemande régénérée, Hitler juge qu'il peut passer à l'offensive à l'extérieur, et d'abord contre les clauses du traité de Versailles. Il a de bons arguments pour légitimer ses revendications qui, à l'occasion, peuvent lui servir de prétextes, ou qu'il n'utilise pas si nécessaire – par exemple, le sort du Tyrol du Sud, italien par les traités, allemand de culture et de langue, qu'il sacrifie à son alliance avec Mussolini.

Les vainqueurs avaient le droit des traités pour eux, contresignés par les Allemands à Versailles. Mais pour eux le vrai droit était de résister à la volonté hégémonique de l'Allemagne, qui paraît irrépressible[24].

En France, Louis Barthou avait voulu, malgré l'opposition de sa clientèle de droite, un rapprochement avec l'Union soviétique, et malgré l'opposition de gauche, se rapprocher de Mussolini, mais il fut tué lors de l'attentat contre Alexandre de Yougoslavie, en octobre 1934, et son successeur, Pierre Laval, pacifiste convaincu de la nécessité d'un rapprochement avec l'Allemagne et héritier de Briand, mort en 1932, réduisit à rien cette tentative pour essayer d'opérer un rapprochement avec l'Allemagne par l'intercession de l'Italie : ce sera la conférence de Stresa. « Les Français ont définitivement laissé passer l'heure d'une guerre préventive », commenta Hitler.

Dès lors la politique extérieure du Führer vola de victoire en victoire...

Il gagna d'abord, haut la main, le plébiscite prévu en Sarre, les habitants ayant à choisir entre l'unification avec l'Allemagne, le maintien du pays sous l'égide de la SDN, ou le rattachement à la France. Afin de ne pas handicaper son plan de rapprochement, Laval ne fit rien pour contrecarrer la propagande nazie qui, sous l'égide de Rudolf Hess, soumit les Sarrois à un matraquage sans précédent. Ce fut pour les nazis une victoire sans combat. Mais, tel le présage d'une défaite à venir, cet échec fit peur aux Français qui, pour la première fois, découvrirent aux Actualités Pathé ce qu'étaient l'activisme des bataillons SA et la puissance volontariste de l'ancien ennemi. Ils découvrirent aussi l'arrivée de réfugiés antinazis qui voulaient échapper au régime hitlérien : les dirigeants français les reçurent avec des paroles convenues, dites sans vouloir contrarier le vainqueur : diplomatie oblige[25].

> **Politique extérieure de l'Allemagne : 1933-1939**
>
> **1934** : Pacte de non-agression Allemagne-Pologne
> **1935** : plébiscite proallemand, en Sarre (janvier) – dénonciation de Versailles, rétablissement du service militaire obligatoire (mars) – accord naval anglo-allemand (juin)
> **1936** : Hitler remilitarise la rive gauche du Rhin et dénonce Locarno – Pacte anti-Komintern, Allemagne-Japon, pour cinq ans
> **1937** : union Hitler-Mussolini – Espagne : bombardement de Guernica – (septembre)
> **1939** : entrée des Allemands à Prague (mars) – Pacte d'acier Hitler-Mussolini (mai) – Pacte germano-soviétique (août) – les Allemands envahissent la Pologne, la Grande-Bretagne et la France déclarent la guerre à l'Allemagne (septembre)

La deuxième victoire suivit de près la première. « Une des chaînes de Versailles a été brisée », commenta le Führer qui en Sarre avait obtenu 90 % des suffrages pour l'unification avec l'Allemagne. Aussitôt après, ce fut l'annonce de la renaissance d'une armée, saluée par une explosion d'enthousiasme. Devant la réaction des Puissances, qui en appelèrent à la SDN, Hitler répliqua que ce réarmement était un acte de paix car il permettait à l'Allemagne de constituer une barrière contre le bolchevisme. Et puis, expliquait-il, l'Allemagne n'a pas à demeurer seule désarmée quand ses voisins ont le droit de conserver leurs forces de défense.

La troisième victoire fut l'acceptation par les Anglais d'un accord naval proposé par Hitler et Ribbentrop selon lequel, en échange de la reconnaissance de la suprématie anglaise, les Allemands acceptaient de limiter leur flotte de guerre à un tiers de la puissance britannique – cet accord rappelait l'époque où les Anglais voulaient appliquer le Two-Powers Standard*, que Guillaume II n'avait jamais voulu accepter, et pouvait paraître de la part de Hitler un signe de bonne volonté. Mais il contraria fort les autres signataires de Stresa, la France et l'Italie, qui n'avaient pas été consultés : Londres cautionnait ainsi le réarmement naval de l'Allemagne[26].

La quatrième victoire fut plus risquée. Profitant de ce que l'opinion publique, en France et en Grande-Bretagne, se polarisait sur les sanctions à prendre contre l'Italie qui venait de conquérir l'Éthiopie, et s'étant lui-même rapproché de Mussolini, Hitler ordonna à l'armée d'entrer en Rhénanie, le 6 mars 1936, violant à la fois le traité de Versailles et le pacte de Locarno. C'était un coup de bluff : la France avait alors les moyens de chasser l'unique division qui avait pu intervenir. « Si les Français avaient marché, commente Hitler, nous aurions dû nous retirer la queue entre les jambes. » Devant les protestations indignées d'Albert Sarraut, président du Conseil, le général von Blomberg proposa par souci de conciliation de réduire le nombre des brigades entrées en Rhénanie et de ne pas construire de fortifications à l'ouest du fleuve. Hitler refusa : « C'est mon incroyable aplomb qui nous a sauvés car, expliquerait-il plus tard, je n'avais pas les troupes qu'il eût fallu. » Quant à Albert Sarraut, bien qu'il ait déclaré « qu'il ne laisserait pas les canons allemands menacer Strasbourg », il s'englua dans des négociations avec les Anglais, qui le dissuadèrent d'agir, d'autant que l'Allemagne proposait aussitôt à la France et à la Belgique un pacte de non-agression de vingt-cinq ans, puis de démilitariser une zone... des deux côtés de la frontière (*sic*).

---

* La Grande-Bretagne doit avoir une flotte égale ou supérieure aux deux puissances navales qui la suivent.

La cinquième victoire fut la plus délicate : l'Anschluss de l'Autriche. La plus délicate car cette opération de « fusion » devait s'opérer dans le cadre du rapprochement entre Hitler et Mussolini qui s'était déclaré garant de l'indépendance de l'Autriche après l'assassinat du chancelier Dollfuss par les nazis autrichiens. Pour Hitler, né à Linz, l'union des deux pays allait de soi, d'abord parce que devait se réaliser l'unité de la race allemande par les Autrichiens, aussi parce que cela répondait aux vœux plusieurs fois énoncés, notamment en 1848 et en 1919, de constituer la Grande Allemagne, *Grossdeutschland*. À Seyss-Inquart, leader nazi en Autriche, et à Göring, qui supervisait l'opération, Hitler avait recommandé de montrer du doigté avec Mussolini. Or, celui-ci se trouvait proche du Führer depuis l'affaire éthiopienne et plus encore en Espagne, où leur intervention aux côtés du général Franco renforçait leur image de chantres de la lutte contre le bolchevisme. Par ailleurs Mussolini fit sentir qu'il était las de « monter la garde devant l'indépendance de l'Autriche, en particulier si les Autrichiens n'en voulaient plus ». De fait, les succès de Hitler, sur les plans intérieur et extérieur, renforçaient la dynamique en faveur de l'Anschluss. Puisque le Duce semblait en accepter l'augure, il ne restait qu'à forcer la main au chancelier Schuschnigg qui se croyait à l'abri de tout excès vu l'accord conclu en juillet 1936 avec l'Allemagne et réaffirmait l'indépendance de l'Autriche. Vu l'agitation des éléments les plus turbulents du nazisme autrichien, Hitler proposa à Schuschnigg que Seyss-Inquart devienne ministre de l'Intérieur avec le contrôle de la police. Au Berghof, Hitler attendit Schuschnigg encadré par trois généraux de la Wehrmacht – qui ne savaient pas pourquoi ils étaient là. Il s'agissait de faire pression, ce que Schuschnigg comprit quand le Führer se lança dans une diatribe à sa manière sur « les trahisons » de l'Autriche contre le peuple allemand*...

---

* Une expression qui visait la politique « multinationale » de François-Joseph avant la guerre.

« J'ai une mission historique et suis fermement décidé à mettre fin à tout cela. » Devant les menaces et la mise en scène, Schuschnigg céda. Mais de retour à Vienne, le chancelier remit en cause l'accord du Berghof en annonçant qu'il organiserait un référendum sur « l'autonomie pour une Autriche libre et allemande ».

Furieux d'avoir été joué, hystérique, Hitler improvisa une intervention armée. Seul point délicat, la réaction de Mussolini : il lui fit remettre une lettre où il expliquait que « fils de cette terre, il se sentait obligé de mettre de l'ordre dans sa patrie » ; il ajoutait que « rien ne mettrait en cause son engagement de respecter la frontière du Brenner », ce col qui servait de frontière méridionale à l'Autriche, mais au-delà duquel il y avait d'autres populations germanophones. Et comme Mussolini acceptait l'intervention allemande, il lui fit dire : « Jamais je n'oublierai cela, jamais, jamais, jamais, quoi qu'il advienne... Si jamais il a besoin d'aide ou court quelque danger, je ne le laisserai jamais tomber, quand bien même le monde entier serait contre lui[27]. »

Et sur ce point, en 1943, Hitler tint parole, l'Histoire en témoigne.

Dès lors, rasséréné, Hitler put ordonner la marche en avant de ses troupes et lui-même franchit la frontière en empruntant le pont étroit de sa ville natale, Braunau am Inn, puis ce fut Linz et Vienne tandis que l'armée autrichienne prêtait serment et que les foules en délire martelaient *Ein Volk, ein Reich, ein Führer* (un seul peuple, un seul État, un seul chef), un triomphe qu'un plébiscite consomma avec 99 % de voix. Ces journées de liesse furent suivies à Vienne d'un immense pogrom contre les Juifs et d'une répression contre les « ennemis de l'intérieur » comme l'Autriche n'en avait jamais connu.

MUSSOLINI : SUCCÈS ET DÉBOIRES

L'Anschluss date du 13 mars 1938.

Le 16 mars, Mussolini déclarait : « Quand un événement est fatal mieux vaut qu'il se produise avec vous que malgré vous, ou pis encore, contre vous. » Il en avait fait voter l'approbation par le Grand Conseil fasciste, au mécontentement du roi Victor-Emmanuel.

Mais il n'en pensait pas moins, d'autant qu'à avoir évoqué « les droits du germanisme », Hitler pouvait, sait-on jamais, les évoquer à propos du Tyrol : Mussolini rappela ainsi le caractère sacré de la frontière de Brenner.

Avant même que le Führer ne vienne à Rome, pour « renforcer » l'Axe, le Duce prit quelques dispositions qui disaient sa mauvaise humeur : il se fit inviter par le podestat de Trieste, une ville frontière, annonça un voyage officiel du prince héritier en Haut-Adige, signa un accord commercial avec la France, le 14 avril, le complétait le 16 par un accord avec la Grande-Bretagne sur la vocation méditerranéenne de l'Italie – c'est « le pacte de Pâques[28] ».

Le Führer était attendu du 3 au 8 mai.

Cette politique de bascule, au moins avec l'étranger, allait-elle se perpétuer ?

En tous les cas, elle était assez révélatrice des pratiques du Duce, que, depuis toujours, ses adversaires accusaient d'opportunisme.

Lorsque se constituent les faisceaux, c'est-à-dire les ligues, en 1919, il écrivait dans *Il Popolo d'Italia* : « Nous nous permettons le luxe d'être aristocrates et révolutionnaires, légalistes et illégalistes, selon les circonstances, le lieu, le cadre dans lequel nous sommes contraints de vivre et d'agir. » En fait, en politique intérieure surtout, accompagnés chaque fois de violence, les changements de posture constituent bien le trait permanent du fascisme mussolinien[29]. Alors que Hitler se situe dès l'origine dans les groupes d'extrême droite putschistes et ne change d'attitude, devenant légaliste, qu'à l'heure où il peut se saisir du pouvoir, Mussolini a parcouru la totalité du spectre des positionnements politiques.

Tient-il une partie de ces traits de son père, Alessandro, forgeron et cabaretier, actif militant socialo-anarchiste, proche du syndicalisme révolutionnaire et non conformiste ? À une époque où la lutte des classes constitue le principe même des luttes révolutionnaires, Alessandro est le disciple d'Andrea Costa, qui affirme qu'« il n'y a que deux catégories d'hommes : ceux qui veulent la révolution et ceux qui ne la veulent pas. Et il y a des bourgeois qui veulent la révolution avec plus d'énergie que bien des ouvriers ». Est-ce cette leçon que retient le jeune Benito : socialiste, il se désole du manque d'agressivité de la classe ouvrière qui ose rarement aller au-delà de la grève. À vingt-neuf ans, en 1912, devenu instituteur, il est promu à la direction d'*Avanti* où, dès 1910, il avait préconisé la révolution immédiate, déclenchant le rire de ses camarades*. Puis le risque de guerre menaçant, il défend des idées pacifistes ; mais « cette inertie » lui est insupportable et brusquement, en 1914, avide d'action, il pense que seule la participation aux combats virilisera ses compatriotes, et c'est avec eux, anciens combattants, qu'au lendemain de la guerre il organise des troupes de choc pour abattre le régime libéral et démocratique, cet impuissant[30].

En 1914, le gouvernement français l'a aidé à promouvoir l'entrée en guerre à ses côtés ; en 1919, les capitalistes l'aident à lutter contre les grèves géantes et à combattre la pratique des occupations d'usine. Il lutte contre le régime en s'associant tout autant à des nationa-

---

* Au premier congrès des Soviets, en juin 1917, Lénine aussi avait déclenché le rire en réclamant le pouvoir pour son parti qui ne disposait que de 110 élus sur 1 200.

listes, à des futuristes, à des syndicalistes révolutionnaires jusqu'au moment où il menace la monarchie d'une marche sur Rome. Mais le roi Victor-Emmanuel capitule et charge le Duce de constituer le gouvernement (1922). De fait, Mussolini n'a pas pris le pouvoir en l'emportant sur les bolcheviks, comme l'a cru Hitler ; il l'a saisi à la faveur d'un vide politique dû, entre autres raisons, à la scission que connaissait le mouvement socialiste lorsque s'est créée la IIIe Internationale et que, comme en France, se crée un parti communiste.

Son dynamisme fait recette mais, comme renégat qui a réussi à capter une partie des anciens milieux révolutionnaires, il s'attire la haine de ses compagnons d'autrefois désormais chassés à coups de gourdin (le *manganello*), à moins d'être incarcérés tel son copain Gramsci, ou assassinés par ses sbires tel Giacomo Matteotti. Pour la gauche européenne, il devient le Judas, le traître. On dénonce cette tyrannie nouvelle, le fascisme, que les communistes identifient à « l'aile droite de la social-démocratie », une identification qu'ils appliquèrent ensuite au « fascisme nazi ».

Violemment antidémocratique, jugeant que le pays doit être dirigé par une élite d'activistes – qui constituèrent le Grand Conseil fasciste –, Mussolini se déclare antiparlementaire, antilibéral et antisocialiste. « Notre doctrine, c'est l'action, dit-il, et le pouvoir total à l'État, dont le parti est l'instrument. »

Torse nu, travaillant la terre ou nettoyant les marais Pontins avec ceux qui l'assèchent, Mussolini donne l'exemple de l'homme du peuple qui revalorise le travail manuel, face aux élites qu'il méprise et qu'il aime provoquer. Chants, défilés, organisation de mariages collectifs, tout est bon pour glorifier chaque profession, instituer le corporatisme. Son nationalisme rend compte du fait que, si des émules apparaissent en Grande-Bretagne (Mosley), en France (Bucard), en Espagne (Primo de Rivera), il ne s'est pas créé d'internationale fasciste. C'est néanmoins à des sympathisants de la Cagoule de Deloncle qu'on attribue, en 1935, l'assassinat des frères Rosselli, antifascistes réfugiés en France[31].

Ce nationalisme s'exprime d'abord au travers de la frustration de la victoire : à Versailles, les Italiens n'ont obtenu que le Trentin et l'Istrie, pas même Fiume, que D'Annunzio ne parvient pas à reprendre à la Yougoslavie. Depuis, Mussolini ne manque pas de rappeler que « l'Italie est prisonnière dans la Méditerranée [...], ses barreaux sont la Corse, la Tunisie, Malte et Chypre. Ses gardiens sont Gibraltar et Suez... ». Tout un programme.

Avant la prise du pouvoir par Hitler, en 1933, c'est le fascisme italien qui sert de repoussoir à tout ce qui se dit « de gauche » en Europe. Le soutien qu'il reçoit des Britanniques comme parangon de la lutte contre le bolchevisme ajoute au discrédit qu'il peut avoir en France ; et puis, mécontent de Versailles, « cette victoire mutilée », ne menace-t-il pas la Yougoslavie, l'enfant des vainqueurs ?

Mais évidemment, l'important pour Mussolini est bien l'arrivée de Hitler au pouvoir, l'homme qui, dès 1922, s'est dit son disciple et qui est solidaire de son idéal fasciste. Ce fut Hitler qui sollicita une rencontre avec le Duce, entre autres raisons pour aborder les problèmes de l'Autriche, mais tout autant pour saluer son aîné. Il éprouvait une grande admiration pour « cet homme qui avait écrasé le communisme non par la force des armes, mais grâce à son intelligence supérieure[32] ».

Celui-ci le reçut à Spa, le 13 juin 1934. Tout ému, le Führer portait modestement un simple imperméable mastic tandis que le Duce arborait un rutilant uniforme. Côté Mussolini, le courant ne passa pas. Il jugeait son hôte « hystérique » et surtout désapprouva les développements que fit le Führer sur la supériorité des races nordiques. Bien que Hitler ait fait savoir au Duce, après l'avoir vu et entendu s'adresser aux Italiens, à Venise, que « des hommes comme lui naissent une fois tous les mille ans », l'intéressé considère son hôte comme un « polichinelle », « un fou, un dégénéré mental », ce que lui confirme l'assassinat programmé des SA, lors de la nuit des Longs Couteaux, puis le putsch manqué des nazis autrichiens après qu'ils eurent assassiné le chancelier Dollfuss[33].

La menace sur l'Autriche, dont Mussolini garantissait l'indépendance, puis le réarmement allemand, violations claires et nettes des clauses de Versailles, conduisirent le Duce à se rapprocher des démocraties occidentales. À la conférence de Stresa, Mussolini voulut comprendre que la France le couvrait dans sa défense de l'Autriche, et que Flandin ou Laval tolérerait la conquête de l'Éthiopie, le grand projet du règne. En fait, l'Angleterre y mit son veto en faisant appel à la SDN, tandis que Laval et Samuel Hoare, qui cherchaient des accommodements avec les sanctions prévues par la SDN, étaient désavoués par leurs parlements respectifs. Lorsque des sanctions sont décidées et partiellement appliquées contre l'agression italienne en Éthiopie, Hitler fait savoir qu'il apportera son aide au Duce et fournira les matières premières et produits dont il aura besoin... Combiné avec la remilitarisation de la Rhénanie qu'approuve alors Mussolini, s'esquisse ainsi un retournement d'alliance : le front de Stresa n'est plus.

Mais c'est l'intervention de Mussolini en Espagne, suivie de celle de Hitler, qui rend visible la collaboration entre les trois régimes à idéologies apparemment voisines, sur un front anti-Komintern affirmé. En outre, refusant de reconnaître le roi d'Italie empereur d'Éthiopie, le gouvernement de Front populaire s'éloigne un peu plus encore de la politique de Laval. Le comte Ciano, gendre du Duce, le pousse à un retournement auquel Hitler concourt en approuvant Mussolini et en affirmant que « la Méditerranée est pour l'Italie la vie, alors qu'elle n'est qu'une route pour la Grande-Bretagne ». Il détourne ainsi les ambitions italiennes orientées jusque-là vers l'Europe centrale[34].

Rendant son invitation au Duce, Hitler l'accueille en septembre 1937 avec un faste exceptionnel. 800 000 personnes acclamant le Führer et son hôte. Fasciné par la puissance allemande, par cet accueil, celui-ci « craque » et déclare que « lorsque le fascisme a un ami, il marche avec cet ami jusqu'au bout ».

Une formule qui va valoir bien des malheurs.

L'Anschluss a été le premier. L'« ami » allait lui en faire connaître bien d'autres…

LE PACTE HITLER-STALINE : RÉPLIQUE À MUNICH ?

En 1943, le plus écouté des commentateurs européens, le Suisse René Payot, proposait son analyse de l'évolution de l'Europe depuis le traité de Versailles.

« On constate que son cours a été déterminé par deux grands événements : l'accord de Munich et celui de Moscou. Le premier a été un essai pour concilier les aspirations du IIIe Reich avec les nécessités de l'équilibre européen, il a échoué parce que l'hitlérisme n'a pas su s'arrêter. Pour les puissances occidentales Munich marquait un aboutissement, l'extrême limite des concessions possibles. Hitler en revanche y a vu une consécration de ses méthodes et l'encouragement à continuer. Tranquille du côté de l'Occident, il a porté son effort vers l'Est. Et c'est pourquoi les Russes ont été extrêmement mécontents de l'attitude franco-anglaise et se sont détournés de Paris et de Londres. N'ayant pas été convoqués à la conférence, ni même consultés à son sujet, ils ont enregistré la faillite de la sécurité collective.

« L'accord de Moscou a été une réplique à celui de Munich. Le Reich, voyant que les démocraties ne céderaient pas sur la question polonaise et que l'arrangement avec elles allait se rompre, a voulu s'entendre avec la Russie.

On sait ce qu'il est advenu de cette entente fondée sur une satisfaction d'intérêts[35]. »

Ce texte, écrit à chaud, constitue un diagnostic qui a été un peu la vulgate de cette crise. L'étude des archives et témoignages connus depuis permet de rectifier un certain nombre de points ; surtout, elle fait mieux connaître les calculs et arrière-pensées des protagonistes.

Jusque-là, les initiatives du Führer n'avaient rencontré aucun obstacle dans les milieux dirigeants, tout au plus lors de la militarisation de la rive gauche du Rhin le haut commandement militaire avait-il été inquiet de ses audaces. Mais il n'y avait pas eu de réticences sur les objectifs.

Pas plus qu'il n'y eut de réserves sur le principe de l'Anschluss, de l'annexion des Sudètes, voire de la destruction de la Tchécoslovaquie.

Pour tester la détermination des militaires, Hitler exposa ses plans le 9 novembre 1937 au ministre de la Guerre Blomberg ainsi qu'aux chefs des armées de terre, de l'air, à l'amiral Raeder. Les nécessités de l'espace vital rendaient compte de l'orientation à donner à l'expansion allemande vers l'est...

Il était important d'agir vite car le temps jouait contre l'Allemagne qui dominerait militairement la France et l'Angleterre pendant trois ou quatre ans mais pourrait ensuite être rattrapée. L'Angleterre avait trop de problèmes en Inde ou ailleurs pour s'opposer vraiment à une attaque allemande en Tchécoslovaquie ; sans l'Angleterre, la France ne ferait rien, sinon s'empêtrer en Espagne face à Franco et aux Italiens. Il fallait donc frapper les Tchèques à une vitesse éclair[36]...

Les militaires étaient d'accord sur le fond, mais pas sur les échéances ; surtout ils jugeaient qu'il n'y avait aucune garantie que l'Allemagne ne se retrouve pas avec l'Angleterre et la France contre elle.

« Je suis absolument décidé à effacer la Tchécoslovaquie de la carte », avait déclaré Hitler à ses généraux. Il le redit en mai 1938.

Or, entre-temps, vis-à-vis de l'armée, sa position s'était renforcée : d'abord parce que l'Anschluss avait pu se réaliser, ensuite parce que deux des plus hauts dirigeants militaires parmi les plus réservés sur le projet se trouvèrent impliqués dans des scandales de mœurs* qui permirent au Führer de les limoger. Keitel et Jodl, beaucoup plus dociles, furent nommés à leur place, et Hitler put se mettre à la tête des forces militaires allemandes.

Le haut commandement, déjà objet de mépris pour ses hésitations lors de la remilitarisation de la Rhénanie, se trouve désormais à sa botte ; le Führer s'en croit non seulement tout-puissant mais aussi infaillible. Il met en cause la validité des enquêtes d'opinion qui attestent que le peuple allemand ne veut pas la guerre, jugeant qu'il est le seul apte à capter ses sentiments, puis il interdit ces enquêtes.

Non seulement en tant qu'ancien Autrichien il déteste les Tchèques dont la puissance dépasse désormais celle de sa patrie d'origine qui les dominait auparavant, mais la subordination des Allemands des Sudètes, pas nécessairement bien traités par ceux qu'ils ont considérés comme des sujets pendant plus de deux siècles, voilà qui ajoute à sa colère. Et puis la présence de cet État, la Tchécoslovaquie, constitue un obstacle à la future expansion vers l'est qu'envisage le Führer. Il faut le « casser » avant de le détruire, ce qui est possible, vu son caractère multiethnique, l'hostilité des Slovaques aux Tchèques, les revendica-

---

* Hitler avait été le témoin de mariage de Blomberg dont on découvrit après coup que l'épouse, une prostituée, avait comme ancien amant un peintre juif qui diffusait et vendait des postures pornographiques. Quant au général Fritsch, il fut dénoncé pour homosexualité par un témoin et il ne sut s'en défendre.

tions polonaises sur Teschen et celles des Hongrois, que soutient Berlin, sur la partie orientale du pays.

Le problème des Sudètes était soulevé depuis longtemps. Le IIIᵉ Reich demandait que l'autonomie leur soit accordée, tandis que les nazis de Konrad Henlein multipliaient les incidents depuis que l'Anschluss avait donné un nouvel élan à la politique du Führer. Il y eut deux morts à la fin du printemps, en fait à l'occasion de manœuvres allemandes près de la frontière tchécoslovaque, mais dont l'annonce, faussée, mit le feu aux poudres. L'ambassadeur d'Angleterre à Berlin, Henderson, germanophile, s'enquit de l'affaire, ce qui déclencha une tempête, Hitler déclarant que « ni l'Angleterre ni l'URSS n'avaient à se mêler de la question des Sudètes ».

C'est alors que Neville Chamberlain proposa de venir rencontrer le Führer, « prenant pour la première fois l'avion à son âge ». À Berchtesgaden, Hitler reçut Chamberlain avec grâce, lui donna ses griefs contre le président tchèque, Beneš. « Rassemblez bien tous vos esprits, avait alors glissé le secrétaire d'État, Weizsäcker, à Paul Schmidt, interprète et seul témoin de la rencontre, il s'agit de la paix ou de la guerre[37]. » Chamberlain lui répondit qu'il était prêt à chercher une solution pour tous les points dont se plaignaient les Allemands, mais qu'en toutes circonstances le recours à la force devait être exclu, que « deux morts » c'était moins que les millions de victimes de la Grande Guerre.

« La force ? s'emporta le Führer, qui parle de la force ? C'est Beneš qui emploie cette force contre mes compatriotes, c'est Beneš qui mobilise, ce n'est pas moi... Je ne me laisserai pas défier plus longtemps, dit-il en élevant le ton. Dans très peu de temps, j'aurai réglé cette question d'une manière ou d'une autre. Je traduisis *"one way or another"*, rapporte Schmidt, mais elle signifiait au fond ce jour-là capitulation du camp adverse ou invasion, emploi de la force, solution par les armes. »

« "Dans ces conditions, répondit Chamberlain, pourquoi m'avoir laissé venir à Berchtesgaden ? Le mieux pour moi est de repartir."

« Hitler hésita, la guerre ou la paix fut réellement en équilibre sur une pointe d'épingle. Mais l'inattendu se produisit. Hitler battit en retraite.

« "Si vous êtes prêt à régler la question des Sudètes selon le principe du droit des peuples à disposer d'eux-mêmes, déclara-t-il brusquement en passant de la tempête au calme le plus profond, nous pourrions discuter des moyens les plus pratiques[38]." »

Il fut question de plébiscite, des difficultés qu'il rencontrerait et Chamberlain partit « pour discuter avec ses collègues, à Londres. Hitler parut inquiet puis rasséréné quand Chamberlain lui dit qu'il reviendrait ».

Hitler prononça alors à Berlin, juste après la rencontre avec Chamberlain, un discours qui laissait deviner une future épreuve de force tout en affectant de prôner la paix :

« [...] Après avoir, pendant deux ans, fait offre sur offre et n'avoir reçu que refus sur refus, j'ai enfin donné l'ordre de mettre l'armée dans un état opérationnel. Nous avons réalisé un armement tel que le monde n'en a jamais vu.

« Maintenant, peuple allemand, porte tes armes ! [applaudissements frénétiques].

« J'ai, en cinq années, vraiment réarmé. J'ai dépensé des milliards pour équiper nos troupes de la façon la plus moderne... Je ne vois, à vrai dire, aucun litige avec la France, avec la restitution de la Sarre à l'Allemagne. J'ai dit que l'Alsace-Lorraine n'existe pas pour nous. Nous ne voulons rien de la France. Mais voici maintenant un dernier problème qui doit être résolu et qui le sera : c'est la dernière revendication territoriale que j'ai à formuler en Europe mais c'est une revendication dont je ne démords pas. Pendant vingt ans, les Allemands de Tchécoslovaquie et le peuple allemand ont dû contempler les brimades qu'on leur infligeait... Mais il était sans armes... M. Beneš est à Prague et persuadé qu'il ne peut rien lui arriver parce qu'il a derrière lui la France et l'Angleterre [hilarité générale]. M. Beneš a un peuple de sept millions d'hommes derrière lui et ici il y a un peuple de soixante-quinze millions d'hommes [applaudissements enthousiastes].

« J'ai assuré M. Chamberlain qu'une fois ce problème résolu il n'y aura plus de problèmes territoriaux en Europe. Nous ne voulons pas de Tchèques ; mais ou bien M. Beneš acceptera notre offre et donnera la liberté aux Allemands, ou bien nous irons chercher cette liberté. »

La foule réunie dans la salle du Sportpalast explosa d'enthousiasme, poussa des hourras, scanda : « *Führer befehl, wir folgen* » (Que le Führer commande, nous suivrons). Goebbels déclara à ce moment-là que « novembre 1918 ne se reproduirait plus », Hitler le regarda alors avec une flamme fanatique dans le regard et s'écria « *Ja* »[39].

Entre-temps, à Bad Godesberg, Chamberlain avait exposé un plan de cession des territoires sudètes avec garantie alliée sur les nouvelles frontières tchèques. « Quand il eut fini, se rappelle Schmidt, il s'appuya satisfait sur le dossier de sa chaise avec un air qui voulait dire "n'ai-je pas magnifiquement travaillé pendant ces cinq jours ?"… »

Hitler déclara alors calmement, presque sur un ton de regret : « Je suis très fâché, monsieur Chamberlain, de ne plus pouvoir accepter ces choses. Après les développements de ces derniers jours, cette solution ne convient plus. » Le sang monta au visage de Chamberlain manifestement très irrité ; il ne comprenait pas… Le Führer disait qu'il ne pouvait conclure un pacte de non-agression avec la Tchécoslovaquie tant que les revendications hongroises ou polonaises ne seraient pas satisfaites. « Et puis le territoire des Sudètes doit être cédé immédiatement[40]. »

« C'est un ultimatum… », dit Chamberlain. Beneš le ressentait bien ainsi et avait mobilisé. « Alors j'écraserai la Tchécoslovaquie », dit Hitler rageusement après le départ de Chamberlain, ajoutant qu'il était inutile de discuter…

C'est alors qu'un envoyé de Chamberlain, sir Horace Wilson, lut une lettre destinée au Führer : « Si la France était entraînée dans des hostilités actives contre l'Allemagne en remplissant ses obligations envers la Tchécoslovaquie, le Royaume-Uni se considérerait comme tenu de soutenir la France. »

« Alors nous serons tous en guerre la semaine prochaine », répondit Hitler à Wilson.

Le 28 septembre, quelques heures avant l'expiration de l'ultimatum formulé à Bad Godesberg, l'ambassadeur de France, André François-Poncet, démontrait à Hitler que le plan franco-anglais lui donnait toute satisfaction. Pour ce faire, il utilisa une carte très claire qui montrait les zones que successivement les Tchèques évacueraient, Paris et Londres se chargeant de faire pression sur Beneš pour accepter ce plan. Manifestement contre le seul Ribbentrop, Göring, Weizsäcker, von Neurath poussaient Hitler à se détourner de ses projets de guerre*.

C'est alors que l'ambassadeur d'Italie, Bernardo Attolico, apporta une missive du Duce qui proposait une médiation, que Chamberlain avait proposée et Daladier acceptée. Mussolini y exposait qu'il soutiendrait le point de vue allemand. Hitler revint alors vers François-Poncet, note Schmidt, mais déjà « il n'y était plus ».

Quelques instants après, Hitler acceptait la proposition de Mussolini. « Ce fut ce jour-là que la paix fut sauvée », juge Schmidt.

Le lendemain avait lieu cette conférence, à Munich...

Hitler constate que tous, autour de lui, sauf Ribbentrop, le poussaient à accepter les propositions britanniques qui, de fait, allaient dans le sens du dépeçage de la Tchécoslo-

---

* Selon Anatole de Monzie, membre du gouvernement Daladier, c'est Beneš qui aurait demandé que les Franco-Britanniques exercent cette pression pour se « couvrir » devant l'opinion tchèque (*op. cit.* 324a).

vaquie. Göring était le plus actif, qui avait transmis la proposition du Duce. Et le Führer avait pu constater que, dans les rues des villes allemandes, le passage des troupes ne suscitait pas l'enthousiasme qui avait été celui des nazis au Sportspalast.

À Munich, les images ne trompent pas : ce sont Mussolini et Göring qui paraissent le plus à l'aise ; ils ont rédigé les protocoles de l'accord que Hitler a signé sans manifester la moindre satisfaction. Daladier, gêné d'avoir dû obliger Beneš à capituler, contredit Hitler dans sa diatribe contre le Tchèque. Puis il signe, manifestant une certaine mauvaise humeur, et refuse, comme Chamberlain, le dîner prévu pour clore la négociation. De retour en France, surpris et honteux de voir la foule l'acclamer pour avoir sauvé la paix, il lâche pour tout commentaire : « Les cons ! » Il sait que cette paix n'est pas sauvée pour longtemps[41].

Quant à Chamberlain, il est charmé d'avoir vu la négociation aboutir et tout émoustillé d'avoir eu une dernière conversation seul à seul avec Hitler pour évoquer l'avenir des rapports entre le Reich et le Royaume-Uni. De plus, il est acclamé par les Allemands qui voient en lui l'homme de la paix...

Et ce ne sont pas ces manifestations qui ont le plus convenu au Führer...

En France, Daladier et la peur de la guerre

Plus encore que les Tchèques ou les Anglais, les Français apparaissent les grands perdants de cette montée en puissance de l'Allemagne. De fait, chez la majorité des dirigeants, le sentiment qui domine, depuis l'avènement au pouvoir de Hitler en 1933, c'est bien la peur. Une peur qui change de raisons mais s'amplifie et paralyse le pouvoir.

Au début du règne du Führer, devant les premières violations des traités de Versailles ou de Locarno, on a peur de faire la guerre à Hitler parce que la pensée même d'un nouveau carnage est intolérable. Et puis on est confiant, tous jugements politiques confrontés : à droite, avec Tardieu, comme à gauche, avec Blum, on déclare que « le règne du caporal autrichien ne durera pas ».

Deux fois, en 1933, on refuse à la Pologne de Pilsudski l'intervention préventive dont elle pressent la nécessité. Ce pays se rapproche alors de l'Allemagne, hostile comme lui aux Tchèques et plus encore à la Russie. Ainsi se démantèle la Petite Entente, ce réseau d'alliances concocté par la France après 1919. Se fascisant, la Roumanie se rapproche de la Pologne et de l'Allemagne[42].

Ensuite, avec le rétablissement du service militaire obligatoire en Allemagne et la remilitarisation de la Rhénanie, on a peur de courir à l'irréparable alors que tout n'a pas été tenté pour neutraliser l'Allemagne ou l'isoler. Malgré la droite, Paul Doumer esquisse un rapprochement avec Staline ; malgré la gauche, il fait de même avec Mussolini, mais sa mort dans l'attentat contre le roi Alexandre de Yougoslavie interrompt cette double tentative à laquelle Laval ne croit pas. À son tour, Flandin pense un peu ce que disent les Anglais, qu'« on a peur de faire une guerre qui aurait eu seulement pour but d'empêcher la suivante ».

Avec la victoire du *Frente popular* en Espagne, puis du Front populaire en France et les débuts de l'insurrection franquiste, la tension monte dans les deux camps de la guerre franco-française. Pour les uns, l'ennemi principal, c'est le fascisme italien et son allié le nazisme hitlérien ; pour les autres, c'est l'Union soviétique et son allié intérieur, le parti communiste. À cette date, la peur, chez Léon Blum, c'est qu'en intervenant aux côtés des républicains espagnols on ne déclenche, en France, une guerre civile, dont la journée du 6 février 1934 a donné un avant-goût : il décide la non-intervention, ce qui apparaît comme une reculade honteuse au peuple de gauche. Léon Blum en a conscience. Pour lui, le danger principal est bien Hitler.

Pour le combattre et financer le réarmement de la France, ce qui est urgent, il apaise le Capital. Mais ses successeurs font le choix inverse : Chautemps et Georges Bonnet apaisent Hitler pour gagner la confiance du Capital[43].

Chez Édouard Daladier, qui prend leur suite et choisit Georges Bonnet aux Affaires étrangères, la peur est double. Il y a celle du carnage, d'abord, pour cet ancien combattant des tranchées, puis celle de la révolution qui pourrait sourdre de la guerre, comme en 1917 en Russie ou en 1919 en Allemagne et en Hongrie. Cette peur, il la partage avec la droite qui juge en outre que combattre Hitler c'est affaiblir la seule barrière qui s'oppose efficacement à l'expansion du communisme. De quoi rêve la droite ? De retourner Hitler contre Staline.

Avec la série de succès de Hitler à l'intérieur mais aussi le plébiscite en Sarre, l'Anschluss de l'Autriche puis la conférence de Munich, l'accroissement de la puissance du IIIe Reich et, corrélativement, le sentiment d'impréparation de la France deviennent dans le pays le motif essentiel de la peur. En 1939, le gouvernement doit passer commande d'avions aux États-Unis. Désormais, la peur fait place à la panique et l'opinion obscurément s'inquiète, elle aussi. Or, avec les espérances qu'a ouvertes le Front populaire, elle demeure ardemment pacifiste. « Nous ne pouvons rien entreprendre pour aider la Tchécoslovaquie », dit le maréchal Pétain à Léon Noël, ambassadeur à Varsovie. « En quinze jours, notre armée de l'air serait anéantie », déclare le général Vuillemin, qui la commande, à son ministre, à l'heure de Munich. On a vu que, pour éviter la guerre, Daladier est prêt à toutes les concessions, à violenter Beneš, à le contraindre à signer d'inacceptables conditions. Tout l'art de Georges Bonnet et de Daladier consiste ensuite à laisser Chamberlain mener le jeu de sorte qu'aux yeux des petites nations d'Europe centrale il soit moins visible que la France les a lâchées. De ceux qui contestent cette politique de poltrons, Georges

Bonnet dit : « Ce sont des fous qui nous conduisent à l'abattoir[44]. »

À défaut d'imaginer une issue aussi désastreuse, une partie de l'opinion, dans les classes laborieuses, est pacifique autant que pacifiste, pour autant que le succès de juin 1936, la victoire du Front populaire, lui laisse espérer un avenir meilleur. On ne veut pas penser qu'une nouvelle guerre peut éclater : plus jamais ça.

Tout un courant pacifiste juge d'ailleurs que la menace vient des iniquités du traité de Versailles, et que Hitler n'a pas tout à fait tort quand il le stigmatise. Et puis, avec le ralliement de Staline, en 1935, à une politique de défense nationale, un virage imposé au Komintern, une sorte de résurrection patriotique anime les communistes et resurgit l'alliance de la France et de la Russie contre l'Allemagne, comme en 1914. À ce dispositif, que dénoncent les pacifistes, une partie des membres de la gauche oppose l'autre risque, la spécificité du mouvement nazi, son racisme, la nécessité de s'adosser au régime soviétique même si on le critique. Mais les pacifistes intégraux veulent passer outre : d'abord la paix. Pensent ainsi des socialistes, derrière Paul Faure, des radicaux, tel Bergery, des anticolonialistes, tel Félicien Challaye, des intellectuels, tels les philosophes Alain et Michel Alexandre, ce dernier voulant ignorer qu'il est israélite. Ce courant trouve bientôt son porte-voix avec Marcel Déat, qui écrit le 4 mai 1939 : « Mourir pour Dantzig[45] ? »

Ainsi ceux qui considèrent la guerre comme nécessaire sont considérés comme des « fous » par la droite et la gauche pacifistes, tels Bonnet ou Déat. Symétriquement, les pacifistes sont des inconscients, juge Daladier, lorsqu'ils l'acclament à son retour de Munich parce qu'ils croient la guerre évitée. En vérité, ce n'est plus la guerre avec l'Allemagne qui se dessine, mais la guerre civile, entre Français, ce dont témoignent les positions politiques tranchées vis-à-vis de l'intervention aux côtés des républicains en

Espagne... Congelée par le pacte germano-soviétique signé à l'automne 1939, cette guerre civile réapparaît après la défaite de la France, en juin 1941, quand se rompt l'alliance Hitler-Staline.

En Italie, où seul le Duce décide, des dilemmes ne s'en posent pas moins... L'occasion fera-t-elle le larron ?

Les dilemmes de Mussolini

Ce qui a frappé Mussolini à Munich, c'est la peur que les Français ont de la guerre ; pour l'éviter, ils ont semblé prêts à toutes les lâchetés. « En cas de guerre, les Français seront les premiers à tomber », dit-il. Et encore : « S'ils bougent en Espagne nous enverrons trente bataillons à Valence, même si cela provoque une guerre mondiale. »

Le ton de la presse devient de plus en plus antifrançais et s'égrènent alors les revendications italiennes. Les plus virulentes portent sur la Corse et Nice, voire la Savoie, mais l'essentiel concerne Djibouti, port et poumon pour l'Éthiopie, ainsi que la Tunisie et le sort des Italiens dans ce pays. Les interventions musclées du ministre français de la Marine, César Campinchi, et le ferme discours de Daladier à Tunis contre l'Italie exaspèrent, certes, mais en sous-main le président du Conseil français avait envoyé un émissaire à Rome, Paul Baudouin, pour élaborer quelques concessions à faire au Duce, sur Djibouti et sur la Tunisie. Pourtant, dans ses moments d'exaltation, Mussolini envisage carrément de mettre fin à la présence française en Afrique du Nord : lors de la visite du général Franco, il lui propose le Maroc, l'Italie annexant pour sa part la Tunisie et l'Algérie, avec un corridor vers l'océan Atlantique. Ces projets méditerranéens doivent sceller le projet *Mare Nostrum* en accord avec le général Franco, traité comme un « subordonné » qui doit à l'Italie fasciste sa victoire ; n'a-t-elle pas envoyé en Espagne près de 70 000 hommes ? Le fait est que ce sont ces succès qu'après la malheureuse défaite de Guadalajara fêtent le Duce, Ciano et Serrano Suñer, « dont la bête noire est la France[46] ».

« Et maintenant l'Albanie. » Tel est le pourboire que Mussolini pense obtenir de l'Allemagne depuis que celle-ci s'est accordé l'Anschluss et les Sudètes. « Quand la guerre sera achevée en Espagne et que nous aurons signé un pacte avec Hitler, car c'est sur l'Èbre que se sont posées les bases de notre Empire méditerranéen. »

Mais qu'en est-il du regard que Mussolini porte sur le comportement de Hitler ? « Nous n'avons jamais été traités en partenaires mais en esclaves », constatera Ciano en 1943, oubliant qu'il a été le chantre et l'agent du rapprochement avec Hitler. Revigoré un moment par son rôle d'arbitre à Munich, le Duce subit une nouvelle humiliation : en mars 1939 Hitler occupe Prague sans l'avertir. Comme après l'Anschluss, le prince de Hesse, gendre du roi d'Italie, est chargé du message de remerciements du Führer pour l'« immanquable appui italien ». Oralement, le Führer ajoute que, si l'Italie veut entreprendre une action de grande envergure, il est préférable qu'elle attende un an ou deux. Le Duce répond qu'en cas de guerre avec la France « nous nous battrons seuls mais nous serons heureux de recevoir des armes ». « Je trouve le Duce mécontent du message et déprimé », note Ciano. Il ne veut pas transmettre à la presse la visite de Hesse : « Les Italiens se moqueront de moi. Chaque fois que Hitler prend un pays, il m'envoie un message. » Il fait dire au *Giornale d'Italia* qu'il trouve logique le comportement de Hitler puisque les Tchèques n'ont pas désarmé. Surtout, il veut hâter l'occupation de l'Albanie et il interrompt les négociations avec le roi Zog en passant à l'action armée. Celle-ci a lieu en avril. L'honneur est sauf[47].

Parfaitement conscient des déboires que lui vaut l'alliance allemande dont Ciano veut maintenant freiner les progrès, Mussolini pourtant la renforce tout en craignant que le conflit sur Dantzig ne dégénère maintenant que l'Angleterre a promis son soutien à la Pologne, puis à la Roumanie et à la Grèce. Comment prévenir cette guerre, ou du moins la retarder, pour être prêt plus tard à y participer ? En s'associant toujours plus à Hitler.

C'est l'origine du pacte d'Acier (mai 1939).

Quelles sont les raisons de Mussolini ?

D'abord, la survivance constamment réanimée d'une rivalité entre lui et le roi Victor-Emmanuel. Le Duce veut contrer le roi, qui ne cesse d'affirmer son anglophilie, les Allemands étant pour lui « des gredins, des canailles » ; il veut contrer aussi les milieux monarchistes, qui glosent sur « Mussolini, gauleiter d'Italie ». Depuis l'Anschluss, que le roi a condamné, Mussolini répète que « Hitler n'a pas comme lui à traîner des wagons vides ». Il s'est senti humilié, lors de la réception du Führer en Italie, d'être « de moitié avec le roi », laissant passer Victor-Emmanuel devant lui, ce qui a offusqué Hitler. Il ne veut pas que cela recommence durant la visite de Franco. Plus le roi stigmatise Hitler, plus Mussolini est porté à raviver la solidarité entre le régime fasciste et le régime nazi – comme avec l'Espagne.

Autre donnée, le comportement des démocraties : depuis cinq ans, celles-ci montrent qu'elles sont prêtes à tout pour éviter ou retarder la guerre, qu'elles capituleront encore une fois dans le conflit avec la Pologne – si guerre il y a, elle demeurera locale, affirment les Allemands, et les avantages qui suivront peuvent être considérables. En août, Hitler conseille aux Italiens d'en profiter pour porter le coup de grâce à la Yougoslavie et annexer la Dalmatie, voire la Croatie, déjà séparatiste.

En outre, Mussolini pense que se détacher de l'Allemagne serait se découvrir quand se resserrent les liens entre la France et la Grande-Bretagne, quand Franco ne parle que de la reconstruction de son pays, une manière de faire comprendre qu'il n'interviendra pas dans une guerre.

Enfin, il y a une autre donnée. À son gendre, Ciano, qui le presse de se désengager de l'alliance allemande, Mussolini répond qu'il entend bien ses raisons mais qu'il refuse de les suivre. Comme sa fille, Mussolini juge qu'il y a une question d'honneur à demeurer fidèle à l'idéal fasciste, à l'alliance avec le nazisme. « Nous ne sommes pas des putains », a-t-il dit déjà lors des changements d'alliance qui avaient eu lieu au début des années 1930. « L'honneur m'oblige à marcher avec l'Allemagne », répète-t-il, et la vieille garde fasciste l'approuve. « Il est trop tard pour la lâcher », ajoute-t-il en août 1939. Il fulmine quand il apprend que, une fois de plus, le pacte Ribbentrop-Staline s'est fait derrière son dos, et plus encore quand il découvre, le 25 août, que Hitler sans le prévenir a proposé son alliance aux Anglais en garantissant leur empire[48].

Comme la guerre menace et que, pour y participer, il fait des demandes d'armes démesurées (qu'Attolico gonfle en espérant un refus), Mussolini dit à Ciano : « Tant que les Allemands ne nous demandent rien, nous nous tairons... Mais nous ne pouvons pas être exclus d'une magnifique affaire si les démocraties ne bougent pas[49]. »

Lorsque la guerre éclate, Mussolini sait que ses forces sont incapables – sauf la marine – d'agir où que ce soit.

Il ne s'agit plus « d'une affaire magnifique ».

Le Duce fait savoir à Hitler que « l'Italie n'est pas prête ». Il proclame alors sa non-belligérance, qui n'est pas la neutralité.

« Je ne veux pas passer pour un parjure », répète-t-il.

Hitler mécontent de Munich

La conférence de Munich apparut bien aux Français et aux Anglais comme un Sedan diplomatique. La paix était sauvée, disait-on, mais à quel prix ! L'Allemagne pouvait annexer la région des Sudètes, la Pologne, au passage, en profitait pour mettre la main sur Teschen. La Tchécoslovaquie devenait un État croupion dont Hitler poursuivait le démantèlement en encourageant la sécession de la Slovaquie. Encore ignorait-on, en septembre 1938, que la France et l'Angleterre avaient fait pression sur Beneš, président de la république de Tchécoslovaquie, pour qu'il cède aux exigences de Hitler et qu'il s'en était fallu de peu qu'on ne présente son refus de voir dépecer son pays comme étant la cause de la crise qui menaçait la paix.

À sa descente d'avion, en revenant de Munich, montrant le texte des accords de Munich, Neville Chamberlain déclara qu'il avait rapporté « une paix honorable » – quitte à regretter aussitôt d'avoir employé une telle expression, « sous le coup de l'émotion ».

Or, contrairement à ce qu'on pourrait imaginer, Hitler ne fut pas du tout satisfait des résultats de la conférence de Munich, de sa tenue même. « Nos ennemis sont des vermisseaux », devait-il déclarer plus tard à ses généraux. Ce qu'il souhaitait, avant Munich, c'était une intervention militaire dont il avait été frustré par cette conférence que Mussolini avait contribué à réunir. Même du territoire des Sudètes il n'avait pu s'emparer par la force. Le Führer en voulut également à Göring, négociateur ravi de jouer les premiers rôles, qu'il écarterait désormais de toute activité diplomatique[50].

En outre, tels les Français et tels les Anglais, les Allemands avaient vu la paix l'emporter à Munich et s'en réjouissaient. Il en fallait donc plus pour rallier ces derniers à une politique de guerre.

Considérant que Munich était un échec, Hitler donna à la Wehrmacht une directive pour qu'elle liquide le reste de l'État tchèque... Chamberlain l'avait « privé » de son entrée à Prague, mais le refus du nouveau président tchèque, le docteur Emil Hacha (successeur de Beneš, démissionnaire), de reconnaître l'indépendance de la Slovaquie, donna au Führer l'occasion attendue d'intervenir.

Devant la pression qui montait, Hacha avait demandé audience au Führer. Après l'avoir fait discrètement informer que les troupes allemandes commençaient à pénétrer en territoire tchèque et sachant son interlocuteur cardiaque, Hitler le fit longuement attendre, puis se lança dans une diatribe contre les Tchèques et contre l'esprit de Beneš. Comme Hacha refusait de donner des ordres pour qu'on ne résiste pas à la Wehrmacht, Göring annonça que la Luftwaffe allait bombarder Prague – en fait, la 7ᵉ division aéroportée était clouée au sol par la neige. Hacha eut une syncope. Il fallait éviter à tout prix qu'il y succombe car, après l'assassinat de Dollfuss par les nazis autrichiens, il apparaîtrait comme une nouvelle victime de Hitler. Le médecin du Führer lui fit une injection et le rétablit, mais en quel état... Hacha donna l'ordre de ne pas ouvrir le feu sur la Wehrmacht, et signa une déclaration qui remettait le sort du peuple tchèque entre les mains du Reich allemand. Ces faits se déroulèrent le 14 mars 1939.

« C'est le jour le plus heureux de ma vie, dit Hitler à sa secrétaire, Christa Schroeder, l'union de la Tchéquie et du Reich. Je resterai comme le plus grand Allemand de l'Histoire... Vous et Garda [son autre secrétaire], faites-moi un bisou », ajouta-t-il en pointant la joue[51].

Vu de Berlin, ce sont les garanties données alors par la Grande-Bretagne à la Pologne le 31 mars 1939 qui furent à l'origine directe du pacte germano-soviétique du mois d'août 1939.

Parallèlement à l'occupation de Prague, Hitler revendiquait depuis plusieurs années le retour de Dantzig, accompagné d'un corridor qui relierait la Prusse-Orientale au reste du Reich. En échange, « il devrait alors reconnaître les frontières polonaises, une pomme aigre, difficile à avaler », craignait Goebbels, qui savait bien que les ambitions de Hitler allaient plus loin que Dantzig.

Mais ces exigences étaient déjà inacceptables pour Varsovie, qui s'en ouvrit aux Anglais.

À Berlin, on estimait que Chamberlain digérait mal l'humiliation qu'avait été pour lui, après son retour de Munich, l'occupation de Prague, un territoire qui n'était pas allemand, envahi en dépit des promesses passées.

Pour Chamberlain, cet homme dupé et brisé, la politique d'apaisement et de conciliation avait-elle encore un sens ? Sans crier gare, le 31 mars, soit deux semaines après l'occupation de Prague, il déclara aux Communes que « dans l'éventualité d'une action qui menacerait clairement l'indépendance de la Pologne, le gouvernement de Sa Majesté s'estimerait tenu d'aider aussitôt le gouvernement polonais par tous les moyens dont il dispose ».

« Je vais leur préparer un breuvage infernal », dit Hitler en apprenant la nouvelle.

Et puisqu'il avait bien l'intention d'attaquer la Pologne, que la guerre s'ensuivrait à l'ouest avec la Grande-Bretagne (et la France), la nécessité de neutraliser l'URSS à l'est s'imposait.

Ainsi l'initiative du pacte germano-soviétique fut bien allemande.

Staline mit alors une sourdine à son antifascisme et se demanda si, après avoir lâché la Tchécoslovaquie, la Grande-Bretagne et la France ne lâcheraient pas la Pologne.

Le « breuvage infernal » était-il le pacte avec Staline ? Rien ne le prouve, même si des relations économiques timides s'étaient renouées au printemps entre l'URSS et l'Allemagne. « Elles ne pourront se développer qu'une fois que les relations politiques se seront améliorées », dit ouvertement Hitler en mai. Il s'agissait d'éliminer la Pologne avant que l'Ouest pût intervenir.

Ce fut Ribbentrop qui convainquit Hitler qu'une reprise des négociations économiques, interrompues en juin, pouvait déboucher sur une réévaluation radicale des rapports avec l'URSS. Depuis Munich, la mauvaise volonté des Anglais et des Français à impliquer l'URSS dans une politique de sécurité irritait Staline, qui se débarrassa de Litvinov, apôtre d'un rapprochement avec l'Occident[52].

Litvinov était juif et Staline intima à Molotov, qui le remplaçait, de « débarrasser des Juifs le Commissariat du peuple » – ceux-ci formaient la majorité absolue de la direction des Ambassadeurs. Étant donné que, quoi qu'il en ait dit, Staline, selon Molotov, n'était pas à cette date antisémite*, ces mesures apparurent comme un signe fort à Hitler.

Hitler, qui avait laissé agir Ribbentrop, était très satisfait de la conclusion du pacte germano-soviétique : « Cela va les mettre dans le pétrin », dit-il en faisant allusion aux Anglo-Français. Il fit sabler le champagne : il n'y avait « plus de blocus anglais à craindre » ; la victoire finale était assurée, estimait le Führer[53].

Pendant que se déroulaient les négociations, d'ailleurs menées rondement, entre Ribbentrop et Molotov, Hitler, de son côté, se contentait d'attiser le feu entre l'Allemagne et la Pologne, voyait Ciano, concluait le pacte d'Acier avec Mussolini... De sorte que l'annonce des accords Ribbentrop-Molotov fut un véritable coup de tonnerre – même si les milieux informés l'avaient subodoré[54].

Un vrai Waterloo pour la diplomatie française et la guerre inéluctable au regard des Anglais.

Les calculs de Staline

La politique de Staline lors de la conclusion du pacte germano-soviétique puis son comportement jusqu'à l'invasion de l'URSS par Hitler, voilà qui a suscité interrogations et hypothèses sans fin. Avant toute analyse, un

---

* Voir plus loin la rubrique « Staline, les Juifs et les nationalités ».

coup d'œil sur les *Mémoires* de Khrouchtchev permet de disposer d'un diagnostic d'ensemble. Sans doute faut-il rappeler que, pour ne pas compromettre les survivants encore au pouvoir ou en vie, les passages que nous allons citer avaient été censurés lors de la première édition de ces *Mémoires*, durant les années 1970-1974. Dicté au magnétophone, ce témoignage de Khrouchtchev est brut et sans fioritures. On en appréciera la validité en rappelant qu'il fut le procureur des crimes de Staline dans son rapport de 1956.

« Le 24 août 1939, revenant de la chasse avec Vorochilov, je me rendis directement chez Staline à qui j'apportais un canard. Il était d'excellente humeur. [...] Il m'annonça que Ribbentrop devait repartir le jour même. Arrivé la veille, porteur d'un traité d'amitié et de non-agression, et nous l'avions signé. Staline était aux anges. Demain « ils » apprendraient la chose, les représentants de la France et de l'Angleterre, et ils n'auraient plus qu'à faire leurs valises... [...] Hitler veut nous rouler mais je crois que nous avons tiré de lui le maximum... Le document que nous venons de signer nous permettrait de récupérer l'Estonie, la Lettonie, la Lituanie, la Finlande. [...] Il mentionna aussi la Pologne ; l'Allemagne s'apprêtait à l'attaquer pour l'annexer et en faire un protectorat. La partie orientale nous reviendrait – les régions aujourd'hui occupées par les peuples d'Ukraine et de Biélorussie. [...]

« Il présenta l'accord comme un jeu de dupes. [...] La guerre allait éclater mais grâce à cet accord ce ne serait pas une guerre de l'Ouest contre nous, où nous aurions été obligés de nous battre seuls contre Hitler[55]. »

Staline poursuit ses explications :

« Hitler allait ouvrir les hostilités contre la Pologne, ce qui conduirait la France et l'Angleterre à entrer en guerre contre lui, alors qu'elles avaient compté détourner sur nous la menace allemande... [...] C'était notre seule justification pour signer ce pacte*... un pas difficile à franchir. Comment un peuple comme le nôtre, communiste et antifasciste, luttant pour des conceptions diamétralement opposées à celles de Hitler, pouvait-il soudain faire alliance avec lui... ce n'était pas facile à digérer, mais on nous avait poussés dans cette voie et nous pouvions en retirer un bénéfice... [...]

« Le 1er septembre, quand les Allemands attaquèrent la Pologne, Ribbentrop en avait alerté les Soviétiques, commente Khrouchtchev. Nos troupes étaient massées à la frontière, je m'y trouvais en qualité de commandant... Les membres du conseil militaire étaient là aussi. [...] Quand les Allemands furent à proximité des territoires qui nous avaient été concédés par le pacte, nos troupes entrèrent en action. La Pologne avait alors cessé toute résistance. L'armée polonaise avait été écrasée, anéantie [...].

« Quelle farce, tout cela à cause de l'orgueil polonais, du mépris avec lequel ils avaient accueilli notre proposition d'alliance. Quelle honteuse déconfiture pour le gouvernement polonais et son appareil militaire. [...]

« On ne cesse de nous demander aujourd'hui, dit encore Khrouchtchev en 1974, si nous savions que Hitler nous attaquerait, si nous nous sommes laissé surprendre [...]. Prétendre que nous ne nous attendions pas à une attaque est tout simplement idiot...

« Mais quand et comment, et avons-nous été prévenus... ? »

Chacune des hypothèses a ses défenseurs...

En septembre et octobre 1939, la victoire de Khalkin Ghol sur les Japonais « ne fit, selon Khrouchtchev, que propager à une vitesse encore plus grande le virus de l'autosatisfaction. C'est ainsi que Staline lança ensuite la malheureuse

---

* De fait, les protocoles secrets furent signés après coup, mais Staline en a peut-être énoncé oralement le contenu à Khrouchtchev.

campagne d'hiver contre la Finlande, qui révéla le manque d'organisation de l'armée soviétique... [...]

« En juin 1940, j'étais à Moscou [lors de la défaite de la France]. Je me souviens que Staline était très énervé. Je l'avais rarement vu dans un tel état. Il courait à travers la pièce en jurant comme un charretier. Il injuriait les Français, il injuriait les Anglais. Comment avaient-ils pu laisser Hitler les battre, les écraser. J'y vis un signe de l'angoisse qu'il devait ressentir à l'idée que la guerre à l'ouest allait s'achever... »

Ainsi, conclut en substance Khrouchtchev, tout le calcul de Staline s'effondrait : « L'attaque contre l'URSS aurait lieu plus tôt que prévu et notre armée n'était pas prête... [...] Désormais, il ferait tout pour câliner Hitler, lui retirer tout prétexte d'attaquer, en refusant même de croire qu'il avait envahi le pays. Ce n'était qu'une provocation[56]... »

C'est la rapidité de la déroute française qui ruinait ses calculs, ses raisonnements. Il allait nourrir contre elle un profond ressentiment.

Revenons en arrière.

Selon Staline, l'abandon de la Tchécoslovaquie et les accords de Munich ont montré que les Franco-Britanniques sont plus que jamais associés aux Allemands pour aider ces derniers à se retourner contre l'URSS. Exclu des accords de Munich, il mesure l'hostilité des Français, et plus encore des Anglais à l'égard des Soviétiques.

Pour lui, la Grande-Bretagne demeure l'ennemi principal – cela depuis la révolution et la guerre civile.

L'appel de Churchill, qui n'est pas au gouvernement, à une alliance avec Moscou n'émeut en rien les dirigeants soviétiques car ils se rappellent clairement que celui-ci a été l'âme de l'intervention étrangère contre la république des Soviets en 1919. Jusqu'au bout il a soutenu les Blancs, n'hésitant pas à contrarier les négociations des bolcheviks avec les États baltes virtuellement indépendants pour empêcher une paix qui aurait permis aux troupes rouges engagées sur ce front d'aller rejoindre celles qui combattaient les Blancs[57].

Staline se méfie moins de la France même si les bolcheviks ont eu à la combattre lorsqu'elle a aidé la Pologne à recouvrer son indépendance (mais, ensuite, des hommes comme Herriot et Barthou ont pensé traiter avec l'URSS).

Il n'a pas les mêmes préventions contre l'Allemagne. L'URSS et elle ont déjà traité, à Rapallo, en 1922. Depuis, les différences idéologiques, bien qu'absolues, n'ont pas engendré de conflit. Au reste, avec l'Italie fasciste, les rapports sont demeurés convenables jusqu'au début des années 1930. S'il doit se rapprocher de l'Allemagne hitlérienne, Staline juge qu'il lui faut mieux connaître les idées du Führer. Avec Jdanov (c'est son fils qui en témoigne), il se plonge dans la lecture de *Mein Kampf*, qu'ils viennent de faire traduire, et ne cesse de peser le pour et le contre d'une éventuelle alliance[58].

Les archives ont ainsi révélé plusieurs traits. Celui-ci d'abord (en partie reconnu mais pas toujours énoncé) : l'initiative du pacte est bien d'origine allemande. Ensuite, il y avait moins d'obstacles à le conclure, côté soviétique, qu'on ne le croyait – comme l'a écrit Daladier : « Moscou était plus prêt à partager la Pologne qu'à la défendre. » Et surtout, craignant la triple alliance entre l'Angleterre, la France et l'Allemagne, et ne se jugeant pas prêt à entrer dans la guerre qui s'annonçait, Staline a sauté sur l'occasion offerte par Hitler – ainsi sécurisé à l'est. Le pacte ne lui donnait pas seulement du temps pour se préparer à affronter l'Allemagne, seule ou pas, mais également un coussin de territoires définis comme ukrainiens et biélorusses, ainsi que le retour élargi aux frontières de 1914. En outre, éliminée à Munich, l'URSS revenait dans le grand jeu européen[59].

Autre perspective, cette expansion nationaliste ne ruinait en rien le projet de révolution européenne animé par le Komintern. Toutefois il en modifiait le calendrier et les données.

L'URSS n'avait pas été invitée à la conférence de Munich bien qu'elle ait signé les accords avec la Tchécoslovaquie, plus ou moins coordonnés avec l'appui que la France accordait à ce pays. Ni invitée ni même informée de sa tenue.

C'était un grave échec pour la politique de Litvinov, le plus pro-occidental des dirigeants soviétiques. Au lendemain de l'occupation de Prague, en mars 1939, il avait reçu une grave admonestation de Molotov en présence de Staline : elle annonçait sa fin. Comme on l'a vu, il fut démis de ses fonctions deux mois plus tard[60].

Litvinov avait proposé la réunion d'une conférence à six, à Bucarest, où la France, la Grande-Bretagne, l'URSS ainsi que la Pologne, la Roumanie et la Turquie examineraient la meilleure façon de résister à Hitler. « Prématuré », avait répondu Chamberlain, tandis que l'ambassadeur Maïski expliquait à Nicolson : « La Russie a été blessée par Munich ; elle se sentira moins offensée si vous faites des approches. » Du côté de Londres, il n'en était pas question ; Halifax jugeait le rapprochement inopportun, les forces militaires des Russes étant « insignifiantes ». Quand, au Foreign Office, l'amiral Chatfield, consulté, émit la crainte qu'en cas de non-réponse à Litvinov l'URSS ne se tourne vers l'Allemagne, il déclencha un immense éclat de rire[61]...

En France, il y eut la même opposition à la proposition de Litvinov : « On ne recrute pas les pompiers parmi les incendiaires », disait Jean Montigny, un député radical. Pourtant, sous la pression de Daladier qui, voyant les menaces allemandes se durcir, avait déclaré que « désormais les frontières de la France étaient sur la Vistule », Georges Bonnet, ministre des Affaires étrangères, envisagea de réagir favorablement à Moscou. Mais Whitehall différa la réponse commune. Puis Halifax refusa la proposition de Bonnet d'annoncer que « toute modification du statut de Dantzig serait une menace pour l'indépendance de la Pologne ». Staline lut clairement dans l'esprit des dirigeants anglais quand l'ambassadeur de Sa Majesté à Berlin, Henderson, suggéra à son gouvernement de faire de Dantzig une ville libre... allemande, en en expulsant les Polonais.

Dans son *Journal*, écrit en captivité, Édouard Daladier note à la date du 22 juin 1941, quand Hitler déclare la guerre contre l'URSS : « Si Staline s'était allié à nous en septembre 1939, comme je le lui proposais sans relâche, nous serions libérés du cauchemar nazi. » Le jugement est à la fois exact et excessif. Exact car, si la France et l'Angleterre étaient incapables de sauver seules la Pologne, la dissuasion impossible à deux eût été possible à trois. « Donnez-nous un accord à tout prix », avait demandé Daladier au général Doumenc, chargé de négocier un accord militaire à Moscou. Mais jugement excessif car Paris s'était laissé embourber par les Anglais dans une définition obscure des garanties que Londres voulait étendre aux Pays-Bas et Moscou aux États baltes. Et Moscou faisait valoir qu'un accord politique n'avait pas de sens s'il ne s'accompagnait pas d'un accord militaire qui impliquerait l'entrée des Russes en Pologne au cas où l'Allemagne attaquerait à l'ouest. Or, de cela, le gouvernement polonais ne voulait pas entendre parler, que ce fût Paris ou Moscou qui le demande. Quand Daladier jugea enfin possible de dire aux Russes qu'on pouvait se passer de l'assentiment polonais, il était trop tard, Staline avait déjà conclu avec Hitler[62].

C'est que ces négociations traînaient depuis plus de cinq mois et qu'elles se déroulaient dans un climat de méfiance réciproque. Anglais et Français avaient peur de l'interventionnisme des Soviétiques ; ceux-ci exigeaient une clause de réciprocité. Et puis, pour Moscou qui négociait en tapinois un accord économique avec Berlin, que signifiait ce rapprochement franco-allemand, au vrai placé sous l'égide du comité France-Allemagne, et célébré comme une sorte de fête ? Georges Bonnet et les Anglais ne sabotaient-ils pas la négociation avec Moscou[63] ?

Enfin, alors que, pour voir Hitler, les Alliés se précipitaient en avion – Chamberlain par trois fois –, la lente croisière qui avait conduit les négociateurs jusqu'à Staline pouvait passer pour une offense. En juillet 1939, quand Hitler menace la Pologne à propos de Dantzig, n'y a-t-il pas urgence ? Lorsque la délégation anglo-française arrive, elle ne comprend pas un seul ministre, pas même un secrétaire d'État. Quand il se présente au Kremlin, le représentant anglais, l'amiral Drax-Plumkett, n'est doté d'aucun pouvoir. « Il n'a pas de réponse aux questions que l'URSS a posées à [son] gouvernement. »

« Assez joué, dit Staline à Molotov, ce n'est pas sérieux, ces messieurs n'ont aucun pouvoir. » C'était le 20 août, et le 21 Staline invitait Ribbentrop à conclure le Pacte, qui fut signé le 23. Les protocoles secrets devaient suivre[64].

« Buvons au nouveau Staline qui lutte contre le Komintern », avait plaisanté Staline lors des toasts qui saluèrent le pacte. Il était ravi, car Hitler avait « cédé » la Lituanie à l'URSS. « Les deux pays ne devraient jamais plus se combattre », déclara Ribbentrop. « C'est ce qu'on espère », répondit Staline. Pour être sûr d'avoir bien compris, Ribbentrop demanda à l'interprète une confirmation de sa traduction[65].

Pour en arriver là, Ribbentrop avait fait valoir à Hitler que la Russie redevenait un État nationaliste et que cela rendait possible une alliance avec elle. Mais, comme ce toast pouvait le laisser croire, Staline en excluait-il pour autant le projet de révolution européenne, qui était bien un des projets du Komintern ? On peut en douter à lire un article qu'il écrivit alors, avec Dimitrov, qui s'entendit raccrocher le téléphone au nez pour avoir demandé à Staline des explications sur le pacte – dont il ignorait les clauses secrètes.

D'après les notes de Dimitrov, voici la substance de l'intervention de Staline qui devait inspirer l'article en question, datée du 7 septembre 1939, la semaine où la guerre a commencé :

« Cette guerre entre deux groupes de pays capitalistes a pour objet un nouveau partage du monde, pour la domination mondiale. Nous n'avons rien contre ça, qu'ils se battent entre eux et s'épuisent mutuellement. Nous avons du champ pour manœuvrer et faire en sorte qu'ils se battent plus fort encore. Le pacte germano-soviétique, dans une certaine mesure, est profitable pour le moment à l'Allemagne... Aujourd'hui la Pologne est un État fasciste qui opprime les Ukrainiens, les Biélorusses et autres. Sa destruction dans les conditions actuelles aboutirait à ce qu'il y ait un État fasciste de moins. Y aurait-il à redire si, résultat de la défaite de la Pologne, nous étendions le système socialiste à d'autres territoires et d'autres populations ?

« Pour la tactique de l'Internationale communiste et des partis, ce qui importe est ce qui suit :

« Avant la guerre, il était juste d'opposer les régimes démocratiques et le fascisme, mais depuis que la guerre a éclaté, ce n'est plus correct. La division entre ceux des États capitalistes qui sont démocratiques et ceux qui sont fascistes a perdu sa signification antérieure. Le Front populaire uni avait été formé pour améliorer la situation des esclaves du travail sous le régime capitaliste, tandis que, dans les conditions de la guerre, c'est l'abolition de l'esclavage au sens propre qui est en question. Soutenir le Front populaire, l'unité de la nation aujourd'hui, c'est retomber sur des positions bourgeoises. Il faut suspendre ce mot d'ordre sur le front. »

Outre que cette prise de position préparait l'entrée des troupes soviétiques en Pologne quelques jours plus tard, elle légitimait par avance les clauses secrètes du pacte germano-soviétique en évoquant le sort des Ukrainiens et des Biélorusses que la Pologne avait arrachés à l'Empire russe en 1919, à la suite des décisions des vainqueurs de Versailles. Elle n'était en rien un renoncement à l'expansion ultérieure du système socialiste[66]...

« Seuls des aveugles peuvent ne pas voir, écrivait ensuite Dimitrov dans ce texte rédigé en commun avec Staline, et seuls de parfaits charlatans et menteurs peuvent nier que cette guerre n'a pas pour but la défense de la démocratie ou celle de la liberté et l'indépendance des petites nations. »

Ainsi, loin de s'attendre à ce que la France soit vaincue en un tournemain, Staline voit dans le pacte, certes une réponse à Munich, mais aussi un accord qui ne préjuge pas de l'avenir de sa stratégie globale de révolution européenne, toute « blague » sur le Komintern mise à part. Car le pacte lui fait gagner de l'espace et du temps. Du moins voit-il les choses ainsi en septembre 1939. Neuf mois plus tard, avec l'effondrement de la France, ces perspectives n'ont plus de sens. Mais il en demeure des « buttes témoins ». Par exemple, ce tract : « Thorez au pouvoir », sorti à Paris durant l'été 1940 ; il témoigne que, pour le Komintern, il est possible d'établir un parallèle entre la France de 1940 et la Russie de 1917, l'occupant étant le même, et que le pouvoir est à prendre... C'est ce « papillon » qui, à l'heure de la défaite, fait si peur au général Weygand.

Plus : la vigueur de la mobilisation communiste en France sitôt après l'attaque allemande contre l'URSS témoigne de la survie d'un projet Komintern, demeuré souterrain, quel qu'ait pu être le comportement du parti communiste français avec l'occupant, entre juillet 1940 et juin 1941[67].

SEUL, CHURCHILL...

Seul contre tous, en Angleterre, Winston Churchill a sonné l'alarme contre Hitler, « ce danger pour la paix et la civilisation ».

Cela dès 1933.

Mais personne ne l'a écouté ; dans les milieux politiques il était « un homme fini », un *has been*.

Il incarne la malheureuse expédition dans les Dardanelles en 1915, puis le retour désastreux à l'étalon or, sans parler de sa politique jugée excessive contre la république des Soviets, ni de son refus de toute concession à Gandhi et aux nationalistes indiens. Il représente ainsi un passé révolu, une sorte de va-t-en-guerre démodé. On le juge capable de toutes les intrigues pour devenir Premier ministre, ayant rompu successivement avec les tories, avec les libéraux, détesté des premiers pour les avoir rejetés, haï des travaillistes aussi bien. Chantre d'un gouvernement d'union nationale dont il espère être le leader, il connaît la déconvenue de le voir se constituer, mais sans lui, avec ses rivaux, Baldwin, Lloyd George et Chamberlain, et avec son ennemi politique, le travailliste MacDonald.

C'est que cet homme intempestif et au talent reconnu de tous est volontiers insupportable. Il intervient au Parlement en toutes circonstances, parle s'il le faut devant des bancs vides, acteur sans rôle se poussant toujours sur le devant de la scène. Mais la presse reprend volontiers des éléments de ses allocutions...

Il est vrai que, dans une partie du public, sa popularité demeure intacte. Ancien reporter durant la guerre des Boers, officier de l'armée des Indes, ancien joueur de polo renommé, il est l'homme qui a chargé sabre au clair contre l'armée des Derviches – il était alors commandant en second du 21ᵉ lanciers à la bataille d'Omdurman qui avait donné le Soudan à l'Angleterre de Kitchener. En 1926, chancelier de l'Échiquier, il affronte seul une grève générale en s'installant avec quelques ministres dans les locaux du *Morning Post*, d'où il lance le *British Gazette*, qui bat en brèche la résistance des grévistes. Avant cela, au début de la Première Guerre mondiale, lord de l'Amirauté et patriote intègre, exclu du cabinet de guerre et du gouvernement après les Dardanelles, il est parti se battre dans les tranchées des Flandres à l'âge de quarante-six ans.

Mais en ces temps où seuls les discours pacifistes sont entendus, l'hostilité de Churchill au désarmement et son alarmisme récurrent ôtent de la crédibilité à sa dénonciation de l'Allemagne nazie. Il se dit « horrifié » par le comportement et le programme de Hitler, qu'il définit comme un « gangster » dont il « dénonce l'explosion de férocité et d'esprit guerrier, le traitement infligé aux minorités, le refus des garanties d'une société civilisée à un grand nombre d'individus sur le seul critère de la race ». Mais il s'est avant cela déjà montré horrifié par les crimes du bolchevisme et ne peut être entendu parce que Hitler a repris contre les communistes l'argumentaire qu'il avait déployé en personne quinze ans plus tôt. En outre, comme Churchill a glorifié le régime de Mussolini, il apparaît inconséquent dans la mesure où le fascisme est considéré comme la source dont Hitler s'est inspiré.

De fait, dès l'annonce par Hitler de son programme de réarmement, et bien avant l'occupation de la rive gauche du Rhin en 1936, Churchill a opéré un retournement complet dans son appréciation de la situation internationale.

Désormais, il juge que le danger principal pour la démocratie et le monde civilisé n'est plus l'URSS mais l'Allemagne nazie. Il faut se rapprocher de la première pour éliminer en priorité la seconde. Naturellement, ce retournement est jugé irresponsable, notamment par les conservateurs dont la jeune classe, Eden, Butler, Macmillan, se détache discrètement du vieux lion[68]. Car c'est toute la politique dite d'*appeasement* à l'endroit de Hitler que condamne Churchill qui préconise avec fougue le réarmement de l'Angleterre – et d'abord celui de la Royal Air Force après que ses informateurs lui ont fait connaître la montée en puissance de la Luftwaffe. Il ne se satisfait pas des accords de Stresa conclus avec Mussolini en 1935, n'approuvant pas les mesures prises contre le Duce lors de l'affaire éthiopienne dans laquelle le leader fasciste plus que Hitler apparaît comme un fauteur de guerre. Pour le monde politique Churchill semble encore une fois inconséquent quand, après avoir soutenu Franco en 1936 par méfiance des républicains, socialistes, communistes ou anarchistes, il change son fusil d'épaule en 1938, jugeant périlleux l'appui que Hitler apporte à celui-ci.

« Hitler ne veut pas la guerre mais notre amitié », pense au contraire Lloyd George qui, dans ces années 1930, ne se trompe qu'en partie. Le pacifisme donne une telle force à la politique d'*appeasement* que Baldwin se dit prêt « à acheter la paix à n'importe quel prix », « au prix du Tanganyika s'il le fallait », ajoute Neville Chamberlain. Les rapports inquiétants des ambassadeurs de Sa Majesté, Horace Rumbold puis Éric Philips sur le réarmement allemand suscitent leur rappel et leur remplacement par un admirateur de Hitler et de son régime, Nevile Henderson, qui nourrit une relation d'amitié avec Göring et concocte un accord naval anglo-allemand que signe bientôt le Führer[69].

Que Churchill condamne la capitulation de Munich, voilà qui ne trouble pas une opinion publique demeurée, comme en France, agressivement pacifiste, prête à d'autres concessions s'il le faut, comme Chamberlain indifférente au sort de Beneš et de la Tchécoslovaquie. D'abord, juge-t-on, il faut sauver la paix. Alors qu'avec son chiffon de papier à la main, Neville Chamberlain, à sa descente d'avion de retour de Munich, est au zénith de sa popularité, Churchill est au plus bas. Le 5 octobre 1938, aux Communes, dans un silence hostile, il dresse un diagnostic : « Nous venons de subir une défaite totale et absolue... Tout est consommé. Vous verrez qu'au bout d'un laps de temps qui peut durer des années ou seulement quelques mois, la Tchécoslovaquie sera engloutie par l'État nazi. »

Chamberlain a déclaré qu'il avait conclu une paix dans l'honneur ; « Nous avons le déshonneur et nous aurons la guerre », commente Churchill.

Le 15 mars 1939, Hitler entre dans Prague, mettant fin à l'indépendance de la Tchécoslovaquie. C'est le choc...

La vraie différence entre Churchill et ses collègues conservateurs est bien qu'il envisage la guerre comme une alternative à la politique d'*appeasement* alors que Lord Halifax et Chamberlain, notamment, se demandent quelles concessions ils peuvent encore faire pour que la paix soit préservée.

Au fond, Churchill estime que lorsque la guerre menace – ce qui est sa conviction – ne parler que de sauver la paix revient à perdre la guerre d'avance. Il reste que sa posture est difficile à tenir pour autant qu'il n'a cessé de stigmatiser le gouvernement de n'avoir pas su doter le pays d'une Royal Air Force satisfaisante... de sorte que le pays ne peut compter que sur la Home Fleet et l'armée française, « *a broken reed* », lui répète Halifax : un roseau brisé.

Aussi, le comportement de Churchill, s'il demeure ferme en public, est plus ambigu en privé. À Albert Forester, maire nazi de Dantzig, il explique « que l'accroissement d'une influence allemande de type commercial en Europe danubienne ne serait pas ressentie mais que tout mouvement violent conduirait presque immédiatement à la guerre ». Il est d'accord avec Halifax pour juger inutile d'exiger de Hitler, s'il prend le territoire sudète, une garantie sur le reste de l'État tchèque. Certes, il ne se lève pas – pas plus que Eden et Duff Cooper – pour applaudir Chamberlain qui rend compte de Munich, mais après la séance il va le féliciter, ce qu'il omet de rappeler dans ses *Mémoires*. Il n'entend pas rompre avec ceux qui pourraient le rappeler au gouvernement.

Il semble qu'après l'occupation de Prague, la garantie donnée par Chamberlain à la Pologne ne signifie pas, comme Hitler le croit, l'abandon de la politique d'*appeasement* ; elle n'est qu'une simple manœuvre pour en retarder le prochain épisode. Par contre, il est clair que pour Churchill le coup de force de l'occupation de Prague puis la garantie à la Pologne doivent en signer la fin. Cette divergence explique que Chamberlain n'appelle pas Churchill au gouvernement, ce qui serait précisément le signe d'un changement de politique[70].

Ainsi Churchill est exclu du cabinet tant qu'on pense que la guerre peut être évitée.

LE PRÉLUDE RECONSIDÉRÉ

La confrontation des points de vue de chacun des protagonistes permet de faire quelques premières observations.

Chez Hitler, l'énoncé des revendications s'appuie sur un argumentaire bien étayé mais qu'il s'agisse des Sudètes ou de Dantzig elles sont aussi bien un trompe-l'œil. À peine sont-elles satisfaites, comme Chamberlain le lui notifie à Godesberg, que Hitler lui signifie que la solution ne lui convient plus[71].

Quelques mois plus tôt, quand l'ambassadeur Henderson fait une proposition au nom de son gouvernement concernant la restitution éventuelle à l'Allemagne de certaines de ses colonies en Afrique centrale, Hitler se montre d'abord agacé, puis délaisse cette offre qui, pourtant, même si elle l'intéresse moins que l'expansion vers l'est, n'en répond pas moins à une de ses revendications[72].

À Munich, il est fort mécontent d'une issue qui pourtant lui donne satisfaction et constitue en outre une reculade honteuse pour les Français et pour les Anglais. C'est qu'il n'a obtenu satisfaction *que* par la négociation. Et, dit-il plus tard lors de la crise de Dantzig, « il n'y aura pas de nouveau Munich », une phrase qui a un tout autre sens évidemment quand elle est énoncée par Churchill ou par Daladier.

À preuve, la joie de Hitler d'entrer par la force à Prague, « le plus beau jour de sa vie », dira-t-il, alors qu'il a prétendu « qu'il ne voulait pas de Tchèques ».

Plus que la substance des acquisitions, c'est la manière d'obtenir qui lui importe. C'est pour cela qu'il a toujours la menace de guerre à la bouche ; en fait, il souhaite et veut la guerre, mais à défaut d'une épreuve de force dans laquelle se durcit le cuir du peuple allemand, de sa race. « J'écraserai la Pologne sans avertissement », dit-il à Karl Burckhardt, délégué de la SDN. Rien ne l'aurait plus déprimé, après Munich, que de voir les Allemands acclamer Chamberlain, l'apôtre de la paix. Il recule une fois ou deux quand il peut craindre que la mission franco-anglaise à Moscou n'aboutisse : « Je devrais m'incliner et attendre », avait-il dit à Schmidt et il s'inquiète également de l'influence que peut avoir Churchill auprès de Lord Kermsley, le 27 juillet 1939, à Bayreuth. « Moindre en Grande-Bretagne qu'à l'étranger, lui répond le magnat de la presse. En Grande-Bretagne, il n'a connu que des échecs... le dernier en soutenant la cause du duc de Windsor[73]. »

Cette même confrontation des points de vue a permis de voir qu'alors que, pour les Allemands, la garantie donnée par Chamberlain aux Polonais après l'occupation de Prague était un coup d'arrêt à la politique d'*appeasement*, elle n'en était pas un dans l'esprit des dirigeants britanniques. Ce sont eux qui, dans les négociations de Munich et d'après, mènent la danse, « jouant les cavaliers sur les chevaux français », ce que critique la presse de droite à Paris.

De fait, comme le dit Weizsäcker, chef de la diplomatie allemande, à Coulondre, ambassadeur de France, « nous n'avons que vous pour vous battre pour la Pologne, mais l'Angleterre ? ». Daladier et Bonnet sont plus fermes que Halifax ou Chamberlain, qui refusent la proposition de Bonnet de faire savoir que toute modification du statut de Dantzig serait une menace pour la Pologne. L'*Observer* accuse même Chamberlain de faire pression sur la Pologne, comme la France et l'Angleterre l'ont fait sur la Tchécoslovaquie, pour susciter un nouveau Munich. De fait, Chamberlain demande aux Polonais de ne pas rendre publique la notification générale qui, en vérité, est ajournée de 24 heures, le 29 avril[74]...

La France ne veut pas la guerre, par pacifisme d'abord, mais aussi parce que « notre aviation serait balayée en quinze jours », avoue son chef, le général Vuillemin. Elle a peur de la défaite, jugée fatale, malgré les rodomontades d'usage des dirigeants, mais elle suivra son alliée qui, comme elle, a donné des assurances aux Polonais. Pour une question d'honneur, comme l'a dit Churchill et comme le reconnaît Chamberlain.

Sauf que la Grande-Bretagne de Chamberlain est prête à reculer encore pour sauver la paix parce qu'elle répugne, plus que la France, à chercher l'alliance de Staline jugé incapable de mener une offensive efficace. On a pu croire que l'idée de la droite française était de contribuer à céder à l'Allemagne pour qu'elle tourne son agressivité contre le bolchevisme. Or le gouvernement Daladier a fini par convaincre les Anglais de tenter cette « grande alliance » que préconisait Churchill et qu'avait souhaitée Litvinov, entre la France, la Grande-Bretagne et l'URSS. Tandis que la position des dirigeants anglais est différente, antisoviétique avant tout (sauf Churchill, Eden, Cripps) ; ils laisseraient volontiers la nazification gagner l'Europe danubienne – « plutôt Hitler que Staline » – à condition que cela se fasse sans violence. C'est que la Grande-

Bretagne ne croit pas son territoire menacé par une invasion. La France, si.

Chamberlain poursuivra sa politique d'*appeasement* jusqu'à la déclaration de la guerre. Et même après... Et par peur de la défaite, Daladier est prêt à le suivre. Ce sera *the funny war*, la drôle de guerre.

Le 11 août 1939, le comte Ciano se rendit à Salzbourg pour s'enquérir des intentions du Führer concernant la Pologne. « C'est dans sa résidence de Fuschl qu'en attendant le dîner Ribbentrop me fit part de la décision allemande de mettre le feu aux poudres. Il me le dit sur le même ton qu'il aurait employé pour me parler d'un détail administratif insignifiant. Nous nous promenions dans le jardin.

« "Eh bien, Ribbentrop, lui demandai-je, que voulez-vous en somme ? Dantzig ou le corridor ?

« — Plus que cela, me dit-il en me fixant de son regard froid, nous voulons la guerre[75]." »

Que Hitler veuille la guerre à tout prix, pourrait-on ajouter, voilà ce que ne peuvent admettre ou imaginer les leaders politiques quelle que soit leur nationalité ; pour eux, la sauvegarde de la paix, après les massacres de la Grande Guerre, apparaît l'objectif essentiel de leur fonction et leur responsabilité. Et plus encore si cette paix constitue la garantie d'acquis ou d'avantages reconnus et signés après négociation.

Mais pour autant que garantir la paix est un acte de foi, afin d'en assurer la sauvegarde on recule à l'impossible les concessions à l'agresseur.

Hitler est différent.

Chez lui, c'est la nécessité de la guerre qui est un acte de foi, et pas seulement parce qu'elle apportera des avantages. Cela tient à sa vision de la race allemande chargée, selon lui, de s'imposer par la force, par la guerre. Le devoir de l'Allemagne est de dominer le monde, ou de ne plus être.

Il faudra la force de son charisme et l'ivresse des premiers succès du IIIᵉ Reich pour entraîner les Allemands sur cette voie. Les témoignages concordent : sauf à l'intérieur de la constellation nazie, la population allemande répond à la mobilisation sans aucune flamme. « En marchant vers la gare, quelques parents et passants se tenaient au bord de la route, visiblement silencieux et soucieux. Quel contraste avec l'enthousiasme de la population accompagnant les troupes vers la Première Guerre mondiale », note Weizsäcker[76].

2
Identifier l'ennemi principal (1939-1941)

UNE DIFFÉRENCE
ENTRE LES DEUX GUERRES

Telle la Première Guerre mondiale, celle qui éclate en 1939 semble devoir être limitée. Hitler ne croit pas que la Grande-Bretagne et la France entreront en guerre après son agression contre la Pologne, tout comme en 1914 François-Joseph n'imaginait pas, après avoir ouvert les hostilités contre la Serbie, que le jeu des alliances aboutirait à un conflit européen.

Il y a pourtant une grande différence entre les deux guerres.

La Grande Guerre fut une des rares épreuves de l'Histoire qui ait resserré les peuples autour de leurs dirigeants. L'unanimité patriotique régnait dans chaque camp ; les dirigeants persuadèrent les citoyens – et souvent ils avaient raison – que l'ennemi en voulait à leur existence même, à celle de leur patrie. Ce qui explique qu'à la différence de la Seconde Guerre mondiale aucun belligérant n'a connu entre 1914 et 1918 un parti de l'étranger.

Certes, le premier conflit mondial a eu ses opposants mais ils n'étaient pas solidaires de l'ennemi ; ils se déclaraient pacifistes, révolutionnaires, adversaires de tous les gouvernements sinon de toutes les guerres – ils condamnaient la guerre « impérialiste », mais jugeaient légitime la défense de leur pays. Lénine lui-même dut modifier son mot d'ordre « qu'il fallait contribuer à la défaite de son gouvernement » pour proposer la transformation de la guerre européenne en guerre civile. D'autres, en Italie et en France, par hostilité à la laïcité, souhaitaient pour leur « patrie perdue » le châtiment de Dieu : ils ne furent qu'une poignée.

Les peuples tenaient leur certitude d'une lointaine histoire. Il leur avait été dit ou enseigné que leur destin était marqué par la lutte défensive contre « l'ennemi héréditaire » : le Français contre l'Allemand qui avait pris l'Alsace-Lorraine ; celui-ci contre la multitude slave, et contre le Français qui avait brûlé le Palatinat sous Louis XIV et qui ne se résignait pas aux succès de la Prusse ; les Russes contre le Jaune et le Germain, hier Tatars et Teutons, aujourd'hui Turcs et Allemands ; il en allait de même pour l'Italien adversaire de l'Autriche, ou pour la Grande-Bretagne menacée de perdre son hégémonie devant l'irrésistible montée en puissance de l'Allemagne qui elle-même chantait sa haine (*Hassgesang*) de l'Anglais qui l'empêchait de croître, de se développer[1].

En 1914, dans chaque pays, l'unanimité patriotique fait qu'on ignore la nature des régimes auxquels on est allié : la France républicaine est l'associée de la Sainte Russie, l'Allemagne de Guillaume II celle du calife ottoman. Des difficultés intérieures peuvent naître de l'éveil des nationalités, en Autriche-Hongrie, dans l'empire des tsars ou dans l'Empire ottoman, mais ces difficultés ne mettent guère en cause la politique des dirigeants.

Rien de semblable en 1939 : c'est la nature des régimes qui polarise le sens des alliances. La fascination pour le communisme, le nazisme ou le fascisme divise l'opinion de la plupart des pays démocratiques.

IDENTIFIER L'ENNEMI PRINCIPAL (1939-1941)

Repères chronologiques (1939-1941)

1938
Septembre : conférence de Munich

1939
Mars : Hitler annexe le protectorat de Bohême-Moravie
23 août : Pacte germano-soviétique
Fin août : Nomonhan, victoire des chars soviétiques sur l'armée japonaise
1er septembre : invasion de la Pologne
3 septembre : la Grande-Bretagne et la France déclarent la guerre à l'Allemagne
Septembre : capitulation de Varsovie. Invasion de l'Est de la Pologne par l'URSS
30 novembre : l'URSS envahit la Finlande

1940
12 mars : fin de la guerre finno-soviétique
19 mars : chute du gouvernement Daladier, remplacé par Paul Reynaud
9 avril : invasion du Danemark et de la Norvège par la Wehrmacht
10 mai : la Wehrmacht attaque aux Pays-Bas, en Belgique et au Luxembourg
14 mai : rupture du front français à Sedan
15-18 mai : capitulation des forces néerlandaises et belges
10 juin : l'Italie déclare la guerre à la France et à la Grande-Bretagne
16-17 juin : démission de Paul Reynaud – le maréchal Pétain demande l'armistice
18 juin : appel du général de Gaulle
22 juin : armistice : la France divisée en deux, zone occupée et zone libre
3 juillet : la flotte anglaise attaque la flotte française à Mers el-Kébir

10 juillet : pleins pouvoirs au maréchal Pétain, début du régime de Vichy
Août : les Japonais pénètrent en Indochine
Août-octobre : bataille d'Angleterre
Septembre : offensive italienne en Cyrénaïque
3 octobre : Vichy : premières lois contre les Juifs
24 octobre : à Montoire, rencontre Hitler-Pétain sous l'égide de Pierre Laval
Octobre-janvier : guerre italo-grecque
5 novembre : réélection de Roosevelt
9 décembre : contre-offensive anglaise en Cyrénaïque
13 décembre : renvoi de Laval

1941
19 janvier : offensive anglaise en Afrique orientale
25 février : Amsterdam : grève de solidarité avec les Juifs arrêtés
26 février : accords Murphy-Weygand
11 mars : aux États-Unis, vote de la loi prêt-bail de fournitures aux armées britanniques
28 mars : les Anglais détruisent une partie de la flotte italienne au cap Matapan
Fin mars-avril : contre-offensive de Rommel en Cyrénaïque
3 avril : en Irak, coup d'État de Rachid Ali (contre les Anglais)
6 avril : l'Allemagne envahit la Yougoslavie et la Grèce
10 avril : proclamation d'un État croate indépendant
11 avril : la Hongrie entre en guerre aux côtés de l'Axe
18 avril : capitulation de l'armée yougoslave – entrée en guerre de la Bulgarie
10 mai : départ inopiné de Rudolf Hess vers l'Angleterre
Fin mai : attaque et prise de la Crète par les Allemands
22 juin : invasion de l'URSS par la Wehrmacht
25 juin : la Finlande déclare la guerre à l'URSS
28-30 juin : prise de Minsk, Lvov

3 juillet : Staline adopte la tactique de la terre brûlée
14 juillet : armistice de Saint-Jean-d'Acre en Syrie
14 août : charte de l'Atlantique signée par Churchill et Roosevelt
21 août : en France, premier attentat contre un Allemand par le colonel Fabien
Fin août : les Anglais et les Russes occupent l'Iran
Fin octobre : grande offensive allemande sur Moscou, sans résultat
7 novembre : vibrant appel de Staline à la résistance patriotique
6 décembre : contre-offensive de Joukov pour dégager Moscou
7 décembre : Pearl Harbor
décembre : les États-Unis déclarent la guerre au Japon – l'Allemagne déclare la guerre aux États-Unis

DE GAULLE : AU-DELÀ DE LA FRACTURE PATRIOTIQUE

Plus que tout autre pays, la France a été fragilisée par le conflit du siècle. Pour une partie des Français, depuis 1918, c'est l'Allemagne qui demeure l'ennemi principal ; n'est-elle pas animée d'un esprit de revanche dangereux pour l'avenir de la nation ? Elle n'a pas été détruite par la guerre, est plus peuplée, ne paie pas vraiment les réparations prévues par les traités...

Cependant, quand Hitler prend le pouvoir en 1933, l'Allemagne se fait menaçante et la politique de la France est alors atteinte de tremblote. La peur d'une nouvelle guerre, les espérances nées du Front populaire, un pacifisme « bêlant » animent la population tout entière, plus apte à se mobiliser pour les républicains espagnols – contre le fascisme – que face à l'Allemagne qu'on cherche à amadouer en imaginant des négociations en forme de fuite – en pratiquant une politique de poltrons. La gauche ne veut pas d'une alliance avec l'Italie fasciste, ni la droite avec le pays des Soviets. L'idéal serait de détourner l'Allemagne contre l'URSS – sauf pour les communistes, bien entendu – ce que pense également une bonne partie des Anglais.

Au vrai, d'autres Français sont convaincus que l'URSS, appuyée par des partis communistes dévoués, est l'ennemi principal : le « danger bolchevik » prime tout. Il faudrait, selon eux, « enterrer la hache de guerre » avec l'Allemagne – une idée lancée par Aristide Briand puis par son héritier, Pierre Laval, qui juge qu'elle doit être appliquée indépendamment du régime que ce voisin peut avoir choisi, Weimar ou le nazisme. La gauche a freiné le réarmement tant que régnaient l'esprit de Briand et celui de la SDN mais, après 1934, c'est au tour de la droite de jouer le pacifisme parce que, alors, une nouvelle guerre pourrait bénéficier à l'URSS, au socialisme. « Plutôt Hitler que Blum » est le slogan que murmurent des hommes tels que Déat ou Doriot. La guerre civile, franco-française, prend désormais le pas sur le patriotisme, démoralisant le simple citoyen submergé par la presse d'extrême droite : *Gringoire*, *Candide*, *Je suis partout* ; ou de droite : *Le Petit Parisien*, *Le Jour*, etc. À droite, seuls des hommes comme Paul Reynaud, Georges Mandel résistent à ce courant : on les qualifie de bellicistes. Georges Bonnet, lui, juge inéluctable la défaite de la France en cas de conflit, et Édouard Daladier, ministre de la Guerre puis président du Conseil, n'est pas loin de penser de même.

Le pacte germano-soviétique, ce Waterloo diplomatique, signifie que l'Allemagne n'aura pas à se battre sur deux fronts. En France, il abasourdit à la fois les communistes et les fascistes. Il a pour effet paradoxal de ressouder quelque peu l'unité nationale (communistes exclus puisque mis en prison par Daladier pour avoir approuvé le pacte « facteur de la paix »). Mais, souterrainement, une fois la guerre déclarée, le schisme demeure. À preuve, quand l'URSS attaque la Finlande, à l'automne 1939, la presse se montre plus violente à l'égard de Moscou qu'à l'égard de l'Allemagne, qui pourtant a écrasé la Pologne et avec qui la France est en guerre. Voilà qui donne comme un coup de sang aux dirigeants français si profondément antisoviétiques. C'est dans ce contexte que se monte l'expédition de Norvège destinée à aider la Finlande autant qu'à « couper la route du fer » à l'Allemagne : plus Daladier y pousse pour cacher son inertie sur le front du Rhin, plus Chamberlain renâcle... car les Anglais en auraient la charge et la responsabilité. Mais Hitler, qui comptait sur la frilosité française, n'imaginait pas que, pour autant que l'URSS était en cause, cette passivité se ferait aussi agressive... En Norvège, il prend de vitesse les Alliés, rapidement réduits à s'agripper à Narvik ; dans cette expédition manquée, la Luftwaffe a montré sa supériorité sur la Home Fleet, autrement dit celle, implacable, de l'aviation sur la marine.

Pour Daladier et Gamelin, l'expédition de Norvège avait aussi l'avantage d'éloigner les hostilités de la frontière française : mais que la Finlande signe l'armistice avec l'URSS, le 12 mars 1940, et s'effondre cette tentative de reculer l'épreuve frontale tant redoutée. Elle a lieu le 10 mai, date à laquelle l'Allemagne envahit les Pays-Bas et la Belgique.

Tandis qu'à Daladier et Chamberlain se sont substitués, plus batailleurs, Paul Reynaud et bientôt Winston Churchill, les forces françaises entrent en Belgique et aux Pays-Bas au secours de leurs alliés – « Il le fallait bien », explique le général Gamelin ; les blindés de Guderian franchissent les Ardennes, marchent sur Dunkerque et prennent les Franco-Britanniques dans une nasse, manœuvre qui annonce l'inéluctable défaite.

Les Français n'avaient pas « pincé les Allemands à la sortie du massif des Ardennes », comme l'avait imaginé

Pétain : regroupés, les blindés allemands avaient gagné la bataille, comme l'avait prédit le colonel de Gaulle. C'est la catastrophe.

Paris menacée, commence l'incroyable exode de ses habitants abasourdis qui, dans leur fuite, croisent des débris d'armées circulant en tous sens, dont on pressent la déroute, et dont on ignorera longtemps qu'elles se sont mieux battues qu'on le disait.

Nul doute qu'à cette date, et pour tous, l'Allemand est bien l'ennemi principal, l'ennemi tout court. Pourtant, bientôt, faute de renforts britanniques que ni Churchill ni le général Dowding à la tête de la Royal Air Force ne veulent distraire de la défense du territoire de la Grande-Bretagne – bientôt menacé –, la rancœur monte chez les dirigeants français, chez les militaires surtout dont l'anglophobie trouve un nouvel argumentaire ; en rendant les hommes du Front populaire responsables de la défaite, ils alimentent les propos défaitistes du nouveau généralissime Weygand, et bientôt de Pétain. Plus la situation s'aggrave et plus le vieux maréchal laisse entendre que seule la fin des combats permettra « la régénération du pays ». À ses yeux, comme à ceux de Weygand, celle-ci devient vite un objectif que cautionne en quelque sorte la défaite. Il n'est donc pas question d'imaginer un repli du gouvernement en Afrique du Nord ou ailleurs. Weygand déclare qu'il ne quittera pas la métropole « les fers aux pieds », et Pétain renchérit en répétant que, lui, il ne partira pas de toute façon.

Sans doute la situation militaire est-elle désespérée ; après que les Allemands occupent Paris, franchissent la Loire, elle impose la fin des combats – mais sous quelle forme ? Capitulation militaire, simple cessation des combats, armistice ?

Or, dans cette débâcle, s'il apparaît que les « durs » qui veulent continuer le combat outre-mer sont submergés, les « mous », qui l'emportent, changent d'ennemi principal. Ce n'est plus désormais l'Allemand, avec qui on va « enterrer la hache de guerre », mais bien le régime, cette IIIe République honnie sur qui ils font retomber l'opprobre de la défaite, et que seul un armistice peut vraiment renverser².

Persuadés qu'avec la défaite la guerre est finie, persuadés également qu'une ère nouvelle s'ouvre et qu'une société autre va émerger, ils donnent libre cours à leur ressentiment contre la République. À première vue, réapparaissaient autour de Pétain ceux qui, le 6 février 1934, ont donné l'assaut au régime, une nébuleuse d'hommes dont Charles Maurras est le maître à penser. Mais le mouvement venait de plus loin.

Les changements vertigineux que l'économie et la société ont connus depuis le milieu du XIXe siècle ont donné corps à toutes sortes de projets, révolutionnaires ou pas, de gauche ou de droite, ou encore ni de l'un ni de l'autre, mais tous volontiers antiparlementaires et hostiles aux partis politiques. Les conflits se nouent lors de l'affaire Dreyfus, de la séparation des Églises et de l'État ; ils se dénouent lors de l'Union sacrée que suscite la guerre de 1914-1918 mais resurgissent aussitôt après. En France, on rejette les solutions adoptées en Russie comme en Italie ou en Allemagne, mais elles ont leurs sympathisants qui, tout en étant contre, se nourrissent de ce qu'on trouve à leur source.

De sorte que, à l'aube d'une deuxième guerre que chacun sent se profiler, on n'entend plus de voix qui défendent fortement la République, les Droits de l'homme et l'idéal des Lumières.

De fait, ce qui frappe pendant cet effondrement, c'est bien l'effacement de ceux qui, durant cette dernière décennie, avaient dirigé et incarné la république : successivement Daladier, lors de la percée de Sedan, Gamelin limogé peu après, Albert Lebrun, Jeanneney et Herriot respectivement président de la République, du Sénat, de la Chambre des députés. Des députés qui, impuissants comme Paul Reynaud, confient le pouvoir au maréchal Pétain. Celui-ci demande le jour même l'armistice avant de confier à Pierre Laval le soin de changer le régime. Dans ce tourbillon, un homme seul, simple secrétaire d'État, essaie de faire face : solitaire mais déterminé.

« En ma qualité de Français et de soldat, je suis écrasé de honte par la capitulation sans combat que notre pays vient de commettre », écrivait, au lendemain de Munich, le colonel de Gaulle au lieutenant-colonel Mayer, de Metz, le 21 septembre 1938[3].

Antimunichois, de Gaulle le fut, comme Paul Reynaud, le seul homme politique à avoir soutenu sa conception d'une « armée de machines ». Il fut aussi le chantre d'une politique offensive avant même que la guerre ne soit déclarée, arguant que la ligne Maginot sacralisée par le régime signifiait de par son existence que, tapie derrière sa muraille, la France ne ferait rien pour aider ses alliés, que l'Allemagne pouvait engloutir.

L'Allemagne, nous disons bien, car c'est elle l'ennemi principal pour cet homme de droite, militaire avant tout et qui, à la différence de Churchill, n'évoque pas la spécificité du régime hitlérien, ne dit pas, comme lui, que convertie au nazisme, elle constitue une menace pour la civilisation.

Cependant, pour vaincre cet ennemi principal, de Gaulle, nationaliste, voire monarchiste par instants, apprécie tous ceux qui, à droite comme à gauche, partagent ses vues sur la nécessité d'avoir une force mécanique, tels Georges Mandel ou Léon Blum, avec cette réserve pour le second que sa méfiance envers une armée de métier – nécessaire pour gérer cette force mécanique – puise à l'idéologie de gauche qui juge toujours suspects, depuis Boulanger, les militaires qui veulent s'approprier l'armée, ou entrer en politique.

Quelques jours après la défaite, de Gaulle écrit au général Catroux pour lui conter ce qui s'est passé juste avant : « Me trouvant au gouvernement les derniers jours de la bataille, j'ai pu voir quelle avait été l'habileté profonde du travail de l'ennemi dans l'entourage des dirigeants et dans l'esprit de ces dirigeants eux-mêmes. Je ne pouvais douter une seconde que la chute de notre ami commun, Reynaud, et l'arrivée au pouvoir du pauvre vieux Maréchal signifiaient la capitulation. Refusant, quant à moi, de m'y soumettre, j'ai gagné Londres pour recréer à partir de là une France combattante[4]. »

Sans doute cette missive n'était pas destinée à la publication. Elle ne saurait dire la force patriotique qui animait les actes de De Gaulle depuis qu'il avait été fait prisonnier en 1914-1918. Cette immobilisation forcée avait exigé de lui une revanche d'action, tout comme celle que son père avait attendue après la défaite de 1871. Son chagrin (selon ses propres termes) s'était transformé en colère au regard des capitulations que son pays avait subies depuis 1933, et au regard également de l'échec personnel qu'avait représenté pour lui le rejet par le monde politique, et par les militaires plus encore, de la forme de réarmement qu'il préconisait et dont l'Histoire lui rendrait justice – trop tard. Certes, il avait remporté un succès personnel en arrêtant près de Laon les blindés de Guderian, mais cette réussite n'avait fait que l'irriter plus encore, tant il apparaissait qu'ayant vu juste, il eût pu, si on l'avait écouté, prévenir le désastre de la défaite.

Les batailles de Belgique, de Dunkerque et de la Somme perdues elles aussi, de Gaulle ne croit pas que la guerre l'est pour autant si la détermination de se battre telle que l'incarne Churchill prend le dessus sur le défaitisme ambiant. « Alors, on se bat ou on ne se bat pas ? » demande-t-il sèchement à Dominique Leca, le 14 juin, quand le directeur de cabinet de Paul Reynaud lui explique sur les routes de l'exode que le président du Conseil envisage de nommer le Maréchal « bourgmestre » de la France métropolitaine pendant que le gouvernement émigrerait à Alger, faute de se replier dans le « réduit breton ». Et, plus sèchement encore, au président du Conseil qu'il sent fléchir sous les coups de Weygand et de Pétain partisans d'un armistice : « Je vous ai donné mon modeste concours, mais c'était pour faire la guerre. Je me refuse à me soumettre à un armistice. Si vous restez ici vous allez être submergé. Il faut gagner Alger au plus vite. Oui ou non y êtes-vous décidé[5] ? »

À peine au pouvoir, quelques semaines plus tôt, Paul Reynaud avait renforcé les liens de son pays avec la Grande-Bretagne en convenant avec elle qu'aucun des deux alliés ne conclurait un armistice si ce n'est d'un commun accord. Lâché par ses ministres pour la plupart ralliés à Pétain et à Weygand, Paul Reynaud démissionne et confie le pouvoir au Maréchal qui s'empresse de demander l'armistice. Brouillé avec le Maréchal et n'étant plus secrétaire d'État dans ce gouvernement qui a trahi sa parole, de Gaulle s'envole seul pour Londres... Seul, mais déterminé[6].

« Mais quelle est au juste votre mission ? lui demande l'épouse de Jean Monnet*, sachant que le général de Gaulle ne figurait pas dans le gouvernement Pétain.

— Madame, lui répond-il, je ne suis pas en mission. Je suis ici pour sauver l'honneur de la France[7]. »

Le 18 juin, avec l'accord de Churchill, il lance son appel, l'appel d'un solitaire, et comme on ignore encore les conditions d'armistice, pour complaire au cabinet britan-

---

* Jean Monnet était alors à Londres, haut fonctionnaire chargé de mettre en commun les forces britanniques et françaises. Il avait pensé répondre à la débâcle par une « fusion entre les deux pays », ce que le gouvernement de Paul Reynaud avait rejeté. « ... on ne fusionne pas avec un cadavre », avait commenté Pétain.

nique, il doit en adoucir les accents vengeurs. Tel Clemenceau qui, en 1917, répondait à celui qui lui demandait son programme : « Je fais la guerre », de Gaulle, en juin 1940, « fait la guerre ». Mais à la différence du Tigre, il n'a ni les armées ni l'État avec lui. « Vous êtes tout seul, lui dit Churchill, eh bien je vous reconnais tout seul[8]. »

D'où lui vient cette arrogance, cette énergie ?

D'un écart, d'un écart secret, peut-être...

Dans sa jeunesse, Charles de Gaulle s'est donné un destin pour la France et jouait au généralissime. Voilà que la guerre qui éclate, en 1914, ne lui donne pas la possibilité d'être à la hauteur de l'idée qu'il se faisait de lui-même. Trois fois blessé, mais jamais gravement, il n'a pas pu acquérir les brevets nécessaires pour assurer ce destin dont il rêve. Ensuite, même son génie prophétique ne lui vaut que l'estime envieuse de ceux qui en connaissent la mesure. Seule une action unique pourra faire de lui ce qu'il pensait devoir devenir.

Et l'action unique, la voilà.

CHURCHILL : *NEVER SAY DIE**

La guerre, telle que l'avait imaginée et jugée nécessaire Winston Churchill, était une guerre imaginaire.

Il comptait sur la Home Fleet ; elle révéla son impuissance face à la Luftwaffe au large des côtes de Norvège. Il comptait sur l'armée française ; la Wehrmacht n'en fit qu'une bouchée.

Comment rendre compte d'un pareil aveuglement sachant que Churchill n'avait cessé de sonner l'alarme pour la raison que son pays ne disposait pas d'une efficace et nombreuse force aérienne ?

---

* Ne jamais désespérer.

Une idée forte l'a toujours animé : la défense est la tactique des faibles. Or, la guerre à peine déclarée, et lui-même devenu lord de l'Amirauté, Churchill observe que ses compatriotes sont à peine plus déterminés que les Français à poursuivre la lutte.

En France, le généralissime Gamelin juge que les traités avec la Pologne ne l'obligent pas à mener d'offensive avant le 12 septembre ; mais à cette date, la moitié de l'armée polonaise a été détruite... alors « pourquoi attaquer ? ». Il estime aussi que des bombardements en Allemagne seraient contre-productifs car susceptibles d'attirer des représailles (*sic*) et d'empêcher le bon déroulement de la mobilisation... En Grande-Bretagne, quand Churchill et d'autres suggèrent de bombarder la Forêt-Noire, Sir Kingsley Wood lance à Lord Amery, un des ministres du cabinet Chamberlain : « Êtes-vous conscient que vous allez bombarder des propriétés privées ? »

Attendre que Hitler se casse les dents sur la ligne Maginot, gagner du temps pour renforcer son propre potentiel, imaginer que peut-être une négociation mettrait fin à la guerre, telles sont les perspectives des anciens chantres de l'*appeasement*.

Or ce n'est pas du tout la façon dont Churchill entendait faire la guerre. Attaquer, attaquer, frapper où on peut, dès qu'on peut.

Il harcèle tous et chacun pour qu'on passe aux actes. Son idée ? Viser les détroits baltiques pour attaquer l'Allemagne par le nord et « tant pis pour la neutralité des petites nations scandinaves, elles ne doivent pas nous lier les mains quand nous combattons pour leurs droits et leurs libertés ». Et « pour que les Allemands ne nous prennent pas à revers eux aussi », Churchill veut mettre fin à la neutralité de l'Irlande, la *so called Eire*.

De façon apparemment paradoxale, l'échec de la campagne de Norvège ne lui est pas imputé à lui, alors qu'il est lord de l'Amirauté, mais à Chamberlain jugé responsable d'un manque de vigilance globale sur la politique de Hitler. Comme Daladier, celui-ci doit quitter le pouvoir et Churchill est nommé à la tête d'un gouvernement de coalition, que les travaillistes rejoignent sans rechigner, à la différence de nombre de ses collègues conservateurs. Cette nomination est mieux accueillie par le pays que par le parlement.

Le 13 mai, à la suite de l'invasion des Pays-Bas et de la Belgique, Churchill trouve des accents qui bouleversent pour annoncer au pays « du sang, du labeur, des larmes et de la sueur ».

Il ne peut pas croire que « 120 tanks » aient pu mettre fin à la puissance française ; pourtant, lorsque Paul Reynaud l'appelle le 15 mai, il mesure mieux l'étendue du désastre. Gamelin explique que, de déboire en surprise, l'armée l'assumait bien. « Il est calme comme s'il analysait la bataille d'Azincourt, commente Churchill. Pas un mot sur l'avenir, pas un mot d'espoir. Il n'y a plus de réserves. »

Les chars allemands sont à Laon.

Une catastrophe qu'entérine bientôt la capitulation du roi des Belges. Pourtant, lorsque Churchill apprend que, depuis Londres, Chamberlain et Lord Halifax essaient comme Daladier d'imaginer des concessions à faire à Mussolini pour gagner sa neutralité, il s'y oppose[9]. Son intransigeante détermination cause la consternation à Paris, car une intervention italienne s'effectuerait d'abord contre la France.

Lors de l'avancée des blindés allemands sur Dunkerque, les quelques divisions britanniques n'obtempérèrent pas aux demandes du général Weygand, nouveau généralissime, d'opérer un mouvement de rupture. La colère monte aussitôt chez les Français et Churchill promet, le 31 mai, d'aider à l'évacuation de Dunkerque, en demandant « d'éviter toute acrimonie entre compagnons de misère, et de tenir la tête de pont de Dunkerque jusqu'au bout, si possible, sans capituler ».

Sans capituler.

John Lukacs, biographe de Churchill, estime que cette détermination, à cette date, avant la bataille d'Angleterre, a constitué le grand tournant du demi-siècle. La veille, le vieux lion a électrisé le peuple britannique : « Nous défendrons notre île coûte que coûte, lui a-t-il dit, nous nous battrons sur les plages, nous nous battrons sur nos aérodromes, nous nous battrons dans les champs et dans les rues. Nous ne nous rendrons jamais même si, ce que je ne crois pas un seul instant possible, notre île devait être asservie ou affamée ; alors notre empire, gardé par la flotte britannique, continuerait la lutte jusqu'au jour que Dieu choisira pour que le Nouveau Monde s'avance pour sauver l'ancien. »

Il l'a dit et le répétera.

Pour la réunion du Conseil tenue à Briare le 13 juin, Paul Reynaud, se sentant en minorité, a appelé Churchill à son secours. Il espère qu'il remontera le moral de Weygand, Pétain, Chautemps et autres. Le débat tourne autour de la parole que la France et la Grande-Bretagne se sont donnée de ne pas conclure d'armistice séparé... Mais quelle aide la Grande-Bretagne a-t-elle apportée à la France, mise à part sa participation, pour un quart, à l'évacuation des soldats français de Dunkerque ? Churchill sait bien que, sur ses trente-neuf escadrons de chasse, cinq seulement se battent en France et qu'il y a fort peu de soldats britanniques sur le sol français. Il y en aura plus à l'automne, promet-il. « À un homme dans le désert vous répondez qu'il boira à la saison des pluies », répond, agacé, Paul Reynaud. Devant la situation désespérée que décrit Weygand, Churchill dit son admiration pour la défense héroïque livrée par les Français et affirme comprendre qu'ils puissent être acculés à céder. Mais l'Angleterre a la ferme résolution de poursuivre la lutte ; il lit alors quelques extraits de son allocution à ses compatriotes : « Si les îles étaient envahies, le pays se défendrait, village après village, et ne se rendrait jamais. » À ce moment, Pétain jette à Eden un regard ironique[10].

Le surlendemain, Paul Reynaud (qui estime ne pas pouvoir violer l'accord du 23 mars selon lequel la France ne peut conclure d'armistice séparé puisqu'il en est le signataire) note que le Premier ministre britannique, plein de commisération, semble se résigner...

Pétain, lui, déclare que l'armistice est inéluctable. Il impute le manque de préparation au Front populaire, tourne en dérision l'idée de poursuivre la guerre en Afrique, conseille aux Britanniques de chercher eux aussi à négocier la paix, les jugeant incapables de résister aux Allemands plus d'un mois. « ... Il est encore temps. » « Vous ne pouvez pas nous laisser combattre seuls pour une cause commune », répond le colonel Spears. Et Pétain : « Vous nous avez bien laissés seuls[11]... »

De fait, voyant la situation désespérée, Churchill garde la Royal Air Force pour la défense de son pays, abandonnant la France... À la façon dont, quelques mois plus tôt, la France a abandonné la Pologne.

Le 18 juin 1940, cinq jours après Briare, au lendemain de la défaite de la France, Winston Churchill prononce un discours inspiré :

« Ce que le général Weygand a appelé la bataille de France a pris fin. La bataille d'Angleterre peut commencer d'un moment à l'autre. Du sort de cette bataille dépend la civilisation chrétienne. Nos mœurs et nos coutumes en dépendent. [...] Toute la furie, toute la puissance de l'ennemi s'abattront bientôt sur nous. Hitler sait que s'il ne nous réduit pas à l'impuissance dans notre île, il perdra la guerre. Si nous arrivons à lui tenir tête, toute l'Europe recouvrira un jour sa liberté. [...] Si nous tombons, alors le monde entier, y compris les États-Unis, sombrera dans l'abîme d'une nouvelle barbarie qu'une science pervertie rendra plus sinistre et peut-être plus longue que l'ancienne.

« Réveillons-nous donc et affermissons-nous dans le sentiment du devoir, conduisons-nous de telle sorte que même si l'Empire britannique devait durer deux mille ans encore, les hommes diront toujours : "Ce fut l'heure la plus belle de leur histoire[12]." »

« Il est encore temps », lui a dit Pétain. Et aussitôt Churchill a senti que la contagion du défaitisme menace son pays, voire les États-Unis. Tout de suite, il câble à Roosevelt, « recours ultime du monde libre » : « Cet homme est dangereux. »

Ce que Churchill craint avant tout c'est, bien sûr, dès la demande d'armistice, que Hitler exige la livraison de la flotte française. Il se contente de demander qu'elle soit désarmée et amarrée dans ses ports d'origine. mais il pense que Pétain, sûr de la capitulation de la Grande-Bretagne – elle aura « le cou tordu comme un poulet », répète Weygand –, la laissera filer entre ses mains. Même si l'amiral Darlan a déclaré qu'elle se saborderait plutôt que d'être livrée... Au regard de ce danger mortel, et du risque qu'une fois la France vaincue Franco ne revendique Gibraltar, ainsi que des manœuvres des chantres de l'*appeasement* toujours en embuscade, Churchill décide de frapper un grand coup : détruire la flotte française ancrée à Mers el-Kébir, à moins qu'elle n'accepte d'aller s'ancrer aux Antilles[13]...

Avec cette action, qui permet à Vichy de justifier un éventuel retournement d'alliance et une collaboration avec l'Allemagne nazie, Churchill empêche tout retour à une politique de conciliation. Les Anglais ont alors le sentiment que la guerre va commencer, cette fois pour de vrai, seul à seul face à l'ennemi. Ils sentent qu'elle sera dure et féroce, s'attendent à des bombardements, sans doute à un débarquement.

Le 14 juillet, Churchill honore avec faste le général de Gaulle et l'amiral Muselier – un de Gaulle déçu que tant de Français sauvés de Dunkerque soient retournés en France au lieu de continuer le combat. Le Premier ministre britannique s'illusionne sur la représentativité de l'homme du 18 juin, à cette date[14].

Le coup de Mers el-Kébir, par ailleurs, rend la position de De Gaulle à Londres intenable. Il avait assuré Spears que jamais Darlan ne livrerait la flotte. La couler, reconnaissait Churchill, et faire 1 300 morts était « un acte odieux ». Mais le danger que, d'une manière ou d'une autre, les Allemands mettent la main dessus était trop grand. Cela, même bouleversé, furieux, en colère, de Gaulle le comprend. Et Churchill, tolérant et démocrate, laisse de Gaulle dire sa colère à la BBC. Mais « il valait mieux que ces navires aient été détruits ».

Plus. Après que le ralliement de Brazzaville a assuré à de Gaulle une base en Afrique-Équatoriale française, Churchill lui fournit des navires qui, essayant de rallier Dakar, sont contraints de tirer sur les Français de Pierre Boisson, gouverneur de l'Afrique-Occidentale française resté fidèle à Vichy.

Ce deuxième drame aurait conduit de Gaulle au bord du suicide, selon une confidence faite à René Pleven.

Durement attaqué aux Communes, Churchill, coresponsable de cet échec, le prend sur lui. Et comme de Gaulle l'a défendu après Mers el-Kébir, jusqu'au bout il défend l'honneur du général de Gaulle.

Six jours après Mers el-Kébir, commence la phase préliminaire de la bataille d'Angleterre qu'inaugure Göring pour neutraliser les ports britanniques, paralyser la Royal Navy et préparer le débarquement (l'opération *See Löwe* [Lion de mer]). Les 700 chasseurs du Fighter Command ont face à eux les 800 chasseurs de la Luftwaffe et 1 000 bombardiers. Après que le 19 juillet 1940, Lord Halifax a répondu par la négative à une proposition de paix de Hitler, la deuxième phase est déclenchée. Elle commence le

10 août et atteint son point culminant le 15 août, avec 1 786 sorties de la Luftwaffe et 75 avions allemands abattus contre 34 pour la RAF. Cet échec cinglant de l'Allemagne s'explique par les renseignements que les Anglais obtiennent grâce à *Ultra*, système de décodage capable de percer les codes ennemis, mais plus encore par l'efficacité de leurs radars, qui leur permettent de prévoir l'arrivée des bombardiers allemands.

Alors Churchill, qui suit de près les opérations sans interférer pour autant dans les décisions du haut commandement, obtient, pour répondre aux Allemands, qu'un coup soit réalisé avant que l'infériorité numérique de la RAF ne la fasse finalement succomber, quels que soient ses succès : un coup offensif, évidemment, le bombardement de Berlin, le 25 août 1940. Furieux, Hitler menace en réponse de « balayer les villes anglaises », un changement stratégique qui va sauver la Grande-Bretagne car la dispersion des raids de terreur sur les grandes villes anglaises, dont Londres et plus tard Coventry, amenuise les risques d'un débarquement. Le 7 septembre, Göring doit reconnaître la faillite de sa stratégie et Hitler renonce à l'opération *See Löwe*[15].

La victoire des Anglais avait tenu à un fil, la Luftwaffe ayant perdu 1 717 avions et la RAF 915, celle-ci avec un potentiel moindre au départ. Surtout, la population civile supporta les bombardements avec un flegme dont les *British News* portent témoignage. La détermination de Churchill n'y fut pas plus étrangère que la sollicitude de la reine pour les victimes et la prise de risque que les dirigeants ne manquèrent pas d'assumer. Quand, à cette date, septembre 1940, on compare les égratignures que la RAF a faites à un hôpital de Weimar ou à la tombe de Bismarck avec les destructions que la Luftwaffe a accomplies à Birmingham, Londres, etc., on mesure la disproportion des forces en bombardiers. Mais qu'au milieu des ruines, Churchill venu apporter son soutien à la population sinistrée fasse le V de la victoire témoigne de sa détermination[16].

Cette « petite bataille » où, comme le dirait Churchill ultérieurement, « un nombre infime d'individus avait assuré la victoire du plus grand nombre* », fut bien un tournant de la guerre par l'importance de son enjeu.

Elle sauva la Grande-Bretagne, mais ne mit pas fin au martyre de ses villes que Göring s'était promis de *Koventrieren*, de détruire complètement.

Après la guerre, il serait affirmé, dans le livre de Frederick W. Winterbotham[17], notamment, que Churchill eut connaissance grâce à *Ultra* du projet allemand de bombarder Coventry. Et qu'il aurait laissé faire pour éviter que la Luftwaffe n'en déduise que les Anglais déchiffraient leur code. En vérité, au dernier moment, une information indiqua que le raid annoncé se dirigeait sur Londres, et Churchill retourna dans la capitale pour y partager le sort de ses concitoyens. Une autre information, parvenue quelques heures seulement avant le bombardement, donnait plusieurs villes possibles, dont « Corn »... mais on ignorait que ce nom fût le code allemand pour « Coventry[18] ».

Attaquer, attaquer toujours, même en position de faiblesse, être offensif, telle est bien l'impulsion que Churchill sait donner aux siens pour relever leur moral et assurer la victoire.

Au moment même où s'accentuent les bombardements sur Londres, il lance un bombardement massif sur Berlin, et la flotte britannique de Méditerranée attaque la base navale de Tarente, mettant hors d'usage la moitié des navires qui y sont mouillés ; forte de ce premier succès, une autre escadre bombarde Gênes, le 6 février 1941, sans

---

* « *Never in the field of human conflict was so much owed by so many to so few.* »

que 200 avions italiens partis à sa recherche puissent la retrouver.

Simultanément, obsédé par le besoin de venger l'échec de la première expédition de Norvège, Churchill lance un grand coup de main sur les îles Lofoten en mars 1941, en s'appuyant sur les noyaux résistants de Norvège et en faisant appel à des commandos formés avec des Norvégiens entraînés aux îles Shetland. Ce débarquement est un succès, même si le commando repart très vite. Le *Journal* de Goebbels en témoigne. Le 8 mars, il écrit : « L'attaque a été plus sérieuse qu'on le pensait. Nous avons perdu 15 000 tonnes. L'espionnage norvégien y est pour beaucoup [...]. » Il écrit le 9 qu'« il ne faut plus en parler et que Terboven (le Premier ministre) prend des mesures que les anglophiles n'oublieront pas de sitôt ». Le 22 mars, Goebbels note que le responsable de la propagande, Lunde, est intelligent « pour un Norvégien », que Quisling et les siens font des progrès mais que, majoritairement, les Norvégiens sont pro-Anglais. « Aux Lofoten, nos pertes ont été sérieuses », commente-t-il. En Grande-Bretagne, les *British Pathé News* donnent un grand écho à cette expédition, et le commando se voit, à son retour, félicité par le roi de Norvège[19].

Mers el-Kébir, Berlin, Tarente, les Lofoten : quatre opérations offensives à l'heure où Hitler croyait Churchill à genoux.

Voilà qui devrait convaincre Staline que les Anglais font vraiment la guerre. En lui envoyant comme ambassadeur Stafford Cripps, cet antifasciste confirmé, Churchill espère que le Soviétique comprendra que son ennemi principal n'est plus l'Angleterre mais l'Allemagne.

En tous les cas, Staline comme Hitler ont de quoi s'interroger[20].

HITLER : L'ANGLETERRE NE JOUE PAS LE JEU

Churchill était la bête noire de Hitler, et cela bien avant que la guerre ait commencé. Plus que sur Chamberlain ou Halifax, il compte sur le vieux Lloyd George pour s'en débarrasser.

En octobre 1939, un article de Bernard Shaw a fait rire le Führer : « Plutôt que de se débarrasser de l'hitlérisme, disait l'humoriste, débarrassons-nous du churchillisme. » Il allait dans le sens d'un article de Lloyd George paru dans le *Sunday Express*, qui mettait en garde contre le refus de reconnaître le nouveau statut de la Pologne désormais partagée en deux. Un tel refus ferait de l'Angleterre, si elle se ralliait à Churchill, alors omniprésent dans la vie politique britannique même s'il n'était que lord de l'Amirauté, un ennemi irréconciliable de l'Allemagne.

L'élimination du vieux lion en Grande-Bretagne permettrait un rapprochement que le Führer ne manque pas de souhaiter : il préfère en effet que l'Empire britannique demeure – quitte à en obtenir quelques fragments – plutôt que de le voir dépecé par les États-Unis ou par le Japon. Mais que l'esprit de Churchill l'emporte et il faudra alors écraser la Grande-Bretagne et l'accuser de tous les maux[21]. Par exemple, à peine un « *livre blanc* » britannique dénonce-t-il les camps de concentration en Allemagne que Goebbels prépare un « *livre blanc* » allemand dénonçant les crimes anglais aux colonies...

Après les palinodies de Chamberlain, les reculades de Daladier et l'accueil de Staline, Hitler est tout surpris que Londres s'engage fermement à soutenir les Polonais ; la déclaration de guerre de la Grande-Bretagne puis celle de la France le désorientent.

Mais l'odeur du combat le revigore, puis la victoire éclair de la Luftwaffe de Göring – suivie par les premiers massacres de Polonais pris en otages.

Il reste que l'entrée en guerre de la Grande-Bretagne et de la France pouvait signifier que la guerre serait longue alors que le programme de la Luftwaffe ne devait être prêt qu'en 1942, celui de la marine en 1943. « Pour les militaires, l'armée n'est jamais prête, mais l'important est que nous soyons plus prêts que les autres », dit Hitler à Goebbels à la fin d'octobre. Ce qu'il ne comprend pas c'est que les Français demeurent inertes. « Les duels d'artillerie sont ridicules [...] et ne font rien pour aider les Polonais. S'ils n'ont rien fait à ce jour (le 13 octobre), que peuvent-ils faire désormais ? » « C'est vraiment incompréhensible », ajoute-t-il.

« Notre véritable ennemi c'est la Grande-Bretagne, répète-t-il encore, pour s'en prendre à Churchill, à Churchill seul. La puissance de la Grande-Bretagne est un mythe, ce n'est plus une réalité, on doit la mettre KO, autrement, il n'y aura plus de paix dans le monde. »

Ces propos sont tenus en privé. En privé également il s'en prend au Suédois Sven Hedin, qu'il avait rencontré quelques jours plus tôt et qui, dans le *News Chronicle*, écrit qu'au fond le véritable ennemi de l'Allemagne, c'est la Russie. Est-il de connivence avec les pacifistes anglais, tel Lord Halifax qui avait précisément transmis à Maïski, ambassadeur de Staline, que les Anglais pourraient faire la paix avec l'Allemagne moyennant la cession de quelques colonies ? « Il ne faut plus parler des pacifistes anglais », intime Hitler à Goebbels... Devant la passivité française, Hitler vise plus loin...

Que signifie ce comportement ? Que l'intercession de ces pacifistes ne l'intéresse plus dès qu'il juge qu'une fois la France vaincue – ce qui pour lui ne fait pas de doute – l'arrêt de la guerre l'empêcherait de profiter de son avantage pour mettre l'Angleterre à genoux ? Ou que, conscient de ne pouvoir la mettre à genoux faute d'une marine insuffisante, il craigne que faire semblant de souhaiter qu'en Angleterre triomphent les « mous » risque de le faire passer, lui, Hitler, pour un « bluffeur » : et rien ne l'irrite plus que d'entendre les Anglais le dire ou d'imaginer qu'ils le pensent... « Faire descendre l'Angleterre de son cheval » est donc une priorité. Avant d'en finir avec le bolchevisme et la multitude slave, mais cela se fera « sans effort »...

Le 22 janvier 1940, Hitler expose à la famille Goebbels ses projets : « Il a en tête la guerre contre la Grande-Bretagne. Dès que la météorologie le permettra, l'Angleterre doit être chassée d'Europe et la France détruite comme grande puissance. Ensuite l'Allemagne aura l'hégémonie en Europe et la paix régnera. C'est notre but, notre but éternel. Ensuite il restera aux affaires pour accomplir certaines réformes sociales, se retirera après quelques années et confiera le pouvoir à d'autres pour pouvoir écrire une sorte de bible du national-socialisme en quelque sorte[22]. »

Rencontrant Mussolini au col du Brenner, le 18 mars 1940, il fait état de dispositions voisines, affirmant que l'alliance avec l'URSS est purement « tactique », que seule l'Italie est un véritable ami. Il regrette sans doute que Mussolini n'ait pas menacé de participer au conflit en septembre 1939, ce qui aurait pu empêcher la guerre. Il comprend que l'Italie doive être prête avant de s'engager. Mais il suggère qu'un tel geste serait souhaitable bien qu'il n'ait pas plus besoin de son aide maintenant que contre la Pologne hier... Souhaitable si le Duce veut devenir le maître en Méditerranée ; car, alors, il aura participé à l'anéantissement de la Grande-Bretagne[23].

Craignant que, comme en 1914-1918, les Franco-Britanniques n'appliquent les vieilles idées de guerre périphérique, et n'interviennent en Norvège « pour aider la Finlande », Hitler admet l'avis de la marine qu'il faut les y précéder. Les Anglais entendent miner les côtes de Norvège pour « couper la route du fer » aux Allemands, ce qui donne un prétexte pour agir, agir vite et imaginer la constitution d'un « bloc nordique » ; de là-bas, les Allemands pourront bombarder la Grande-Bretagne.

La *Weserübung* (opération Weser) fut un grand succès : les Alliés furent pris de vitesse et, en Norvège, ne gardèrent que Narvik tandis que le roi de Danemark capitulait et que celui de Norvège devait se réfugier en Grande-Bretagne. Cependant, ce qui était un véritable échec pour les Alliés n'était pas pour autant un vrai succès pour Hitler car, si la Luftwaffe avait montré sa supériorité sur la Home Fleet, celle-ci avait mis hors de combat une bonne partie de la marine allemande de surface.

En Pologne, Hitler avait laissé le haut commandement mener la guerre à sa guise, et les plus hautes palmes du succès étaient revenues à la Luftwaffe de Göring : il avait écrasé dans l'œuf toute tentative de résistance organisée des Polonais. Tout au plus Hitler reprochait-il à Brauchitsch et à son état-major « de ne pas comprendre nos positions racistes » en freinant les exécutions massives d'otages auxquelles procédaient les SS.

En Scandinavie, une fois de plus la Luftwaffe avait été à l'honneur, et la marine participa malgré ses pertes à ce triomphe que glorifia le Führer.

Hitler avait laissé les chefs militaires prendre leurs responsabilités : le général Warlimont nota qu'il était nerveux, peu sûr de lui, agité, déséquilibré – bref, peu fiable mais l'addition de ce succès à ses précédents était telle que nul n'osait mettre en doute son autorité[24].

Lukacs observe que c'est pour préparer la campagne de France que Hitler s'implique pour la première fois directement dans la stratégie à suivre. Le Führer ne met pas en cause la compétence opérationnelle des généraux de la Wehrmacht mais leur manque d'audace, de créativité. Or il se trouve qu'il a la même idée que le général von Manstein : le passage en masse des panzers par les Ardennes réputées infranchissables pendant que les forces alliées se précipiteraient au secours des Néerlandais et des Belges, envahis au préalable. Ce coup de faucille était destiné à prendre les Alliés dans une nasse qu'on refermerait en marchant sur Dunkerque. Le succès de l'opération augmenta l'ascendant que Hitler exerçait sur les forces armées.

On a cru à tort que, si ses armées avaient interrompu leur marche en avant durant quelques jours, le temps que Français et Britanniques évacuent Dunkerque (non sans avoir perdu plusieurs centaines de milliers de soldats faits prisonniers), c'était parce que Hitler ménageait l'Angleterre dans l'attente d'une demande de négociations. Point : il donnait raison aux chefs militaires, partisans de regrouper les forces avant de marcher sur Paris[25].

La victoire sur la France une fois acquise, il ressort de ses entretiens avec Goebbels, Mussolini, Halder, etc., que Hitler considère toujours la Grande-Bretagne comme l'ennemi principal – l'URSS est jugée provisoirement sûre parce que respectant le pacte germano-soviétique et trop impuissante pour constituer une menace. Le 25 juin, il dit cependant à Goebbels qu'« il ne sait pas encore s'il agira contre la Grande-Bretagne car il veut préserver son Empire – "il ne faut pas que le sang allemand profite aux Américains et aux Japonais" – mais qu'il désire une paix générale dès que possible... ». Or, après l'armistice français, aucune offre ne vient de la Grande-Bretagne, Mers el-Kebir manifeste la détermination de Churchill, et, pensent alors les dirigeants nazis, « les Anglais n'ont aucune idée de ce qui les attend ».

Après un mois d'hésitation, le 19 juillet, Hitler fit alors le grand discours sur la victoire qu'on attendait, rendant l'Angleterre responsable de la poursuite de la guerre. Ce discours reçut l'accueil enthousiaste d'un public plus belliqueux et anglophobe que précédemment. Il prenait la forme d'un appel à la raison avec menace de destruction du pays si le gouvernement n'ouvrait pas la porte à des pourparlers de paix. Ribbentrop confirma au comte Ciano qu'au fond Hitler souhaitait que cet appel ne soit pas repoussé. Il le fut sèchement, par Lord Halifax, qui avait été un chantre de l'*appeasement*[26].

L'idée d'un débarquement en Angleterre avait néanmoins pris forme sous le nom de *See Löwe*. Ni l'amiral Raeder ni les commandants de l'armée de terre n'y étaient vraiment favorables tant que la Luftwaffe n'aurait pas détruit la Home Fleet. Hitler lui-même n'était pas enthousiaste. Mais les assurances de Göring, fait maréchal pour ses succès en Pologne, en Norvège, en France, le convainquirent de passer à l'acte.

Sauf que, à la fois circonspect et sûr de lui, Hitler imagina que les Britanniques ne cédaient pas parce que, au fond, ils comptaient sur un retournement de Staline ; il en déduisit que, pour mettre l'Angleterre à genoux, il fallait au préalable écraser la Russie. Jodl fut informé de cette manière de voir le 29 juillet 1940 et annonça au commandement « que Hitler avait décidé une fois pour toutes de se débarrasser du bolchevisme par une attaque surprise en mai suivant », de sorte qu'à l'automne… 1941, tout serait possible face à la Grande-Bretagne[27].

Le 1er août 1940, Hitler n'en signait pas moins une directive pour intensifier la guerre aérienne et navale contre la Grande-Bretagne « en vue de son assujettissement final ». Espérait-il que la Luftwaffe, comme Göring le lui avait assuré, permettrait à elle seule d'atteindre l'objectif ? Ce n'en était pas moins le projet d'une guerre sur deux fronts, qui rendait caduc le grand succès qu'avait été le pacte germano-soviétique.

L'offensive aérienne contre la Grande-Bretagne avait commencé, au vrai, dès la mi-juillet, pour rendre inutilisables les ports. Mais elle ne prit vraiment son élan qu'autour du 10 août, sans fanfare, l'idée d'un compromis possible devant être sauvegardée. Selon les comparaisons utilisées par Goebbels, « Verdun, oui, Carthage, non », toujours pour cette raison que la chute de l'ennemi principal pouvait avoir pour l'Allemagne des effets pervers.

Le refus obstiné de l'Angleterre de répondre à son appel du 19 juillet irritait au plus haut point Hitler, et plus encore sa résistance à des opérations qui devaient détruire ses villes comme Coventry (*Koventrieren*) et la rayer de la carte (*ausradieren*). Le Blitz n'eut pas les effets imaginés, et son échec fut bien une déconvenue personnelle pour Göring, qui avait sous-évalué le rôle et la qualité des chasseurs Hurricane ou Spitfire, et surtout mal perçu le rôle des radars[28].

Du 10 juillet au 31 octobre 1940, alors que la RAF avait perdu 915 appareils, la Luftwaffe comptait 1 717 avions abattus. Certes le Blitz avait fait 23 002 morts et 32 138 blessés, mais Hitler attendait bien plus de victimes des 30 202 tonnes de bombes lancées sur la Grande-Bretagne (34 203 selon les Britanniques), dont près de 60 % sur Londres. L'échec des Allemands se mesure au faible total des bombes qu'ils purent lancer l'année suivante, en 1941 : 2 176 tonnes.

« Patience, patience », répète encore Hitler, le 1er et le 5 novembre 1940, mais il ne croit plus à la victoire aérienne depuis la fin de septembre, date à laquelle il a annulé *See Löwe*, qui d'ailleurs n'a pas été préparé en profondeur.

Le Führer a conscience de cet échec, diplomatique et militaire, qui se double d'une autre faillite, moindre sans doute, auprès de Franco. Celui-ci a des exigences excessives pour prix de sa participation à une guerre contre l'Angleterre, ce qui obère les chances d'une destruction de la puissance anglaise en Méditerranée. « Plutôt m'arracher quatre dents que négocier encore avec Franco », dit-il après sa rencontre avec le Caudillo, qui précède celle avec Pétain, à Montoire. Surtout, il n'a alors que propos de haine et de mépris pour l'Angleterre.

Elle a soutenu la Pologne, est entrée en guerre, lui résiste au lieu de négocier : non, décidément, l'Angleterre ne joue pas le jeu[29]...

Pendant ces mois d'été, Hitler n'a cessé de s'interroger sur l'identification de son ennemi principal, l'Angleterre ou la Russie bolchevik ? Et de se demander dans quel ordre il doit les vaincre – alors que la conclusion du pacte germano-soviétique répondait implicitement à la question.

Voilà que la résistance de l'Angleterre le faisait renoncer à son idée d'une succession de conflits. Le 23 juillet 1940, il s'en était expliqué au général Halder après qu'un rapport du grand état-major lui eut fait savoir qu'attaquer l'URSS cet automne 1940 n'était pas possible.

« L'Angleterre fonde tous ses espoirs sur la Russie et sur l'Amérique. Si l'espoir en la Russie disparaît, l'espoir en l'Amérique disparaît du même coup parce que l'élimination de la première entraînerait une immense augmentation des possibilités du Japon en Extrême-Orient. [...] Que la Russie soit battue, et le dernier espoir de l'Angleterre s'évanouira. Il serait alors le maître de l'Europe et des Balkans. » « À moins, autre hypothèse, de s'allier vraiment l'URSS pour abattre l'Angleterre... », lui dit-il trois jours après[30].

« Mais, conclut-il les deux fois, il faut agir en 1941 parce qu'en 1942 les États-Unis seront prêts à faire la guerre. »

Plus tard, en 1945, Hitler ferait valoir qu'il avait eu peur que Staline fût capable d'attaquer le premier. Mais au vu des jugements qu'il porta alors, et combien de fois, sur l'incapacité de l'URSS à se battre (même si elle avait fini par imposer sa paix à la Finlande), on ne peut croire que ce fut cette raison-là qui l'amena à demander, dès juillet 1940, qu'on préparât ce qui serait le plan Barbarossa[31]. Il pensait, prédisant les succès du candidat républicain Wendell Willkie, que les États-Unis demeureraient hors de la guerre, mais il changea d'avis après la réélection de Roosevelt en novembre 1940 ; la loi prêt-bail de fournitures aux armées britanniques qui suivit mettait une part de l'industrie américaine au service des Britanniques.

Ambassadeur de Roumanie à Moscou en 1941 (après avoir été ministre des Affaires étrangères), et anglophile, Grégoire Gafenco a écrit à chaud son analyse de la politique hitlérienne vis-à-vis de l'URSS. L'idée essentielle de Hitler, selon lui, était bien que les ressources de l'URSS devaient jouer désormais pour l'Allemagne le rôle que les ressources des États-Unis jouaient pour la Grande-Bretagne. Dès lors, autant mettre la main dessus sans subir les caprices possibles de la politique de Moscou. Plutôt que de dépendre de la Russie, et de plus en plus à mesure que la guerre s'allonge, autant l'avaler. En outre, si l'idée d'une conquête de la Russie et de l'Ukraine apparaît bien conditionnée par les nécessités de la lutte contre l'Angleterre (et sans doute bientôt contre les États-Unis), elle ramène Hitler à ses sources, aux origines de la popularité qu'il a pu acquérir par son hostilité au bolchevisme. Ce passage à une guerre de croisade lui vaudra la sympathie de tous ceux qui, en Europe occidentale, craignent plus que tout les progrès du bolchevisme, et, plus loin à l'est de ceux qui – en Turquie, Iran, Afghanistan – voient avec bonheur la puissance russo-soviétique prise à revers.

C'était pour les Allemands un sentiment nouveau que celui de pouvoir se présenter en libérateurs, de s'acheminer vers une unité supérieure, la construction européenne, dont ils seraient les chantres. Mais cet ordre nouveau ne serait enchanteur que si, au moment de l'instaurer, l'Allemagne était capable de nourrir ces peuples, ce que le blocus britannique rendait de plus en plus difficile. « Pour vaincre l'Angleterre, Hitler avait dû conquérir l'Europe ; pour rester maître de l'Europe, Hitler devait la nourrir ;

pour pouvoir la nourrir, il devait s'assurer de la maîtrise de la Russie[32]. »

Pourtant les jeux n'étaient pas faits.

L'idée, défendue entre autres par Ribbentrop et l'ambassadeur à Moscou, Schulenburg, d'un bloc continental, de l'Espagne à l'URSS et au Japon, qui perpétuerait l'unité de la lutte contre la Grande-Bretagne, était toujours une alternative possible à Barbarossa. Elle permettrait au Japon, libre du côté russe, de neutraliser les Américains en dominant le Pacifique.

Sauf que, à l'ouest, le refus de Franco d'y participer sans larges compensations, à l'est les réticences japonaises à s'engager, et la poussée russe vers les Balkans handicapaient fortement ce projet. Cette poussée russe était-elle une réponse à celle des Anglais ? ou une réponse à la réorganisation de l'Europe danubienne que Hitler, le victorieux, avait imposée à l'« arbitrage de Vienne », en août 1940 – à l'avantage de la Hongrie surtout, de la Bulgarie ensuite, et aux dépens de la Roumanie[33] ?

Lorsqu'en novembre 1940, à Berlin, Molotov rencontre Hitler, la mise en place du plan Barbarossa ne s'interrompt en rien. Sa pointilleuse obstination à l'interroger sur ce *Drang nach Osten* ne manque pas de surprendre le Führer, mais les reculs de Staline devant ses avancées en Roumanie, en Bulgarie, en Yougoslavie renforcent ses certitudes : l'ennemi fondamental qu'était le bolchevisme sera terrassé sans effort. La Wehrmacht en juge ainsi et lui-même l'a toujours pensé. Il pense aussi qu'étant donné que l'essentiel de la guerre avec la Grande-Bretagne se déroule seulement sur mer et dans les airs, il ne s'agira pas vraiment d'une guerre sur deux fronts.

Les signes annonciateurs de la rupture se multiplient. Ribbentrop ayant évoqué la possibilité d'une ouverture de l'URSS sur le golfe Persique, Göring justifie le retard des livraisons allemandes à l'URSS par la destruction des usines à l'ouest, et les reconstructions nécessaires. Surtout, les deux entretiens de Molotov avec le Führer, d'une durée, l'un de deux heures trente et l'autre de trois heures trente, montrent l'incompatibilité des points de vue. « Nous sommes en guerre, pas vous », explique Hitler pour justifier sa pénétration en Finlande et en Roumanie, pas prévue par le pacte. « Le nickel et le pétrole, nous pourrions comprendre, mais avec notre accord, et cela ne rend pas compte de la présence de troupes allemandes dans ces deux pays », répond en substance Molotov. « Et que se passe-t-il en Bulgarie ? » ajoute-t-il. Hitler doit suspendre cette première séance pour faire valoir, à la seconde, qu'à la différence de la Roumanie, la Bulgarie n'a pas demandé de garantie à Moscou. Bref, on n'avait jamais parlé au Führer sur ce ton, un ton acrimonieux[34].

À ses proches, Hitler énonce toute une série de jugements sur les Russes, « cette race de lapins », et sur l'état catastrophique de leur armée : « Elle est à peine capable de se battre. Ceci rend compte sans doute de l'entêtement des Finlandais. » Il est probable que le « bas niveau d'intelligence moyenne des Russes, dit-il, les rende incapables d'utiliser des armes modernes. En Russie, comme partout, le centralisme est la mère de la bureaucratie et l'ennemie de toute initiative individuelle. On a donné la terre aux paysans et ceux-ci se sont assis à côté sans rien faire. Ensuite ils ont créé des propriétés d'État pour cultiver les champs ainsi négligés. Pareil dans l'industrie. Le mal a pénétré le pays entier et les rend incapables d'utiliser leurs forces de la bonne manière ». « Vraiment on s'est trouvé de bons alliés », commente Goebbels.

À nouveau, en 1941, Hitler commente : « Ils étaient coincés en Finlande. L'Armée rouge semble vraiment avoir peu de valeur... » « Mal entraînés, mal armés, c'est le vrai bilan du bolchevisme, assène-t-il une autre fois pour commenter les parades militaires à Lvov. Le bolchevisme a balayé la vieille élite européenne. Elle seule pouvait faire de la Russie un colosse capable d'action politique. Heureusement, ce n'est plus le cas. La Russie reste la Russie. Le tout est d'empêcher le bolchevisme de gagner l'Europe[35]. »

Au printemps 1941, Hitler ne cesse de déplacer des troupes vers la frontière soviétique. Il en envoie aussi en Finlande qui a pourtant signé avec l'URSS la fin des hostilités. Il en envoie en Bulgarie, en Roumanie. Plus l'URSS se montre ponctuelle dans les livraisons de matières premières promises, plus l'Allemagne ralentit les siennes.

« Staline est comme un lapin devant un serpent », commente Hitler.

Staline venait d'accorder sa garantie à la Yougoslavie dont le nouveau gouvernement était issu d'un coup d'État contre le prince régent Paul qui venait d'adhérer au pacte tripartite en présence de Hitler. Était-ce un affront ? Il semble que non car les Soviétiques assurèrent le Führer que leur garantie s'inscrivait dans le cadre des bonnes relations germano-soviétiques. Quant au coup d'État contre Paul, même si en bénéficiait un anglophile, Gavrilovió, il était moins dirigé contre l'alliance allemande que contre la politique procroate du gouvernement de Belgrade. Quoi qu'il en fût, le Führer se jugea offensé. Il hâta l'entrée de la Wehrmacht en Yougoslavie, qui eût dû se faire pacifiquement, afin d'atteindre la Grèce, de sauver les armées italiennes, mal en point, et de prévenir une installation en force des Anglais. Salonique devait être la récompense promise au prince Paul. Mais celui-ci n'était plus en poste, et, en guise de récompense, Belgrade subit un terrible bombardement, puis une invasion depuis l'Autriche, la Hongrie, la Bulgarie. Hitler fit savoir à ses généraux que l'opération retarderait Barbarossa d'un mois et qu'il faudrait prélever quelques troupes déjà postées en Europe orientale.

À Zagreb, où la Wehrmacht prit de vitesse les Italiens, l'accueil des Croates fut délirant – les images en témoignent – tant leur ressentiment était grand contre les Serbes jugés maîtres abusifs de la Yougoslavie. Jusqu'à

Belgrade, Hitler suivit les opérations dans son train spécial, « il les dirigeait », commentèrent les *Deutsche Wochenschau* ; de fait, à côté de Göring, en superbe uniforme blanc, les généraux Jodl et von Brauchitsch font modeste figure, alors que Hitler n'a jamais paru aussi satisfait de lui[36].

C'est la dernière fois qu'on le voit dans cette posture.

C'est alors que survient l'affaire Hess.

L'escapade de Rudolf Hess :
Churchill, Hitler et Staline s'interrogent

L'entreprise de Hess fut la dernière de ces tentatives, vaines il est vrai, de l'Allemagne nazie de trouver un compromis avec la Grande-Bretagne.

Sauf que, de celle-ci, Hitler ne sut rien.

Le 11 mai 1941, l'un des aides de camp du bras droit de Hess, Karl Heinz Pintsch, apporta au Führer une enveloppe que Hess lui avait confiée. Alfred Speer entendit soudain « un hurlement presque animal ». « Où est Bormann ? » Le Führer était blême. Dans sa lettre, Hess expliquait qu'il s'était envolé pour l'Angleterre afin de rencontrer le duc de Hamilton – membre d'un groupe toujours partisan de l'*appeasement* – pour réaliser la vieille idée du Führer d'une amitié avec la Grande-Bretagne que, malgré tous ses efforts, celui-ci n'était pas parvenu à traduire dans la réalité. Si le Führer n'était pas d'accord, il n'aurait qu'à le déclarer fou.

De fait, parvenu au-dessus de l'Écosse, Hess avait sauté en parachute, son avion s'était écrasé, il avait été arrêté, son identité révélée. Il avait pu rencontrer le duc de Hamilton qui avait voulu avertir le roi, expliquant qu'il était venu de sa propre initiative pour enterrer la hache de guerre avec l'Angleterre. Il était venu convaincre les Anglais, à l'insu du Führer, pour faire comprendre que, puisque l'Angleterre ne pouvait gagner la guerre, la solution la plus sage était de faire la paix[37].

Cette incroyable escapade, chacun l'interpréta différemment en Allemagne, en Grande-Bretagne, en URSS.

Alerté, Churchill d'abord n'y prêta pas attention. Il était au cinéma, regardait les Marx Brothers dans *Go West*, et ne voulait pas être dérangé. Puis il s'interrogea sur l'interprétation à donner à l'événement.

Hitler, lui, enrageait. Il se demanda si Hess était assez bon pilote pour parvenir à destination, prévint d'urgence Mussolini pour que le Duce ne pût croire que se préparait une paix séparée. Aussitôt, un communiqué mentionna que des troubles mentaux pouvaient faire craindre que Rudolf Hess ait eu des hallucinations. Sans doute avait-il eu un accident. Quand Goebbels arriva le lendemain, Hitler était abattu, et le ministre de la Propagande d'en rajouter : « Quel spectacle pour le monde, un détraqué au secours du Führer ! »

Quand on apprit par un communiqué de Londres que Rudolf Hess était aux mains des autorités britanniques, les dirigeants nazis eurent un moment de panique à l'idée qu'il avait pu faire connaître aux Britanniques la date de l'opération Barbarossa, fixée un mois plus tard. Le 13, Hitler fit un discours devant les gauleiters : presque en larmes, il parla de loyauté et de trahison, et des troubles mentaux de Hess.

Telle était la simple vérité.

Mais même en Allemagne d'aucuns n'y crurent pas, persuadés que Hess n'avait pu agir sans l'aval du Führer, à moins d'imaginer qu'il y avait des divergences au sein de la direction du pays. Aussi Göring, lui-même à l'origine des démarches de Dahlerus (un Suédois chargé de sonder les Britanniques sur d'éventuelles négociations de paix), quelques mois plus tôt, prit-il le soin de montrer son affection pour Hitler afin de ne pas laisser se développer cette idée.

En Angleterre, Churchill n'entend répondre à Hess en aucune manière. Il est bien persuadé, tout comme Eden, que le Führer n'est pas à l'origine de cette mission, mais il s'interroge sur sa fonction et sur les possibilités de l'exploiter. Mais ni Lord Simon, ni l'Américain Summer Welles ne peuvent extraire de Hess une véritable information sur la politique du Führer. Il semble bien que Rudolf Hess ait eu pour intention à la fois de faire revenir Hitler à une politique exclusivement antisoviétique et de l'y aider en lui ouvrant les voies de la paix à l'ouest. Mais avant tout, il a cherché ainsi à gagner la haute grâce de son cher Führer. Lord Halifax, Eden, etc., convainquent Churchill qu'il fallait garder Hess « en réserve », comme prisonnier, et se contenter d'exploiter l'idée que son aventure trahissait le désarroi des dirigeants nazis[38].

À Moscou, Staline est d'abord persuadé que cette mission est bien la preuve que les Anglais, qui l'ont concoctée, juge-t-il, sont prêts à faire la paix avec l'Allemagne pour que celle-ci puisse attaquer l'URSS en ne combattant plus que sur un seul front. Les rapports de l'ambassadeur Maïski le confirment dans cette idée puisque l'interrogatoire de Hess a été confié à un membre du groupe de l'*appeasement*, Lord Simon. Il croit également qu'il existe une dissension entre les dirigeants nazis.

Finalement, on jugera à Moscou que c'est bien Hitler qui a envoyé Hess en Angleterre avant de lancer Barbarossa, mais que les Anglais l'ont mal reçu... Et il faudra le discours de Churchill, le 22 juin, offrant son appui total à Staline pour que celui-ci revienne sur cette opinion – enracinée depuis l'automne 1939 : que la politique anglaise avait pour unique but d'amener l'Allemagne à attaquer l'URSS[39].

STALINE : UN COMPORTEMENT « À LA MUNICH »

Les Mémoires d'un certain nombre de militaires corroborent le témoignage de Khrouchtchev publié en 1971, sur le désarroi de Staline et son incapacité à saisir l'étendue du désastre qui suivit l'attaque allemande, le 21 juin 1941. Par exemple, il ne prit la parole que le 3 juillet et ne se plaça à la tête du haut commandement qu'un mois après. L'amiral Kouznetsov rapporte qu'il n'apparut au GQG que la deuxième semaine de la guerre et ne prit la direction des combats qu'après le discours du 3 juillet. Le maréchal d'artillerie, Voronov, vit rarement Staline les premiers jours, et le trouva nerveux, déprimé. La nature des ordres qu'il donnait témoignait de sa méconnaissance de la situation, affirment les généraux Tiulenev, Boldin et le maréchal Bagranian. Le commandant du front Ouest, le maréchal Eremenko, quitta Moscou sans même avoir rencontré Staline. Renfrogné, celui-ci ne voyait que ses proches et ne mesura que lentement l'étendue du désastre[40].

À ces témoignages critiques, s'oppose celui de Molotov, donné en 1991. Dans ses entretiens avec Félix Tchouev, ce dernier présente une version beaucoup plus favorable à Staline. Ce qui la dévalue, bien sûr, est que Molotov nie par ailleurs l'existence des clauses secrètes qui accompagnaient le pacte de non-agression germano-soviétique qu'il a lui-même signé*. Sans doute, Khrouchtchev l'ayant exclu de la direction de l'État comme membre du groupe « antiparti », Molotov se plaît-il à le contredire sur des points essentiels. Par exemple, il affirme que Staline n'a subi aucune crise dépressive à l'annonce de l'invasion allemande, accuse Joukov d'avoir menti sciemment en écrivant qu'il « avait réveillé » Staline pour l'informer de la

---

* Cette dénégation signifierait-elle que les clauses secrètes ne l'étaient pas pour tous ?

gravité de la situation, etc.⁴¹. Son plaidoyer mérite pourtant quelque attention, car il ne saurait tout travestir.

Sur le point précis de la crise dépressive, le *Cahier des rendez-vous* (autrement dit l'agenda) de Staline atteste d'ailleurs que, le 22 juin, celui-ci a reçu 29 personnes dès 5 h 45 du matin – parmi lesquelles Molotov, Beria, Timochenko, Mekhlis, Joukov, le 23 juin, 21 personnes, etc. Ce même *Cahier* atteste que Molotov est le *seul* des dirigeants à voir vu Staline tous les jours, et le premier, à partir du 22 juin – sauf les 30 juillet et le 1ᵉʳ août, et cela pendant de très longs mois. Autrement dit, il a été vraiment le plus proche de ses collaborateurs. D'autres témoignages vont dans le sens de celui de Molotov. On y reviendra⁴².

Comme Khrouchtchev, Molotov estime qu'il est ridicule d'imaginer un seul instant qu'on ne s'attendait pas à une attaque allemande. Mais Staline faisait tout son possible pour la différer. Certes, le 22 juin, le front biélorusse fut enfoncé par une attaque-surprise, mais le défaut de réaction s'expliquait aussi par la simple prudence, qui voulait que les troupes ne soient pas trop proches des frontières pour éviter les provocations. Et, explique Molotov, « nous avons pu croire que les informations données par Churchill (sur les déplacements des troupes allemandes) ou par d'autres visaient à nous précipiter dans le conflit ». « Comment Staline ne s'en serait-il pas méfié quand il se méfiait de tout le monde ? » Oui, le général Pavlov a été surpris : le 21 juin, il était au théâtre... Il a été fusillé, « un vrai malheur ».

Mais peut-on être vigilant tous les jours et partout* ?

Il y a eu « erreur de prévision » dans la mesure où on espérait différer le conflit encore de quelques mois – plus d'une année avait déjà été gagnée grâce au pacte germano-soviétique. Mais l'important était bien, pour Molotov,

---

* Rappelons qu'à l'heure du débarquement de Normandie, le 6 juin 1944, le maréchal Rommel était en permission.

qu'en fin de compte l'URSS sût se donner les moyens d'être mieux armée que l'Allemagne alors qu'en 1939 elle n'était pas de taille à résister à la Wehrmacht. « Oui, Staline était mal à l'aise les deux ou trois jours qui ont suivi l'attaque, il a préféré que ce soit moi qui annonce l'état de guerre au cas où, sait-on jamais, une négociation aurait pu stopper l'offensive… Il se réservait de ne prendre la parole qu'une fois qu'il apparaîtrait clairement que le cours de la guerre était irréversible : ce fut le 3 juillet. » Et puis, n'était-ce pas Molotov qui avait signé le pacte germano-soviétique ? Il pouvait convenir à Staline que ce fût son signataire qui annonce la rupture.

« À une des toutes premières réunions, ajoute Molotov, il nous a dit : "On s'est fait chier dessus[43]…" »

De fait, déstabilisé par une entrée en guerre qu'il avait cru pouvoir retarder, Staline ne s'attendait pas non plus à l'ampleur des désastres qui lui furent annoncés pendant les deux premières semaines de guerre. La chute de Minsk surtout. Selon Volkogonov, Staline avait même imaginé, avec Molotov et Beria, de faire appel à l'ambassadeur de Bulgarie, Ivan Stamenov, pour lancer un appel à Hitler en faveur d'un « second Brest-Litovsk ». Mais l'ambassadeur avait refusé en concluant : « Même si vous reculez jusqu'à l'Oural, qu'importe, vous vaincrez. »

Quelques jours plus tôt, comme il n'y avait pas eu de réunion depuis deux jours et demi, du 29 juin au matin jusqu'au 1er juillet à 17 h 30, Molotov prit l'initiative, selon Mikoïan, de conduire une délégation chez Staline pour l'inviter à constituer un Comité d'État restreint[44]. Cette délégation comprenait Beria, Vorochilov, Molotov, Malenkov. Arrivés plus tard mais repartis avec les précédents, il y eut Kaganovitch, Voznecenski et Mikoïan. Cette visite collective et inopinée surprit Staline. Mais il semble qu'elle le conforta finalement dans son autorité et dans l'ascendant qu'il exerçait, la faillite de son discernement ayant été celle de tous. Vérification faite sur le *Cahier de rendez-*

vous de Staline, le seul moment où, durant cette période, un groupe de visiteurs se présenta à Staline fut la nuit du 3 juillet. Ils arrivèrent à 22 h 30 pour repartir ensemble à 3 h 20 du matin[45].

Malgré tout, devant l'accumulation des défaites, Staline eut de nouveaux accès de déprime, comme en témoigne sa fille, qui évoque une visite de sa tante Eugenia à Staline pendant ces deux semaines de guerre :

« Mes tantes avaient été le témoin de tous les drames de la famille, elles savaient tout du suicide de maman et de la lettre qu'elle avait écrite avant de mourir. Mais peut-être mon père pardonnait-il moins que tout à la tante Eugenia d'avoir été témoin d'un de ses rares moments de faiblesse au début de la guerre, en 1941, alors qu'il l'avait pressée de partir avec ses enfants pour l'Oural : "Je n'avais jamais vu Iossif dans cet état : bouleversé, anéanti. J'étais allée le voir pour me remonter, espérant trouver un peu d'encouragement : ma ville natale venait d'être prise par les Allemands. J'étais complètement perdue. Horreur : je trouvais Iossif dans le même état. Il dit : 'Cela va mal... Partez tout de suite. Personne ne droit rester à Moscou.'Il avait un air égaré. Je sortis en me disant : c'est la fin."

« Il se rappelait ce moment, il ne voulait pas que quiconque en eût connaissance. Voilà pourquoi Eugenia Alliloujeva fut emprisonnée pour dix ans, et pour plus de sûreté au secret et ne dut qu'à la mort de mon père de sortir après six années[46]. »

Des certitudes à l'épreuve

Depuis Munich, et même avant, Staline tenait pour inéluctable un affrontement avec l'Allemagne nazie. Mais l'état du rapport de forces l'obligeait à en retarder l'issue. Il avait manifesté sa joie à la conclusion du pacte germano-soviétique, en septembre 1939. Puis il avait laissé exploser sa fureur en apprenant la défaite de la France en juillet 1940 : ses calculs étaient faux, cette guerre à l'ouest n'avait pas duré ; plus tôt que prévu, Hitler allait se retourner contre lui. Il fallait gagner du temps, l'amadouer, gagner du temps encore. Or, la foudre s'abattit le 20 juin 1941. Et Staline ne voulut pas y croire même quand il fut informé que l'espace aérien avait été violé.

Jusqu'au 20 juin, et même après les premières informations sur l'invasion allemande, Staline refuse d'admettre les faits : il demeure persuadé qu'il peut s'agir d'une série fâcheuse de malentendus – ou de provocations émanant de militaires allemands bellicistes qu'amplifient les informations fournies par les Anglais pour amener l'URSS à une réponse armée immédiate, c'est-à-dire à la guerre.

Commettre l'irréparable : l'idée l'obsède, car il sait bien que ses propres forces ne seront prêtes à l'affrontement – pour autant qu'il aura lieu – qu'en 1942.

La guerre de Finlande a été une insupportable défaite avant de se terminer par un demi-succès : « Nous avons suffisamment gagné de territoire pour y enterrer nos morts », a commenté un des généraux soviétiques. Un rapport allemand de la fin décembre 1939 a conclu très sévèrement que « l'armée soviétique n'était pas de taille à affronter une armée moderne, bien commandée ».

Les Allemands, mais les Français et les Anglais tout aussi bien, s'étaient gaussés de cet humiliant échec que la petite Finlande avait infligé à « la puissante Russie ». Mars 1940, fin de la guerre de Finlande – juin 1940, défaite de la France. Il était clair qu'une attaque allemande aurait lieu maintenant que la France était vaincue.

Décembre 1940 et janvier 1941, il fut organisé une série extraordinaire de *War Games**, pour tirer la leçon militaire des événements[47]. De ces événements-là seulement ?

---

* *War Games* : jeux de simulation stratégique où chaque participant, chacun à son tour, figure l'adversaire

Non, car furent analysés aussi les succès que l'armée soviétique avait remportés sur les forces japonaises à Nomonhan durant l'été 1939 – succès demeurés inconnus des Occidentaux. Ce fut d'ailleurs le vainqueur des Japonais, le général Joukov qui, à l'issue de ces War Games, prit la relève de l'ancien généralissime Meretskov, que Staline avait déstabilisé en avançant la réunion de telle sorte qu'il ne put avoir en main les rapports chiffrés nécessaires pour tenir sa place dans ces jeux stratégiques.

Selon les comptes rendus des généraux qui participèrent à ces réunions, le climat y fut très lourd ; un premier débat aboutit à l'élimination du maréchal Kulik qui contestait l'intérêt de fortes unités blindées « que l'artillerie détruirait » et qui valorisait les unités de cavalerie en s'appuyant sur le cas de la guerre d'Espagne, où les reliefs avaient interdit le déploiement de grands ensembles motorisés. Il reprenait l'argumentaire soutenu par Staline en 1939 et dont avait résulté l'éclatement des grandes unités blindées soviétiques... Sauf qu'entre-temps la campagne de Pologne et celle de France avaient donné raison aux tenants du regroupement des blindés, un débat qu'avaient connu également les généraux de la Wehrmacht et qu'en France avait illustré le colonel de Gaulle. Aux War Games de janvier 1941, Staline se montra d'accord avec Joukov, le vainqueur de Nomonhan, retournant ainsi sa position de 1939, et se montrant également favorable à la construction de masse de canons et de mortiers lourds de 87 et de 120.

Au cours de ces débats auxquels participait Staline, l'impréparation de l'état-major apparut un reflet de celle de l'armée soviétique. On y décida de l'accélération et de la multiplication des T-34 et des chars géants : 625 unités de chars KV, 1 225 unités de T-34. Staline l'avait déjà souligné au crayon rouge, au cours d'une réunion, le 1er juin 1940[48]. Au vrai, 2 000 unités de T-34 seraient prêtes à l'action en juin 1941. Staline conclut les débats en ces termes : « La guerre moderne est une guerre de machines. Machines sur terre, dans l'air, sur mer, et sous la mer. Le vainqueur sera celui qui disposera du plus grand nombre des machines les plus puissantes[49]. »

Dans cette situation incertaine, ce que craint avant tout Staline, c'est que la Grande-Bretagne, l'ennemie de toujours, conclue la paix avec Hitler, à moins qu'elle ne pousse l'URSS à intervenir pour se sauver elle-même. Elle n'est ferme que pour autant qu'elle compte sur un retournement de Staline.

De fait, depuis la défaite de la France, la Grande-Bretagne ne cesse de cajoler l'Union soviétique, de s'efforcer de distendre ses liens avec l'Allemagne, de susciter des frottements dans les Balkans. Les soupçons de Staline sont compréhensibles. On se remémore toutes les manœuvres de Londres, avant et après Munich, pour ne pas conclure d'alliance avec Moscou et créer éventuellement des conditions favorables à un affrontement germano-soviétique. Le pacte y avait mis fin mais l'idée demeurait quelque part, comme en avait témoigné en 1939-1940 l'appui des Anglo-Français à la Finlande.

L'Angleterre était bien l'adversaire principal du régime soviétique. Après la défaite de la France, lorsque Stafford Cripps, envoyé à Moscou par Churchill pour tenter de modifier la donne, avait fait valoir que l'Allemagne disposait depuis le pacte germano-soviétique des réserves économiques de l'URSS alors que l'Angleterre n'avait plus pied sur le continent européen, Staline avait répondu, parlant de l'Allemagne : « Avoir vaincu la France ne signifie pas dominer l'Europe quand on n'a ni les mers, ni les matières premières, ni les colonies. Car vous oubliez que vous avez les États-Unis[50]. »

En outre, quand Cripps s'inquiète auprès de Staline de l'intérêt que l'Allemagne porte aux Balkans, et notamment à la Turquie, celui-ci rappelle que c'est par là que les Anglais ont toujours mené leurs agressions contre la Russie puis contre l'URSS : en 1854, en 1878, en 1919. Et Staline de rappeler les 38 commissaires fusillés à Bakou par les Anglais, du temps où Churchill animait l'intervention étrangère contre les Soviets.

Si tant est que l'escapade de Hess confirme cette idée que l'Angleterre et Hitler peuvent concocter quelque paix qui permettra à l'Allemagne de se jeter sur l'URSS, l'argumentaire de Staline est cohérent : la politique britannique a un objectif unique : dissocier l'Allemagne de son alliance avec l'URSS pour amener celle-ci à entrer dans la guerre.

Staline et Molotov greffaient ces observations et ces considérations sur leur approche marxiste de l'Histoire qui accordait aux déterminations économiques une priorité sur les autres motivations des agents de l'Histoire. Le fait que Stafford Cripps eut, d'emblée, proposé d'élargir considérablement les rapports économiques entre l'URSS et la Grande-Bretagne les confortait dans leur manière de voir. Systématiquement, les Soviétiques entendaient développer les rapports économiques avec l'Allemagne. Mikoïan, notamment, se chargeait d'établir ces échanges, sachant bien que l'URSS avait d'immenses besoins. Quelles que purent être leurs déconvenues de voir Hitler pénétrer pas à pas en Europe danubienne et malgré leurs protestations, ils ne cessèrent de livrer ponctuellement à l'Allemagne ce qui était prévu par les accords économiques – cela même après qu'ils eurent cessé de bénéficier, dès le début de 1941, de la réciprocité, ce dont Göring s'excusa d'ailleurs auprès de Molotov[51].

« Le pire pour nous serait que la Russie arrête ses livraisons », jugea même Weizsäcker qui, avec Ribbentrop et Schulenburg, ambassadeur à Moscou, étaient favorables pour l'Allemagne à l'option continentale... et pas à la guerre[52].

Portés par une vision économiste de l'Histoire, Staline voire Molotov ressuscitaient en quelque sorte les raisonnements de Kautski, Bebel, Haase tenus au lendemain de la crise du Maroc en 1911, à savoir que c'était la sauvegarde des intérêts économiques et la peur d'un effondrement du régime impérial qui avaient prévenu la guerre – la suite des événement avait montré qu'il s'agissait d'une grave erreur de diagnostic. Lors des discussions sur les axes éventuels d'une attaque allemande à venir, ce type d'analyses porte Staline et ses conseillers militaires ou autres à croire que celle-ci se déploiera en direction des blés de l'Ukraine.

L'autre raison de penser que l'Allemagne n'attaquera pas est évidemment que celle-ci ne saurait se battre sur deux fronts. Alors qu'à Berlin on est convaincu que l'Angleterre ne peut que capituler – dans les deux mois, dans les trois mois, répète-t-on à l'automne 1940 comme au lendemain de l'hiver –, à Moscou, on n'a pas du tout le même regard sur la situation. D'abord, depuis la réélection de Roosevelt en novembre et la loi prêt-bail qui a suivi, les Soviétiques jugent que, entrée en guerre ou pas, les États-Unis sont entièrement derrière la Grande-Bretagne – ils forment un bloc*. Et la résistance anglaise au *Blitzkrieg* aérien a impressionné les Soviétiques. Que Molotov, en visite à Berlin, en novembre 1940, ait dû aller se réfugier dans le bunker de Ribbentrop lors d'un bombardement de la Royal Air Force prouvait, s'il en était besoin, que l'Angleterre était toujours là. Cela prouvait également que, certes, si elle continuait à vouloir entraîner l'URSS dans la guerre, il n'y avait plus le même risque désormais qu'elle s'associe avec l'Allemagne...

La Grande-Bretagne se défendait également en Méditerranée, pouvait constater Staline. En témoignait sa résistance en Libye, sa victoire à Tarente tandis que les Grecs humiliaient l'armée italienne au cours de l'automne-hiver 1940-1941. Ainsi, tandis qu'en Europe occupée la puissance allemande paraissait invincible, que la résistance

---

* Leur aide passe à l'époque par le Canada de MacKenzie King.

anglaise apparaissait une sorte de sursis miraculeux – pour les Britanniques autant que pour Hitler d'ailleurs –, Staline en jugeait autrement. Il estimait qu'il y avait bien là un front, un vrai front et que Hitler ne courrait pas le risque d'en ouvrir un second.

Mieux : pour ce qui le concernait, ce risque d'un second front n'existait pas depuis la tournée de l'ambassadeur du Japon, Matsuoka, à Moscou, Berlin, Rome et encore Moscou, au cours de laquelle le Japon avait signé un pacte de non-agression avec l'URSS, le 14 avril 1941. Pour Staline et Molotov ce fut la fête, comme lors de la signature du pacte germano-soviétique. Ils avaient reconduit Matsuoka à son train tout éméchés[53].

L'envoyé de Hiro-Hito n'avait pas manqué de proposer d'aider Staline à réaliser son bien connu souhait d'un accès aux « mers chaudes », en l'occurrence par Karachi, en Inde, qui serait débarrassée du joug britannique. Matsuoka avait aussi expliqué que le Japon n'était pas en guerre contre le peuple chinois mais contre Chiang Kaichek, qui était l'instrument de l'impérialisme anglo-saxon, et souhaitait que l'URSS cesse d'apporter son aide à ce dernier. Staline n'avait pas répondu sur ce point, mais indiqué seulement que l'avenir de Sakhaline lui importait, sa partie nord, s'entend. Il fit valoir que, grâce au pacte, le Japon et la Russie, d'ennemis qu'ils étaient depuis un demi-siècle, allaient devenir amis.

Certes, un différend demeurait entre le Mandchoukouo et la Mongolie, et le soutien des deux protecteurs respectifs de ces deux ensembles, Hiro-Hito et Staline, pouvait entraîner entre eux un conflit. Mais ce conflit, ni l'un ni l'autre ne le souhaitait. L'important était le traité de neutralité entre l'URSS et le Japon*[54].

---

* Le point de vue japonais est exposé plus loin, dans la section « Hiro-Hito, le double-je de l'empereur caché », p. 105.

Rasséréné à l'est, Staline ne veut pas commettre le moindre faux pas à l'ouest – en répondant à d'éventuelles provocations.

Entre le moment où, connaissant ses propres faiblesses, Staline a pu évaluer les piètres résultats de la Luftwaffe au-dessus de la Grande-Bretagne ainsi que les défaites italiennes en Méditerranée, et le moment où il a signé le pacte avec le Japon – c'est-à-dire entre octobre 1940 et avril 1941 –, le maître du Kremlin n'a cessé de reculer devant les progrès agressifs de l'Allemagne en Europe danubienne pour retarder l'échéance d'une épreuve de force qu'il veut à tout prix éviter avant 1942.

Sans excès, on peut dire qu'il a pratiqué une politique « à la Munich ».

Certes, Molotov a émis auprès de l'Allemagne des protestations, mais qui n'ont été que des fleurs de rhétorique. Les faits parlaient pour eux-mêmes : arbitrage de Vienne, présence militaire allemande en Roumanie, puis en Bulgarie, passivité ensuite devant l'intervention armée en Yougoslavie malgré un traité de soutien au régime abattu. La seule limite que Hitler n'a pas franchie fut la région du bas Danube dont la destruction pouvait le priver du pétrole roumain[55].

Ribbentrop présentait toutes ces initiatives allemandes comme des mesures prises pour contrecarrer les avances possibles des Anglais dans les Balkans, ce que semblait confirmer l'aide que ceux-ci apportaient à la Grèce – avant d'être obligés d'en déguerpir.

Staline n'en juge pas moins que, désormais, l'ennemi principal est l'Allemagne. Ainsi, pour qu'aucun prétexte ne puisse l'amener à intervenir, donne-t-il la consigne aux bribes éparses des partis communistes d'agir non plus à partir des décisions du Komintern mais seulement en fonction des intérêts de leur propre pays. Cette nationalisation de l'Internationale est un autre recul.

Il reste que, lorsque l'Europe centrale et les Balkans sont sous la coupe des Allemands, si les menaces britanniques sur les détroits constituent bien un mythe, le vœu exprès des Anglais de voir la Russie entrer en guerre est, lui, une réalité, même si les informations que Churchill adresse à Staline pour l'informer des mouvements des troupes allemandes demeurent pour ce dernier une sorte de provocation, au reste inutile dans sa substance, car Staline connaît mieux qu'on ne le croit l'état réel de la situation.

Quand on compare les informations qui émanent des archives soviétiques aux sources d'origine allemande, une constatation s'impose.

Sur la Russie, les Allemands savent, guides Baedeker en main, qui habite à Moscou ; tout comme ils avaient fait dans les pays baltes, ils décident déjà des immeubles qu'ils occuperont une fois la capitale conquise. Mais ils ignorent ce qui se passe dans les profondeurs du pays. « J'entre en terre inconnue », dit Hitler après le 22 juin 1941. Sûrs de leur supériorité, les Allemands y pénètrent un peu à la façon dont les Anglais ou les Français, au siècle d'avant, entamaient la conquête de l'Afrique.

De plus, Hitler a expliqué à Goebbels (au mois de janvier 1940) que, mis à part les services secrets traditionnellement liés à l'armée, « il est hostile à l'espionnage, à ces agents multiples qui intoxiquent les vrais responsables d'informations pas toujours vérifiables ». Pour mesurer à quel point les Allemands sous-estiment la capacité des Russes à disposer d'armes égales aux leurs, il suffit d'observer le regard goguenard et condescendant du général von Manstein pendant une parade militaire soviétique donnée à Brest-Litovsk à l'époque du pacte – au cours de laquelle les Russes n'ont pas montré leur armement le plus moderne[56]. Surtout, obnubilés – comme les Français d'ailleurs – par la purge militaire de 1937 et l'exécution de Toukhatchevski, ils croient l'armée décapitée ; ils n'ont pas observé qu'en mai 1940 Staline a fait revenir du goulag 4 000 officiers, dont le général Rokossovski[57].

Au contraire, pas un détail de la vie en Allemagne n'échappe aux observateurs soviétiques. Que Hitler parle devant une simple assemblée d'officiers, et le lendemain Staline sait ce qu'il a dit grâce au « camarade Victor » : ainsi, le 1er janvier 1941, le Führer a lancé que « soixante millions d'Anglais contrôlent le sixième de la planète et que quatre-vingt-dix millions d'Allemands ne disposent que d'un petit bout de territoire ». Quinze jours plus tard, la « source Laurent » fait savoir que ce seraient des Tchèques qui devraient collaborer à la colonisation de l'Ukraine une fois qu'elle sera conquise. Les archives contiennent des centaines, des milliers d'informations ainsi parvenues à l'INO, service d'espionnage du KGB. Chaque jour, les services secrets de l'armée, avec leurs décrypteurs, le KGB et ses agents, enfin les militants actifs abreuvent Moscou d'informations. Au point que Beria a donné des instructions :

« Il ne faut pas placer une confiance exagérée dans les membres clandestins des partis communistes... Nous autorisons l'emploi de leurs capacités de renseignements en supplément des opérations de nos agents, mais ce serait une faute de transformer ces capacités en base principale de nos informations. »

La raison de cette méfiance vient sans doute de la secousse que le pacte a pu causer chez les militants et dont on peut craindre qu'ils ne soient plus aussi fiables. Les 117 membres de l'« Orchestre rouge » le sont, certes, tant en Allemagne (48) qu'en France (35), en Suisse ou en Belgique. En revanche, parce qu'ils sont anglais, on se méfie, à Moscou, des « cinq de Cambridge », ces notables qui, même à l'heure du pacte, pensent que l'URSS finira par triompher du nazisme. Parmi eux, on trouve le critique d'art Blunt, le haut fonctionnaire Philby qui, en 1944, commettra l'exploit de se faire placer à la tête du service de contrôle de l'espionnage... soviétique. Mais jusqu'à ce qu'en septembre 1941 ils découvrent grâce à un autre des « cinq », Cairncross, le projet de bombe atomique, puis qu'en 1943 ils apprennent grâce au système de décodage *Ultra* que les Allemands attaqueraient du côté de Koursk, Staline et Beria persistent à croire que ces Anglais les intoxiquent : le contenu des seuls messages secrets envoyés par McLean remplit 45 volumes d'archives... En juin 1944, les « cinq de Cambridge » seront officiellement félicités par Staline[58].

Jusque-là, toujours méfiant, il n'a vraiment cru sur parole que les cryptanalystes de Sergueï Tolstoï : il est vrai qu'ils ont trouvé la clef du code japonais, traduisant le texte que Tokyo adressait à son ambassadeur à Berlin et destiné à Ribbentrop, le 29 novembre 1941, soit dix jours avant Pearl Harbor : « Dites à Hitler qu'on attaquera au sud, et pas au nord. » Staline avait aussitôt fait déplacer ses troupes de l'Extrême-Orient vers l'ouest : elles furent utilisées à la fin de la bataille de Moscou[59].

Mais c'est aux États-Unis, où il compte 221 agents, que le KGB joue sur du velours ; car, à cette date, étrangère aux formes variées de l'espionnage (l'OSS, ancêtre de la CIA, existe à peine), la tradition démocratique américaine, hostile à ces pratiques, en ignore les détours. Roosevelt ne veut pas croire son conseiller Berle, qu'il connaît bien, quand il l'assure qu'« un œil de Moscou » surveille ce qu'ils font : est-ce Hiss, est-ce White ? Au vrai, c'est l'un et l'autre. Mieux : vice-président jusqu'à l'élection de 1944, Wallace déclarera après coup que, si Roosevelt était mort pendant son mandat et qu'il l'eût remplacé, lui, Wallace, il avait prévu de mettre White au Trésor et Duggan, un autre « œil de Moscou » – mais il l'ignorait –, au secrétariat d'État[60]...

Lorsque, envoyé par Roosevelt chez Staline, fin juillet 1941, pour lui demander ses besoins urgents, Harry Hopkins rencontra le général Yakovlev, celui-ci demeura impénétrable. Aux questions de Hopkins sur un manque éventuel de chars, lourds ou légers… il répondit seulement : « Ce sont de bons chars, et je ne suis pas autorisé à vous dire si nous avons besoin de canons antichars… » « Des chars, on en a, finit-il par dire un peu plus tard. » « Quant à Staline, il savait très exactement le type de canons qu'il y avait aux États-Unis, également le calibre des fusils et l'état de nos stocks », témoigne encore Hopkins[61].

Pour sa part, Staline se plaint de recevoir trop d'informations. « Tu crois que je peux lire ton long rapport ? » dit-il au général Meretskov lorsque celui-ci vient l'informer de la situation réciproque de l'armée soviétique et de la Wehrmacht, au début de juin 1941.

Dès juillet 1940, le 9, un rapport du NKVD évoque les premiers départs de fantassins allemands vers l'est, la construction de fortifications entre la Silésie et la Pologne. Le 20, s'y ajoute un rapport de Golikov selon lequel six ou sept divisions ont été transférées depuis la France et une quinzaine depuis la Pologne. À nouveau, le 17 août, à Kaunas, le correspondant du NKVD a fait connaître à Beria, qui transmet à Staline, les mouvements de troupes en Prusse-Orientale. Ainsi, jusqu'en juin 1941, chaque quinzaine ou chaque mois, Staline reçoit un Mémoire récapitulatif des généraux Timochenko et Meretskov, indiquant l'importance des forces allemandes transférées vers la frontière soviétique. Le 18 septembre 1940, celles-ci comptent déjà 113 divisions, 10 000 chars, 13 000 avions. Dix jours plus tard, c'est l'agent Soudoplatov qui signale l'arrivée de troupes allemandes en Slovaquie, le doublement des voies ferrées, puis on apprend des déplacements de près de 30 divisions vers l'Ukraine, etc.

Simultanément, le commandement soviétique et le NKVD livrent des nouvelles fausses que la Wehrmacht veut faire passer en URSS, croisées avec de vraies informations : par exemple, le 7 décembre, que la Wehrmacht attaquera bientôt simultanément vers l'Ukraine et vers la Finlande, où précisément des Allemands ont pu arriver, désarmés, au travers de la Suède. Déjà, en septembre, Jodl a donné comme instruction de laisser filer des informations qui feraient croire aux Russes qu'une offensive allemande vers les Balkans se prépare.

De toute façon, le commandement russe et Staline aussi savent qu'il existe un plan Barbarossa, baptisé ainsi le 18 décembre mais élaboré dès le mois de juillet 1940 et confirmé à la veille du voyage de Molotov à Berlin, le 12 novembre. Aussi ne s'étonne-t-on pas qu'au mois de juillet 1940, en parallèle avec les informations portant sur les déplacements de la Wehrmacht, se multiplient celles qui portent sur les dispositions soviétiques. Dès le 7 juin, Staline ordonnance la production des chars T-34, soit 183 unités d'ici à fin 1940 à leur usine même, 500 autres à l'usine 183 de Kharkov, 100 autres à l'usine des tracteurs (STZ) de Stalingrad, plus 2 000 moteurs à l'usine n° 75.

Et voici une concordance – est-elle fortuite ? Le 9 juillet 1940, les Allemands décident de refaire les routes de l'est de la Pologne ! Les Russes le savent et la réponse est immédiate. Le 12, le général Timochenko fait savoir à Staline que 262 kilomètres de voies ferrées nouvelles et 272 de voies doublées seront achevées fin 1940, et 2 289 en 1941. Parallèlement, en Sibérie, les voies ferrées seront doublées de Khabarovsk à Vladivostok pour le cas où les Japonais interviendraient au moment de l'attaque allemande. Dès le mois de juillet 1940, la surveillance du travail dans les usines est renforcée : les ouvriers ne peuvent plus changer de poste et sont interdites les réunions pendant les heures de travail. Durant les premiers mois de 1941, Staline est informé régulièrement du dispositif de l'armée, et bientôt les dates de l'offensive allemande lui sont communiquées par ses services secrets : mai ou juin. Or, l'attaque sur la Yougoslavie et la Grèce rend possible la seconde quinzaine de juin, que lui communique Richard Sorge, depuis Tokyo, une information qui en croise d'autres, notamment celle-ci, obtenue par les services secrets anglais grâce à *Ultra*, et livrée à Staline dans un message de Churchill que Stafford Cripps « doit remettre en mains propres » :

« Au moment où les Allemands ont pensé tenir la Yougoslavie, c'est-à-dire après le 20 mars, ils ont commencé à déplacer 3 des 5 divisions de Panzers de Roumanie vers le sud de la Pologne. Au moment où la nouvelle de la révolution serbe leur est parvenue, un contrôle a annulé ce mouvement. Votre Excellence appréciera l'importance de ces faits. »

Cela signifiait bien que le raidissement yougoslave avait retardé le verrouillage par le sud de la frontière soviétique, opéré en vue vraisemblablement d'une invasion... Les faits étaient évoqués de façon volontairement elliptique pour prévenir tout sentiment chez Staline que ces informations avaient pour objet d'accroître sa nervosité.

Ce fut pourtant bien, semble-t-il, sa conviction. Il ne crut pas plus au message de Sorge, dont il se méfiait parce qu'il lui avait été recommandé par un ancien trotskiste*, et considéra que les violations de l'espace aérien soviétique, le 6, puis le 9, puis le 10, le 21 pouvaient être des erreurs, voire une provocation, tout comme les déplacements de troupes allemandes vers l'est avaient pu être une manière de les faire échapper aux bombardements de la Royal Air Force[62].

Le 14 juin 1941, pour tester Berlin, une dépêche de l'agence Tass déclarait « absurdes » les bruits lancés entre autres par la presse anglaise selon lesquels la guerre entre l'URSS et l'Allemagne était proche... « L'Allemagne

---

* Staline déclarait ne pas donner foi aux informations d'un « tenancier de bordel ». Sorge avait séduit, entre autres, la femme de l'ambassadeur d'Allemagne.

observe les clauses du traité de non-agression germano-soviétique aussi scrupuleusement que l'URSS... Les mouvements de troupes allemandes sont liés à d'autres raisons... » Simultanément, la déclaration de l'agence Tass appelait l'Allemagne en quelque sorte à de nouvelles négociations.

S'agissait-il d'une tentative de Staline pour gagner des semaines dans l'attente d'une réponse ? Celle-ci arriva le 22 juin.

À Churchill, en août 1942, Staline confiera : « Je n'avais besoin d'aucun avertissement. Je savais que la guerre commencerait, mais je pensais pouvoir gagner encore six mois ou quelque chose comme cela[63]... »

Son refus d'accepter les informations contraires, son obsession à imaginer qu'elles font partie d'une manœuvre, anglaise ou autre, participent de cette stratégie, comme en témoignent par ailleurs toutes les mesures prises depuis l'été 1940.

Malgré tout, notamment malgré ses reculs « à la Munich », la stratégie en question avait échoué. Une seule bonne carte lui restait en main, au moins l'espérait-il : le Japon n'attaquerait pas...

HIRO-HITO :
LE DOUBLE-JE DE L'EMPEREUR CACHÉ

La vulgate de l'histoire des relations internationales fait remonter à l'« incident de Mandchourie », en 1931, c'est-à-dire à l'invasion de ce pays par le Japon, les « vrais » débuts de la Seconde Guerre mondiale. Même s'il est bien apparu que celle-ci avait ses racines dans la Grande Guerre et les traités qui l'ont suivie. Occidentalisant l'histoire, cette même vulgate a rendu le militarisme seul responsable de la guerre de Chine, l'assimilant à une forme de racisme et laissant ainsi de côté le rôle personnel de l'empereur.

Ces vues sont à reconsidérer.

Avant d'être couronné, le jeune Hiro-Hito ne croyait guère aux leçons qui lui enseignaient son ascendance divine. Le prince Saionji, un lecteur de Voltaire, lui expliqua que l'important n'était pas d'y croire mais de comprendre leur utilité : la déification de l'empereur incitait le peuple à une obéissance aveugle. Pour que se perpétue cet article de foi, il convenait que le faste et le rituel traditionnels s'affirment plus fortement que jamais[64]. C'est également ce que lui fit comprendre George V lorsque Hiro-Hito se rendit en Grande-Bretagne. Il régnait à Buckingham Palace une familiarité de comportements en contraste absolu avec le faste extérieur déployé par la Couronne. « Je compris alors (qu'au Japon) je vivais comme un oiseau dans une cage », dit le prince héritier. Surtout, il prit conscience que le plus grand monarque de la terre, George V, exerçait un pouvoir politique considérable, mais derrière la scène, tout en prétendant être neutre, au-dessus des partis, et respecter les dispositions d'un régime représentatif parlementaire. Hiro-Hito assimila cette double leçon, que le rituel de son pays lui permettait d'exploiter.

Voilà qui convenait à la Maison de l'empereur, cet ensemble des dignitaires qui souhaitaient constituer une force indépendante du contrôle des partis politiques ou du parlement, et qui pensaient que l'autorité « divine » du mikado devait servir à l'exercice du pouvoir. Sauf que les militaires exerçaient eux aussi un vaste pouvoir conjointement avec l'empereur, chef des armées. Celui-ci se trouvait ainsi au centre, « telle une araignée mais silencieuse », qui capte des informations à partir de plusieurs pôles, peut ainsi connaître mieux les problèmes du pays, et mieux utiliser les uns contre les autres[65].

Ces dispositions rompent, on l'a compris, avec la représentation que Japonais et Américains ont pu donner après Hiroshima d'un empereur fantoche, à l'écart des événements qui ont précédé la défaite de son pays, rôle dont il ne se serait affranchi que pour imposer sa capitulation. Il semblerait qu'à l'inverse, comme le suggère Pierre-François Souyri[66], que Hiro-Hito, très actif derrière la façade, se voyait en shogun volontiers monté sur son cheval blanc, quitte à ce qu'après la défaite de 1945 il se laisse reléguer par les Américains dans sa fonction d'empereur civil.

Au départ, pris entre le jeu de la vie politique représentative mise en place depuis un demi-siècle, où le gouvernement voyait monter une menace à l'extrême gauche (un parti communiste naissant a été durement réprimé en 1924 au point qu'il a dû s'autodissoudre), celui de la Maison impériale, celui des forces militaires, celui des puissances occidentales (Grande-Bretagne et États-Unis) qui ont imposé au Japon une limitation de ses armements navals, Hiro-Hito est porté à un comportement plutôt conciliateur. Mais, ce faisant, il sous-estime l'irritation des milieux militaires (ceux de la marine et ceux de l'armée du Kouantoung, pressée d'agir en Chine), que le gouvernement contrecarre, ce qui affaiblit son autorité alors qu'il est de tout cœur avec eux. Il sous-estime aussi la militarisation des esprits ; depuis 1925 déjà, les enfants des écoles sont tenus de participer à des exercices d'entraînement à la guerre[67].

La crise de 1929 va donner à ces milieux militaires une opportunité pour satisfaire leur appétit : d'un côté, l'effondrement du marché de la soie qui en était la conséquence créait une inquiétude vite étendue à d'autres marchés, de l'autre la diplomatie américaine s'en trouvait paralysée.

Lorsque eut lieu « l'incident de Mandchourie », en 1931, une provocation, a-t-on dit, pour légitimer l'invasion de cette province à partir de la Corée, Hiro-Hito, averti, fit savoir qu'« à l'avenir l'armée devrait être plus prudente », puis qu'il la soutiendrait « tant que les opérations réussiraient », enfin qu'il ne fallait pas poursuivre l'avance plus loin que la Grande Muraille[68]. Un ordre lié, bien sûr, à une possible réaction de l'URSS et des États-Unis.

Convaincu par les exposés de Matsuoka et du prince Konoe de la nécessité de contrôler la Mandchourie pour assurer la survie puis le développement de l'économie japonaise, Hiro-Hito jugea imprudent de s'opposer plus avant à la montée des militaires. La condamnation de la SDN puis la sécession du Japon le conduisirent à un rapprochement avec les nationalistes de toute obédience qui clamaient la vocation du Japon à dominer l'Asie.

Pourtant, en parallèle, il mettait un frein à toute politique qui conduirait à une rupture avec les Anglais ou les Américains. La marine en fut mécontente, qui s'était déjà vue confinée à la défense des eaux territoriales du Japon. Les autres forces armées, elles, en déduisirent qu'elles avaient les mains libres sur le continent où, conquise, la Mandchourie devenait le Mandchoukouo, État satellite (1932). Lorsqu'elles commirent une seconde agression, en 1937-1938, qui devait aboutir à la prise de Pékin et à la conquête de la Chine maritime, Hiro-Hito assuma les initiatives des militaires, y compris le sac de Nankin, les atrocités qui l'accompagnèrent* ainsi que le torpillage du *Panay*, ce navire américain ancré sur le Yang-Tse. Le prince Konoe, Premier ministre, envoya ses excuses à Washington et une indemnisation pour cette « erreur » – mais pas l'empereur. Le *Los Angeles Times* se demanda si le mikado exerçait vraiment le pouvoir ou si c'était l'armée : une hypothèse qui allait devenir un *credo*.

Le problème était de savoir si Hiro-Hito était en prise ou non sur les événements. L'incident du *Panay* constitua

---

* Ce que les Chinois dénommèrent « les Trois Tout » : tout brûler, tout massacrer, tout piller.

une sorte de test. En tirant sur ce navire américain, en décembre 1937, des officiers japonais avaient voulu créer un incident pour faire comprendre aux Occidentaux qu'ils n'étaient plus les bienvenus en Chine. Or les responsables étaient les participants à un complot antilibéral, pour un bon nombre incarcérés en 1936, et dont on avait demandé au mikado la libération. Celui-ci avait alors refusé : « Ils constituent une honte pour le Japon. » Mais l'armée, nonobstant, avait regroupé les sympathisants des conjurés et les avait expédiés en Chine où l'un de leurs mentors, Hashimoto, avait monté cette opération antioccidentale.

Passés les regrets et autres palinodies diplomatiques, Roosevelt voulut s'adresser directement au mikado, lui faisant transmettre un message dont on a la trace dans les archives américaines. Or ce message disparut mystérieusement, évidemment intercepté au Japon par les militaires sans que le gouvernement ait pu s'y opposer : « Enfants et loyaux serviteurs de l'empereur, l'armée et la marine étant à ses ordres font ce qu'elles veulent, perpétrant des atrocités que l'empereur ne peut vraisemblablement désirer, ou sanctionner[69]. »

Une fois, deux fois, trois fois, en 1937-1938, le prince Konoe esquiva les ouvertures de paix avec Chiang Kai-chek, préférant entrer en contact avec son rival Wang Ching-wei, à la tête d'un gouvernement fantoche installé à Nankin, et lançant son *Manifeste pour un Nouvel Ordre en Asie orientale*, qu'approuve Hiro-Hito*. Selon ce texte, la Chine devait instituer des relations amicales avec le Japon et reconnaître le Mandchoukouo. Elle devait se joindre à lui pour lutter contre le communisme, ce qui impliquait que le Japon avait le droit de maintenir des armées à l'intérieur de la Chine. Enfin, il devait y avoir une coopération économique entre les deux pays qui per-

---

* Voir plus loin la section « Chiang Kai-chek : les communistes ou les Japonais ».

mette au Japon d'exploiter les ressources de la Chine du Nord et de la Mongolie-Intérieure.

Ce programme impliquait que le Japon enfonçait un coin entre Wang et Chiang : un nouveau gouvernement collaborateur gérant les provinces contrôlées par les Japonais à partir de celles qu'ils occupaient.

Face au communisme, le Japon avait signé avec l'Allemagne en 1936 le pacte anti-Komintern, une assurance contre une éventuelle agression de l'URSS. Mais sur le continent, les dirigeants japonais ne voulaient pas aller plus loin. Surpris par la défaite de leurs troupes face à l'armée soviétique lors d'une bataille des frontières, à Nomonhan en 1939, ils craignaient de s'aliéner les Anglo-Saxons. Cet « incident » de Nomonham avait coûté une division au mikado. Celui-ci, pourtant, ne sanctionna pas les coupables, à savoir les militaires, mais stigmatisa les ministres qui n'avaient pas su prévoir le non-renouvellement par les États-Unis des accords commerciaux qui assuraient au Japon son ravitaillement en pétrole et en divers produits métallurgiques (les scraps). Or, c'est précisément au vu des agressions japonaises en Chine que Roosevelt ne les avait pas renouvelés (début 1939).

Plus : la conclusion du pacte germano-soviétique étant apparue à Hiro-Hito comme une atteinte au pacte anti-Komintern, dans un accès de colère, il démissionna le cabinet Hiranuma, comme il avait laissé Konoe démissionner au vu de son impuissance à mettre une fin victorieuse aux opérations de guerre en Chine.

Ainsi, quelle que soit l'origine ou la nature de l'échec ou du déboire, la sanction visait toujours les ministres, jamais les chefs militaires.

Le premier point fixe de la politique japonaise durant ces années avait été de mettre sur pied une sorte de doctrine de Monroe asiatique qui supposait, au minimum, que le Japon pouvait agir à sa guise en Chine. Mais la montée en puissance de l'URSS, et face à elle de l'Allemagne, ainsi que la pression croissante des États-Unis sur les aspirations du Japon l'obligeaient à sortir de ce cadre, à participer à la politique mondiale. Le deuxième point fixe demeurait les vœux de l'empereur de ne pas trop laisser se détériorer les rapports avec les Américains[70].

Les militaires poussaient à une alliance malgré tout avec l'Allemagne : celui-ci s'y opposait, à moins qu'elle ne fût nécessaire pour contrer l'Union soviétique. En tout état de cause, jugeait-il, il fallait d'abord régler la question chinoise. Or, à l'ouest, l'élimination de la France, des Pays-Bas et l'isolement de la Grande-Bretagne, en 1940, ouvrirent d'immenses possibilités : les Indes néerlandaises, l'Indochine, Singapour étaient à la portée du Japon...

Fallait-il inverser la politique menée jusque-là et céder à la tentation des mers du Sud ? Ce qui signifiait la rupture avec les États-Unis et la Grande-Bretagne, mais alors l'armée de terre, toute-puissante, serait frustrée de sa guerre « sacrée » en Chine, et ce serait la marine qui pavoiserait...

Le deuxième dilemme de Hiro-Hito était là : l'implication intérieure des poids respectifs de l'armée de terre et de la marine. Pesa-t-elle aussi lourd que l'évaluation des avantages et des risques de chacun de ses choix ?

Trois positions s'affirment et s'opposent plus ou moins. Depuis quelques années, une fraction, associée au pacte anti-Komintern puis à l'alliance tripartite nouée durant l'été 1940, veut une association effective qui tirerait davantage des succès de l'Allemagne. L'armée la soutient d'autant plus qu'après avoir envoyé des conseillers militaires à Chiang Kai-chek en lutte contre les communistes de Mao Tsé-toung, Hitler a fini par choisir le Japon contre la Chine. Mais le parjure que constitue le pacte germano-soviétique, conclu sans consultation de Tokyo, a affaibli cette fraction dont le mikado n'accepte les vues que pour autant que celles-ci donnent au Japon un bouclier contre l'URSS – c'est la deuxième position. Une autre fraction, enfin, prône le rejet de toute politique qui risquerait de s'aliéner les États-Unis, qui contrôlent 36 % des importations japonaises, dont les trois quarts portent sur le pétrole. Selon cette fraction-là, pour profiter du vide qu'ont créé la défaite de la France, des Pays-Bas et l'incapacité de la Grande-Bretagne à être présente dans l'est de l'Inde, il s'agit de s'assurer une domination dans les mers chaudes, riches en matières premières, en alternant intimidation, coups de force limités, négociations. Ce point de vue est longtemps celui de Hiro-Hito, qui souhaite une expansion sans risques[71]. Mais les va-t-en-guerre de la marine et de l'armée de terre pensent que le temps travaille contre le Japon et qu'il faut prévenir une intervention américaine, inéluctable en tout état de cause.

De la même façon que Hitler juge qu'il faut réduire l'URSS, ce qui sera fait, pense-t-il, en trois mois, pour disposer d'une base et de richesses qui permettront ensuite de vaincre la Grande-Bretagne, la plupart des dirigeants japonais font valoir à Hiro-Hito qu'il faut frapper les États-Unis pour les neutraliser avant qu'ils ne soient prêts à se battre, qu'ils négocieront alors, et qu'ainsi le Japon pourra se retourner ensuite contre l'URSS. Hiro-Hito est sensible à leur argumentaire.

De fait, ce calcul se révélera erroné, on le sait – mais l'examen des réunions auxquelles participent l'empereur, le général Tojo et quelques autres notables atteste que c'est ainsi que les problèmes ont été abordés. D'ailleurs, le clan proallemand – qui se dit proche du nazisme – juge qu'une guerre menée d'abord contre l'URSS serait impopulaire dans l'armée tant que fonctionne le pacte germano-soviétique.

Hiro-Hito juge positive l'adhésion au Pacte tripartite quelle que soit désormais sa méfiance vis-à-vis de l'Allemagne nazie, pour autant qu'elle diminue la pression soviétique sur le Mandchoukouo, mais il ne veut pas qu'elle l'amène à un conflit avec les États-Unis et la Grande-Bretagne. Il explique : « Si un pacte de non-agression entre le Japon et l'URSS était signé et que nous avancions vers le sud, la marine deviendrait l'acteur principal... L'armée a-t-elle pris des dispositions en ce sens ? L'Allemagne et l'URSS sont des pays en qui on ne peut pas avoir confiance et dont l'alliance est contre nature. Vous ne pensez pas qu'il y aurait un problème si l'un des deux nous trahit et profite du fait que notre effort est tourné contre les États-Unis ? Pour agir contre eux, il faudrait une bonne occasion, par exemple un débarquement allemand en Grande-Bretagne... cela nous permettrait d'agir vers le sud car les Américains iraient au secours des Anglais[72]. »

Ces hypothèses énoncées, Hiro-Hito pencha de plus en plus pour une exploitation sans délai de la situation internationale, en l'occurrence en occupant une partie de l'Indochine française, en juillet 1941, ce qui amena le président Roosevelt à décider d'un embargo partiel sur les livraisons de pétrole au Japon. L'amiral Nagano l'ayant assuré du succès d'une opération militaire surprise contre les Anglo-Américains, Hiro-Hito vérifia qu'un gel des opérations en Chine permettrait de résister à une éventuelle attaque soviétique : il y avait assez de troupes japonaises sur place. Céder aux Américains maintenant, explique le ministre de la Guerre, Tojo, serait mettre en danger ensuite les acquis de notre campagne en Chine, tout comme l'avenir du Mandchoukouo, voire de la Corée. Suite à la mission de Matsuoka en Europe à la veille de l'agression allemande, le pacte signé avec Staline rasséréna Hiro-Hito, mais le prince Konoe jugea que, contrairement à ce qu'il pensait auparavant, l'Allemagne allait perdre la partie en URSS. Il était le seul de cette opinion. Il allait bientôt démissionner et le général Tojo être appelé à lui succéder « sur ordre supérieur » : ce fut la fin d'un gouvernement présidé par un civil.

Entre-temps, Hiro-Hito avait maintenu ses troupes au Mandchoukouo pour que les forces soviétiques ne puissent se redéployer vers l'ouest, face à l'invasion allemande. Il ne s'agissait pas là d'aider Hitler mais de s'apprêter à prendre un gage en Sibérie, quel qu'ait pu être le pacte signé avec Staline trois mois plus tôt. Le mikado ne voulait pas « être en retard d'un autobus » si les Allemands entraient à Moscou. L'empereur s'opposa néanmoins à l'opération que souhaitait l'armée de terre, lui préférant une offensive vers le sud et ses richesses, que précéderait une mise hors de combat des États-Unis. À la mi-octobre de 1941, les actualités japonaises diffusèrent les informations nécessaires pour se prémunir contre l'effet des différents types de bombes en cas d'attaque aérienne[73].

Hiro-Hito s'opposa pareillement aux pressions de Ribbentrop, qui suggérait une rencontre victorieuse des Allemands et des Japonais à Omsk... Mais l'échec allemand devant Moscou confirma le diagnostic du prince Konoe. L'idée d'un partage ultérieur de la Sibérie survécut néanmoins, le Transsibérien devant être contrôlé à la fois par le Japon et l'Allemagne, les populations russes de Sakhaline devant servir à la mise en valeur des gisements de l'île au profit du Japon, etc. Et le pacte anti-Komintern n'en fut pas moins renouvelé en novembre 1941, suivi du pacte à Trois, Japon, Allemagne, Italie.

Vis-à-vis des Américains et des Anglais, les dés avaient été jetés. L'amiral Yamamoto avait décrit ses objectifs, sur Hawaii et sur les Philippines. Hiro-Hito suivit de très près la mise en place du dispositif. Jusqu'au dernier moment, il s'inquiéta de savoir s'il y aurait bien synchronisme entre les opérations prévues : à Pearl Harbor, aux Philippines, à Guam, Wake, Hong Kong. Il avait en tête deux soucis : trouver l'argumentaire qui permettrait de montrer que cette attaque répondait à un étranglement économique, pétrolier surtout, qui le contraignait à réagir, et intimer l'ordre à Yamamoto, qui devait passer par le nord avant d'attaquer Pearl Harbor, de ne pas trop se rapprocher des côtes soviétiques pour que Staline n'ait pas à répondre à ce qu'il pourrait prendre pour une menace.

De toute façon, son tour viendrait après.

Le succès de l'attaque sur Pearl Harbor fut à la hauteur des espérances : une bonne partie de la flotte américaine était coulée. Pourtant, le commandant japonais se montra déçu de ne pas avoir reçu l'ordre « de tenter d'aller plus loin », c'est-à-dire de débarquer sur la côte américaine quelque part entre les îles Aléoutiennes et la Californie.

Pour le reste, la guerre éclair fut un triomphe.

La force de choc de leurs six porte-avions apporta partout aux Japonais une supériorité aérienne de quatre ou cinq contre un. Elle opéra de Hawaii à Ceylan, lançant des raids sur Pearl Harbor, Rabaul, Port Darwin, Colombo.

Guam, Wake, Hong Kong capitulèrent, et bientôt les Indes néerlandaises, la Malaisie. Singapour, attaqué par le nord, tomba à son tour (15 février 1942). La scène de la capitulation de la citadelle britannique, qui révèle un général Percival tremblant devant l'arrogance victorieuse du général Yamashito, est une des plus humiliantes qu'une caméra ait jamais filmées !

Et juste après Pearl Harbor, le Japon signait, le 18 janvier 1942, une sorte de partage du monde opérationnel avec ses deux partenaires : tout ce qui était à l'est du 70e degré de longitude serait sous le contrôle japonais, y compris une partie de la Sibérie et de l'Amérique du Nord, et l'ouest serait sous contrôle opérationnel germano-italien, y compris l'Amérique du Sud. Au sud-est, le rendez-vous des armées devait se passer quelque part en Inde – on a pu se demander si l'offensive Rommel vers l'Égypte, au printemps 1942, n'avait pas cette rencontre comme objectif, entre autres[74].

À nouveau, le 15 mai 1942, Ribbentrop insista auprès du Japon pour qu'il s'associe à la grande offensive de la Wehrmacht mais Oshima Horishi, ambassadeur de l'empereur en

Allemagne, répondit que la dispersion des forces de son pays l'obligeait à reporter l'attaque contre l'URSS à plus tard, sans doute en octobre 1942.

CHIANG KAI-CHEK :
LES COMMUNISTES OU LES JAPONAIS

Les témoignages concordent : pendant l'année qui précède Pearl Harbor, Chiang Kai-chek fut sans doute le plus clairvoyant des chefs d'État en guerre. Seul, avec Konoe au Japon, il ne crut pas à une victoire allemande en Russie. Seul, il jugea que le Japon profiterait de la situation internationale pour attaquer « le ventre mou » de l'impérialisme occidental – c'est-à-dire les Indes néerlandaises, la Malaisie, les Philippines – plutôt que la Sibérie. Seul il jugea que le Japon poserait des conditions telles à la Chine que même le gouvernement projaponais de Nankin ne pourrait les accepter. Seul, il ne sous-estima pas le bellicisme du Japon, fut certain que la guerre s'ensuivrait et en déduisit que la Chine aurait désormais de vrais alliés – en l'occurrence les États-Unis. Seul, contre sa femme et une partie de son clan, il estima qu'il pouvait compter sur Staline pour contrer les communistes chinois. De fait, c'est à Chiang que l'URSS livra avions, chars, etc., tandis qu'il laissait à Mao « seulement quelques revolvers ».

« Après guerre, dit Chiang Kai-chek à Owen Lattimore, le conseiller proposé par Roosevelt, le problème communiste se réglera par la force militaire, mais l'URSS et le Komintern, c'est différent. On ne peut pas négocier avec les communistes chinois, parce que les mots n'ont pas le même sens pour eux et pour nous. Mais on peut compter sur Staline, il tient parole. » Dès l'extrême fin de la guerre, Chiang Kai-chek en jugea sans doute autrement : en 1941, telle était bien sa manière de voir[75].

Implicitement, ce diagnostic global rend compte de ce que fut sa stratégie. Après Pearl Harbor, il voulut laisser aux Américains le soin de vaincre les Japonais, réservant l'aide que ceux-ci lui apportèrent à la lutte contre Mao Tsé-toung. Cet attentisme qu'il attribua à l'infériorité de ses forces lui fut néfaste car les Chinois espéraient voir la nation passer à l'offensive contre l'occupant. Ce fut ce choix – combattre le Japon d'abord – que firent les communistes, qui gagnèrent ainsi la bataille de la popularité. Après tant d'années de résignation, les Chinois reprenaient courage.

Parallèlement, cette politique de Chiang détériora ses rapports avec les Américains. Ceux-ci comptaient sur un redressement militaire chinois, qu'ils étaient prêts à aider, et souhaitaient fortement que se restaure le front uni entre le Kuo-min-tang et les communistes pour prévenir un retour à la guerre civile. Mais la partie à trois, entre Chiang, les communistes chinois et Staline, tout en portant sur d'autres enjeux, était animée par une telle rancœur et une telle méfiance depuis près de vingt ans que celles-ci passèrent avant tout le reste.

Pour connaître les données de cette partie à trois, il faut faire un retour en arrière, remonter à 1927 et même un peu avant.

Elle avait vraiment commencé dès 1923. À cette date, douze ans après l'abdication du dernier empereur, P'ou-yi, et la naissance de la République chinoise, son fondateur et créateur du Kuo-min-tang (Parti national populaire), Sun Ya-tsen, était allié aux membres du parti communiste encore embryonnaire. Avec Adolf Ioffe, un des signataires de Brest-Litovsk, il avait alors rédigé une déclaration commune : « Le docteur Sun pense que le système communiste et même celui des soviets ne peuvent pas être introduits en Chine, où n'existe aucune condition favorable à leur application. Ce sentiment est entièrement partagé par M. Ioffe, qui pense que le problème le plus important et le plus urgent pour la Chine est celui de son unification et de son indépendance nationale. Il a assuré au docteur Sun que la Chine a toute la sympathie de la Russie dans cette grande entreprise[76]. »

À cette fin, Sun envoyait à Moscou un des membres de son état-major favorable à cette ouverture, le général Chiang Kai-chek, son beau-frère, qui, accompagné entre autres d'un responsable communiste, Chiang T'ei, devait acquérir armes et conseils.

Frappé par le fait que les militaires étaient associés à des commissaires politiques chargés, entre autres, de les éduquer politiquement (ce qu'on voit dans *Tchapaev*, le film des frères Vassiliev), Chiang reviendrait d'URSS assez circonspect quant aux pratiques du régime. Il prit la parole à une réunion du Komintern présidée par Zinoviev, en présence de Voitinski qui, un an plus tôt, avait participé à la création du PC chinois, à la satisfaction de tous (son successeur pour la Chine, Baring, un Néerlandais autoritaire qui croyait s'adresser à « des indigènes d'Indonésie », n'aura pas le même succès). À cette réunion, Chiang Kai-chek déclara :

« Le Kuo-min-tang, opérant sous le signe des "trois principes du peuple*", se tient aux côtés de tous les peuples opprimés dans la lutte contre l'impérialisme. En Chine, nos plus grands ennemis sont les féodaux, ces seigneurs de la guerre nourris par les impérialistes. Nous espérons en deux ou trois ans faire triompher notre révolution. J'ai beaucoup appris durant mes voyages en Union soviétique. Il me semble que certains malentendus survivent quant à l'idée qu'on se fait de la réalité de la révolution en Chine. J'espère que nos amis de l'Internationale nous feront

---

* Améliorer le sort du peuple, chasser les étrangers, moderniser le pays.

l'honneur de visiter la Chine pour l'observer et étudier les problèmes des révolutions dans les pays d'Orient[77]. »

Mais déjà cette lune de miel était entachée de malentendus.

D'un côté, dans les *Izvestia* (l'organe des soviets de Russie), avait disparu la première phrase de la convention Sun-Ioffe sur « l'absence de conditions favorables à l'introduction de soviets ou d'un régime communiste en Chine ».

D'un autre côté, à peine Chiang était-il revenu de Moscou que Sun se rendait à Canton et à Hong Kong où il faisait l'éloge du parlementarisme anglais et déclarait qu'il fallait prendre en exemple les méthodes du gouvernement britannique[78].

Un an après, le diplomate soviétique Karakhan, au nom de Moscou, traitait à Pékin avec un seigneur de la guerre du sort des chemins de fer chinois[79].

Tout cela n'était pas très cohérent – mais il y avait plus...

Chiang avait dit à Borodine, autre dirigeant du Komintern, que « l'hostilité des Mongols ne visait pas les Chinois mais les seigneurs de la guerre ». C'était pour prévenir le processus de saisie de la Mongolie-Extérieure par Moscou qui était en route. Mais bien que Sun ait eu l'assurance que la Russie n'avait aucune vue sur la Mongolie, les troupes russes n'en demeurèrent pas moins là ; une étape vers la mainmise[80]...

À Moscou, on considérait les communistes chinois comme un levain, voire comme un levier au sein du Kuomin-tang dont ils devenaient les membres. Pour le Kuomin-tang, cette double appartenance était le prix à payer s'il voulait obtenir une aide de l'URSS. Mais la situation lui permettait aussi de se renforcer face aux seigneurs de la guerre du Nord, à Pékin, et de mieux comprendre le fonctionnement du régime soviétique grâce aux indications de Borodine, officiellement représentant du parti communiste russe, mais pour tous émissaires à la fois du Komintern et du gouvernement soviétique[81]*.

Au vrai, cette pénétration des communistes chinois au sein du Kuo-min-tang ne s'appuyait pas, comme en Russie dix ans plus tôt, sur les soldats ni même sur une organisation ouvrière. Elle se limitait à des cadres, une sorte de bureaucratie embryonnaire composée d'intellectuels. L'aile droite du Kuo-min-tang la jugeait dangereuse, Chiang également, sauf qu'il tenait à garder pour lui l'alliance de Moscou. Parti en expédition dans le Nord contre le seigneur de la guerre qui régnait à Pékin, il déclara que « certes, il pouvait reconnaître, et volontiers, qu'il était à l'origine de l'introduction des communistes dans le Kuo-min-tang... mais qu'il avait dit aussi qu'il s'opposerait à leur influence si leur présence devenait prépondérante[82] ».

Or, à Moscou, si Staline entend « presser le citron (c'est-à-dire le Kuo-min-tang) pour le jeter ensuite », on pratique ouvertement plusieurs politiques simultanées : on aide le mouvement nationaliste de Chiang pour vaincre au nord les seigneurs de la guerre, mais on garde néanmoins des relations diplomatiques avec ce gouvernement de Pékin dirigé par l'un d'entre eux pour traiter du statut des chemins de fer, on aide et on encourage la gauche du Kuo-min-tang qui veut renverser Chiang, et on soutient les communistes chinois qui veulent prendre le dessus sur la gauche du Kuo-min-tang.

Chiang expulse alors la mission Borodine envoyée par Moscou, mais Staline s'oppose à une réaction autonome contre lui des communistes chinois, la priorité étant la lutte contre les impérialistes et contre les seigneurs de la guerre. Après avoir mené victorieusement son action dans le Nord, Chiang liquide alors les milices ouvrières qui l'ont aidé à

---

* On repère ici les trois instances qui opèrent au nom de Staline : le ministère des Affaires étrangères, le Komintern, le parti communiste de Russie.

vaincre à Shanghai, puis il écrase la « commune de Canton » qui, paralysée par le mot d'ordre de Staline, « Front commun contre l'impérialisme », se laisse en quelque sorte massacrer. Trotski, auquel fait écho l'œuvre de Malraux, *La Condition humaine*, stigmatisera « cette politique de subordination du mouvement ouvrier à la bourgeoisie ».

Staline et Boukharine firent valoir que « la force militaire de Chiang continuait de primer une dynamique sociale qui, en dépit des apparences, demeurait enclavée[83]. Surtout, vu l'écart de puissance entre l'État soviétique et l'appareil communiste chinois encore embryonnaire, l'intérêt du premier, à savoir le renforcement immédiat de l'État Kuo-min-tang, passait avant celui du parti communiste chinois qui se disait certes révolutionnaire, mais n'avait ni les moyens ni les supports propres à l'emporter. Et puis, même s'il avait eu le dessus, un gouvernement du Sud piloté par les communistes aurait suscité un conflit immédiat avec la Grande-Bretagne, ce dont la Russie soviétique ne voulait pas. Et, sur ce point, Trotski comme Staline jugeaient qu'à l'extérieur « la Russie avait besoin de souffler[84] ».

Enfin, il demeurait incompréhensible que les communistes, notamment Chen Du-siu, aient pu être au moins deux fois surpris par l'action puis par le retournement de Chiang, pourtant annoncé par plusieurs signes tout à fait repérables. Est-ce parce qu'en tant que pratiquants marxistes ils nourrissaient une condescendance un peu méprisante pour le militaire qu'était Chiang dont ils sous-estimaient les aptitudes intellectuelles ?

C'est dans ce contexte que, membre des instances du Kuo-min-tang, « bras séculier d'une révolution à venir », et membre du parti communiste aussi bien, Mao Tsé-toung forge l'idée qu'en Chine c'est la paysannerie qui pilotera et arbitrera l'antagonisme entre bourgeoisie et prolétariat – il est disciple sur ce point, à sa manière, de Qu Qiu-bai*

---

* Qu Qiu-bai était un jeune dirigeant de Shanghai, lié à Voitinsky.

et de Boukharine. Tandis qu'éclate le Front commun, il mène l'agitation dans les campagnes du Hunan, théorise la nature de l'action des différents groupes qui composent la paysannerie et pilote son rôle moteur, tout en demeurant à l'intérieur du Kuo-min-tang et du parti communiste pour mieux amarrer son action à une stratégie d'ensemble. Ce rebelle devenait-il un hérétique ?

Staline avait recommandé aux communistes une alliance avec la gauche du Kuo-min-tang et condamné par avance ceux qui en sortiraient. Mao demeure ainsi dans la ligne. Après l'écrasement de ses camarades à Canton, il mène une action de desperado, mais de desperado bientôt offensif, fort de quelques milliers d'hommes qui se réfugient dans les montagnes de l'ouest du pays. Plus tard, ils entameront la Longue Marche.

En 1925, lors de l'arrivée au pouvoir de Chiang Kaichek, à la mort de Sun Yat-sen, « l'Empire n'était que du sable dispersé ». Trois ans plus tard, Chiang a écarté les communistes et vaincu la plupart des seigneurs de la guerre. La Chine allait-elle être réunifiée ?

Certes, il restait à Chiang bien des rivaux et des adversaires à vaincre mais son horizon s'éclaircissait.

Est-ce pour prévenir ce redressement qu'alors, réalisant un vieux projet, les Japonais envahirent la Mandchourie ?

L'agression eut lieu le 18 septembre 1931. Le 20, Chiang notait dans son *Carnet* : « Les militaristes japonais sont en selle, ils ne s'arrêteront pas tant qu'ils n'auront pas mis à exécution leurs plans de conquête ; il n'y aura donc plus la paix en Asie orientale. » Et le surlendemain, il ajoutait : « Avec cette agression en Chine, la Seconde Guerre mondiale a commencé. Je me demande si les hommes d'État du monde en ont conscience[85]. »

Le gouvernement de Nankin était en lutte contre l'armée rouge naissante de Mao et de Chu Te lorsque eut lieu « l'incident de Mandchourie » : une bombe éclata à un kilomètre de Moukden, près de la voie de chemin de fer, mais elle fit si peu de dégâts que le train arriva à l'heure. Ce fut le prétexte pour une intervention japonaise, le désordre étant chronique dans la région. Les Japonais occupèrent militairement la capitale de la Mandchourie. Quelques mois plus tard, ils proclamaient l'autonomie du Mandchoukouo – le pays étant peuplé d'environ 20 % de Mandchous –, pour placer sur son trône le descendant de l'ex-empereur P'ou-yi.

Dès l'agression, au vu de la fatigue du pays et malgré l'appel à une guerre contre le Japon lancé par les étudiants de trente universités chinoises, Chiang voulut faire appel à l'arbitrage de la Société des nations, qui venait de régler pacifiquement un incident gréco-bulgare et était encore sous l'effet du pacte pacifiste Briand-Kelogg pour la paix. Malgré un rapport de Lord Lytton, qui conclut à la culpabilité japonaise, la condamnation des agresseurs se limita à des fleurs de rhétorique, et les délégués japonais quittèrent la SDN en donnant à leur départ la forme d'un défi. N'étaient-ils pas assurés de l'impunité en passant pour les seuls défenseurs de l'ordre occidental face au danger soviétique et à l'anarchie chinoise ?

La prophétie du 22 septembre 1931, pour autant qu'elle soit authentifiée, rend compte de l'attitude de Chiang pendant les années qui suivirent. L'agression japonaise reprenait un des thèmes exprimés dans les 21 *demandes* formulées pendant la Première Guerre mondiale – la dépendance économique – tout en perpétuant une volonté ancienne d'expansion en territoire chinois. Cela ne s'arrêta pas là. Une nouvelle agression, commise en juillet 1937, fut encore une fois une provocation destinée à justifier une invasion généralisée.

Mais le conflit ne s'était pas interrompu durant l'entre-deux, et Chiang avait toujours évité de l'assumer à sa vraie mesure. Tant et si bien que des militaires, exprimant la réprobation générale dont les étudiants avaient été les initiateurs, l'enlevèrent pour le relâcher bientôt après avis de Staline, qui avait compris ses raisons.

Cet « incident de Sian » figure, en quelque sorte en miniature, les dilemmes qui se posaient aux dirigeants chinois en cette extrême fin de l'année 1936, quand s'exaspérait dans le pays l'hostilité au Japon. Les rebondissements en sont étonnants.

Devant la montée du danger de guerre en Occident et la conclusion du pacte anti-Komintern, Mao sent la nécessité de conclure une trêve avec Chiang Kai-chek pour mieux combattre les Japonais. Chiang, de son côté, pense pouvoir donner le dernier assaut aux communistes, « la sixième campagne d'encerclement ». Le général Zhang Xue Liang est chargé de l'opération. Mais il considère que, dans ses négociations avec Mao, Chiang a formulé des exigences excessives, et prend sur lui de le faire arrêter, à Sian, dans le nord-est de la Chine. Attaqués en pleine nuit, ses gardes résistent assez longtemps pour que Chiang puisse s'enfuir dans les collines rocheuses couvertes de neige, où on le découvre caché dans une grotte étroite, grelottant de froid, vêtu seulement d'une chemise de nuit et incapable de parler distinctement parce qu'il a oublié son dentier dans la panique. Porté jusqu'au GQG sur le dos d'un jeune capitaine, il est amené chez le général Zhang Xue Liang, qui s'excuse du traitement qu'il a subi et lui redemande de changer de politique[86].

« Je suis le généralissime, aurait répondu Chiang. Ne me manquez pas de respect. Si vous me considérez comme votre prisonnier, tuez-moi, mais ne me soumettez pas à des affronts[87]. »

Alerté par Zhang Xue Liang, Mao propose que Chiang passe en jugement et soit exécuté. Pendant ce temps, à Tchoung-King, sa femme s'active pour que s'entame une négociation tandis que l'aile droite du Kuo-min-tang veut bombarder Xian, dans le Shensi. À Moscou, Dimitrov juge que Zhang Xue Liang n'aurait pas agi sans l'aval de Mao.

Or, l'ennemi numéro un est le Japonais et il faut que se reconstitue un front uni, comme en 1927, entre les communistes et le Kuo-min-tang. Staline fait savoir à Zhang Xue Liang par l'intermédiaire de Chou En-lai que « loin d'être un événement révolutionnaire, l'arrestation de Chiang est un complot japonais ». « Objectivement », cela l'était, selon le raisonnement marxiste, variante stalinienne. Edgar Snow rapporte que « Mao se mit dans une rage folle quand il reçut l'ordre de relâcher Chiang. Il jurait, tapait des pieds ». Puis il fut décidé d'obéir aux ordres du Komintern[88].

Quant à Chiang, il pense devoir expliquer sa position dès lors que les Japonais commencent à envahir le reste du pays : « À moins que la paix soit sans espoir, ne jamais abandonner cet espoir, et tant que le moment critique du sacrifice n'est pas arrivé, ne pas appeler inutilement à ce sacrifice. »

Ces principes, Chiang les énonça une nouvelle fois en 1937, publiquement, expliquant que la Chine était trop faible, trop divisée encore pour entrer en guerre contre le Japon. Il fallait d'abord renforcer l'unité du pays pour accroître ainsi sa force. C'est ainsi, explique-t-il, que de 1928 à 1937, elle a pu se renforcer et préméditer l'extension de la présence ennemie, rendant bientôt l'envahisseur prisonnier de ses conquêtes[89]... Cette représentation de la stratégie de Chiang par un de ses panégyristes comporte sans doute une part de vérité, au reste dans la logique du diagnostic effectué par Chiang en septembre 1931. La stratégie en question s'accompagnait d'une trêve conclue avec ses rivaux et avec Mao Tsé-toung qui, pendant ce temps, au terme de sa Longue Marche, s'était installé au Yenan. Mais au nom d'une intransigeance de forme sur la souveraineté de la nation et sur la nécessité d'une guerre pour se ressaisir de l'intégralité du territoire national, les interventions explicatives de Chiang masquent le fait que l'énergie de ses armées, jusque-là, s'était consacrée à vaincre ses rivaux, pas l'ennemi[90].

C'était bien ce que dénonçait la gauche du Kuo-min-tang, et notamment Song Qing-ling, la veuve de Sun Yat-sen, et ce fut ce qui amena Mao Tsé-toung à vouloir faire fusiller Chiang, puis à modifier lui aussi l'ordre de ses priorités après l'intervention de Staline, pour autant qu'aux yeux de celui-ci seul Chiang incarnait la Chine dans son entité. Il reste qu'à son tour Mao, dès 1937, accorda la priorité à la lutte contre les Japonais et non plus à la lutte contre Chiang, « l'ami des Japonais » ; il pensait qu'en agissant ainsi il détacherait les Chinois de Chiang plus efficacement qu'en lui disputant le pouvoir par la force[91].

En 1938 et après, accompagnée d'horreurs, l'invasion japonaise n'en change pas moins la donne : Pékin, Nankin, Shanghai tombent entre leurs mains ainsi que Wuhan, où s'est replié Chiang. Puis elle piétine. Désormais, c'est jusque dans le Sichuan, à Tchoung-King, qu'il s'enferme, inaccessible, mais isolé puisque les Anglais, en 1940, pour ménager Tokyo, lui coupent la route de Birmanie. Chiang a toujours cherché à négocier avec Tokyo mais à ses conditions, si bien que les Japonais renoncent et préfèrent traiter avec Wang Jung-wei, qui a un glorieux passé. Celui qu'on appellera le « Pétain de la Chine » lâche Chiang Kai-chek pour accepter de prendre la tête d'un gouvernement fantoche projaponais à Nankin.

Il y avait ainsi désormais trois Chine, dont celle de Mao, constituée en une sorte d'État elle aussi. Mais toutes trois agissaient au nom du Front uni du Kuo-min-tang ou du Kuo-min-tang réformé. Au vrai, le nouveau compromis passé en 1937-1938 entre Mao et Chiang au nom du principe « unifier la Chine pour mieux combattre » se dégrada à peine conclu. Il apparaît que l'idée de Chiang – perdre du terrain pour gagner du temps – n'avait de sens que dans sa rivalité avec les communistes, puisque lorsque

Chiang, en bonne logique, déclara la guerre au Japon après l'attaque sur Pearl Harbor, les armes fournies par Washington ne servirent pas contre l'occupant – ce dont se plaignit le général Stilwell – mais contre Mao Tsétoung[92].

Quant à celui-ci, malgré l'invitation renouvelée du Komintern, de Dimitrov et de Staline de chercher un accord avec Chiang, il fit comprendre qu'il ne saurait plus en être question maintenant que le peuple chinois avait compris qu'à la différence de Chiang il combattait vraiment les Japonais.

QUI EST L'ENNEMI PRINCIPAL SELON ROOSEVELT ?
AVANT COMME APRÈS PEARL HARBOR : HITLER

Comme l'attaque de septembre 2001 contre le World Trade Center, le traumatisme de Pearl Harbor, le 7 décembre 1941, fut tel que, depuis, les Américains n'ont cessé de s'employer à comprendre ce qui avait pu se passer : près de mille ouvrages s'y sont essayés.

Certes, on connaît désormais, minute par minute, la chronologie des faits pour les jours qui ont précédé l'agression japonaise. Celle-ci s'est soldée, pour les Américains, par la perte de 8 cuirassés, 3 croiseurs légers, 3 destroyers, 4 navires auxiliaires, 67 bombardiers, 13 chasseurs, 4 forteresses volantes avec plus de 150 appareils endommagés, 2 403 morts et 1 178 blessés[93].

Après enquête, on a souligné les incroyables dysfonctionnements qui rendent compte, au moins en partie, de l'événement. Pearl Harbor ne possède pas de machine à déchiffrer le code japonais – alors qu'il en existe quatre à Washington, deux à Londres, une aux Philippines. À Manille, MacArthur a été averti d'un raid possible, mais il ne sait pas que Honolulu n'a pas de machine à décoder et lui-même est surpris, comme Kimmel et Short le sont à Pearl Harbor. Toujours à Pearl Harbor, on a bien repéré les avions qui arrivent mais on croit qu'ils viennent de Californie. À Pearl Harbor même, le commandement militaire n'est pas informé de l'échec des négociations qui ont lieu à Washington. Un télégramme a annoncé qu'il existe une « menace de guerre », et on a intimé à la marine de ne pas tirer en premier mais, le 7 décembre, nul n'imagine que cette menace pourrait concerner Pearl Harbor, d'autant que plusieurs cuirassés construits pour faire pièce au réarmement naval japonais ont reçu l'ordre, au printemps, de quitter leur base. Enfin, le 7 décembre, quand le général Marshall, chef d'état-major, à la lecture d'un message capté, acquiert la conviction que les Japonais vont attaquer une base américaine, il n'utilise pas le téléphone ; il a peur qu'entendu par les Japonais son avertissement ne suscite une réaction immédiate. Or, par télégraphe, ses messages sont adressés par priorité aux Philippines, puis à Panamá, à San Diego et en dernier à Hawaii où le message arrive donc huit heures plus tard... après l'attaque[94].

L'absence de coordination entre Washington et les autorités navales, la certitude que le Japon, s'il était agressif, s'en prendrait plutôt aux Philippines ou aux Indes néerlandaises – ce qui ne serait pas pour le Congrès un cas de guerre –, voilà qui n'explique pas l'inertie des Américains. Il y a de quoi mettre en cause le président Roosevelt qu'on peut soupçonner d'avoir fait de Pearl Harbor un appât. L'attaque de cette base mal armée justifiait en effet une déclaration de guerre, qu'autrement le Congrès n'aurait peut-être pas votée.

Comment analyser le comportement de Roosevelt ?

« Ce doit être une erreur », s'exclama Frank Knox, le secrétaire à la Marine lorsque, depuis Pearl Harbor, on lui annonça l'attaque des Japonais... « Il s'agit sûrement des Philippines. »

« Non, monsieur, lui répond l'amiral, c'est Pearl Harbor... »

De son côté, témoigne Harry Hopkins, conseiller le plus proche de Roosevelt, « à 13 h 40, je déjeunais avec le président à sa table de travail quand le secrétaire d'État Knox nous avertit qu'un raid aérien était en cours à Pearl Harbor, et que ce n'était pas un exercice. Je lui exprimai ma conviction qu'il devait y avoir une erreur et que certainement le Japon n'attaquerait pas Honolulu.

« Le président parla des efforts qu'il avait faits pour maintenir le pays en dehors du conflit et de son vif désir d'achever son mandat sans qu'une guerre éclatât. Mais, dit-il, "si la nouvelle de cette agression est exacte, ma responsabilité se trouvera entièrement dégagée car les Japonais auront pris la décision à ma place". Pour lui, la nouvelle devait être exacte, "c'était bien la manière d'agir des Japonais, par surprise". Et cela au moment même où, à Washington, ils discutaient une fois de plus de la paix dans le Pacifique[95]. »

Ce court témoignage écrit le soir même du 7 décembre livre en réduction les données de l'événement :

— la surprise des autorités navales que l'agression ait lieu à Pearl Harbor ;

— une surprise identique du conseiller politique le plus au courant, avec Cordell Hull, des affaires internationales ;

— l'assertion du président que, si guerre il y a, sa responsabilité sera entièrement dégagée ;

— le rappel qu'il a fait tout son possible jusque-là pour maintenir son pays hors du conflit.

Deux jours plus tard, sans prévenir quiconque de son entourage sauf Goebbels, semble-t-il, Hitler déclare la guerre aux États-Unis. À une date où il sait que la bataille de Moscou est perdue, Hitler veut manifester qu'il garde l'initiative – une déclaration de guerre par les États-Unis aurait pu entamer le moral des Allemands. Mais en un sens, il rend service à Roosevelt. Rien ne dit que le Congrès aurait déclaré la guerre une deuxième fois, et la responsabilité du président est ainsi, cette fois encore, « entièrement dégagée »*.

Quand on relit la partie du *Memorial*[96] de Roosevelt qui porte sur la partie antérieure à Pearl Harbor, on constate que les trois quarts du texte sont consacrés à la menace hitlérienne et à la façon de la contrecarrer alors qu'au plus une trentaine de pages portent sur le Japon et la question d'Extrême-Orient. Cela reflète bien le fait que, sans nul doute si, pour une bonne part de l'opinion américaine, l'ennemi principal des États-Unis se trouve être l'empire du Soleil-Levant, pour Roosevelt, c'est l'Allemagne nazie.

Mais sans nul doute aussi, à sa lecture il ressort que la constitution américaine limite les droits du président au point que, en dépit de la puissance mondiale de son pays, il est seulement un « Gulliver entravé » (Stanley Hoffmann). Ainsi, face à un Congrès tout-puissant et isolationniste, il lui faut ruser pour agir dans le sens de ses convictions : c'est-à-dire aider les démocraties, puis sauver la Grande-Bretagne après juin 1940, contenir le Japon.

Or, le président des États-Unis ne peut pas déclarer la guerre, « à moins que le territoire national ne soit attaqué », il ne peut pas non plus violer « les lois de neutralité » qui interdisent de livrer du matériel militaire à un pays en guerre.

---

* Que se serait-il passé si Hitler n'avait pas déclaré la guerre ? À cette question que lui a posée Robert Sinsheimer, Harriman a répondu : « Nous aurions sans doute torpillé un de nos navires pour pouvoir accuser les Allemands : cela aurait fourni une bonne justification à une déclaration de guerre. » (Information aimablement donnée par Robert Sinsheimer.)

En juin 1940, pour s'être vu impuissant à répondre par le moindre secours aux appels désespérés de la France, Roosevelt a ressenti l'impression pénible d'un échec tel qu'il n'en avait jamais connu. Bouleversé et accablé, il revendique le droit de gouverner. Et si la rancune qu'il nourrit désormais envers la France est sans doute liée à la déception que lui a causée sa débâcle, elle l'est aussi au souvenir de son incapacité à ne l'aider que par de bonnes paroles.

Jusqu'à cette date, Roosevelt était très en avance sur son opinion publique et sur le Congrès, mesurant mieux qu'eux le danger que représentait la montée du nazisme. Le pays est furieusement isolationniste, en l'occurrence pacifiste et nationaliste. La crise de 1929 était apparue à cette nation qui n'avait été jusque-là que promesse de réussite, comme une promesse non tenue. Elle avait élu Roosevelt qui, grâce au *New Deal*, avait restauré la confiance et renoué avec le mythe américain. Ce succès du New Deal légitimait à nouveau le droit à la différence, le droit d'échapper, cette fois pour de bon, aux querelles européennes qui, au lendemain de la Première Guerre mondiale, n'avaient causé que des déceptions. Demeurer à l'écart de ce monde perdu, l'Europe, sauvegarder cet isolement, tel était bien le credo de la majorité de la population. Au reste, pendant longtemps, Roosevelt avait partagé ce point de vue, notamment devant la faillite de la SDN.

Mais bien que la situation ait changé, l'opinion y serait demeurée étrangère si des groupes de pression n'avaient pris une position très combative pour perpétuer cet isolement ou le combattre. Du côté des isolationnistes, on ne trouve plus tant la minorité germano-américaine (comme en 1914-1918) que des Irlandais américains, demeurés très anglophobes. Et plus encore des militants du mouvement America First qu'anime entre autres le célèbre aviateur Charles Lindberg, qui traitera Roosevelt de « détraqué » lorsqu'il voudra multiplier la production d'avions de combat aux États-Unis. On y trouve également le groupe de presse Hearst, des industriels tel Ford que fascine le relèvement allemand et qui rêvent d'accroître leurs échanges avec une économie si dynamique. Tous préconisent une politique d'*appeasement* dont ils estiment qu'elle est la seule réponse possible aux demandes de Hitler.

L'autre camp se regroupe dans un « comité White » où certains, tel Dean Acheson, préconisent bientôt d'entrer en guerre si nécessaire pour aider les démocraties à se défendre. Son fondateur identifie les Chemises noires fascistes, les Chemises brunes nazies aux membres du Ku Klux Klan. La difficulté de leur position vient de ce qu'ils se divisent entre ceux qui pensent que seul le renforcement de la Grande-Bretagne préservera les États-Unis d'une participation à la guerre, et ceux, également pacifistes, qui jugent que la démocratie est plus importante à sauvegarder que la paix.

Le camp isolationniste reçut un appui inattendu de l'ultragauche, communiste ou sympathisante, lorsque, avec le pacte germano-soviétique, son pacifisme devint plus offensif.

La déclaration de guerre ne changea pas la donne puisqu'en septembre 1939 un sondage effectué par l'agence Roper fit apparaître que 2 % seulement des Américains jugeaient qu'il fallait participer au conflit aux côtés des Franco-Britanniques[97].

Le pacte avait rendu plus complexe la carte des positionnements politiques et Roosevelt y fut nécessairement attentif puisqu'il décida de se représenter aux élections de 1940. Ce fut pendant ces années-là qu'il prit conscience qu'à côté de la presse écrite le cinéma devenait une force incontournable et que le monde qui le produisait exerçait une influence importante sur les choix politiques des spectateurs-électeurs.

Aux États-Unis, la liberté de la presse incluait celle du cinéma. Seule existait une autocensure liée au code des mœurs, dit code Hays. De toute façon, Roosevelt, comme les notables de sa génération, avait considéré jusque-là les films comme une simple distraction. Ce fut en 1937, après la projection à la Maison-Blanche de *Terre d'Espagne*, de Joris Ivens, avec un commentaire lu par Hemingway, que sa conversion fut faite et sa détermination de combattre la montée du fascisme renforcée.

Appréciant mieux désormais la part que le cinéma pouvait jouer dans la propagande en faveur des démocraties, il fit subventionner tout un programme de films en faveur des républicains espagnols – tels *Le Dernier Train pour Madrid*, de James Hogan, *Trois Camarades*, de Mankiewicz, etc. Roosevelt n'était pas un amateur, mais le monde du cinéma s'intéressait à Roosevelt. Or, depuis quelques années, ce monde s'était grossi d'immigrés tels que Lang, Diertele, etc., qui rejoignirent les ligues américaines antifascistes. Le *lobby* cinématographique était certes fort divisé, mais dans sa majorité il soutint la campagne de Roosevelt en 1940, et Roosevelt le lui rendit bien[98].

En vérité, c'est une vraie guerre civile qui se déroule au sein du monde du cinéma. Elle reflète les débats politiques de ces années-là. Se superposent plusieurs conflits : celui des scénaristes liés aux acteurs, tels George Raft, Paul Muni, contre les producteurs ; celui des interventionnistes, telle la Warner contre les isolationnistes ; celui des libéraux, alliés aux sympathisants communistes – que leurs adversaires appellent les « dupes » – contre les « laquais » des firmes qui se méfient des films susceptibles d'offenser les Allemands comme *La Confession d'un espion nazi*, de Litvak, ou *Le Dictateur* de Chaplin.

Lors de la signature du pacte germano-soviétique, à l'été 1939, les libéraux tels Melvyn Douglas et Gary Cooper quittent les ligues antifascistes. Dès lors, deux camps s'affrontent, l'un carrément rooseveltien, avec la Warner, David O. Selznick, Frederic March, Humphrey Bogart,

James Stewart, etc. ; l'autre, qui juge que le *New Deal* est une forme de communisme et que Roosevelt, qui s'arrange pour que la guerre éclate, est prêt à s'allier aux Soviétiques – parmi eux, Adolf Menjou, John Wayne, Robert Taylor, Walt Disney et les réalisateurs Sam Wood, King Vidor, Edward Dmytrik. Ils régleront leurs comptes aux démocrates plus tard, à l'époque du maccarthysme, en établissant la fameuse *Black List*.

Après Pearl Harbor, Roosevelt doit intervenir personnellement pour que soient produites des actualités de guerre proprement américaines, contre l'avis même de la marine, qui voudrait interdire tout accès à bord des bâtiments aux cameramen de la Fox ou de la Paramount, au point que les *Newsreels* doivent souvent emprunter leurs images aux Anglais. Il devra même ruser pour que Ford et Parrish puissent filmer à Midway (en signe de gratitude, ceux-ci vont inclure dans leur long-métrage, *La Bataille de Midway*, un *stock-shot* de Roosevelt junior... qui n'y avait pas participé. Roosevelt regarde la scène sans ciller).

Il fit demander à Capra un documentaire à la façon de Joris Ivens (*Pourquoi nous combattons*) mais le plus étonnant est sans doute l'avis personnel qu'il donna sur le nombre et les thèmes des films à réaliser pour aider à la victoire. Pour faire l'éloge de la Norvège, un film (*Moon is down*), de l'URSS, deux films (*Mission to Moscow* et *The North Star*), de l'antinazisme, trois films (*Hitler's Children, Watch on the Rhine, The Man I married*), de la France, deux films (*This Land is mine*, de Renoir, *Casablanca*, de Curtiz). On trouve un seul film antijaponais (*Behind the Rising Sun*, de Dmytryk). Puis viennent les films sur la marine, l'armée de terre, l'armée de l'air, les films qui justifient les guerres justes (*Sergent York*, etc.), les films sur la production industrielle, la vie à la campagne... Roosevelt souligne de sa main les noms de ceux qui doivent glorifier ce qui est la « forteresse invincible » de ce pays : la famille américaine...

Aucun autre dirigeant en guerre, ni Hitler ni Staline, n'a élaboré un programme… aussi total[99].

Dans un tel contexte, Franklin D. Roosevelt, vent debout, n'a pas d'hésitation sur le cap à prendre, mais il lui faut user de prudence et de ruse pour tourner le Congrès et garder le contact avec l'opinion. Ni les uns ni les autres n'oublient que, pendant longtemps, il a été lui aussi isolationniste.

Son revirement s'est opéré en octobre 1937, après la grande invasion de la Chine par le Japon. Pour pouvoir remettre en cause l'isolationnisme qui régnait jusque-là, il a intitulé son intervention : « Discours de la quarantaine », appellation habile car la quarantaine est une mesure sanitaire d'isolement perçue positivement alors que Roosevelt proposait un véritable blocus économique du Japon.

Ce discours fut « un coup de foudre dans un ciel serein ». Il y dénonçait le règne de terreur qui gagnait le monde, « une véritable épidémie ».

L'agression commise par les Japonais contre le *Panay* résonna comme un écho. Pourtant, aussitôt, les sénateurs isolationnistes Borah et Ludlow déclarèrent au Sénat qu'« ils n'enverraient pas des *boys* en Extrême-Orient sous prétexte qu'un navire était coulé dans une zone à risque ». Le second proposa en outre un amendement exigeant un référendum national comme condition préalable à toute entrée en guerre des États-Unis – à moins d'une attaque armée[100].

Ainsi, le président était-il ligoté, sans réels pouvoirs face à une situation internationale dont il pressentait les dangers. Quand le Japon s'excusa de l'incident *Panay*, la colère du président contre le Japon tomba quelque peu malgré l'indignation que lui avaient inspirée les crimes commis en Chine. Son ambassadeur, William Bullitt, lui conseillait de garder son calme : « Émotionnellement, nous sommes très touchés par ce qui se passe en Chine mais nous n'y avons que des intérêts économiques médiocres, et pas d'intérêts vitaux[101]. »

Paralysé dans le Pacifique, Roosevelt l'est également en Europe où il ne peut pas plus réagir à l'Anschluss de l'Autriche qu'à la crise de Munich. Chamberlain a refusé de lui transmettre l'idée d'un arbitrage qu'avait imaginé Georges Bonnet. En janvier 1939 un vaste programme de construction d'avions est envisagé pour aider la France et la Grande-Bretagne mais, selon la loi de neutralité, ils ne peuvent être livrés que si ces pays ne sont pas en guerre. Il faut donc le faire avant qu'elle n'éclate. En 1938-1939, les appels de Roosevelt au souvenir du pacte Briand-Kellog, ses propositions de conférence internationale suscitèrent les sarcasmes de Hitler*. Cependant, le président américain, très sensibilisé à ce qui se passait en Europe, notamment au sort des Juifs, et qui avait dit à Chamberlain qu'« il pouvait compter sur nous pour tout sauf des troupes et un prêt », réussit au moins à faire voter la loi *Cash and Carry*** (27 novembre 1939 et 13 février 1940). Au vrai, celle-ci était une autre de ces lois dites « de neutralité » mais, du fait de la maîtrise alliée de l'Atlantique, elle privait *de facto* les Allemands de toute livraison en provenance d'Amérique.

L'orientation proalliée se précisa une fois la guerre commencée, lorsque l'ambassadeur des États-Unis en Grande-Bretagne, Kennedy, favorable à l'*appeasement*, proposa à Roosevelt de jouer les médiateurs : celui-ci refusa pour autant que cette paix pourrait consolider ou rendre possible la survivance d'un régime de force ou d'agression[102].

En public, il laisse entendre ses sentiments : « Notre pays restera neutre mais je ne puis demander à chaque

---

* Friedländer, *op. cit.* 121, p. 46 : Hitler répondit en demandant à chacun des trente pays que Roosevelt se proposait de réunir « s'il se sentait menacé ». Il eut les rieurs de son côté.

** Payez et emportez.

citoyen de demeurer neutre au fond de son âme. » Se sachant sous surveillance, il ne veut pas « commettre d'actes irrévocables », quitte à dire le contraire de ce qu'il entend faire. Au moment même où un industriel de Chicago convertit son usine de papiers peints en usine de bombes incendiaires, il déclare : « Nous n'avons jamais songé mettre la nation sur pied de guerre, ni en ce qui concerne son système de défense ni quant à son économie intérieure, c'est même cela que nous voulons éviter. » Prudent, Roosevelt sait qu'il doit l'être pour s'être fait siffler, cette fois par l'ultragauche, après avoir parlé d'une aide à la « petite Finlande » lors de la guerre d'hiver[103]...

Plus tard, au moment du Blitz de Londres, quand les Anglais produisent 8 000 avions dans l'année, Roosevelt demande qu'on en construise 50 000 et qu'on multiplie par cinq le nombre de parachutes. L'intervention des isolationnistes tempère cette demande. Il propose la constitution d'un Comité de recherches pour la défense nationale, confié à Vannevar Bush : c'est lui qui va mettre sur pied le programme d'une bombe atomique... Ensuite, pour pouvoir livrer aux Anglais les 50 ou 60 destroyers dont ils ont besoin pour assurer la sécurité de leurs convois dans l'océan Atlantique, il argue devant le Congrès que ces bâtiments sont obsolètes. Or l'amiral Stark s'était porté garant de leur valeur militaire... Comme Churchill proposait de prêter en échange les îles Bermudes et Terre-Neuve aux Américains, le même Stark se contenta d'affirmer que ces bases renforceraient la défense américaine. Les négociations se firent secrètement et Wendell Willkie, candidat républicain devenu interventionniste, promit de ne pas évoquer ce problème pendant la campagne électorale. Il tint parole.

Pendant cette campagne, précisément, Roosevelt cacha si bien son jeu que, les sympathies pour la Grande-Bretagne ne cessant de se manifester dans le pays, Wendell Willkie accusa son adversaire de négliger la défense nationale.

Roosevelt alla jusqu'à revendiquer les lois de neutralité qu'il n'avait cessé de tourner, et ajouta :

« Pères et mères, puisque je suis en train de vous parler, je veux une fois de plus vous en donner l'assurance – je l'ai déjà dit mais je le répéterai, je le répéterai sans cesse : vos enfants ne seront pas envoyés au combat dans une guerre étrangère[104]. »

On a bien lu : dans une guerre étrangère. Mais si les États-Unis étaient attaqués ?

En novembre, Roosevelt fut réélu et, pour la première fois, dans sa causerie au coin du feu, il osa parler des nazis...

Il inventa alors la parabole du jardinier : « Celui-ci voit flamber la maison de son voisin, l'incendie pourrait se propager, mais plutôt que de lui vendre son tuyau d'arrosage, il le lui prête. »

Ce fut le prêt-bail, voté en mars 1941...

« Je supprime ainsi la superstition du dollar », dit-il en instituant cette innovation au bénéfice des trois États qui se battaient contre l'Allemagne nazie, l'Italie fasciste et le militarisme japonais : la Grande-Bretagne, la Grèce, la Chine de Chiang Kai-chek.

Même réélu, Roosevelt se sent les fers aux pieds. Pour pouvoir aider la Grande-Bretagne, pour faire fonctionner « cette union libre » et donner une réalité à son programme (que les États-Unis deviennent « l'arsenal de la démocratie »), tout le problème est de faire passer le pays d'un état de paix à un état de guerre économique. Certes, en juin 1941, l'entrée de la Wehrmacht en URSS donne un répit aux Britanniques. Mais en même temps il réveille l'isolationnisme de ceux pour qui la solidarité de fait entre « le pays de la liberté » et l'Union soviétique apparaît une sorte de trahison.

Pourtant cette réaction n'est plus celle de l'ensemble de l'opinion américaine, à laquelle la défaite de la France et l'isolement de l'Angleterre ont fait ressentir le danger qui peut désormais menacer le pays. À la veille du désastre français, en mai 1940, 64 % des Américains entendaient demeurer hors de la guerre, et 39 % jugeaient qu'il fallait aider l'Angleterre. En décembre 1940, ce dernier pourcentage monte à 60 %, et à 70 % le 29 mars 1941, au creux des défaites de l'Angleterre, en Grèce notamment. Au début de juillet 1941, au lendemain de l'invasion russe, il est de 61 %[105].

Ainsi soutenu par l'opinion (tout en l'ayant insuffisamment précédée selon Churchill), Roosevelt envoie des *Marines* en Irlande « pour assurer la sécurité des convois ». Au printemps, le *Robin Moor* a été torpillé par les Allemands, puis le *Greer* attaqué. Peu à peu, les États-Unis se trouvent en état de prébelligérance, mais toujours pas question d'aller plus loin sauf pour autoriser les cargos américains à s'armer, ce que le Congrès accepte en octobre 1941.

L'« union libre », qui s'était instituée à distance, se concrétisa par une rencontre au départ confidentielle entre Roosevelt et Churchill au large de Terre-Neuve, le 14 août 1941. Elle débouche sur une première déclaration commune des deux chefs d'État, la Charte de l'Atlantique : condamnant les traités secrets, affirmant le droit des peuples à choisir leur gouvernement, s'opposant aux annexions de territoires par la force, elle figurait une condamnation des États autoritaires et une espérance pour les populations dominées plus qu'un programme d'action. Mais surtout, moralement, elle intégrait les États-Unis dans le combat que menait la Grande-Bretagne et ce qui survivait des gouvernements démocratiques. Ainsi, Roosevelt jouait la provocation avec l'Allemagne, mais ce fut Tokyo qui attaqua.

Depuis le Discours de la quarantaine (octobre 1937), les rapports des États-Unis avec le Japon étaient demeurés tendus, avant tout à cause de l'occupation sans cesse accrue de parties de territoires chinois. Mais ce furent la violence et les cruautés des Japonais, lors du sac de Nankin notamment, qui inspirèrent sans doute sa première réaction d'horreur à Roosevelt. À la suite du bombardement de Tchoung-King, en 1938, par 72 bombardiers de la marine sans relation aucune avec des opérations terrestres – premier raid de terreur après Guernica, qui fit 5 000 morts environ parmi les civils –, les Américains établirent un embargo sur leurs exportations destinées à l'aviation japonaise.

Ces sanctions économiques pesaient lourd puisque, en 1940, 36 % des importations japonaises (à savoir 70 % du fer utilisé au Japon, 32 % de la machinerie, 90 % du cuivre) venaient des États-Unis, le pétrole comptant pour 75 % du total[106].

Roosevelt et Cordell Hull, plus spécialement en charge du dossier de l'océan Pacifique, étaient certains de disposer ainsi du plus puissant moyen de pression qui fût.

L'enjeu était considérable « parce que l'océan Pacifique, au contraire de l'Atlantique, n'était pas un simple lieu de passage conduisant à un marché rentable, mais la zone où se trouvaient leurs domaine colonial et possessions insulaires [les Philippines ne seraient indépendantes qu'en 1946], ce qui rend compte des différences d'attitude vis-à-vis des luttes pour la domination en Europe et en Asie »[107].

Face à la poussée japonaise, Washington dénonce le traité de commerce conclu avec Tokyo en 1911. Puis, après le matériel pour avions, ce sont les exportations de ferraille que freinent les États-Unis. L'occupation de l'Indochine française en juillet 1941 par suite d'un accord passé avec Vichy détermine le gel des actifs nippons aux États-Unis. Les interminables négociations entre Cordell Hull et Konoe reprennent ensuite par l'intermédiaire de leurs ambassadeurs. À cette date, le pacte nippo-soviétique conclu au printemps pourrait signifier que le Japon va se tourner vers les mers chaudes ; en refusant de coopérer avec Londres pour aider à la défense de Singapour, les États-Unis signifient qu'ils veulent éviter toute provocation pour autant que Roosevelt croit, comme d'autres, que le Japon n'interviendra pas militairement tant que la Grande-Bretagne n'est pas à terre.

Mais Eden sait, par Hopkins, que jamais le Congrès ne votera la guerre « uniquement parce que les Néerlandais auraient été attaqués par les Japonais », et durant cet été 1941, quand la guerre a commencé entre l'Allemagne et l'URSS, Roosevelt et Hull veulent à tout prix éviter d'irriter le Japon dans l'espoir qu'il se maintiendra hors de la guerre.

Or l'étau des sanctions économiques se resserre ; au Japon le pétrole risque de manquer. Konoe doit démissionner devant l'ensablement des armées japonaises en Chine et la faillite des négociations avec les États-Unis qui ne demandent pas moins que l'évacuation de la Chine pour lever leurs restrictions en pétrole. Le général Tojo, désormais aux commandes, sait que les Américains ne déclareront pas la guerre même si le Japon attaque les Philippines. Militairement, dans le Pacifique, ils ne sont pas prêts : ils n'y ont que 3 porte-avions contre 10, 80 destroyers contre 113, 24 croiseurs et cuirassés contre 36, et atteignent à peine la parité si s'ajoutent à ces forces navales celles de la Grande-Bretagne et des Pays-Bas[108].

Le président des États-Unis n'en estimait pas moins, comme avant Pearl Harbor, que l'ennemi principal demeurait l'Allemagne nazie. Ce que souhaitait Churchill, bien entendu, lors la conférence de Terre-Neuve.

Et c'est l'attaque sur Pearl Harbor, où flotte le drapeau américain, de sorte que Roosevelt peut demander au Congrès de voter la guerre.

Personne n'a imaginé qu'une attaque aurait lieu là... Sauf la Paramount[109]. En effet, dans les *Newsreels* du 13 novembre, évoquant un danger de guerre avec le Japon, le commentateur fait allusion non aux Philippines ni à quelque autre cible mais bien à Pearl Harbor « admirablement défendu et prêt à tout ».

Y a-t-il eu de la part de Roosevelt une préméditation de faire de Pearl Harbor un appât ? Il ne semble pas. Ni lui ni les Américains, étant donné leurs complexes de supériorité, ne pouvaient imaginer une telle audace de la part des Japonais – malgré le précédent de Port Arthur, qui était plus près de leurs bases. En resserrant l'étau du blocus pétrolier, les dirigeants américains croyaient-ils pousser les Japonais à la guerre ? Rien ne prouve qu'ils le souhaitaient tant ils jugeaient que l'ennemi principal était l'Allemagne nazie. Il reste que le comportement de Roosevelt, si volontiers manipulateur, pouvait prêter à suspicion.

Quant à Hitler, d'après le témoignage de Heinrich Heim à Werner Maser (publié en 1971), il aurait dit, apprenant l'attaque sur Pearl Harbor : « Maintenant, les Anglais vont perdre Singapour. Je n'ai pas voulu cela. Nous faisons la guerre aux mauvais adversaires. Nous devrions être les alliés des puissances anglo-saxonnes. Mais les circonstances nous obligent à commettre une erreur historique[110]. »

Il n'en déclarait pas moins la guerre aux États-Unis sitôt après.

On a vu quelles étaient ses raisons (p. 124).

Sur le moment, n'ayant cessé de presser le Japon d'intervenir, les Allemands sont ravis que leur allié soit passé à l'acte. Ribbentrop téléphone la nuit même à Ciano pour le lui annoncer. Quant à la guerre avec les États-Unis, depuis l'automne 1940 et le refus de l'Angleterre de capituler, Hitler la jugeait inéluctable[111]. À moins qu'une fois l'URSS vaincue, le bloc ainsi formé ne fasse reculer les États-Unis, car alors un débarquement anglo-américain devenait impossible.

Pearl Harbor eut lieu le 7 décembre 1941.

Or, le 6, Hitler avait dû donner l'ordre de mettre fin à l'offensive de la Wehrmacht sur Moscou.

Roosevelt et Churchill étaient « sur le même bateau ». Et, déjà, ils avaient réfléchi à une stratégie commune. Au début de 1941, des entretiens secrets s'étaient tenus à Washington, avec Donovan, Marshall, Stark, au cours desquels il avait été entendu qu'en cas de guerre contre le Japon et l'Allemagne, « la stratégie serait défensive en Extrême-Orient et que l'Europe serait considérée comme le théâtre principal de la guerre ». Ce fut le document ABC-I, qui répondait au souci de soutenir la Grande-Bretagne à une date où les partisans de l'*appeasement* menaçaient fortement l'autorité de Churchill, favorable à une guerre sans merci.

L'invasion de l'URSS par l'Allemagne nazie n'avait pas changé ce choix stratégique, qui ne pouvait que convenir aux Soviétiques, un débarquement anglo-américain en Europe constituant pour eux une décision à prendre d'urgence.

À la fin de 1941, l'attaque sur Pearl Harbor et les Philippines remit en cause ces dispositions. Frappée au cœur, l'Amérique souhaitait répondre à l'affront, mais c'était devenu d'autant plus difficile qu'une partie de la flotte avait déjà rejoint l'Atlantique et que les premières victoires japonaises, de Singapour aux Indes néerlandaises, étaient telles qu'une riposte prendrait nécessairement un certain délai. Du coup, les Australiens se sentirent menacés, sacrifiés à une stratégie dont Churchill paraissait être le mentor ; ils ne le pardonnèrent pas aux Anglais.

Si, dès l'origine, des difficultés apparurent autour de ces questions, ce ne fut pas entre Roosevelt et Churchill mais plutôt entre les chefs des forces armées américaines. Alors que de plus profonds désaccords stratégiques commencent à sourdre entre Mussolini et Hitler, même si fondamentalement ils ont bien identifié, eux aussi, leur ennemi principal.

UNE RÉÉVALUATION DU PROBLÈME

Ce qui frappe quand on examine le problème de l'identification de l'ennemi principal est bien le fait que celui-ci est le plus souvent mal connu. Seule exception sans doute : Staline, qui sait d'autant mieux ce qui se passe que le Komintern a été longtemps actif, en Allemagne notamment. Comme on l'a vu, l'inverse n'est pas vrai et Hitler pénètre en Union soviétique comme en « territoire inconnu ». Cela tient à la foi qu'il a en lui-même, au mépris qu'il nourrit envers les Russes – on y reviendra – et à sa méfiance vis-à-vis d'informations dont il ne contrôle pas la source, mais aussi à l'opacité du régime soviétique, à la faiblesse des communications, à l'intermittence de la présence de l'État dans un pays immense – un héritage de la Sainte Russie (en 1985 encore, véhiculant des charretées de peaux de renard dans la province de Vladivostok, un tractoriste déclarait en riant qu'« ici, on n'appliquait toujours pas les règlements de Pierre le Grand concernant le trafic des fourrures »).

Un autre cas extrême d'opacité est celui du Japon, pays culturellement impénétrable aux Occidentaux. S'y ajoute, s'agissant des institutions, un culte du secret qui touche à tous les domaines, et avant 1941 jusqu'aux horaires de trains. Que dire du fonctionnement de son gouvernement, auquel l'ambassadeur des États-Unis ne comprend goutte même si en apparence une constitution le régit ? N'en ayant qu'une connaissance superficielle, et par ailleurs admirateur de la civilisation japonaise, Joseph Grew surévalue la volonté conciliatrice des dirigeants, et maîtrise mal les rapports de force internes au sommet de l'État.

On comprend que le secret de l'attaque prévue ait été bien gardé, cela d'autant plus que la marine pratique la désinformation : la veille de Pearl Harbor, elle laisse partir le *Tatuta Maru*, le « *Normandie* japonais », comme si de rien n'était et ne lui fait faire demi-tour qu'une fois l'attaque surprise passée, une opération programmée qui impliquait un silence absolu pour des centaines de personnes.

De leur côté, les autorités japonaises ont peu d'informations sur ce qui se passe aux États-Unis. Pourtant, grâce à la minorité japonaise installée en Californie, elles savent « qu'il faut attaquer le dimanche, vers la fin du week-end, quand les Américains sont fatigués ». Des espions communiqueront des informations plus substantielles après Pearl Harbor, par précaution, au cas où les Japonais procéderaient à un débarquement en Californie ou à Panamá (l'état-major de Yamamoto sera très déçu on l'a vu après Pearl Harbor « qu'on n'ait pas été plus loin », comme en témoignera un des officiers[112]).

Par mesure préventive ou par représailles, les autorités de Californie internent aussitôt les résidents d'origine japonaise.

Conscients de ne pas avoir de services de renseignements à la hauteur à cette date (l'OSS ne comprend que quelques membres), les Américains doivent faire appel aux agents de l'Intelligence Service, une humiliation. Celle-ci transparaît dans *Across the Pacific* (*Griffes jaunes*), un film de John Huston de 1942, où l'on voit Humphrey Bogart, au service de l'US Navy, se faire jouer, une fois n'est pas coutume, par un espion japonais qui, à Panamá, cherche à connaître les heures de départ des avions militaires.

Pourtant, ce qui était vrai en temps de paix ne le sera plus en temps de guerre : ce sont les services secrets américains de la marine qui déchiffreront les premiers le code japonais, apprenant ainsi dès avril 1942 que les Japonais vont procéder à un débarquement à Port Moresby, dans la mer de Corail ; à nouveau ils sauront qu'une attaque se prépare contre Midway.

Aux débuts de la guerre, il n'y a pas que sur le Japon que Roosevelt est mal informé. Robert E. Sherwood rapporte qu'un mois ou deux après sa réélection, Roosevelt déclare qu'il était « convaincu que les puissances de l'Axe ne gagneraient pas la guerre. Sa conviction était fondée sur des renseignements les plus récents et les plus contrôlés ». Or, commente Sherwood, « ses sources dites secrètes ne valaient guère mieux que celles du *New York Times* ou du *Chicago Daily News*, d'une déplorable inexactitude[113] ».

La CIA n'était pas encore née.

Autre constatation, l'« ennemi principal » n'est pas seulement un ennemi ; il est également une proie : ainsi en va-t-il de l'URSS, ou plutôt de son territoire. Certes, à Berlin comme à Tokyo, bolchevisme ou communisme sont honnis mais les régions que contrôlent leurs dirigeants sont également convoitées. Sauf que le calendrier de Hitler et celui de Hiro-Hito sont inverses. Hitler compte pouvoir se saisir de l'Ukraine, du Caucase, etc., pour disposer des ressources qui permettront de gagner une guerre longue contre la Grande-Bretagne et les États-Unis – arsenal de la précédente. Le Japon, lui, compte neutraliser les Américains et les Britanniques dans le Pacifique pour pouvoir ensuite se saisir de la Sibérie orientale et de la Mongolie – vieux projet[114].

Une double erreur de calcul.

Celle-ci tient, entre autres, aux certitudes qu'ont les dirigeants de ces deux pays d'appartenir à une race supérieure, répétons-le, à leur mépris de l'adversaire. « La poigne est une nécessité pour dominer le Russe », déclare Hitler, le 5 juillet 1941, deux semaines après l'invasion, jugeant que la victoire est à portée de la main. « L'Italien est diligent comme une abeille, mais, aux yeux du Russe, le principal apport de la civilisation, c'est la vodka. Son idéal consiste à ne faire jamais que l'indispensable, il subit notre conception du travail comme une malédiction. [...] Chez lui, la volonté de retour à l'état de nature se marque dans ses révolutions. » Une semaine après, dans ses propos de table, Hitler lâche avec dédain : « Les Russes répugnent aux exécutions, aussi Staline se sert des Chinois et des Lettons, ce sont les mêmes qui faisaient office de bourreaux dans l'Empire des tsars. » Le 27 juillet, les Allemands se battent devant Smolensk et font plus de 300 000 prisonniers. Hitler poursuit alors son analyse : « Il doit nous être possible de dominer ces régions de l'Est avec 250 000 hommes bien encadrés ; prenons exemple sur les Anglais en Inde. Cet espace de l'Est doit pour toujours être dominé par les Allemands. Rien ne serait plus faux de notre part que de vouloir y éduquer la masse, ils sont analphabètes et doivent le rester, il faut qu'ils puissent vivre décemment, c'est aussi notre intérêt. Ils constituent une masse d'esclaves-nés et nous ne les tortureront pas avec des écoles. Le seul fait de leur donner à conduire une locomotive serait déjà une erreur. [...] De la Crimée nous ferons une colonie exclusivement allemande : voilà notre Midi à nous, les Allemands[115]. »

Au Japon, ses conseillers ont expliqué à Hiro-Hito l'utilité qu'il y avait à enseigner au peuple qu'il est d'ascendance divine. Mais l'éducation a une autre fonction : « Comprendre quel privilège il y a à être japonais. » Dans les ouvrages qu'ont étudiés, enfants, les hommes de sa génération, le premier sujet de rédaction est le suivant : « Les gens disent souvent que notre pays est supérieur aux autres et mérite notre respect ; je désirerais savoir en quoi ce jugement est fondé. » Et le livre, bien sûr, d'y répondre car « c'est une bonne question ». Les valeurs occidentales qui avaient été prises en compte sont dévalorisées depuis que les États-Unis et l'Europe veulent « museler le pays ». Et les terres étrangères ne méritent pas plus d'éloges : Shanghai est une ville bruyante, Londres encombrée, Le Caire torride. Si le darwinisme pénètre les ouvrages, c'est sans doute à la fois parce que cette doctrine met en cause la vision chrétienne de l'homme et aussi qu'elle justifie la supériorité et la montée du Japon[116].

Le Japon doit tout à lui-même et ses voisins incarnent soit l'anarchie – telle la Chine –, soit une menace, telle la Russie. C'est par avance pour se protéger d'elle que les Chinois ont construit la Grande Muraille (*sic*). La présence du Japon en Chine doit donc être considérée comme une forme d'aide humanitaire – la semaine où Tojo est nommé Premier ministre « sur ordre supérieur (*sic*) », Hiro-Hito honore au temple Yasukuni les 15 013 Chinois morts pour la paix japonaise.

Entre 1914 et 1918, il n'y avait pas eu de « parti de l'étranger » ; en 1939 et après, presque tous les pays ont connu ce problème, mais à des degrés divers. Si ni Hitler ni Staline n'y ont échappé, dans les pays occupés, il est particulièrement présent. En France et ailleurs, se reproduit l'exemple de la Norvège, où Quisling devient une incarnation de la collaboration.

Chiang Kai-chek, lui, eut affaire à un vrai gouvernement fantoche, installé par les Japonais à Nankin, celui de Wang Jung-wei. En outre, on a pu observer qu'attentifs à bombarder Tchoung-King, les Japonais n'ont guère fait de même à Yenan. Pourtant Mao Tsé-toung accordait une évidente priorité à la lutte contre l'occupant. Mais les Japonais ont pu considérer qu'il fallait lui laisser du champ pour combattre Chiang Kai-chek, et aussi qu'il y avait un risque à s'aliéner Staline. Il est curieux que cette question n'ait jamais été abordée par les historiens.

Pour sa part, on le sait, Churchill avait eu à combattre les chantres de l'*appeasement*, et la peur ou le rejet du bolchevisme pouvait en avoir poussé quelques-uns à manifester une certaine sympathie pour l'Allemagne. À l'heure du Blitz, ce n'était plus de mise. Il régna une union patriotique dont le Premier ministre et le monarque furent l'incarnation, même si Hitler compte sur l'existence du petit parti fasciste de Mosley : « En arrêter 11 000 membres a brisé les reins du duc de Windsor. » Néanmoins, à la cour, les comportements de l'ex-roi Édouard VIII et de l'ex-Mrs. Simpson inquiétaient. L'un et l'autre manifestaient quelque sympathie pour le nazisme et l'on pouvait craindre que, lors d'un débarquement, les Allemands ne ramènent Édouard VIII d'Espagne ou du Portugal pour l'installer sur le trône à la place de George VI. Churchill, qui avait soutenu la cause du couple avant guerre, jugea alors nécessaire d'éloigner Édouard en le nommant gouverneur des Bermudes[117].

Le problème de De Gaulle à Londres est d'asseoir sa légitimité : en 1940 et 1941, les affaires de Mers el-Kébir et Dakar ne l'ont pas aidé, même si l'assise de l'Afrique-Équatoriale française, avec Brazzaville, s'est consolidée. La dépendance de fait de la Grande-Bretagne, ce talon d'Achille, le contraint à une intransigeance sur les droits de la France qu'il entend incarner. Plus tard, elle suscite encore deux crises graves, et qui frôlent la rupture – à l'occasion de la guerre en Syrie et de la mainmise britannique sur Madagascar « pour éviter que des Français tirent encore une fois sur des Français, comme à Dakar », se justifie Churchill[118]...

Sa raideur donne à d'autres résistants, à Londres, l'alibi qu'il leur faut pour essayer de contrôler de Gaulle au nom de la France libre. L'amiral Muselier et André Labarthe mènent la danse auprès de Churchill, mettant plus ou moins en doute les convictions républicaines du Général ; après arbitrage, un collectif se met ainsi en place qu'en fin de compte il préside.

Quant aux mouvements de résistance qui, indépendamment de De Gaulle, se mettent en place en métropole après l'annonce par Pétain d'une politique de collaboration, ils veulent en savoir plus sur l'homme de Londres. Christian Pineau, un syndicaliste de Libération-Nord, est chargé de faire passer à de Gaulle cet examen de loyalisme républicain. Ce qui le frappe, quand il rencontre le

Général à Londres, en mai 1942, c'est que celui-ci ignore presque tout de la Résistance intérieure. Sa vision de l'Histoire est militaire, juge Pineau, et celle de la société française le glace : aux syndicalistes, il demande à Pineau de transmettre ce message : « Dites à ces braves gens que je ne les trahirai pas. »

Pour ce qui est de sa fidélité à la république et à la démocratie, de Gaulle assure son visiteur qu'elle n'est pas en question. Au reste, en approuvant les vues de Jean Moulin, il est persuadé que la restauration des partis politiques, dont il condamne le monopole et le régime, est nécessaire s'il veut être lavé de toute suspicion de fascisme ou de visées dictatoriales, et gagner un brevet de démocratie dont la France libre a besoin pour neutraliser l'hostilité de Roosevelt.

Quant à Staline, il n'eut pas à affronter un « parti de l'étranger » au sens propre du terme mais plutôt l'hostilité des nations dépendantes, dans les pays baltes, au Caucase et ailleurs (voir plus bas, le chapitre « Staline, les Juifs et les nationalités »).

En outre, selon sa vision internationale de l'Histoire, l'ennemi du stalinisme était le trotskisme et son projet de la « révolution permanente ». À l'intérieur de l'URSS, les représentants du trotskisme tels Joffe, Rakovski, etc., et ses affidés supposés avaient fait l'objet d'une répression sans précédent. À l'extérieur, dans le Komintern, la chasse aux trotskistes n'avait jamais cessé – allaient-ils continuer à noyauter l'Internationale ? En cas de conflit, constitueraient-ils une vraie force comme cela avait été le cas pendant la guerre d'Espagne ? « Tous les trotskistes doivent être pourchassés, abattus, exterminés », avait déclaré Staline : obstacles à un éventuel rapprochement avec l'Allemagne, le parti communiste polonais fut dissous et ses membres abattus comme trotskistes. Bela Kun, l'homme de la révolution hongroise de 1919, le fut également, affublé de la même étiquette. Cependant, depuis son exil, Trotski narguait Staline : en 1938, au lendemain de la grande purge qui avait nettoyé l'état-major des armées, il écrivait dans son *Bulletin de l'opposition* : « Quoi ! Staline rit encore dans les coulisses. De terribles menaces de guerre frappent et Staline a choisi ce moment pour saborder l'armée et fouler aux pieds la nation[119]. »

Si cela a été une commodité de dénommer trotskistes tous les opposants supposés ou virtuels, cela devient une obsession de faire taire la voix de Trotski.

Staline voue à celui-ci une haine personnelle. À ce chantre de l'incendie révolutionnaire mondial, il envie le talent oratoire, et son appartenance à la classe des intellectuels, dont, lui, Staline, ne fait pas partie. Soukhanov, le témoin le plus perspicace de la révolution de 1917, ne l'avait-il pas défini autrefois comme une « tache grise » au milieu des brillants théoriciens du marxisme, dont Trotski ? Tel était le secret de Staline, son *Rosebud* : un complexe qu'il nourrissait vis-à-vis de tous ceux qui brillaient, ces autres compagnons de Lénine, ces « intellectuels » qu'il conduisait au bûcher en les qualifiant par amalgame de trotskistes même quand ils en avaient été les rivaux – Zinoviev, Radek, Boukharine, etc. Staline leur préférait son compatriote géorgien Beria, l'Arménien Mikoïan, le terne Molotov, peu susceptibles de briller devant lui.

Il restait à éliminer la personne de Trotski. Une première tentative ayant échoué en 1937, une seconde fut montée par Beria, chargé de toutes les actions antitrotskistes. À cette fin, nommé directeur adjoint du département étranger du NKVD, Pavel Soudoplatov fut convoqué chez Staline en 1939. Il a laissé un témoignage qui est le plus explicite et le plus complet sur la façon dont l'assassinat de Trotski fut ordonnancé.

« Les trotskistes rivalisent avec nous pour devenir l'avant-garde de la révolution communiste », lui avait dit Beria avant qu'il ne rencontre Staline.

Celui-ci tenait à la main sa pipe déjà bourrée. Il frotta une allumette, se leva et commença à aller et venir dans son bureau... Beria expliqua :

« J'avais pour mission de mobiliser toutes les ressources du NKVD afin d'éliminer Trotski, l'ennemi du peuple numéro un.

« À part Trotski en personne, il n'y a aucune figure politique importante dans le mouvement trotskiste », dit Staline.

Il exprima son mécontentement de la façon dont avait été menée l'opération précédente... Puis se raidit alors comme s'il était en train de donner un ordre :

« Il faut en finir avec Trotski dans l'année, avant le début de la guerre qui est inévitable. Si cela n'est pas fait lorsque les impérialistes attaqueront l'Union soviétique, nous ne pourrons pas nous fier à nos alliés du mouvement communiste international, comme l'a montré le précédent espagnol. Ils auront le plus grand mal à remplir leur devoir de déstabilisation de l'ennemi sur ses arrières par des opérations de sabotage et de guérilla s'il leur faut veiller en outre à ne pas se laisser infiltrer traîtreusement par les trotskistes. »

On attribua à l'opération le nom de code *Outil* (canard)[120].

Cette réunion avait eu lieu en mars 1939. Trotski, réfugié au Mexique, fut assassiné le 21 août 1940, à Coyoacán, par un agent du NKVD qui avait réussi à gagner sa confiance. Le film de Losey, *L'Assassinat de Trotski*, sorti en 1972, ignore les informations apportées par Soudoplatov, qui ne seront connues qu'en 1994.

En Italie, enfin, Mussolini sait que l'alliance avec l'Allemagne n'est pas populaire. Aussi l'annonce de la non-belligérance du pays a-t-elle été accueillie avec faveur par les milieux monarchistes, par l'Église, et, semble-t-il, par une bonne partie de l'opinion. Mais, comme les gouvernants de 1915, le Duce veut que l'Italie soit présente dans le conflit : « Le fascisme, c'est l'action. » Or l'étendue et la nature de son pouvoir lui permettent de prendre seul les décisions et « de respecter le pacte avec Hitler ».

Avec l'entrée en guerre, les milieux antifascistes, démocrates-chrétiens ou monarchistes rejettent plus que jamais le régime, mais la répression les a désarticulés, ils ne communiquent guère entre eux, et leur activité demeure fragmentaire. En outre, à ses débuts, le conflit ne concerne que l'empire, ou la Grèce, et comme il n'y a guère de mobilisation des énergies – sauf verbale – le pays ne sent vraiment pas que la guerre a commencé : les Actualités *Luce* en témoignent.

Puis les restrictions, alimentaires et autres, deviennent sensibles, et bientôt, avec les défaites militaires et surtout le bombardement des villes, lassitude et mécontentement commencent à s'exprimer. Plus que de l'opposition, le passage à l'acte contre le Duce émane du régime lui-même.

3
Guerre ou extermination (1939-1945) ?

LA SPÉCIFICITÉ DU CONFLIT

La guerre d'extermination telle que l'illustrent Auschwitz et Hiroshima est une des caractéristiques du second conflit mondial. Certes, pendant la Grande Guerre, le massacre des Arméniens en 1915, l'utilisation d'armes nouvelles (les gaz, les sous-marins, etc.) témoignent qu'à l'échelle de leur époque les belligérants étaient prêts à tous les excès pour assurer leur domination. En 1914, l'amiral de la flotte britannique, Lord Fisher, jugeait que « l'essence de la guerre est la violence, qu'en temps de guerre toute modération est imbécillité » ; et l'amiral allemand Ingewohl confirmera après-guerre qu'« en 1914, la gravité de la situation exigeait de se libérer de tous les scrupules ». En 1916, à l'heure de Verdun, il s'agit, pour le général Falkenheyn, de « saigner à blanc » l'armée française. Plus tard, lorsque Joseph Caillaux s'inquiète des hécatombes qui frappent les effectifs de la nation – pourra-t-elle y survivre ? –, Clemenceau assimile ses interrogations à de la trahison...

Durant les années qui suivent, c'est bien une guerre, mais sans le nom, que les régimes nazi et communiste mènent, au nom de la race ou du progrès, le premier contre les Juifs, d'Allemagne puis de Bohême, le second contre la bourgeoisie « comme classe » ou contre ceux des paysans qu'il définit comme « koulaks », etc. Le second conflit mondial s'enchâsse dans cette guerre-là quitte à en modifier les traits, le parcours, l'intensité.

Mais d'autres régimes, chantres des libertés, n'ont pas hésité à recourir eux aussi à une guerre d'extermination. Si celle-ci n'était en rien théorisée ni programmée, elle n'en prévoyait pas moins de raser des villes entières, comme l'ennemi en avait donné l'exemple, voire d'utiliser la bombe atomique tout en feignant d'en ignorer les effets à moyen et à long terme, ce que le grand écrivain japonais Kenzaburo Oe* reproche essentiellement à ceux qui l'ont lancée.

À l'est, guerre ou prémices à l'extermination ?

« Ne pas subir le sort de la Pologne », tel fut en 1940 un des arguments de Pierre Laval pour justifier sa politique de collaboration.

De fait, victimes de l'occupation allemande et soviétique, les populations de Pologne furent les premières à subir les affres d'une guerre qui tournait à l'extermination.

À l'ouest de la frontière du pacte germano-soviétique, les Allemands firent disparaître l'État polonais une fois ses armées vaincues – pas plus que les Soviétiques à l'est, ils ne la laissèrent même supposer que survivrait un État croupion comme ce serait le cas pour la France, après juin 1940, avec le gouvernement de Vichy. Hitler annexa les régions de Dantzig et de Posen (Poznań), correspondant à la partie allemande de la Pologne d'avant 1914, soit 91 000 km² environ avec 9 millions d'habitants, dont 600 000 Juifs et 600 000 Allemands. Il confia la partie

---

* Prix Nobel de littérature 1994.

annexée à Himmler et à Heydrich. Le reste, auquel il donna le nom de Gouvernement général, était confié à Hans Frank.

La volonté de germanisation se traduisit par la colonisation au profit de colons allemands. Quelques années plus tard, 750 000 Allemands peuplaient la partie annexée tandis que 330 000 Polonais avaient été exécutés et 860 000 déportés dans le Gouvernement général ou dans le Reich comme travailleurs forcés[1].

Dans le Gouvernement général, où se trouvaient Varsovie et Cracovie, la dépolonisation se traduisit par l'extermination des élites, soit la moitié des médecins, des juristes et ingénieurs qualifiés, 40 % des professeurs, etc. L'historien allemand Rudolf von Thadden a remarqué que, sur les cartes servant de fond de générique aux *Deutsche Wochenschau*, la Pologne occidentale et le Gouvernement général étaient inclus dans le Reich, et pas l'Alsace-Lorraine. Lublin est figurée comme une ville allemande. La germanisation s'étendit jusqu'aux timbres-poste alors qu'en Bohême les indications y étaient bilingues – en allemand et en tchèque[2].

Quant aux Juifs du Gouvernement général, ils furent concentrés dans les ghettos dès janvier 1940, gardés par la police et administrés par le Conseil juif (Judenrat), qui était responsable du travail forcé (auquel étaient également astreints les Tsiganes). N'étant plus protégés par la loi, ils pouvaient être dépouillés ou assassinés impunément. Ils avaient droit à 184 calories par jour, contre 669 pour les Polonais et 2 613 pour les Allemands. La famine et les exécutions firent 100 000 morts juifs pendant cette période, dite de petite terreur, qui précéda l'invasion de l'URSS.

Il y aura en Pologne occupée par les Allemands 2 700 000 victimes juives de l'extermination de 1939 à la fin de la guerre, et 6 028 000 Polonais en tout, par conséquent 3 300 000 Polonais non juifs, soit au total un cinquième de la population de cette partie de l'ancienne Pologne. Parmi eux 664 000 moururent les armes à la main[3].

À ses débuts, l'invasion de la partie orientale de la Pologne par les Soviétiques ne procéda pas de bombardements destructifs ou de la terreur. L'armée polonaise déjà vaincue se repliait vers la Galicie pour se réfugier en Roumanie ou en Hongrie. Les Allemands s'étaient retirés, l'Armée rouge prit la relève et empêcha les Polonais de se retirer. Les Allemands avaient fait 420 000 prisonniers, l'Armée rouge en captura 200 000.

Son avancée était présentée comme la libération des Biélorusses et des Ukrainiens indûment annexés par la Pologne en 1921. C'est ce qui explique que les généraux polonais, Edward Rydz-Smigly et Mieczyslaw Smorawinski avaient interdit à leurs troupes de tirer sur les Soviétiques, qui n'essayaient pas de les désarmer[4]. De fait, il y avait dans les régions annexées 4 500 000 Ukrainiens, 1 200 000 Biélorusses, 1 100 000 Juifs et un million d'autres nationalités (Lituaniens, Lettons, etc.). Fuyant le nazisme, 300 000 Juifs environ étaient passés à l'est en provenance des régions annexées par l'Allemagne.

Mais, très vite, dans la région de Grodno surtout, la « libération » devint une conquête et les massacres d'officiers polonais commencèrent ainsi que ceux des éléments dits « socialement dangereux »[5].

Tandis que des milliers de soldats polonais étaient déportés en Russie et internés, la dépolonisation de cette partie du pays commençait par l'élimination de ses cadres. À Katyn, 4 500 corps seraient exhumés en 1943[6]. Ces officiers polonais avaient été exécutés sur l'ordre de Beria, avec l'accord de Staline, « une erreur » confierait celui-ci plus tard. Dans sa lettre du 5 mars 1940, il prévoyait le passage devant les tribunaux militaires de 257 000 officiers « ennemis acharnés irréductibles du pouvoir soviétique », sans comparution ni actes d'accusation, pour leur appliquer la peine de mort par fusillade[7].

Quelques mois plus tard, les Allemands envahissaient l'URSS, et occupaient à nouveau ces régions.

Aussitôt après leur arrivée à Bialystok, selon le témoignage de Samuel Pisar, près de mille Juifs furent enfumés vivants dans la synagogue[8].

Hitler, la campagne de Russie

Le 21 septembre 1941, trois mois après l'invasion de l'URSS, le général von Bock conseillait à Hitler de prévoir, avant de se lancer dans une attaque sur Moscou, des dispositions fortifiées pour, le cas échéant, y passer l'hiver.

« Quand je n'étais pas encore chancelier du Reich, lui répondit le Führer, je croyais que l'état-major était un dogue qu'il fallait bien tenir en laisse parce que sans cela il se jetait sur chaque passant.

« Depuis que je suis chancelier, j'ai dû constater que l'état-major était tout le contraire d'un dogue. L'état-major a toujours tenté de m'empêcher de faire ce que je jugeais nécessaire. Il s'est opposé au réarmement, à l'occupation de la Rhénanie, à l'entrée de nos forces en Autriche, à l'occupation de la Tchécoslovaquie ou tout dernièrement à la guerre contre la Pologne. L'état-major m'a déconseillé de passer à l'attaque en France. C'est moi qui dois exciter sans cesse ce dogue[9]. »

Fort des paris gagnés auparavant, Hitler put croire que les premières semaines de la campagne de Russie entraient dans la continuité de ses succès fulgurants. Goebbels s'en fit l'écho dans son *Journal* : « 1 500 avions, tombant comme des mouches... Efficacité de notre propagande, l'Europe étant parcourue par un esprit de croisade contre le bolchevisme. La presse espagnole est avec nous, celle de Suède aussi... Climat de crise aux États-Unis.

Même en Angleterre, on sent des craquements, l'antibolchevisme étant fortement enraciné… Notre nouvel hymne pour la Russie est prêt[10]. »

Pour la Wehrmacht, ce fut bien une marche triomphale. Semaine après semaine, en juin et en juillet, les images des *Deutsche Wochenschau* montrent ces jeunes soldats qui chantent gaiement les hymnes de leur victoire. Ils retrouvent l'élan qu'ils avaient un an plus tôt lors de la campagne de France, sauf que leur avance prend des dimensions encore jamais vues. Les villes tombent les unes après les autres. Le 25 juin, les troupes allemandes ont progressé de 290 kilomètres vers Minsk. Après dix-huit jours de guerre, la Wehrmacht a fait un bond de 450 kilomètres. La Biélorussie, l'Ukraine sont conquises, les États baltes atteints. Le nombre de prisonniers se compte par centaines de milliers ; la Wehrmacht a brûlé et anéanti 628 villages de Biélorussie, et massacré leur population[11]. « On se demandait, écrit le maréchal Keitel, quelle armée autre que l'Armée rouge au monde était capable de surmonter des coups pareils. »

En juillet-août, le Führer est tellement sûr que le front russe s'est volatilisé qu'il modifie l'ordre de priorité des fabrications de guerre, décidant d'intensifier les armements de la marine pour donner bientôt une impulsion nouvelle à la lutte contre l'Angleterre.

« L'armée russe n'est rien plus qu'une plaisanterie[12] », avait dit Hitler à Dragomirov, ambassadeur de Bulgarie. Or la plaisanterie va vite tourner court. Dès septembre 1941, les actualités *Deutsche Wochenschau* le montrent, les troupes sont subitement confrontées aux T-34, ces chars monstrueux dont l'état-major allemand ne soupçonnait pas l'existence. Sur les images, on voit un de ces T-34 immobilisé que des soldats examinent, effarés. « Ils font flamber les nôtres comme des boîtes d'allumettes », témoignera de son côté le général Reinhardt. Les Allemands découvrent avec la même stupeur un train blindé géant, comme ils n'en ont jamais vu[13].

La deuxième mauvaise surprise que connaît l'armée allemande avant même que commence l'hiver, plus hâtif et plus dur cette année-là, avec des températures de – 30 °C, ce sont les pluies qui le précèdent. Elles rendent les routes et les chemins inutilisables pour les camions, engins chenillés et autres blindés, qui s'y enlisent avant que, en une nuit, la boue gelée les retienne prisonniers. Là encore, les *Deutsche Wochenschau* retrouvées par Daniel Costelle et Henri de Turenne montrent comment la Wehrmacht est en quelque sorte d'un coup paralysée... À Leningrad, tant que l'huile anticongélation n'est pas arrivée, les canons ne peuvent plus tirer*...

Autre surprise, le 25 juin, lors du premier raid sur Moscou, la défense antiaérienne se révèle d'une telle efficacité que la Luftwaffe devra dès lors se cantonner à des raids nocturnes en effectifs réduits.

À l'amiral Raeder, Hitler dit encore son étonnement : « Nous trouvons des voies ferrées qui ne sont pas sur les cartes... Chez nous, pour les chemins de fer, avant de poser des rails, on se pose des questions de tarifs, cela prend du temps. » Il ne peut imaginer qu'en Russie il est possible de poser des voies ferrées en une nuit, en se passant de ballast, quitte à faire avancer les convois à une vitesse maximale de 20 km/h.

Voilà qui rend compte du fait que des usines entières à Novgorod, Minsk, Smolensk ont pu être déménagées en une ou deux journées et leur matériel emporté dans l'Oural[14]. À Ève Curie, de passage à Kuybichev (à 800 kilomètres de Moscou), le directeur d'une usine de roulements à billes explique en 1942 qu'on a déménagé l'usine

---

* Hitler s'en plaint à Bormann. Les tirs de canon qu'on voit sur les *Deutsche Wochenschau* (DW 125) sont donc des faux, résultat d'un montage.

à l'octobre précédent, que faute de wagons couverts on a recouvert toutes les machines d'une épaisse couche de graisse (il faisait − 30 °C) et on les a embarquées telles quelles dans l'ordre du montage. Huit jours après, le 24 octobre, elles fonctionnaient[15].

« Il y a là-bas des usines de l'importance des Hermann GöringWerke, là où il y a deux ans il n'existait que des villages inconnus », constate encore Hitler. Son étonnement se conjugue avec celui de Göring, rapporte Goebbels au début de 1943, qui « inlassablement se demande avec désespoir où les bolcheviks prennent encore leurs chars, leurs soldats ». (*Journal*, 22 mars 1943[16]).

Ayant fait précéder la marche sur Moscou d'une avancée sur Kiev et d'une autre vers Leningrad, pour donner la main aux Finlandais, Hitler, qui s'est saisi du commandement, mesure son échec. Dès 1942, il revient sur son diagnostic concernant les exécutions de généraux soviétiques par Staline à l'époque de Toukhatchevski. Ne cessant de fulminer contre ses propres généraux, les soupçonnant de saboter ses directives, il se dit à présent que Staline a été bien inspiré de se débarrasser des siens pour leur substituer une kyrielle de jeunes... peut-être aurait-il dû en faire autant. Deux fois, trois fois, il reviendra sur le sujet, en 1943 et 1944.

De même, il juge qu'en Finlande le « rusé Staline » a caché son jeu en faisant croire à la faiblesse de l'armée soviétique. Au vrai, Hitler se trompe encore car c'est justement la déconfiture de l'armée soviétique qui a alerté Staline sur l'état réel de son armée, et sur la nécessité de mettre sur pied un gigantesque plan d'armement – d'où les *War Games* où s'illustra Joukov.

En septembre 1939, Hitler avait laissé son état-major, l'OKW, diriger les opérations militaires. Puis, pendant la campagne de Norvège, il s'était attribué la direction des opérations, au grand dam de Göring, dont la Luftwaffe jouait un grand rôle. Pour les opérations combinées mer/

terre, il ne s'était pas montré très à l'aise… L'invasion des Pays-Bas, de la Belgique et la percée des Ardennes furent mises au point conjointement par von Manstein et Hitler, qui avaient eu la même idée. En Russie, parce qu'il se méfie de l'OKW, Hitler veut diriger lui-même la campagne et, en quelques mois, il relève plus de vingt généraux de corps d'armée, une dizaine de maréchaux, des commandants en chef également : von Bock, Brauchitsch, von Manstein (qu'il rappellera plus tard). Il ne garde en confiance que Jodl et Keitel qui sont fascinés « par son génie militaire », mais que désormais il méprise. De tous, c'est Guderian qui lui apparaît le plus sûr.

Après la deuxième offensive d'été, en 1942, qui mène la Wehrmacht jusque dans le Caucase, la guerre « se démodernise ». Ce retournement est d'autant plus important que la puissance matérielle des Soviétiques est de plus en plus forte, contraignant de nombreuses unités allemandes à creuser des tranchées, ce qui suscite un épuisement, une lassitude extrêmes pour des soldats qui jusque-là ont connu des avancées faciles. Les hommes deviennent indifférents et apathiques, souffrent de crises de larmes que les paroles ne suffisent plus à calmer. La nourriture se réduit, la ration de viande diminue. Les cuisines roulantes ne passent plus. On se retrouve en 1914-1918.

Telle est la situation à Stalingrad, dès la fin de 1942.

Hitler en a parfaitement conscience.

Le 23 janvier 1943, Goebbels rapporte : « Dans l'abri du Führer, Speer et moi restons devant la cheminée durant de longues heures. Il règne une atmosphère mélancolique. Les nouvelles sont oppressantes. Le Führer se réjouit que je passe la nuit auprès de lui. Il me dit qu'il y a 200 000 hommes encerclés et pas la moindre chance de parvenir à les dégager. Les dispositions prises par la Luftwaffe sont insuffisantes. Les hommes meurent de faim, ils n'ont plus de munitions et regardent d'un œil fixe et creux le cataclysme qui s'abat sur eux. Leur attitude grandiose est au-delà de tout éloge... Ce drame héroïque de l'histoire allemande n'a pas eu d'équivalent auparavant. [...]

« Cette situation découle essentiellement de la défaillance de nos alliés, explique Hitler. Ils n'ont pas voulu combattre et, au premier assaut des Russes, dès qu'ils ont vu surgir un char, ils ont pris la fuite en abandonnant leurs armes, ou bien ils se sont rendus...

« Les Roumains ont été mauvais, les Italiens sont pires, et les plus mauvais, sans commune mesure, ce sont les Hongrois. Ils ont abandonné tout l'armement d'une division blindée et ils ont pris la fuite... Ils ont pris d'assaut les trains vides chargés du rapatriement des blessés[17]. » Deux armées roumaines, en effet, se sont volatilisées en quatre jours.

Le 9 mars, Hitler déclare à Goebbels qu'il ne veut plus de ces alliés sur le front de l'Est. Et en octobre, c'est l'armée Vlassov qui subit son mépris depuis qu'à Koursk nombre de ces soldats russes ralliés au Reich ont déserté. Désormais, il ne sera plus question de la guerre de « l'Europe contre le bolchevisme ». Puis il s'en prend à Göring qui avait promis d'expédier par air 300 tonnes de ravitaillement par jour aux assiégés mais n'a jamais pu dépasser les 150 tonnes, ce chiffre descendant bientôt à 40 tonnes par jour à cause du mauvais temps et de la destruction des pistes d'atterrissage[18]. Mais il s'en prend surtout aux chefs militaires qui, explique Goebbels, « avec leurs nouvelles négatives rendent le Führer soupçonneux, ce qui n'est pas le cas lorsqu'il s'agit de vieux camarades du parti ». Au déjeuner, Hitler revient sur la question des Italiens « qui n'ont jamais été aussi lâches... ». Survient un coup de téléphone de Zeitzler. Il dit que les bolcheviks ont enfoncé les lignes allemandes sur six kilomètres. « Nos troupes ne sont plus capables de résister, elles sont tellement diminuées par la faim et par le froid qu'elles sont absolument incapables de se battre. » La nouvelle atteint profondément le Führer.

Autant que la défaite, le comportement du maréchal Paulus et de son état-major le préoccupait : ceux-ci s'étaient rendus aux Russes, et pas suicidés. Il y avait pis : la création d'un Comité national pour l'Allemagne libre par le général von Seydlitz, puis d'une Ligue des officiers allemands exhortant les soldats de la Wehrmacht à cesser le combat avait de quoi le confirmer dans sa méfiance envers le haut commandement.

Il fut alors convenu qu'on restreindrait les commémorations du 30 janvier, anniversaire de la prise du pouvoir, et que Goebbels lancerait au Sportspalast son programme de guerre totale (*Total Kriegs Führung*). Dans les *Deutsche Wochenschau*, on le voit communiquer son hystérie guerrière aux cadres du parti qui, à sa question « Voulez-vous la guerre totale ? », hurlent un *Ja !* électrisé.

Si les succès inouïs remportés par Hitler sur les plans intérieur et extérieur depuis huit ans lui assurent une popularité que rien ne corrode, lui-même se sent ébranlé par une campagne de Russie qui dément ses certitudes et par les effets de plus en plus dévastateurs des bombardements alliés : Wuppertal, Hambourg, Wilhelmshaven, Emden, puis Essen en sont victimes, avant qu'il ne soit décidé d'évacuer une partie de la population de Berlin. « Nous restons face à la terreur anglaise comme si nous avions les mains liées[19]. »

C'est le problème le plus brûlant. Or, Hitler ne supporte pas d'être confronté aux horreurs de la guerre, pas plus que Göring. Pas une fois il ne visite les cités sinistrées. Ce n'est pas la peur physique qui le paralyse mais une sorte de refus. Jamais non plus il ne se montre au front, et on observe que, depuis l'automne 1941, on ne le voit plus guère aux *Deutsche Wochenschau* : on le montre une fois dans un avion survolant la région de Minsk, une autre fois avec l'état-major, une autre encore examinant un petit poêle portatif imaginé pour réchauffer les soldats. Mais il ne parle plus en public, et ce malgré les objurgations de Goebbels qui, durant l'été 1943, voudrait évoquer Stalingrad, les événements d'Italie et l'arrestation de Mussolini. Mais il se contente de dicter des textes, deux fois, avant de reprendre, enfin, la parole en public, le 9 novembre 1943.

Certes, il garde un ascendant certain sur son entourage. Cependant, il se fait de moins en moins visible, s'enferme dans son bunker à superviser les opérations militaires. Comme Göring, Goebbels a l'impression que « le Führer a vieilli de quinze ans au cours de ces trois dernières années et demie de guerre. Il est tragique de le voir s'isoler et mener une vie aussi malsaine. Il ne respire jamais l'air frais, ne trouve plus aucune détente. Dans son abri, il travaille et rumine. Il s'est décidé à conduire la guerre à sa manière, toute spartiate, et nous ne pourrons vraisemblablement rien y changer, écrit Goebbels le 2 mars 1943. Il est parfois fatigué de la vie et déclare que la mort ne l'effraie plus ».

Elle l'a longtemps effrayé, certes. Plus exactement, il a longtemps craint qu'elle ne le frappe avant qu'il ait « achevé son œuvre », puis sa santé va se détériorant avant que ne se retourne la fortune de la guerre. De là, venait, selon Albert Speer, son impatience maladive : dès mai 1938, il avait préparé un testament autographe et depuis ne cessait de s'inquiéter. Assisté en permanence du docteur Morelle, il se gave de médicaments, une trentaine de produits différents entre 1936 et 1945, feuillette constamment des publications médicales, évite de faire du ski, prévient Eva Braun qu'elle devra se passer de lui, etc. De fait, souvent pâle, déprimé, il a des tremblements de mains qu'il s'efforce de cacher. Il souffre de gastralgies, de flatulences, son acuité visuelle baisse et ses yeux deviennent ternes et proéminents[20].

Surtout, sa voix a perdu une partie de ses capacités, et il sait aussi que sa salive coule de sa bouche quand il parle ; bientôt, il contracte un ictère. Tout cela rend compte de son comportement, de son obstination à moins se montrer mais il demeure tout aussi capable, entre deux déprimes, de retrouver sa capacité d'hypnose, ses colères d'antan, son enthousiasme à formuler de nouveaux plans d'avenir. En 1945, il remonte le moral du maréchal Busch qu'il a limogé pour avoir voulu raccourcir ses lignes sur le front soviétique.

L'attentat du 20 juillet 1944 aggrave son état : ses conduits auditifs saignent, il a reçu une centaine d'éclats de bois dans les jambes, marche désormais difficilement mais le miracle d'avoir échappé à la mort le stimule et son tremblement cesse quelque temps. Il n'en est pas moins devenu une épave. « Depuis Stalingrad, les généraux ne croient plus en lui », juge Goebbels[21]. Jodl a même été jusqu'à plaisanter au sujet du Führer...

Von Rundstedt note que « l'éminent stratège du début de la guerre est devenu un simple capitaine de deuxième rang ».

En septembre 1943, pour la première fois, Goebbels ose demander au Führer s'il ne serait pas possible « tôt ou tard de s'arranger avec Staline ». La situation s'est fortement aggravée durant l'été, avec la chute de Mussolini, la perte de l'Italie méridionale, tandis qu'en Russie, après la victoire de leurs blindés à Koursk, les Soviétiques ont repris Orel, Briank, et surtout Kharkov alors que Hitler a assuré ses proches que cette ville et l'industrie du Donets demeureraient aux mains de la Wehrmacht.

Hitler ne rejette pas la suggestion de Goebbels, sauf qu'il lui semble peu opportun de l'évoquer tant que les forces allemandes se trouvent sur la défensive. Cela dit, il juge préférable de s'arranger avec la Grande-Bretagne. D'abord parce qu'il espère que les fusées qui se préparent lui permettront de riposter aux bombardements des villes allemandes, ce qui ferait réfléchir le gouvernement britannique, ensuite parce que l'amiral Dönitz lui promet des succès éclatants dans la guerre sous-marine. Il juge aussi que son alliance avec les Anglo-Saxons contre le bolchevisme est dans la nature des choses, sachant bien à quel point Churchill est hostile au communisme.

Il s'y ajoute une autre raison : la Grande-Bretagne étant une démocratie, une fois la paix signée, elle ne se risquera pas aisément à relancer la guerre, ce qui garantit l'avenir de l'Allemagne, alors que, l'URSS étant une dictature, tout accord serait laissé à la discrétion de Staline.

Cette évaluation faite, deux mois plus tard Hitler dit le contraire : avec Staline, on peut causer, à preuve notre accord de 1939. « L'appétit est venu en mangeant, il faudra se restreindre à l'est », et Hitler d'évaluer comment, sauf qu'il n'est plus question du « programme » de *Mein Kampf*, d'espace vital. « Il est vrai que tout le monde parle de tout maintenant pour sortir du pétrin », commente Goebbels[22].

La guerre à l'est

1941
20 juin : invasion de l'URSS
30 juin : prise de Lvov
10 juillet-10 août : bataille de Smolensk, avance de Jitomir à Kiev
2 septembre : Leningrad sous le feu allemand
2 octobre : offensive sur Moscou, prise de Kalinine
6 décembre : les Soviétiques reprennent Kalinine, siège de Sébastopol, guerre en Crimée

1942
Fin janvier : la contre-offensive soviétique retrouve les positions d'octobre

8 mai : début de l'offensive allemande de printemps : en Crimée
2 juillet : chute de Sébastopol
27 juillet : prise de Rostov-sur-le-Don
22 août : la croix gammée sur le mont Elbrouz au Caucase
15 septembre : attaques sur Stalingrad

1943
2 février : capitulation de Stalingrad
Février : les Soviétiques reprennent Koursk
5 juillet : début de la bataille de chars de Koursk
23 août : les Soviétiques reprennent Kharkov
6 novembre : les Soviétiques reprennent Kiev

1944
1er août : les Soviétiques dans les environs de Varsovie, insurrection de Varsovie
13 août : les Soviétiques à Tallinn
31 août : l'Armée rouge à Bucarest
15 septembre : les Soviétiques à Sofia
20 septembre : en liaison avec Tito, les Soviétiques entrent à Belgrade
7 octobre : les Soviétiques en Hongrie
10 octobre : les Soviétiques à Riga
13 octobre : la Wehrmacht évacue les pays baltes

1945
17 janvier : Joukov à Varsovie
13 avril : Malinovski à Vienne
25 avril : jonction des Soviétiques et des Américains à Torgau
2 mai : prise de Berlin
9 mai : libération de Prague

Staline à la manœuvre

« Paniquards et froussards doivent être exterminés sur place… »

Non, cet ordre du jour de 1942 ne fut pas signé par Hitler mais par Staline qui ajoutait : « Nous avons perdu l'Ukraine, la Biélorussie, les pays baltes, le Donbass et d'autres régions… Il nous reste moins de territoire, moins d'hommes, moins de métal… Nous n'avons plus aucune supériorité sur l'ennemi. […]

« Pas un pas en arrière. Tel doit être maintenant notre mot d'ordre principal. »

Cet ordre du quartier général 227 ajoutait : « On ne peut continuer à supporter des commandants, commissaires dont les unités abandonnent leurs positions. On ne peut continuer à supporter qu'ils laissent quelques paniquards déterminer la situation sur le champ de bataille. »

Ainsi furent constitués, à l'arrière des divisions en action, des bataillons de barrage. Furent également constitués des bataillons disciplinaires « à envoyer dans les secteurs difficiles » pour que se rachètent ceux qui s'étaient mal battus et avaient mal défendu leur patrie[23].

En 1941, l'effondrement de la résistance soviétique avait eu quelque chose de stupéfiant. Les habitants des régions occidentales de l'URSS en étaient hébétés. À Bialystok, Samuel Pisar en fut le témoin alors qu'il était enfant. « Les troupes se rendaient, les déserteurs étaient partout, mes professeurs avaient disparu. Mais où était l'armée, où était le parti[24] ? »

Cet ordre du jour de 1942 avait été précédé par un autre, également signé par Staline, en septembre 1941, après que Jdanov et Joukov lui eurent fait savoir qu'autour de Leningrad encerclée, les Allemands plaçaient devant eux des femmes et des enfants. « On dit que des scélérats d'Allemands mettent devant leurs troupes des femmes, des enfants, des vieillards. On dit qu'il s'est trouvé parmi les bolcheviks de Leningrad des gens qui trouvent impossible de faire usage de leurs armes dans une telle situation. J'estime que s'il y a des gens comme cela parmi les bolcheviks il faut les exterminer en premier car ils sont plus dangereux que les fascistes allemands. Ne faites pas de sentimentalisme, cassez la figure de l'ennemi et de ses complices, volontaires ou non. Dicté à B. Chapochnikov[25]. »

Cette dureté, cette détermination constituaient un des traits de caractère de Staline.

Les troupes allemandes se trouvaient alors à Mojaïsk, ce 8 octobre 1941, à moins de 60 kilomètres de la capitale. Joukov appela Staline vers 2 h 30 du matin :

« Un corps blindé peut percer, il nous faut des renforts... »

Staline : « Où sont les 16e, 19e et 20e armées, et les 24e et 32e ? »

Joukov : « Encerclées à l'ouest et au nord-ouest de Viasma... »

Staline : « Qu'allez-vous faire ? »

Joukov : « J'y vais et verrai Boudienny. »

Staline : « Et vous savez où est son quartier général ? »

Joukov : « Non, mais je vais chercher dans la région de Maloïaroslavets. »

Dans cette bourgade, il ne trouva pas âme qui vive, rapporte encore Joukov. Au QG, on n'avait plus de nouvelles de Boudienny, qui avait disparu. Mais plus loin Joukov aperçoit une lumière dans un véhicule. Boudienny, isolé, lui dit qu'il cherche les armées de Koniev dont il a été séparé entre Viasma et Iukhnov.

Joukov : « Qui tient Iukhnov ? »

Boudienny : « Je ne sais pas. »

Ces témoignages – il y en aurait bien d'autres à citer – disent bien la situation. Pour avoir reçu l'ordre de tenir, cinq armées étaient encore encerclées.

« Tenez encore », dit Staline à Joukov de retour.

Pourtant les renforts étaient arrivés. Mais Staline ne voulait pas les lancer au secours de ces armées tant qu'il n'y en aurait pas suffisamment pour assurer le vrai succès d'une contre-offensive.

Joukov : « Oui, dans pareille situation Staline montra qu'il avait des nerfs d'acier[26]. »

Dureté, nerfs d'acier. Oui, mais Staline, comme Hitler, ne se risquait pas à mettre sa sensibilité à l'épreuve. Il demeurait enfermé au Kremlin, encadré de Molotov, Beria et Mikoïan, convoquant chaque jour des commandants d'armée ou des commissaires qu'il écoutait après avoir lu et étudié leurs rapports quotidiens. Un retard de quelques heures, et on recevait un blâme, tel le général Vassilievski[27].

Pour s'informer *de visu*, Staline regardait les *Novosti**, actualités cinématographiques. Il n'alla pas au contact des combattants, sauf une fois ou deux, « pour la caméra ». Le maréchal d'artillerie Voronov fut le figurant choisi pour lui donner la réplique...

« J'avais été convoqué à Iukhnov où je fus conduit dans une petite maison cachée au milieu d'un bois... Staline était là... Arriva le général Sokolovski. La caméra nous cadra. Sur la carte, on localisa la position.

« "N'entrons pas dans les détails, dit Staline... Au printemps, on atteindra Smolensk, regroupez vos forces et prenez la ville."

« Cette phrase fut répétée pour l'enregistrement et l'intervention prit fin.

« "Mais on n'a pas assez d'équipements ni de réserves, dit quelqu'un.

---

* À cette date, les *Novosti* ne montrent rien du recul et de la défaite des armées soviétiques. C'est normal : une armée ainsi assaillie n'a guère l'opportunité de se filmer ; il en avait été de même, en juin 1940, en France. Les *Novosti* montrent surtout des forces à l'entraînement, qui se préparent à renforcer le front.

« — On vous donnera ce qu'on peut et si on ne peut pas faire plus, faites avec ce que vous avez", dit Staline.

« Et le maréchal d'artillerie Voronov de pester qu'on l'ait fait déplacer pour cela[28]. »

Exigeant, Staline prenait des décisions d'une façon autoritaire qui surprenaient toujours son entourage. Par exemple, en novembre 1941, à peine les Soviétiques avaient-ils desserré l'étreinte et bloqué la Wehrmacht, à moins de 50 kilomètres de Moscou, qu'il ordonna qu'un grand défilé ait lieu le 6 novembre, anniversaire de la révolution, « comme si de rien n'était ». En quelques jours, on mobilisa des milliers de camions pour que la troupe traverse Moscou. Une partie des soldats ignoraient qu'à la sortie de la place Rouge ils allaient continuer leur route vers le front…[29]

Deux ans plus tard, Staline ferait de même défiler dans Moscou des milliers de prisonniers allemands, spectacle inouï enregistré par les *Novosti*.

S'il est sûr que, pendant les premiers mois de la guerre, Staline fit exécuter un certain nombre de généraux, ce fut toujours pour « incapacité », du moins à ses dires, et pas pour raisons idéologiques ou par méfiance, comme pendant les « purges » de 1937-1938. On a comptabilisé ainsi plusieurs dizaines d'exécutions. Il y eut en outre un grand nombre de mutations, voire de rétrogradations. Cependant, après les rétrogradations de Vorochilov en 1941 et d'Eremenko à Stalingrad, on observe une certaine permanence dans la direction des opérations telle que la contrôla Staline. Au début, ce furent les généraux qui avaient rempli une fonction pendant la guerre civile qui avaient eu les premiers rôles, tels Timochenko, Vorochilov et Boudienny. Mais ce furent des militaires de carrière qui prirent leur relève dès 1943 : Chapochnikov (qui tomba malade), Joukov, Vassilievski, Voronov et plus tard Antonov. Petit à petit, Joukov fut chargé des situations les plus difficiles, allant d'un front à l'autre tandis que Staline demeurait au Kremlin. Ce fut lui qui réduisit le saillant d'Elnia, près de Smolensk en août 1941, puis gagna la bataille de Moscou, enfin celle de Stalingrad avant celle de Koursk, puis dirigea la marche en avant sur Berlin.

Dans son ouvrage, dont les informations sont entièrement puisées aux archives militaires mais dont les dialogues sont reconstitués, le général Volkogonov conteste le contenu de la plupart des Mémoires écrits par des généraux, pour autant qu'ils ont été rédigés sous contrôle. Comme la majorité des militants ou commentateurs ultérieurs, il met en cause l'image que le dictateur a su offrir de lui-même, de son génie. En convoquant sources et comptes rendus, il rappelle que l'empire qu'il exerçait sur son entourage lui avait permis de faire écrire une histoire de la guerre à sa gloire, et à la sienne seulement. Et Volkogonov, comme d'autres, mais preuves à l'appui, détruit cette légende selon laquelle, à la fréquentation de vrais talents militaires, tels Chapochnikov, Vassilievski, Joukov, le dictateur avait appris le métier, « fait des progrès », comme le concède Joukov au point de reconnaître qu'indépendamment de ses traits de caractère Staline sut montrer de l'inventivité, voire mériter d'être qualifié de « vainqueur de Stalingrad »[30].

L'action stratégique nouvelle dont il était à l'origine, c'étaient les opérations de groupes de front ; elles étaient réalisées selon une coordination qui pouvait mobiliser pour un objectif particulier jusqu'à cent divisions et plus, 3 000 à 5 000 chars et surtout 5 000 à 7 000 avions. Articuler les efforts des différents fronts fut bien l'idée qu'il mit en œuvre et que seul un dictateur pouvait imposer à ceux qui dirigeaient ces différents fronts, mais en accord avec eux.

Cette stratégie jointe aux mesures de terreur prises pour condamner toute faiblesse – et qui coûtèrent la vie à 13 500 soldats fusillés par les « troupes spéciales[31] » – permirent à Stalingrad de tenir la rive droite de la Volga alors que devant la puissance allemande d'aucuns envisageaient de se replier sur la rive gauche. La bataille, maison par maison, a été admirablement racontée dans un double témoignage, celui du Russe Vassili Grossman dans *Choses vues* et de l'Allemand Theodor Pliever, dans *Stalingrad*[32].

Stalingrad fut bien le Verdun des Soviétiques, au moins du point de vue stratégique et de l'acharnement des corps-à-corps. Si le siège de Leningrad fut en quelque sorte la bataille de tous les Russes car civils et militaires défendirent côte à côte la grande cité, Stalingrad, comme Verdun, fut avant tout une grande bataille, une bataille de soldats[33].

Les rapports de Staline avec les commandants d'armée, difficiles à l'heure des grandes défaites de Biélorussie, de Kharkov, de la Crimée, s'améliorent dès avant Stalingrad, lorsqu'il fut décidé de mettre fin à leur surveillance par des commissaires politiques. Symboliquement Staline releva Mekhnis, détesté de tous, de ses fonctions de chef de l'administration politique de l'armée tandis qu'il était précisé que les commissaires devenaient les subordonnés de l'officier supérieur avec lequel ils collaboraient.

Puis, mesure symbolique, il chargea Kalinine de superviser un changement d'uniformes pour les gradés qui retrouvèrent les épaulettes telles qu'elles existaient dans l'Ancien Régime. Autre mesure traditionaliste, en faveur de l'Église cette fois : à la mort de Iaroslavski, qui avait été le chantre de l'athéisme, Staline fait suspendre la publication de leur organe de presse, celui des Sans-Dieu. On note aussi qu'après avoir créé les ordres de Souvorov, Koutouzov, Alexandre Nevski et Bogdan Khmelnitski, il parle de moins en moins des « Soviétiques », et de plus en plus des Russes, des Ukrainiens, des Polonais, des Juifs : bref, il rend visible ce passage au nationalisme qui rompt avec les discours d'antan, même si dans les faits ce changement avait commencé bien avant son discours du 3 juillet 1941, dans lequel il en appelait aux mânes de la Sainte Russie[34].

Ainsi se réduisit également le rôle dévolu aux partis communistes de l'étranger que pilotait la direction du Komintern.

Le parti polonais avait été purgé de trente de ses trente-sept membres en 1938, avant d'être dissous. Il fallait le reconstituer. Mais Staline fit savoir à Dimitrov « qu'il valait mieux créer un parti des ouvriers de Pologne avec un programme communiste car le dénommer parti communiste effraierait trop de gens ». « Actuellement, il faut combattre pour la libération nationale du pays, ajoutait-il [27 août 1941]. Ce parti ne devrait pas être formellement dépendant du Komintern, il devrait renoncer à en appeler à la création d'un gouvernement ouvrier et paysan et exiger au contraire un vrai régime démocratique [*sic*][35]. »

Aux conflits qui surgirent entre, d'une part, les communistes polonais de l'ancienne appartenance et, d'autre part, les membres du nouveau parti « ouvrier » (clandestin à Varsovie, alors sous occupation allemande) s'ajoutait l'épineuse négociation que le gouvernement polonais de Londres nouait avec Staline pour que soit créée une armée polonaise en URSS avec les contingents que les Soviétiques avaient faits prisonniers et incarcérés lors de l'occupation de la partie orientale de la Pologne, à l'époque du pacte germano-soviétique.

Libéré après vingt mois de captivité, le général Anders a participé aux entretiens entre le général Sikorski, chef du gouvernement polonais de Londres, et Staline, en décembre 1941. Il en témoignera, après la guerre. Pour commencer, Sikorski s'enquit de la situation des prisonniers destinés à constituer cette armée. « Ils ont tous été libérés », répondit Staline. Sikorski disant rechercher 4 000 officiers « disparus », Staline rétorqua qu'ils avaient dû s'évader.

« Mais où ?

— En Mandchourie. » (*Sic*)

Sikorski ne pouvant le croire, Staline ajouta :

« Des fautes ont pu être commises par des bureaucrates, uniquement.

— J'ai vu à Kouïbychev, reprit Sikorski, un convoi de nos hommes qui a produit sur moi une horrible impression... Ils doivent travailler dans les meilleures conditions possible...

— Celles de citoyens soviétiques... », répondit Staline.

Puis, évoquant la situation déplorable des Polonais libérés qui, faute de chaussures correctes, ont préféré défiler pieds nus, marchant impeccablement au pas devant leur général retrouvé, Staline dit qu'il sait que les Polonais sont braves. Il s'irrite de voir que Sikorski préférera se battre aux côtés des Anglais.

« Je vois que l'Angleterre a beaucoup de tâches à accomplir et qu'il lui faut des soldats polonais... »

Lorsque Sikorski chante l'excellence des rapports qu'il a noués à Londres avec le gouvernement de Churchill et observe qu'il est impossible de reconstituer en URSS une véritable armée de 150 000 hommes, Staline répond :

« Cela signifie que nous sommes des sauvages et que nous ne parviendrons plus à rien améliorer... Le Russe ne peut que persécuter le Polonais... Eh bien, nous nous passerons de vous... Nous allons conquérir la Pologne et nous vous la rendrons. »

Lors d'un deuxième entretien, Staline explique qu'il s'est senti offensé, et Sikorski présente des excuses. Il a cru comprendre que Staline ne voulait pas laisser une partie des soldats polonais s'en aller via l'Iran combattre aux côtés des Britanniques. Un compromis est trouvé : une partie d'entre eux se rendront bien au Kazakhstan.

Mais le problème du retour de la Pologne à ses frontières de 1939 n'est pas résolu. Pas plus que celui du sort des Biélorusses, Ukrainiens et Juifs de l'armée polonaise, que Staline entend garder dans les armées constituées en

URSS. On est loin ici de l'internationalisme du Komintern...

On est loin aussi de l'URSS « première République de l'amour humain ». Anders et Sikorski ne savent pas encore que des milliers d'officiers polonais ont été massacrés à Katyn. Lorsqu'il est question de former une division blindée polonaise, le colonel Berling intervient :

« Nous avons de bons cadres dans les camps de Starobilsk et Kozielsk.

— Non, répond Beria, pas ceux-là, nous avons commis une grosse erreur[36]. »

Avec Tito alias Walter, vieux kominternien, les relations de Staline sont ambiguës. L'URSS, en effet, a gardé des relations diplomatiques avec le roi Pierre, qui s'est exilé en Angleterre, l'année d'avant, et, au dire de Tito, les résistants du général Mihaïlovic combattent les patriotes communistes plus que les Allemands. « Ses *tchetniks* nous poignardent dans le dos », écrit Tito à Dimitrov, le secrétaire du Komintern, qui le soutient auprès de Staline. Durant l'été 1941, Staline fait répondre qu'il a le dos au mur et pas de moyens. En 1942, il fait valoir qu'atteindre les montagnes yougoslaves est quasiment impossible. Puis, suinte la raison des réserves et des atermoiements de Staline : « Tout dans votre action laisse supposer que vous donnez raison au gouvernement émigré yougoslave, à savoir que vous visez à une soviétisation du pays. Pourquoi former une brigade prolétarienne ? Le but, c'est la lutte nationale contre Hitler et Mussolini[37]. » Abandonné par Staline, malgré ses appels pathétiques à l'aide et son passé révolutionnaire, Tito, en 1945, se souviendra[38]. Cette position est très exactement celle que Staline a adoptée en Chine (voir plus haut, le sous-chapitre « Chiang Kai-chek : les communistes ou les Japonais »). La survie du Komintern perdait pour lui son intérêt, sa disparition était à l'ordre du jour. En fait, elle l'était depuis

1940 mais à l'heure du pacte germano-soviétique une dissolution eût semblé une capitulation face au fascisme. Ensuite, un acte de faiblesse d'une Union soviétique aux abois.

À une réunion du 13 mai 1943 où se retrouvent tous les leaders du communisme international – Dimitrov, Manuilski (Russie), Rákosi (Hongrie), Thorez (France), Pieck (Allemagne), Dolorès Ibárruri (Espagne), Pauker (Roumanie) – Thorez note que « maintenant que l'Armée rouge gagne, que l'Allemagne de Hitler est battue en Afrique, il sera difficile de dire que la dissolution du Komintern est une retraite. J'approuverai cette décision qui contribuera à la croissance du mouvement national antihitlérien en France... » Et André Marty d'ajouter : « Le prestige international de l'URSS est considérable. Ce sont les victoires de l'Armée rouge qui constituent la base réelle de l'internationalisme. » Les vieux révolutionnaires n'en pleurèrent pas moins en signant l'acte de dissolution[39].

Staline se devait de l'expliquer :

« Quand nous avons créé la IIIe Internationale et que nous pensions que nous pourrions diriger le mouvement révolutionnaire dans tous les pays, nous avons surestimé nos forces. Ce fut notre erreur. Nous ne voulions pas voir que cela discréditerait l'internationalisme... [...] Et puis, il y a le fait qu'on accuse les partis communistes d'être les agents d'un État étranger, ce qui obère le travail dans les masses. En dissolvant le Komintern, on retire à nos ennemis l'as qu'ils ont entre les mains[40]. »

Roosevelt ayant chargé peu avant son ambassadeur Davies de demander à Staline de dissoudre le Komintern (en raison de l'activité « encombrante » de nombreux anciens communistes américains), on a pu croire que Staline avait satisfait à cette demande en échange d'une aide économique et militaire accrue. Certes, la dissolution a coïncidé avec l'arrivée de Davies à Moscou. Rien qu'une coïncidence, à peine fortuite.

Staline, les Juifs et les nationalités

« Victimes invisibles », les Juifs le furent certes en URSS.

Staline et les dirigeants voulaient ignorer la sélection que les Allemands avaient opérée en 1941 pour exterminer les Juifs de façon systématique dans les régions qu'ils occupaient : pays baltes, Ukraine, Biélorussie. Deux volumes de documents russes, *Dokumenty obviniayut 1945*, fournissent un inventaire de ces crimes : une commission y témoigne de l'exécution de masse des Juifs de la vallée de Drobitski, près de Kharkov, qui fit 150 000 victimes. Cette commission comprenait onze personnes dont un major général, un archiprêtre, quatre professeurs. Elle rappelle les noms de chefs de l'unité de commandement de la Gestapo de Kharkov, du responsable des unités spéciales, etc.[41].

On sait aujourd'hui que l'extermination des Juifs par les Allemands, en URSS seulement, fit entre 680 000 et 800 000 victimes[42].

Or, selon Vaksberg, une seule fois, dans la *Pravda* du 5 août 1944, il fut explicitement dit qu'à Minsk il s'était agi de « l'extermination totale des Juifs ».

Par exemple, en décembre 1943, évoquant le massacre de Babi Yar de septembre 1941, le projet de communiqué disait, reflétant la vérité : « Les bandits hitlériens se sont livrés à une extermination massive de la population juive. [...] Après les avoir rassemblés et dépouillés de leurs objets de valeur [...] ils les ont fusillés. » Mais après discussion au Comité central, la version publiée dans la presse déclara : « Le 29 septembre 1941, les bandits hitlériens ont rassemblé [...] des milliers de civils soviétiques ; ils les ont dépouillés et fusillés. » On ne disait plus qu'ils étaient juifs.

Une autre fois, en décembre 1942, il avait été fait allusion au « plan d'extermination des Juifs d'Europe » par le Sovinformburo. Cette information demeura sans suite, semble-t-il[43].

La question : « Pourquoi ce silence ? » se pose nécessairement. Celle du rôle personnel de Staline également. La réponse nécessite un détour.

Comme beaucoup en ce temps-là, Staline maniait les stéréotypes antisémites. Par exemple, en 1941, à Sikorski, lors de leurs entretiens au sujet de la constitution d'une armée polonaise en territoire soviétique, il déclara que les Juifs n'en feraient pas partie car ils « ne sont pas de bons soldats ». En 1943, lorsqu'il fut question de constituer une république juive sur les terres où s'étaient installés les Allemands de la Volga avant d'être déportés : « Ce sont des terres à céréales, dit Molotov à Staline, vous voyez un Juif derrière un tracteur[44] ? »

Depuis l'existence d'Israël, ces deux stéréotypes n'ont plus cours, certes, mais il en est d'autres qui ont survécu, et d'autres encore, ceux-là nouveaux, qui allaient insuffler à Staline, à partir de 1946-1948, un antisémitisme mâtiné d'antisionisme.

Pourtant, jusqu'à la guerre, il en a été autrement. Certes, il lance à Kaganovitch qui ne rit pas aux plaisanteries antisémites d'un Beria passablement éméché : « Les Juifs ne savent pas boire. » Mais lorsque Kaganovitch, un homme réservé, explique alors que, persécutés, les Juifs sont « sensibles au mimosa », Staline demande à ses compagnons de table de ne plus faire de plaisanteries antisémites en sa présence.

En tous les cas, s'il y avait des antisémites parmi les plus hauts dirigeants, on pensait d'abord à Chterbakov, du GPU, puis à Khrouchtchev, qui faisait obstacle au retour des survivants des camps dans leurs villages, « ces corbeaux », voire à Molotov, dont la femme pourtant était juive.

De fait, autour de Staline, il y eut longtemps ce que Simon Sebag Montefiore, le meilleur connaisseur de la vie privée au Kremlin, a surnommé « les Juives de Staline ». Citons Bronka, pétulante et enjouée, épouse de son chef de cabinet ; son amie Eugenia, femme d'Ejov, le massacreur de la Guépéou, qui amenait au Kremlin les artistes yiddish qui jouèrent *Le Roi Lear* pour Staline. Il y avait également Maria Svanitze, belle-sœur de Staline, et Julia, femme de Iakov, fils aîné de Staline. Le nombre des Juives qui gravitaient autour du dictateur était tel que les nazis lui attribuèrent pour maîtresse, après la mort de sa femme, une parente de Kaganovitch. Ce que son fils, prisonnier, a démenti[45].

S'il était une communauté que Staline abhorrait, ce n'était pas celle des Juifs mais celle des Polonais. Est-ce parce qu'au début des années 1920 la Pologne avait annexé une partie de l'Ukraine ? Ou parce qu'elle accueillait ceux qui voulaient fuir le régime des Soviets ? Ou parce que, s'identifiant aux Russes, Staline assumait leur mépris et leur haine traditionnels envers les Polonais ? Quoi qu'il en soit, pendant la Grande Terreur, après que 110 000 Polonais furent exécutés, Staline écrivait en marge du rapport d'Ejov : « Parfait, continuez à débusquer et à purger cette ordure d'espionnage polonais. Détruisez-le dans l'intérêt de l'URSS[46]. »

Avant 1946, on n'a pas trace de propos similaires ou voisins concernant les Juifs, mais cette absence peut signifier que Staline se contraint à maîtriser un antisémitisme latent en raison de l'environnement dans lequel il vit. Car il se veut disciple de Lénine, qui a toujours condamné l'antisémitisme, une attitude qu'il prend à son compte par exemple, en 1931, quand il déclare que l'antisémitisme est une forme de « cannibalisme ». Spécialiste breveté du problème des nationalités depuis ses écrits de 1912 (dont les idées, disaient alors ses rivaux, lui avaient été en partie soufflées par des amis social-démocrates mieux informés), Staline se poste sur cette idée devenue orthodoxe que le territoire est le fondement de la nation. Or les Juifs n'en ont pas. Cependant, s'il est mentionné « Juif » sur leurs passeports, ce n'est pas une preuve de discrimination car on écrira « Grec » sur le passeport des Grecs d'URSS, qui n'ont pas non plus de territoire, et de même pour d'autres ethnies.

Plus tard, il imagine de leur en attribuer un, le Birobidjan, en Sibérie orientale, une manière, a-t-on dit, de se débarrasser de Juifs, trop nombreux en Russie depuis qu'ils ne sont plus tenus à une zone de résidence comme sous l'Ancien Régime. Staline se vante au contraire d'avoir été le premier chef d'État à donner un territoire aux Juifs.

Après l'échec de cette expérience, à la fin de la guerre, les dirigeants soviétiques pensent au territoire des Allemands de la Volga, puis à la Crimée d'où les Tatars ont été chassés et déportés, une « Californie juive », a-t-on dit. Quand cette idée est formulée, ils ignorent, Staline y compris, que la Crimée a été judaïsée avant même l'arrivée des Slaves, et que c'est un de ses rabbins qui a converti le roi des Khazars, Bulan, à l'heure où ceux-ci occupaient un territoire qui allait de la Volga au Don[47].

« Il faut que ce soit un Russe de souche, Kalinine, et pas Trotski, qui se charge de spolier le clergé orthodoxe, vu l'appartenance ethnique de Trotski », avait indiqué Lénine en 1922. Staline autant que lui était attentif à ces problèmes.

Toujours est-il que la constatation s'impose : il y avait cinq ou six Juifs à la tête du pouvoir en 1924, il y en a deux en 1941, Kaganovitch et Mekhnis.

De fait, Staline haïssait tous ceux qui pouvaient lui faire de l'ombre. Notons que la plupart de ses camarades juifs étaient de naissance plus aisée que lui, sauf Kaganovitch, un fils de cordonnier auquel il gardera son amitié durant toute sa vie. On a pu juger que Staline était antisémite parce que la plupart des rivaux dont il s'est débarrassé et qu'il a fait exécuter étaient juifs : Trotski, bien sûr, mais également Zinoviev, Kamenev, Radek. Or, ni Rykov, ni Iagoda, ni Toukhatchevski, fusillés également, n'étaient juifs. Et les premiers n'étaient pas accusés en tant que Juifs ; d'ailleurs, au début des années 1920, Kamenev avait été chargé par Lénine de préparer un plan de lutte contre l'antisémitisme. Quant à Trotski, Staline le haïssait parce qu'il était un opposant, et plus encore parce qu'il était plus brillant que lui, meilleur orateur – ce qui ne veut pas dire que la judaïté de Trotski n'ait pas eu une part dans le comportement de Staline.

De toute façon, les dirigeants qui étaient juifs ne se voulaient pas tels mais communistes : Mekhnis le disait clairement, Trotski aussi qui d'ailleurs dans ses écrits ignore la question juive. Il en va de même d'autres socialistes juifs, aussi bien mencheviks, tel Martov qui, avant la révolution, juge même que les « pogroms ont l'avantage de mobiliser la conscience populaire... ».

Tous sous-estiment l'enracinement de l'antisémitisme populaire. Après le succès de la révolution, ils s'imaginent que les idées socialistes prendront le dessus dans les mentalités.

« À bas le Juif Kerenski, vive Trotski ! » Telle était l'inscription qu'on put lire sur le mur du palais d'Hiver en octobre 1917, quand le président du gouvernement provisoire dut fuir par une porte de derrière. Il riait en me contant l'anecdote, en 1966, car il était seulement « demi-juif » par sa mère, alors que Trotski l'était complètement. De fait, ni l'un ni l'autre ne se considérait comme tel, agnostiques tous les deux et n'ayant jamais mis les pieds dans une synagogue. Mais pour les autres, ils étaient juifs ou non[48].

En 1917, les exclus du régime sont au milieu des ouvriers et des soldats qui manifestent contre le tsarisme. Au soviet de Petrograd, membres d'un parti ou pas, ils sont les plus actifs, Lettons, Juifs, Géorgiens, Ukrainiens, car ils se considèrent avant tout comme social-démocrates, socialistes révolutionnaires, syndicalistes, coopératistes – sauf les bundistes, qui s'affirment socialistes-juifs[49].

Ces militants-là sont souvent plus actifs que les simples soldats, les simples ouvriers. S'aperçoivent-ils que, quelques mois plus tard, les leaders des partis « ouvriers » ne sont pas des ouvriers (sauf Chliapnikov), que les dirigeants du pays n'appartiennent pas aux classes populaires, mais à celle des notables, non russes pour la plupart ? Non, parce que, habilement, les nouveaux dirigeants ont su greffer sur le pouvoir d'en haut – celui du bureau des partis ou du Congrès des soviets –, un pouvoir populaire, constitué par en bas, par ces comités et autres soviets locaux qui bientôt forment une nouvelle classe, une « bureaucratie » et qui, après 1917, monte échelon par échelon dans l'appareil d'État.

Ces apparatchiks issus des milieux populaires n'ont pas nécessairement les idées socialistes mais ils sont « plus bolcheviks que les bolcheviks » car une restauration monarchique les conduirait au gibet. En Ukraine, pendant la guerre civile, ils pratiquent les pogroms tout autant que les Blancs. Dans les soviets, atteignant peu à peu les sommets, ils y transportent leur mentalité antisémite et antiféministe.

Toutefois, transfigurés par une promotion qui, de moujiks ou de simples ouvriers, a fait des cadres de l'Est, depuis qu'ont disparu grands propriétaires et intendants, administrateurs et patrons, ils communient avec ce régime, le servent sans voir nécessairement qu'ils en trahissent les aspirations d'origine, sans identifier non plus l'ethnie d'origine de ceux qui sont à sa tête[50].

Or, avant la liquidation des koulaks et les grands procès, la première strate des dirigeants comporte une majorité de non-Russes : Géorgiens, Arméniens, Juifs, Lettons. La seconde strate, qui domine les Soviets à la veille de la guerre, est déjà bien plus russe et plus slave que la précédente. Alors qu'en 1917 les dirigeants d'origine juive comptaient pour 5 % et 7 % dans l'ensemble du parti bolchevik, au gouvernement ils étaient majoritaires. Ils ne le sont plus en 1941. Au NKVD où, en 1934, ils comptaient pour 31 % des cadres, ils n'en comptent déjà plus que pour 4 % en 1939. « Nous allons en finir avec cette synagogue », dit Molotov en 1939, quand il remplace Litvinov aux Affaires étrangères[51].

Le pouvoir émane ainsi d'un double foyer, le premier, en haut, est contrôlé par Staline, le second, en bas, est constitué par les « organes » et autres institutions populaires jaillies de la société. Leur croissance respective est à l'origine d'un mode de gouvernement nouveau puisqu'il n'y a plus de solution de continuité entre le pouvoir politique, l'administration et la société, vu le *turn over* des gens en place. Au sommet de l'État, le pouvoir est sans partage mais à la base il est exercé par les classes populaires plus ou moins bolchevisées. Dans l'entre-deux, la frontière est mouvante, poreuse, chaque comité étant à la fois souverain et sous surveillance.

De sorte que Staline, tout-puissant au sommet, contrôlant civils et militaires d'ailleurs interchangeables dans le système soviétique, peut lancer ses ordres sanguinaires, affamer l'Ukraine et son riche voisinage, déporter les habitants de régions qui ne se sont pas conformées aux directives, laisser les dénonciateurs accomplir leur sinistre besogne tandis que, parallèlement, survivent, loin du Kremlin, des aires d'autonomie non contrôlées mais qui ne mettent pas en cause le régime. Les documents que nous avons mis au jour pour l'après-révolution, et plus encore ceux que Nicolas Werth a publiés, montrent bien quel désordre institutionnel règne derrière l'apparence de ce régime d'ordre[52].

Ce trait rend compte du fait qu'à côté de l'hostilité à la collectivisation peut naître une hostilité à l'émancipation des femmes, à l'art d'avant-garde, comme peut continuer à sourdre du tréfonds de la société un antisémitisme ambiant. Ainsi ce dernier peut-il polluer l'esprit des dirigeants qu'ils soient ou non d'origine populaire. Il renaît à l'arrière, pendant la guerre, où parmi les populations évacuées des zones envahies, nombreux sont les Juifs – 10 % des Biélorusses, notamment.

« Il faut protéger les Juifs, disait Beria, un autre Géorgien, à Staline [...] parce que, après leur tour, ce sera le nôtre. » Sans trop le savoir, il voyait loin – on se rappelle la xénophobie anticaucasienne des années 1970 et suivantes.

Pendant la guerre, connaissant l'antisémitisme forcené des Ukrainiens, Staline en vient à considérer qu'une part du bon accueil que ceux-ci font aux Allemands pourrait être due au fait que l'envahisseur se charge d'exécuter les Juifs. « Privilégier » cette catégorie de victimes ferait du régime le « complice » des Juifs, une raison pour qualifier ces victimes de « civils ».

C'est ainsi que ne fut pas publié, en URSS, un *Livre noir* préparé sous l'égide d'un Comité juif antifasciste où figuraient Ilya Ehrenbourg, Vassili Grossman, etc. Les activités de ce comité créé en 1942 suscitèrent une violente poussée d'antisémitisme chez Staline. Non seulement il avait reçu une aide des Juifs américains mais il participait au projet d'un établissement juif en Crimée, bref il ne se limitait pas aux activités identitaires, culturelles ou mémorielles yiddish. Sans être l'expression d'un retour au judaïsme, d'ailleurs persécuté ni plus ni moins que les autres religions, ce Comité était une organisation qui, par ses activités, interférait avec ce qui ressortait de la compétence du parti et de lui seul. Depuis 1918, le parti avait détruit les organisations sociales une à une ; le *Bund* juif, par exemple, vieux rival des social-démocrates avant 1917, s'était désintégré, ses membres participant au mouvement révolutionnaire au seul titre de citoyens, et non comme membres d'une organisation. Or, voilà que se reconstituaient, à côté de sionistes, des organisations juives aidées, qui plus est, par les Américains. Une sorte de « complot » judéo-américain se profilait, que Staline et les siens allaient entreprendre de briser.

Avec leur tour de main habituel.

Molotov s'était abstenu de voter l'arrestation de sa femme, qui était juive, prétendument compromise dans le projet sur la Crimée ; il s'excusa auprès de Staline de ne pas s'être rallié au jugement du parti. La machine était en route et la chasse aux Juifs commençait : artistes, écrivains et plus tard les médecins – le sinistre complot des blouses blanches.

Désormais, sauf Kaganovitch, il n'y aura plus de Juifs au côté de Staline.

URSS : la déportation ou la mort

La persécution active des Juifs commença vers la fin de la guerre. Celle des Russes, des Ukrainiens, etc., avait déjà pris une dimension exceptionnelle lors de la Grande Terreur, en 1936, et même avant si l'on tient compte de la famine programmée du début des années 1930 : il s'agissait de « liquider les koulaks en tant que classe ». Le travail forcé, le Goulag, permit d'utiliser cette main-d'œuvre. Les effets « collatéraux » en étaient la mort, vu les conditions épouvantables de l'arrestation, du transport, de l'accueil qui, dans la lointaine Sibérie, pouvaient s'assimiler à de l'assassinat. Nicolas Werth a mis au jour récemment un cas extrême de déportation-abandon, celui de l'île Nazimo, sur l'Ob, où 6 000 déportés, « éléments socialement nuisibles », débarqués sans provisions ni outils, loin de tout, subirent la torture de la faim au point de commettre des actes de cannibalisme[53].

Au 1er janvier 1941, il y avait 1 930 000 travailleurs forcés au Goulag, mais dès l'attaque allemande de juin, un million d'entre eux furent enrégimentés dans l'armée, dont un bon nombre au grade d'officier. Parmi ceux qui demeuraient dans les camps, se trouvaient 500 000 suspects en provenance des territoires acquis depuis la conclusion du pacte germano-soviétique : 381 000 Polonais et des Baltes « nationalistes bourgeois, gendarmes, ex-propriétaires fonciers ». Avec la guerre contre l'Allemagne, la Pologne devenant un allié, les prisonniers comme les déportés devaient être amnistiés ou libérés, mais beaucoup avaient disparu, comme on l'a vu dans l'entretien de Sikorski avec Staline.

Avec l'état de guerre, Staline ordonnança, hors du Goulag, l'aggravation des conditions de travail tandis que le nombre des condamnations pénales passa de 700 000 en 1939 à 2 300 000 en 1941, avec ce que cela pouvait impliquer de travail forcé.

Surtout, à mesure que la Wehrmacht s'enfonçait en territoire soviétique, des mesures préventives furent prises de peur que certains peuples ne collaborent avec l'envahisseur. En Ukraine occidentale, à Lvov notamment, à Jitomir aussi, des nationalistes et autres ennemis du régime furent massacrés. Les Allemands montrèrent ces charniers et accusèrent les Juifs bolcheviks d'en être responsables avant de procéder eux-mêmes à des « représailles ».

La première nation a être déportée fut, dès août 1941, celle des Allemands, aussi bien ceux de la Volga installés dans le pays depuis Catherine II et russifiés, que ceux qui étaient éparpillés dans le reste de l'URSS, notamment à Leningrad. 1 200 000 d'entre eux furent déportés au Kazakhstan ou en Sibérie, opération qui fit des milliers de victimes : on sait, par exemple, qu'à Novosibirsk où 130 998 Allemands étaient attendus, 116 612 seulement arrivèrent vivants.

Mais ce furent les populations du Caucase, surtout, qui furent victimes de ces punitions sous le prétexte que des cas de connivence entre les Tchétchènes et la Wehrmacht avaient été signalés – les Tchétchènes étaient des insoumis chroniques au pouvoir russe puis soviétique (sauf pendant la guerre civile, où ils avaient choisi le camp des Rouges face aux Blancs). Le NKVD de Beria, un Géorgien, dut mobiliser 119 000 hommes pour mener à bien cette déportation vers l'Asie centrale et la Sibérie. Après le déplacement généralisé des usines, en 1941, la déportation massive de « peuples unis » en 1941 et après nécessita une mobilisation constante des moyens de transport dans un pays immense réputé pour la faiblesse de ses réseaux de communication. La déportation des Tchétchènes exigea à elle seule 194 convois de chemin de fer de 65 wagons pour 521 247 Tchétchènes et Ingouches transportés. En 1944, 900 camions Studebaker d'origine américaine s'ajoutèrent à ces moyens.

Long est l'inventaire des populations déportées après 1941 : Tatars de Crimée, Kalmouks, Turcs, Meskhètes, etc., tous « espions en puissance ou trafiquant avec les Allemands ».

« Les opérations de transport étaient un grand succès », expliquait Beria. La relève des « dékoulakisés » mobilisés dans l'armée avait été ainsi assurée.

Voire.

Au camp de Marinskoe, dès la fin de 1941, épuisés par des marches éprouvantes, 30 % des convoyés de Novosibirsk étaient d'une extrême maigreur et atteints de pellagre... En 1942, l'administration du Goulag enregistra 249 000 décès, en 1943, 167 000.

« En comptant les exécutions des détenus, les décès dans les prisons et les colonies de travail, on peut estimer à 600 000 le nombre des morts au Goulag au cours des seules années 1941-1943[54]. »

Hitler et le génocide des Juifs

Comment identifier et évaluer la part personnelle de Hitler dans l'entreprise d'extermination commise par l'Allemagne nazie pendant la Seconde Guerre mondiale ?

Au procès de Nuremberg, le tribunal décida de juger les plus hauts des dirigeants nazis civils et militaires. Il serait laissé aux autorités allemandes des deux zones le soin de juger ultérieurement les subalternes.

C'est ainsi que, Hitler, Goebbels, Himmler et Bormann s'étant suicidés, passèrent en jugement Göring, Hess, Ribbentrop, le maréchal Keitel, l'amiral Dönitz, etc., en tout une vingtaine de personnes. « L'inclusion des SS et des SA allait de soi, explique Peter Calvocoressi, vice-président du tribunal. Je pense que nous devions examiner s'il ne fallait pas inclure la direction du parti nazi jusqu'à l'échelon où s'arrête la prise de décision... Et je crois que nous devions inclure l'état-major général, même s'ils ont été contre Hitler, car ils ont géré la guerre d'agression[55]. »

Les accusés furent portés à nier la réalité des crimes commis plus qu'à en reporter la responsabilité sur ceux qui s'étaient suicidés. Il reste que ceux-ci comme ceux-là furent bien considérés comme les grands coupables du génocide et autres crimes dont on venait de découvrir l'horreur.

Pourtant, il apparut bientôt qu'une approche à partir du rôle des dirigeants ne permettait pas de comprendre la genèse d'une telle tragédie. La participation de la Gestapo, des SS puis, identifiée plus tard, celle de la Wehrmacht, de l'administration, etc., enracinaient l'extermination de populations entières – Juifs, Tziganes, Polonais, Russes aussi bien que handicapés physiques et mentaux – dans un complexe historique plus large qui ne pouvait se réduire non plus aux effets de la seule idéologie nazie.

De sorte qu'à force de s'interroger sur les structures sociales, politiques, psychologiques qui ont permis, entre autres, à cette idéologie de s'imposer, il s'est trouvé que la part des individus qui en ont été les chantres a été plus ou moins disqualifiée. On préférait une analyse plus large, plus profonde de la nature du régime nazi, du rôle de la société allemande, ainsi que du terreau allemand et européen qui l'avait sécrété.

S'appuyant sur une connaissance approfondie de tous les travaux sur ces problèmes, Christian Ingrao observe que, tout comme la persécution des Juifs avant 1939, leur extermination a d'abord été le fait d'initiatives diverses émanant d'un foisonnement d'instances et de pratiques mises en place ici par des gauleiters, là par des SS, ailleurs par la Gestapo, ou les *Einsatzgruppen* (groupes d'extermination) : exécutions massives, famines organisées, camions à gaz, fusillades, etc., toutes opérations isolées et nombreuses mais pas synchrones, et obéissant à des données particulières ou locales. Suit une phase de centralisation, dont la conférence de Wannsee, en janvier 1942, constitue un apogée. On ordonnance alors de façon systématique l'extermination dans les camps de la mort ou dans les camps de travail que la mort doit accompagner[56].

À ces actions violentes émanant d'acteurs directs – les SS, l'armée, etc. – se sont ajoutées des opérations d'anéantissement menées par des unités auxiliaires, notamment baltes, ukrainiennes, croates, roumaines. Leur participation ressuscite des activités antisémites datant de l'époque des pogroms et que réactive la présence ou le comportement de l'armée allemande. Le massacre des Juifs de Jedwabne, en Pologne, le 10 juillet 1941, en est un exemple. Ce sont des Polonais ordinaires qui, à l'appel des autorités municipales, y ont procédé : « L'heure est venue de régler leur compte à ceux qui ont crucifié Jésus-Christ. » Il ne s'est pas trouvé un seul chrétien pour laisser un Juif se réfugier chez lui. Il y avait à Jedwabne une quinzaine d'Allemands en uniforme, mais aucun d'entre eux n'a participé au massacre qui s'est fait par noyade ou à coups de bâton. Quelques-uns ont pris des photos[57].

À l'ouest, la victoire allemande permit aux antisémites de donner force de loi à leurs aspirations... Quelques dirigeants des États satellites ou collaborateurs eurent ainsi leur part dans cette extension. Dès le 3 octobre 1940, par exemple, à Vichy, le maréchal Pétain édictait un statut des Juifs que Hitler ne lui avait pas demandé. Mgr Tiso, chef du gouvernement slovaque, précéda les Allemands dans l'idée de « déporter les coupables de déicide », et cela juste après une entrevue avec le Führer, durant l'été 1941 : on commencerait par les Slovaques juifs résidant en Allemagne. En Croatie, les Oustachi massacrèrent de leurs mains la plus grande partie de la communauté juive[58].

Cette extension et cet approfondissement, totalement justifiés, des données du génocide juif et d'autres opérations d'extermination qui l'accompagnent, finissent par effacer la part personnelle jouée par Hitler. Il convient d'autant plus de la rappeler que dans bien des travaux, on se plaît à noter que le Führer n'a jamais donné l'ordre écrit ou autre de procéder à la « Solution finale », un trait qui permettra à une « école » dite négationniste d'en nier la réalité. D'autant qu'à l'inverse il y a bien eu un ordre de Hitler de créer les *Einsatzgruppen*, puis un ordre explicite d'exécuter les commissaires politiques de l'armée soviétique, un autre de laisser mourir de faim la population de Leningrad, et l'on sait qu'il s'est mis en rage quand il a appris que la Luftwaffe avait refusé d'anéantir Kiev, et qu'il a exigé plusieurs fois que « Petersbourg soit rasée »[59].

« Ce n'était pas une mauvaise chose que la rumeur nous attribue un plan d'exterminer les Juifs : la terreur est une chose salutaire », voilà une autre petite phrase de Hitler, datée du 25 octobre 1941, tenue au *Reichsführer SS* Himmler et au *SS Obergruppenführer* Heydrich. Elle est de celles qui, prétendra-t-on, témoignent de l'absence « d'un plan hitlérien d'extermination, ces propos constituant une pratique terrorisante mais de pure propagande[60] ». Il y eut en tous les cas un projet, et qui fut exécuté. Car, si ces propos existent bien, il en est d'autres, tel le discours du 30 janvier 1939, qui annonçaient un projet : celui d'une élimination des Juifs. « Si la finance juive parvenait à jeter le monde dans une guerre mondiale, alors le résultat en serait non la bolchevisation de la terre et ainsi la victoire des Juifs, mais la destruction de la race juive en Europe. » Menace propagandiste comme on a voulu le croire, et qui aurait visé Roosevelt ? Cette menace n'en fut pas moins reprise le 30 janvier 1941, autre anniversaire du 30 janvier 1933, puis le 30 septembre 1942 – ce projet d'anéantissement étant cette fois couché sur des affiches placardées dans toute l'Allemagne – et le 8 novembre 1942[61]. Il n'y a pas eu d'ordre explicite ni de plan précis élaboré par le Führer en personne. Mais, successivement, Göring, Heydrich, Himmler ont formulé les ordres implicites et matérialisé ses plans. Ils étaient imprégnés des paroles de leur Führer, qui toutes évoquaient des désirs, des objectifs. Ils ont anticipé leur réalisation.

À la veille de son suicide, Hitler dirait à ses proches que, « ce qui lui a coûté la victoire avait été son manque de fermeté, il ne pouvait mettre à son crédit que le fait d'avoir combattu les Juifs à visage découvert et d'avoir nettoyé l'espace vital allemand du venin juif[62] ».

Pour Hitler, tous les maux de ce bas monde sont la faute des Juifs. Par exemple, la fréquence des maladies mentales en Finlande. Au cours d'une conversation, Bormann évoque l'isolement des fermes dans ce pays, cause de sa religiosité très marquée. Hitler enchaîne :

« Ce qui est regrettable, c'est que cet esprit religieux ne puisse s'exercer sur une autre matière que les avocasseries juives de l'Ancien Testament. Creuser éternellement les mêmes problèmes à la seule lumière de la Bible dans la solitude d'un hiver interminable, cela conduit à l'étiolement. Ces pauvres gens s'efforcent de trouver un sens à ces alchimies hébraïques, alors qu'elles n'en ont aucun... [...] En tant qu'Allemand raisonnable, on se prend la tête à deux mains et on s'interroge pour essayer de comprendre comment toutes ces fumisteries juives accommodées par les prêtres et les pasteurs peuvent tourner la tête [...] et font encourir le risque d'avoir l'esprit dérangé[63]. »

Cet exemple témoigne seulement du caractère obsessionnel que le rôle des Juifs peut avoir dans l'Histoire telle que Hitler se la représente : ainsi dans les 155 *Libres Propos* enregistrés avec l'accord de Bormann entre juin 1941 et 1944, ils sont mis en cause plus de cinquante fois. Observons tout de suite qu'il s'agit de propos privés tenus à des tiers et que, souvent aussi, c'est Goebbels qui lance les anathèmes publics et menace la presse juive, avant 1933, les Juifs en général ensuite. Observons également que cette composante-là de l'antisémitisme de Hitler s'insère dans une condamnation plus large et sans appel du christianisme, de l'Église, de la « prêtraille » : « leur tour viendra après et je n'irai pas par quatre chemins. Je les liquiderai, la prêtraille est un reptile qui relève la tête chaque fois que l'État fait preuve de faiblesse, et que nous devons donc écraser » (8 février 1942, à Himmler et à Speer). Et le 11 août 1942 : « Qu'avons-nous besoin de fables inventées par les Juifs[64] ? »

Ce lien entre les méfaits du « Juif », ceux du christianisme et ceux du bolchevisme, voilà une idée que Hitler a plus ou moins empruntée à Dietrich Eckart et traitée avec lui dans *Le Bolchevisme, de Moïse à Lénine*, cela dès 1920.

Il ne cesse de réaffirmer ce lien pendant la guerre. Il explique à Himmler, le 17 février 1942, que les Juifs ont détruit « l'ordre naturel : l'événement sensationnel du monde antique, ce fut la mobilisation de la pègre contre l'ordre établi. Cette entreprise du christianisme n'avait pas plus de rapport avec la religion que n'en a le socialisme marxiste avec la question sociale. Les notions représentées par le christianisme juif étaient rigoureusement impensables pour des cerveaux romains [...]. Il a fallu que le Juif survînt et introduisît cette conception insensée d'une vie qui se poursuit dans un prétendu au-delà... Le Juif qui introduisit le christianisme en fraude dans le monde antique – afin de le perdre – a rouvert une brèche aujourd'hui en prenant cette fois-ci le prétexte de la question sociale. De même que Saül s'est transformé en saint Paul, Mardochée est devenu Karl Marx[65] ».

Cet aspect de l'antisémitisme hitlérien est lié à sa composante raciste.

Selon Hitler, le peuple juif est une race homogène qui se perpétue grâce à la religion alors qu'à l'inverse la nation allemande est composite, par conséquent vulnérable à l'action des parasites juifs qui entendent la détruire. Faut-il préciser que ces attendus ne reposent sur rien puisque les Juifs sont d'origine variée, Sémites, Berbères, Khazars, et sont loin de se marier exclusivement entre eux ? Ce concept met les nazis aux prises avec le problème des couples mixtes et de leur descendance, quand Hitler veut prendre des mesures en faveur de la pureté de la race allemande. Ces inexactitudes, ces incohérences parmi bien d'autres ont conduit un bon nombre d'analystes, historiens ou philosophes à poser que la vision du monde de Hitler, sa *Weltanschauung*, était sommaire, d'une grande pauvreté intellectuelle, qu'elle empruntait son argumentaire à d'autres, etc. Mais son discours se voulait avant tout efficace, surtout auprès des classes populaires, et sa démagogie visait à faire déconsidérer les élites instituées, juristes, diplomates, professeurs, etc.

Ainsi, selon Hitler, la race juive est conquérante, c'est la troisième composante de son antisémitisme. Elle a mis la main sur le bolchevisme russe, sur le capitalisme mondial, sur la France aussi bien qui, par l'occupation de la Ruhr, est devenue le mercenaire du Juif international, sur la presse britannique « enjuivée »... Cette troisième composante, qui est surtout développée par Goebbels, découle en partie de la lecture par Hitler de ce faux que sont les *Protocoles des Sages de Sion**.

Analysant la spécificité de l'antisémitisme hitlérien, à l'inverse de Jankélévitch qui jugeait que « les Juifs ne sont pas jugés par Hitler par ce qu'ils font (prétendument le mal) mais pour ce qu'ils sont », Dominique Colas note que les nazis « persécutent bien les Juifs pour ce qu'ils *font*, en raison de ce qu'ils *sont*, *eux*, les nazis, des victimes puisque les Juifs empêchent l'Allemagne d'accomplir son destin », c'est-à-dire la conquête du territoire à l'est, la domination de l'Europe, et un jour de la terre (*Mein Kampf*[66]).

Qu'elles se réfèrent à l'une ou l'autre des composantes de l'antisémitisme hitlérien, qu'elles soient (avant la guerre) des actions dites spontanées « seul moyen de canaliser la colère du peuple[67] » ou (pendant la guerre) des instruments de mobilisation idéologique, les mesures prises contre les Allemands israélites, désormais dénommés Juifs, allèrent toutes dans le même sens, celui de la persécution.

La première mesure importante, introduite par Göring au Reichstag, fut la promulgation de la loi sur la citoyenneté, en 1935, qui distinguait « citoyens du Reich de sang allemand et de même race », d'une part, et les simples citoyens – les Juifs – d'autre part, désormais privés de leurs droits. La mesure, évidemment discriminatoire, s'inscrivait dans une tradition ancienne. En effet, dans la Confédération germanique, depuis le traité de Westphalie (1648), il n'y avait pas besoin d'être un étranger pour devenir apatride (tels les « vieux luthériens » autrefois, et

---

* Faux antisémite forgé au XIXe siècle par la police du tsar, destiné à faire croire à l'existence d'un « complot juif mondial », *cf.* Maurice Olender, *op. cit.*, 811 b.

aujourd'hui les Turcs, appelés nos « concitoyens étrangers », *unsere auslandishe Mitbürger*[68]).

Au départ, cette première mesure ne parut pas exceptionnelle. Mais peu à peu, les lois de Nuremberg furent renforcées pour exclure les Juifs de la vie sociale et politique. Successivement, furent supprimés le droit de vote, l'accès aux emplois publics, et les interdictions atteignirent les métiers de notaire, médecin public, enseignant, pharmacien, avant que les Juifs soient chassés de la vie économique : 150 mesures furent ainsi appliquées en 1936-1937[69].

En novembre 1938, l'attentat commis par l'un des 17 000 Juifs polonais expulsés d'Allemagne contre le conseiller d'ambassade du Reich à Paris fut le prétexte de la nuit de Cristal. Ce pogrom déclenché par les appels à la vengeance de Goebbels et une campagne de presse fit 91 morts : des synagogues furent incendiées et des magasins juifs détruits par des commandos dont les Actualités ont conservé la manière. En outre, 30 000 Juifs furent internés dans des camps de concentration. Suivit l'aryanisation des entreprises juives, leur liquidation. Puis il fut interdit aux Juifs d'aller au cinéma, de fréquenter les jardins publics, certains hôtels. Ils durent remettre leurs bijoux.

Les mesures prises par le régime avaient conduit les Juifs résidant à l'étranger à réagir en procédant à une forme de boycottage des produits allemands. Cela contribua à nourrir le mythe nazi d'une puissance internationale juive (*Weltjudentum*) et conduisit le régime à négocier avec les sionistes pour pousser les Juifs allemands à émigrer en Palestine : l'important était qu'ils s'en aillent, « *so oder so* », d'une façon ou d'une autre, disaient Hitler et Göring... 20 000 purent partir ainsi avec leurs capitaux à la suite d'un accord dit *Haavara*, que bientôt les nazis ne respectèrent plus[70].

Jusqu'à l'entrée en guerre, l'objectif affirmé étant d'épurer la population du pays de ses éléments non aryens en général et des Juifs en particulier, ceux-ci quittèrent le pays moyennant une taxe à l'émigration que seuls purent payer les plus aisés. En 1938, ils pouvaient encore partir à condition de se laisser exproprier. En 1939, il restait environ encore 180 000 Juifs en Allemagne. Près de 10 000 enfants avaient été convoyés, via des pays occidentaux, vers la Palestine.

Jusque-là, il n'y avait eu ni mort organisée ni déportation.

La première déportation fut celle des Juifs de Moravie, durant l'hiver 1939-1940.

Avec la guerre qui commence contre l'URSS, aux composantes raciste, économique, culturelle de l'antisémitisme proprement hitlérien, resurgit en force la composante antibolchevique laissée en sommeil à l'époque du Pacte.

Après que les *Einsatzgruppen* se furent fait la main en Pologne occupée, la Wehrmacht les couvrira pour le premier massacre collectif de Juifs à Babi Yar, en septembre 1941 au cours duquel 33 771 Juifs furent fusillés, dont un grand nombre de femmes et d'enfants. Avant la conférence de Wannsee, en janvier 1942, qui allait mettre sur pied la Solution finale de la question juive, des camions à gaz avaient déjà asphyxié des Juifs du Gouvernement général de Pologne, à Chelmo. Puis la machine de mort se développa, avec ses chambres à gaz où Juifs allemands puis non allemands de pays occupés furent exterminés à Auschwitz, Sobidor, Treblinka, Maidanek, etc.[71]

5 285 000 êtres humains furent ainsi fusillés ou exterminés, parmi lesquels une grande majorité de Juifs appartenant à différentes nationalités, les Polonais étant les plus nombreux.

On a volontiers considéré que Hitler ne s'est pas intéressé personnellement à la mise en œuvre de son programme antisémite, qui n'a pas été, d'emblée, l'extermination[72]. Il reste, comme on l'a vu, qu'indépendamment de ses interventions publiques ou de la constance des propos qu'il tient à Himmler, Göring, voire Heydrich et quelques autres, ceux-ci ne sauraient douter de ses désirs. À lire Goebbels, on doit même aller plus loin : les axes et le tempo de la mise en œuvre sont souvent le fait de Hitler.

Par exemple, à peine la guerre avait-elle commencé que, le 6 octobre 1939, il annonçait son intention « d'instaurer un nouvel ordre ethnographique par une réorganisation des nationalités... des efforts devant être faits pour clarifier et résoudre le problème juif ». Et le lendemain, il chargeait Himmler de cette tâche[73]. Une fois la victoire acquise sur la France, en juillet 1940, devenu ministre du Gouvernement général de Pologne, Frank fit savoir « qu'il avait reçu l'approbation de Hitler en ce qui concerne le plan de déporter des Juifs des territoires occupés à Madagascar ». Son ministre de l'Économie, Walter Emmerich, estimait que cette évacuation allait créer « une certaine turbulence », mais qu'« elle permettrait d'acquérir des articles domestiques pour nos fonctionnaires en utilisant les biens laissés par les Juifs ». Dès octobre, il apparut que cette idée d'une déportation à Madagascar n'était plus praticable ; le « plan » d'évacuation n'en continua pas moins à s'appliquer, prétexte à éliminer les Juifs de la vie économique[74].

Chez Walter Emmerich, ces mesures participaient d'un projet global de régénération économique et démographique du Gouvernement général par la diminution du nombre des habitants. L'apport constant de déportés juifs, d'origine viennoise ou allemande, le contrecarrait. Or, Hitler avait fait savoir, dès 1939, que le Gouvernement général était une région « qui servirait à purifier les anciens et les nouveaux territoires du Reich des Juifs, des Polonais et de la racaille ». Un an plus tard, il confirmait que « peu lui importait la densité de population dans le Gouvernement général, celle de la Saxe étant de 347 habitants par km² et celle de la Sarre de 449. Il ne voyait pas pourquoi celle du Gouvernement général serait inférieure. « Le niveau de vie en Pologne devait être bas, et cette région ne devait pas devenir une région économique distincte, autonome, subvenant à ses besoins mais un réservoir de main-d'œuvre pour travaux subalternes... un camp de travail polonais. » Et encore : « Cette région servira à purger le Reich des Juifs et des Polaks[75]. »

Il y avait ainsi des divergences dans l'approche des modes d'application d'un projet global entre, d'une part, des technocrates qui raisonnaient en termes d'efficacité économique associée à l'impératif démographique d'un abaissement de la population et, d'autre part, Hitler, dont le racisme antislave et antisémite ordonnançait la hiérarchie des urgences.

Dans l'une comme dans l'autre approche, les Juifs étaient les victimes.

Lorsque l'hypothèse Madagascar se révéla irréalisable, il fut question d'une déportation dans la région des marais du Pripet mais ce fut la Galicie qui fut finalement choisie pour être rattachée au Gouvernement général car son intérêt stratégique et ses ressources étaient plus essentiels. Sauf qu'il s'y trouvait déjà un grand nombre de Juifs.

Or Hitler avait déjà déclaré que le manque d'espace l'empêchait de mettre en œuvre le projet d'une « réserve juive » à Lublin, et Himmler avait déclaré au temps du Pacte germano-soviétique qu'il aurait été enchanté si les Russes avaient « pris un demi-million de Polonais en plus ». Juifs et Polonais étaient ainsi ballottés entre des projets divers de déportation.

On peut vérifier sur un autre terrain que Hitler ne se contentait pas de discours mais se préoccupait de la mise en œuvre de ses idées ou de son programme : celui de l'approvisionnement.

Au moment où commençait l'invasion de l'URSS, Rosenberg expliqua l'urgence d'un apport alimentaire en provenance d'Ukraine au moment où l'on diminuait la ration de viande dans la Wehrmacht... « Il n'y avait plus guère de pommes de terre et peu de légumes à Berlin, témoigne Goebbels, et une véritable famine sévit dans certaines régions[76]. » Le Führer souhaite qu'en Russie on égorge plusieurs millions de porcs et de bovins. Bientôt Göring juge de même : « Aux Français de sacrifier leurs bovins, et pas à nous de sacrifier nos hommes. » Au cours d'une réunion tenue un mois plus tard, Hitler déclara à Rosenberg, Lammers, Göring, Bormann et au maréchal Keitel : « Nous prendrons les mesures nécessaires – exécution, évacuations... » – « d'abord assurer l'approvisionnement », compléta Göring.

Ce souci resurgit lors du siège de Leningrad. Conquérir la ville signifierait qu'il faudrait ensuite assurer le ravitaillement de deux millions de personnes. Ne fallait-il pas mieux l'affamer et la détruire ? Plusieurs fois, Hitler émit l'idée qu'il fallait la raser.

On observe ainsi que les impératifs de guerre, les objectifs économiques ou démographiques à long terme, le programme raciste, hitlérien ou nazi, pouvaient à la fois se croiser et entrer en concurrence. Mais chez Hitler, ce dernier prenait souvent le pas sur les autres. Expulser les minorités juives pour donner des logements, des activités, voire des terres à ceux qui n'en avaient pas était bien une constante de l'action des décisionnaires : Hitler invita l'amiral Horthy, chef du gouvernement hongrois – qui essayait de tempérer le zèle pronazi d'une partie des dirigeants de son pays – d'aller plus fermement dans ce sens : « La Hongrie pouvait mettre les Juifs dans des camps de concentration, tout comme la Slovaquie. Cela créerait de nombreuses possibilités pour ses propres citoyens du fait de la libération des postes occupés antérieurement par des Juifs, ouvrant ainsi aux jeunes de nouvelles perspectives de carrière. » En octobre 1944, Horthy voulut changer de cap et se retirer de la guerre. Les Allemands se saisirent de son fils, résistant proallié, et les Croix fléchées de Szálasi prirent le pouvoir, et perpétrèrent des atrocités contre les Juifs comme nulle part ailleurs.

On retrouve ces interférences entre déportation et extermination dans le cas des Tziganes, sauf que les « difficultés » les concernant portaient moins sur le problème des mariages mixtes que sur la nature même de leur race : une partie d'entre eux étant de « race pure » (aryenne), ils ne pouvaient être envoyés à Auschwitz, et devaient être maintenus dans l'armée. C'est « en tant qu'asociaux » que les Tziganes sont menacés : « Ils sont le plus grand fléau pour notre population rurale », juge Hitler. Mais le cas l'embarrasse puisqu'ils sont aussi chrétiens[77]. Ses hésitations sur le sort à leur réserver et les conflits de pouvoir entre Bormann et Himmler perpétuèrent cette situation complexe. Pourtant, comme pour les Juifs, les mesures d'exclusion s'additionnaient.

Durant l'été 1942, Goebbels en discuta avec le ministre de la Justice, Otto Thierack, qui lui expliquait qu'il était anormal que des criminels soient en sécurité en prison alors que des Allemands risquaient leur vie sur le front. Il proposa de « tuer tous les Juifs et Tziganes ainsi que les Polonais condamnés à trois ou quatre ans ainsi que les Tchèques et les Allemands condamnés à mort ou à vie », avant de conclure que « l'idée d'exterminer par le travail serait meilleure ». Himmler était d'accord, et, en octobre, Thierack demanda l'approbation de Hitler pour « libérer le peuple allemand des Polonais, des Russes, des Juifs et des Tziganes de sorte que les territoires annexés soient libres pour les Allemands ». Près de la moitié des personnes transférées des prisons vers les camps de Himmler furent tuées ou moururent dans les mois qui suivirent leur transfert.

Si la Seconde Guerre mondiale a bien commencé en 1939, celle que Hitler a dirigée contre les Juifs en particulier a débuté plus tôt. Pour autant qu'il s'est agi de persécutions d'abord, puis d'une « solution » territoriale, de déportations, et, enfin seulement, d'une extermination en masse, on a pu juger que le sort des Juifs a été fonction de la situation, qu'il n'a pas existé, à l'origine, dans l'esprit de Hitler, d'intention exterminatrice. Les historiens « fonctionnalistes » ont noté, en outre, qu'on n'observait pas de coordination dans les massacres, qu'il n'existait pas trace d'un ordre global du Führer concernant l'extermination, etc.

Mettre en doute le lien entre, d'une part, les discours et les propos du Führer, et, d'autre part, des actions exterminatrices ne constitue plus une analyse crédible.

De fait, le Führer a suivi de près les différents stades de la persécution et de la mise à mort. Et la plupart d'entre eux se sont effectués au nom d'un « vœu » du Führer (*Wunsch*) – telles les tueries de Riga –, d'une autorisation (*Ermachtigung*) – telle la conférence de Wannsee – ou d'un ordre (*Befehl*), – selon Otto Bradfish, dans la région de Minsk. Himmler est explicite : le 24 janvier 1944, à Posen, devant plusieurs centaines d'officiers supérieurs, il déclara : « Quand le Führer m'a donné l'ordre de mettre en œuvre la Solution finale de la question juive, je me suis demandé si je pouvais exiger de mes braves une tâche aussi terrible... [...] Mais il s'agissait d'un ordre du Führer face auquel il ne pouvait y avoir d'hésitation. Entre-temps, la tâche a été accomplie : il n'y a plus de question juive[78]. »

En une autre circonstance, Himmler déclarait à ses SS : « La plupart d'entre vous savent sans doute ce que c'est que de voir 100, 500, 1 000 cadavres devant soi sur le sol.

« D'avoir supporté ce spectacle et d'être restés impassibles, cela nous a endurcis. On ne dira jamais assez combien ceci est à votre honneur. »

Cette déclaration aussi cache un vœu du Führer.

Au regard de tout ce que Hitler leur avait dit et répété, Himmler, Heydrich, Bormann pouvaient parfaitement *anticiper* ses désirs. Comme il était difficile au Führer de se contredire, au moins laissait-il à ses fidèles la capacité d'agir tout en conservant la maîtrise du temps et par conséquent une possibilité de faire agir selon sa stratégie, plus ou moins en un sens ou en un autre.

Ainsi, après avoir dit à Himmler (18 avril 1941) une fois, deux fois, qu'il fallait exterminer les Juifs d'ici à la fin de la guerre, il élargit son projet le jour de la déclaration de guerre aux États-Unis : « L'Amérique est aux mains des Juifs. Notre seule exigence, lors des négociations de paix, sera que les États-Unis nous livrent tous leurs Juifs[79]. »

Il reste que, devant les difficultés de la guerre, en décembre 1942, Himmler demanda au Führer « de pouvoir relâcher des Juifs en échange d'une rançon. [...] Il m'a donné les pleins pouvoirs en approuvant les opérations de ce type si elles permettaient une rentrée appréciable de devises ». Tout en étant rallié à la Solution finale, ce qu'il rappelle fortement dans son discours de novembre 1943, Himmler va jouer de cette liberté pour essayer de nouer des négociations indirectes, via l'Agence juive et le War Refuge Board américain, avec les Alliés, de connivence avec von Papen, ambassadeur à Ankara : il s'agit de « vendre » la survie des Juifs hongrois qui n'ont pas encore été massacrés depuis le retournement de Horthy en mars 1944[80]. Le but ? La guerre semblant perdue, traiter avec les Anglo-Saxons pour signer une paix séparée et retourner ceux-ci contre l'URSS. Mais Hitler ne veut même pas en entendre parler, on le sait : il compte sur ses armes secrètes pour contraindre les Alliés à ce retournement. Quant aux négociations que Himmler mène avec

Bernadotte, après le massacre des Juifs de Budapest, en fin 1944 et en 1945, il semble bien que Hitler n'en a pas eu vraiment connaissance. Mais il en a eu vent à la veille de son suicide (voir plus loin, dans le chapitre 5 « Hitler : "Je mourrai dans Berlin" »).

En juin 1918, disant son inquiétude devant la montée de la terreur, la Tcheka suggérait de retenir le bras de ses promoteurs – oui, la Tcheka. Lénine écrit alors à Zinoviev, qui en est responsable à Petrograd : « Je proteste fermement. Nous nous compromettons ; alors que nous n'hésitons pas, dans nos résolutions, à menacer de frapper de terreur de masse les députés des soviets, lorsqu'il s'agit de passer aux actes nous freinons l'initiative révolutionnaire des masses, entièrement fondée. Ce n'est pas possible. Les terroristes vont nous considérer comme des chiffes molles. Il faut encourager l'énergie et la nature de masse de la terreur, particulièrement à Petrograd dont l'exemple doit être décisif[81]. »

Voilà qui préfigure la position de Hitler sur le sujet des massacres.

Sauf qu'en Russie cette terreur est d'essence, d'origine et d'initiative populaire. En Allemagne, la terreur antijuive émane des dirigeants du parti nazi et a pour fonction de répondre aux désirs du Führer. La société, si elle n'en a pas l'initiative, participe peu ou prou à ce que le régime considère comme une priorité. Quand tout s'écroule, Hitler veut qu'on liquide les Juifs hongrois « comme en Pologne », commente Ribbentrop, et la mise à mort des autres s'accélère dans l'apocalypse de la défaite.

Devant l'extermination : Roosevelt et les autres

Avant le début de la guerre de 1939, Franklin Roosevelt fut le seul chef d'État qui, horrifié par les mesures prises contre les Juifs allemands, tenta de trouver une solution internationale au sort des persécutés. Il chargea Myron C. Taylor, ancien président de l'US Steel, de réunir une conférence à cette fin. Celle-ci se tint à Évian en mars 1938, réunissant 39 nations. Aucune n'accepta de recevoir des réfugiés – sauf la République dominicaine qui espérait en tirer quelque avantage financier. Le seul résultat fut la création d'un comité dont la SDN jugea qu'il chassait sur son territoire.

En Allemagne aussi, au tout début du régime nazi, des différends éclataient sur la façon de résoudre le problème juif, jugé prioritaire, notamment entre les Affaires étrangères et les Finances. Schacht, ministre des Finances, déclarait avoir reçu du Führer la mission de s'occuper du départ des Juifs, ce que Göring confirma. Une sorte d'accord formel fut conclu entre Schacht et l'envoyé de Roosevelt, George Rublee : 150 000 Juifs en âge de travailler pourraient partir à l'étranger, puis 250 000 autres, à leur charge. Les 200 000 restants, les plus âgés, pourraient garder de petites activités de manière à ne pas dépendre des Juifs de l'étranger. Hitler en était d'accord et s'il renvoya Schacht, ce fut pour une tout autre raison : son opposition au programme de réarmement. Selon Göring, qui prit la relève du dossier, l'idée était que les Juifs mettent leur argent dans l'achat de marchandises allemandes qu'ils revendraient dans leur pays d'accueil où, venus avec un reste de capital, ils pourraient ainsi s'installer. Mais ce projet capota dans la mesure où les organisations juives protestaient contre la spoliation, et où leur intérêt pour l'affaire se réduisait du fait que la Palestine ne profiterait pas du mouvement de population, les Anglais s'y opposant par crainte de s'aliéner les populations arabes. Il capota également parce qu'aucun autre pays ne participa à la négociation, qui demeura en l'état.

Quant aux Américains, syndicats en tête, les sondages montrent qu'aux deux tiers ils étaient hostiles à un accroissement du quota assigné à chaque pays d'émigration. Seuls 10 000 enfants juifs furent accueillis en dehors des quotas.

Alors Roosevelt renonça à jouer les intercesseurs[82].

Dès octobre 1941, des informations suintèrent aux États-Unis, qui portaient sur les massacres de juifs en Galicie. On les trouvait surtout dans la presse yiddish, et le *New York Times* ne les évoqua que dans un petit entrefilet. Lorsque, en 1942, un meeting eut lieu à l'initiative de diverses Églises, à Madison Square Garden, pour protester contre ces crimes, le *New York Times* reprit le sujet, stigmatisa avec force les atrocités commises par Hitler, mais sans préciser qu'il s'agissait de Juifs.

Ce trait se retrouve tout au long de la guerre. En 1945 encore, à l'ouverture des camps, horrifié par ce qu'il voit, le général commandant les troupes américaines distingue plusieurs catégories de victimes : prisonniers politiques, criminels de droit commun, objecteurs de conscience, etc. Ce n'est qu'en conclusion d'un rapport de deux pages, qu'il écrit : « Il apparaît que Juifs, Russes et Polonais ont été traités avec une plus grande sévérité que les autres nationalités[83]. »

« Victimes invisibles », les Juifs l'ont été en Europe, certes, mais aussi aux États-Unis, pour Roosevelt aussi bien, une fois la guerre engagée.

Par ailleurs, Roosevelt savait que l'antisémitisme avait fait des progrès aux États-Unis. Vers 1940, il existait une centaine d'organisations antisémites, et les sondages confirmaient l'apparition d'une hostilité d'origine fondamentaliste, ou liée à la place des Juifs dans le *business*. Elle accompagnait souvent une opposition au New Deal, au communisme, à Roosevelt.

Le président américain est très attentif à ce que les États-Unis et la Grande-Bretagne ne donnent pas l'impression de privilégier les victimes juives de la terreur nazie. En avril 1943, lorsqu'une conférence anglo-américaine est organisée aux Bermudes sur le thème des crimes commis par les nazis, il est bien convenu que rien, dans les discours ni dans les textes, ne doit laisser supposer que les plus grandes victimes de ces crimes sont les populations juives, cela afin de ne pas alimenter la propagande de Goebbels selon laquelle Roosevelt et Churchill ne se battent que pour sauver les Juifs.

Pour les mêmes raisons qu'à Évian avant la guerre, le problème du pays d'accueil des Juifs éventuellement sauvés demeure, ainsi que celui de leur transport. On évoque une possibilité d'accueillir des réfugiés aux îles Vierges, puis en Libye. Mais rien ne se fait. Les appels et les condamnations se multiplient tandis que les coupables sont menacés d'être jugés pour crimes de guerre ; Churchill déclare que leur arrestation est désormais un but du conflit ; Roosevelt fait sur le sujet un grand discours... dont la recension, cas unique, est reléguée en page 20 du *New York Times*.

En 1942-1943, on ne peut pas croire à la réalité des atrocités que les Juifs dénoncent. On se rappelle les fausses nouvelles diffusées pendant la Première Guerre mondiale lorsqu'on avait accusé les Allemands de couper les bras des enfants, de faire du savon avec les os des morts. On est persuadé que les déportations visent à fournir du travail forcé. Et puis les chiffres paraissent invraisemblables : un jour on parle de 700 000 victimes, un autre de 200 000 Juifs ou Polonais[84].

Roosevelt sait à quoi s'en tenir sur la réalité des massacres mais le contexte général le conduit à ne rien entreprendre.

En mai 1942, après que les Allemands eurent rasé Lidice et massacré ses habitants en représailles de l'exécution de Heydrich par des patriotes tchèques, le président du gouvernement polonais de Londres, Sikorski, avait proposé à Roosevelt qu'on bombarde en retour les villes allemandes. Celui-ci avait refusé arguant que ce serait le début d'une escalade : les Alliés n'avaient pas les moyens d'y répondre et la riposte allemande risquait d'être pire encore. L'ambassadeur Ciechanowski continua à exhorter au nom de la Pologne les États-Unis à faire quelque chose, ne serait-ce que par solidarité avec les pays victimes[85]. Mais quoi ?

Certes, des négociations avaient pu se nouer avec le Reich concernant les problèmes des prisonniers et grâce à l'intercession des pays neutres. Cependant, Roosevelt refusait toute négociation avec les nazis sur quelque sujet que ce fût tandis que, de son côté, Churchill refusait de desserrer l'étreinte du blocus économique effectif depuis 1940 argumentant que les malheureux déportés ne bénéficieraient pas d'une éventuelle aide humanitaire.

Après l'échec de la conférence des Bermudes et comme décidément les réponses qui leur étaient faites n'engageaient à rien, les organisations juives des États-Unis ne trouvèrent plus d'espoir que dans l'idée d'un État juif en Palestine.

Pourtant, été 1944, une dernière tentative fut envisagée : il s'agissait de bombarder les routes et voies ferrées qui devaient amener à Auschwitz les Juifs de Hongrie. L'opération fut examinée à Washington, et finalement se limita à des bombardements ponctuels, le plan d'origine ayant été rejeté par les autorités militaires qui craignaient qu'il désorganise les dispositifs de la double offensive alliée à l'ouest et à l'est. On sait que, sensibles à cette action, les détenus d'Auschwitz espéraient que les bombardements détruiraient les chambres à gaz. Quant à l'idée de gazer des villes allemandes en représailles, les militaires en refusèrent l'idée car elle n'entrait pas dans le programme d'action des forces alliées.

Il a été établi que le détail de ces différents projets n'était pas remonté jusqu'à Roosevelt et l'on sait également, au dire du colonel Harrison Gerhardt, que Roosevelt jugeait que « le secours aux réfugiés contribue à gagner la guerre » mais que, la décision militaire ne lui appartenant pas, il n'exigea rien du haut commandement. Cependant, sur pression de Churchill, il s'investit fortement pour aider les Polonais de Varsovie qui se trouvaient eux aussi dans une situation tragique[86].

On a pu ainsi estimer que les Alliés ont vraiment peu fait pour sauver les Juifs qui n'avaient pas encore été exterminés. Pour autant qu'on ne pouvait décider de leur destination ultérieure, on les pensait perdus. Même les Juifs des États-Unis finirent par s'intéresser à la naissance d'un futur État en Palestine plus qu'au sort de leurs coreligionnaires internés.

Roosevelt multipliait les bonnes paroles mais, attentif à l'opinion, il ne voulait pas avoir l'air de faire « la guerre des Juifs ». On a dit également que, sûr d'avoir avec lui les Juifs des États-Unis, il n'eût tiré aucun profit à prendre des risques pour sauver les internés des camps de la mort. Gagner la guerre au plus vite sans disperser ses forces était le meilleur moyen d'en sauver le plus grand nombre. Tel fut l'argument utilisé par ses défenseurs.

ARMES DE DESTRUCTION MASSIVE

Entre 1939 et 1945, les pratiques de la guerre dite conventionnelle dépassèrent en violence ce que les conflits précédents avaient connu.

Pendant la Grande Guerre, l'idée d'affamer les populations par le blocus n'était pas nouvelle, mais la riposte par la guerre sous-marine le fut. Le second conflit mondial retrouva ces modalités avec les mêmes succès et les mêmes échecs et en ajouta d'autres : ce fut dans les airs que les lois de la guerre furent le plus largement outrepassées.

Dès 1934, en Éthiopie, l'Italie fasciste avait lancé des balles dum-dum, explosives, sur les populations éthiopiennes. En 1937, les Condor de l'Allemagne nazie, intervenant dans la guerre civile espagnole, bombardaient les habitants de la ville de Guernica. En 1938, l'aviation japonaise attaquait les civils de Tchoung-King. À peine les Pays-Bas furent-ils envahis que, le 14 mai 1940, la Luftwaffe détruisait 25 000 maisons à Rotterdam.

Les raids de terreur devaient ensuite détruire les villes anglaises une à une. Le sort frappa d'abord Coventry. D'autres suivirent. *Koventrieren* fut le terme utilisé par Göring pour ce programme de destruction systématique.

Churchill : « Vous avez dit Koventrieren ? »

En 1995, cinquante ans après le drame, les habitants de Dresde mettaient encore leurs drapeaux aux fenêtres pour qu'on se souvienne du plus terrible des bombardements dont la ville avait été l'objet, la nuit du 13 février 1945.

Plus de 800 bombardiers anglais, bientôt suivis de 400 bombardiers américains, et encore de 200 le 15 février, frappèrent cette illustre cité, faisant plus de morts, semble-t-il, que la bombe atomique à Hiroshima. À certains endroits, la température monta à près de mille degrés. Le périmètre détruit s'étalait sur 13 km². À une date où le sort de la guerre semblait joué, cette opération a pu apparaître comme un crime de guerre et les Allemands (qui depuis en ont célébré tous les anniversaires) comme d'innocentes victimes au même titre que leurs ennemis.

Les données de ce bombardement sont assez bien connues.

On sait que, préparant leur offensive en Allemagne, vers Berlin et la Saxe, les Soviétiques avaient demandé au général Spaatz, qui eut l'accord de Churchill, de bombarder la région de Dresde, Leipzig, Chemnitz. Il s'agissait de créer désordre et désarroi à l'arrière des lignes allemandes. L'exode des populations civiles et la rupture des voies de communication empêcheraient la Wehrmacht d'envoyer des renforts là où l'Armée rouge lancerait son offensive.

À la volonté des Alliés de satisfaire Staline à l'heure où, au-delà du Rhin, ils progressaient difficilement, s'ajoutaient d'autres données issues de la stratégie britannique d'avant le débarquement du 6 juin 1944[87].

Les Allemands avaient-ils oublié ce qu'avait dit Göring en 1940 ? Churchill le leur rappela le 30 juin 1943 : « Qui sème le vent récolte la tempête. » Et commenta : « Quand nous rappelons la cruauté avec laquelle les armées allemandes, leurs gauleiters, font souffrir l'Europe presque tout entière, notre épée est celle de la justice et nous l'utiliserons avec la plus grande sévérité. » Il rappela également que la Luftwaffe avait, la première, bombardé des civils et qu'il était légitime que les Allemands connaissent à leur tour les affres des raids aériens.

De fait, à l'heure du Blitz de 1940, alors que bien des villes anglaises avaient été détruites, Coventry la première, les dirigeants anglais avaient pu craindre un effondrement du moral de la population.

Il n'en avait rien été.

À l'époque, la riposte n'avait pas été très convaincante : dix raids britanniques sur Berlin ne firent que 133 victimes ; les suivants n'atteignirent que rarement les objectifs désignés ; en outre, les pertes anglaises, à chacune des sorties, étaient de 5 % des équipages, jusqu'à 11 % pour Nuremberg. Et les Allemands fabriquaient de plus en plus d'avions, ce qui signait la faillite de la stratégie des objectifs ciblés, que les Américains préféraient à la destruction des villes.

Ayant appris qu'à proportion d'une tonne de bombes pour 800 personnes, l'activité de Coventry avait été réduite à 37 % de la normale pour près d'un mois, Churchill, un de ses vieux compagnons, Lord Cherwell, physicien et mathématicien surnommé « le prof » et le maréchal de l'air Portal calculèrent qu'avec 4 000 bombardiers on pouvait jeter à la rue les habitants de 43 à 58 des plus grandes villes allemandes. Une enquête effectuée à Hull après un bombardement par la Luftwaffe attestait que le moral des civils était plus atteint par la destruction de leur maison que par la mort de leur voisin ou d'un parent. Il y avait là l'indication d'une stratégie à l'heure où ni le blocus de l'Europe par la Home Fleet ni les armées alliées n'étaient à même de triompher de la puissance allemande.

Sauf qu'en 1943 les usines anglaises produisaient la moitié des bombes nécessaires à la réalisation de ce plan, et qu'il n'y avait encore que 1 000 bombardiers disponibles (il y en aurait 2 000 en 1945).

Mais le succès d'un grand bombardement, à la fin de 1942, par 1 046 avions anglais et américains envoyés sur la région de Cologne, fit croire que 20 000 maisons avaient été détruites. Il n'y en avait eu en réalité « que » 3 000. L'idée germa cependant « qu'en trois ans, vu l'apport américain, on pourrait mettre 25 millions d'Allemands à la rue ».

Les raids ne cessèrent de croître, de se multiplier selon un programme qui fut ensuite « aménagé » en 1945 pour répondre aux demandes des Soviétiques.

Après Dresde, avant Wurtzbourg, ce type de bombardement zonal qui atteignait plus ou moins les usines ou autres objectifs militaires, suscita une réaction de l'opinion en Grande-Bretagne où déjà l'opposition travailliste s'inquiétait de savoir si le maréchal Harris, qui avait succédé à Portal, avait reçu pour instruction « de ne pas se limiter à des objectifs militaires ou stratégiques ». À l'évêque de Chichester, Churchill répondit : « L'idée que nous devons restreindre notre action n'est pas imaginable ; il faut que les Allemands, les civils, quittent les villes où on travaille pour la guerre et se réfugient à la campagne. » Quelque temps après, il concéda que la destruction de Dresde posait des problèmes et qu'il ne fallait pas que de tels actes de terreur prennent le pas sur les bombardements stratégiques, alors que Harris, lui, privilégiait cette destruction systématique[88].

De fait, les Allemands tinrent bon, et même si le trafic ferroviaire fut largement atteint, la victoire vint de l'avancée des armées, celle des Russes d'abord, des Anglo-Franco-Américains ensuite.

Quant à la guerre d'extermination à proprement parler en Extrême-Orient, elle commence pour les Alliés avec le bombardement de Tokyo par des B-29, le 9 mars 1945 : 267 000 maisons détruites, 80 000 morts, et un million de personnes sans domicile.

Cinq mois avant la bombe atomique.

Hitler : la bombe ou les fusées ?

Pour autant que, tels les gouvernants de 1914-1918, Hitler comptait sur l'inventivité allemande pour disposer d'un armement égal ou supérieur en qualité à celui de l'ennemi, la recherche d'armes nouvelles était un de ses objectifs majeurs. À cette date, se concurrençaient le projet d'une arme atomique et celui de fusées à longue portée. Les succès éclatants remportés par la Wehrmacht en 1940-1942 plaidaient en faveur des fusées (ou missiles), car il apparaissait que la construction d'une bombe atomique prendrait quelques années, et une guerre longue n'entrait pas dans les perspectives du Führer, encore moins après 1942 alors qu'il était hanté par le problème de sa santé, du temps qu'il lui restait à vivre. Les promoteurs du projet atomique arguaient des difficultés d'aboutir au point que Speer et Hitler décidèrent de mettre ces travaux en veilleuse.

Or il semble bien que les promoteurs en question, notamment Werner Heisenberg, prix Nobel 1932, ne tentaient pas tout pour réussir – alors, que, selon les savants américains, anglais, et les Allemands émigrés aux États-Unis, travaillait autour de Heisenberg l'équipe la plus à même d'armer la bombe la première. On peut ainsi penser que le plus grand obstacle à sa construction en Allemagne fut la réticence des scientifiques à faire aboutir un projet dont ils savaient bien que Hitler ferait usage. Sans vouloir émigrer ni affaiblir le régime et leur pays, ces savants auraient ainsi exagéré les difficultés d'une entreprise que Speer et Hitler étaient incapables d'évaluer. Thomas Powers cite un signe de cette réticence : alors qu'on ne trouve pas un seul cas d'indiscrétion parmi les scientifiques alliés qui ont construit la bombe américaine, il en a comptabilisé 19 entre 1939 et avril 1945 émanant des Allemands[89].

Ignorant ce que pouvait être la bombe atomique, Hitler se désintéressa de ces recherches-là, et ne se préoccupa que des progrès des V1. Dix de ces fusées furent catapultées sur Londres le 12 juin 1944. Quatre s'écrasèrent au décollage, et les dégâts causés par les autres furent minimes. Mais les 244 V1 lancés quelques jours plus tard lui laissèrent l'illusion qu'il pourrait détruire Londres.

Aux V1 succédèrent les V2. Les tout premiers firent 2 724 morts. Mais sur les 5 000 que Hitler pensait lancer sur Londres, 25 seulement purent partir en septembre. S'ils firent autant de dégâts à Anvers qu'à Londres, sur le plan militaire, l'effet fut négligeable.

C'est donc par autopersuasion (ce que Goebbels voyait bien) que Hitler prétendit jusqu'au bout que ses armes secrètes assureraient la victoire[90].

Quant à Churchill, averti du lancement à venir des V1, il fit préparer une riposte et, effectivement, des V1 furent interceptés en vol. Mais il se jugeait impuissant à arrêter les V2 quand ils surviendraient, leur poids étant de 80 tonnes, croyait-on. Il pensa alors menacer Hitler de répandre du gaz moutarde. Le Joint Planning Committee lui suggéra le 16 juillet 1944 de riposter par la guerre bactériologique, et d'envisager l'utilisation du bacille du charbon. Mais, quand il fut vérifié que les V2 faisaient moins de victimes qu'un seul raid sur Berlin, l'idée du bacille et des gaz, mal reçue par les responsables de la Défense, fut abandonnée. Churchill voulut savoir pourquoi Hitler n'avait pas recours aux gaz. Il lui fut répondu que, d'après les informations obtenues, les Allemands croyaient que les gaz anglais étaient plus variés et plus perfectionnés que les leurs – pour endormir, pour paralyser, etc.

C'était une erreur[91].

Les Allemands n'en décidèrent pas moins de ne pas recourir aux gaz dans la guerre conventionnelle.

Sans doute est-ce Roosevelt qui manifesta le plus d'intérêt pour les armes secrètes et d'extermination. « Il se passionnait pour les inventions révolutionnaires, signale André Kaspi (dans son ouvrage sur Roosevelt), tels ces projets gadgets sur l'utilisation des chauves-souris, de serpents ou des abeilles dans une lutte contre les Japonais. » Au printemps 1942, il finance la production de substances toxiques qui provoqueraient le charbon et le botulisme. De fait, les bombes « à poison » ne furent jamais utilisées.

Le projet de bombe atomique était, de loin, le plus important. Les Anglais en étaient à l'origine, aidés par des savants français et canadiens. Bientôt, les chercheurs américains, avec l'aide de l'Italien Enrico Fermi et de savants français et allemands émigrés, dépassèrent les Britanniques ; le projet émigra aux États-Unis, dont il devint la chasse gardée, Roosevelt refusant d'en communiquer les résultats, même à Churchill. Ce fut seulement lors de la conférence de Québec, en août 1943, que la Grande-Bretagne, pourtant initiatrice du projet, obtint de se retrouver en position d'égalité avec les Américains[92]...

Au programme dit « Manhattan », à Los Alamos, furent dévolus des crédits considérables, ses promoteurs pouvant croire qu'en Allemagne Heisenberg, leur maître à tous, aboutirait avant eux. On a dit pourquoi il n'en fut rien.

Les chercheurs russes, Georgii Flerov, notamment, étaient inquiets : ils connaissaient la haute qualité des savants allemands, qui avaient de l'uranium et savaient séparer les isotopes. D'un autre côté, se disait Flerov, il était bien risqué de critiquer ceux qui, en URSS, ne s'activaient pas assez, Kapista, Kurchatov, etc. Il se décida à écrire à Staline, mais Beria prit mal l'initiative. Certes, celui-ci avait reçu une information inquiétante sur les travaux menés... chez les Anglo-Saxons (elle émanait de Klaus Fuchs, cet informateur qui était en liaison avec « les amis de l'URSS » à Londres) ; mais il avait cru, une fois de plus, à une intoxication pour détourner les efforts des Soviétiques alors consacrés à la fabrication en masse d'avions et de chars. Puis, quand Beria et Staline apprirent que les travaux des Allemands étaient plus ou moins mis en sommeil au profit des V1 et V2, ils se désintéressèrent du projet scientifique dirigé par des Américains[93]. Ils eurent connaissance du projet Manhattan mais, jusqu'à la conférence de Potsdam, ne s'en préoccupèrent pas plus.

Il leur fallut ensuite trois ans pour rattraper les Américains.

Au Japon, le concept de guerre d'extermination ne fut certes pas énoncé, imaginé ou discuté ; ses procédures n'en existèrent pas moins, et l'empereur Hiro-Hito en fut personnellement à l'origine.

L'usage des armes chimiques tout comme les actions dites « d'annihilation » visaient exclusivement les Chinois, un rescrit de l'empereur en interdisant explicitement l'usage en Indochine, interdit confirmé par un rescrit du général Sugiyama en juillet 1941 et valable ultérieurement dans les conflits avec les Européens ou les Américains.

En Chine, ces campagnes d'annihilation, dites campagnes Sanko, et les diverses atrocités commises firent 2 700 000 victimes parmi les civils, bien plus que l'utilisation des armes chimiques ou biologiques.

Or, toutes ces opérations nécessitaient l'intervention personnelle de Hiro-Hito. Ayant étudié le droit international il savait parfaitement que le Japon avait signé mais non ratifié les conventions de Genève de 1929 ; il savait aussi que ses prédécesseurs avaient fait savoir que celles-ci seraient respectées concernant les prisonniers de guerre. Sur ce point, il put détourner les regards du traitement infligé aux prisonniers chinois – qui officiellement n'étaient pas considérés comme tels. En revanche, porté sur les recherches en chimie, il ne pouvait ignorer l'utilisation des gaz. En outre, il fallut son autorisation explicite pour utiliser des gaz lacrymogènes et asphyxiants, et cela dès 1937-1938 : on en comptabilise 375 utilisations seulement entre août et octobre 1938. En 1939 à nouveau, le GQG du général Okamura Yasugi autorisa l'utilisation de 15 000 cartouches chargées de gaz dans la plus grande opération de ce type, effectuée afin de « restaurer la réputation de nos troupes et de leur donner le sentiment de la victoire ». Le 11 avril 1939, Hiro-Hito approuva la directive 11 qui autorisait l'utilisation des gaz dans le nord de la Chine et en Mongolie[94].

Il semble également que, très intéressé par ce type d'expérimentations, Hiro-Hito laissa l'unité 731 de l'armée du Kuantoung utiliser des armes bactériologiques au moins jusqu'en 1942, une accusation qui serait prise en compte et discutée après guerre par toute une série d'historiens japonais et américains : Stephen Endicott et Edward Hagerman, John W. Dower, Yoshimi Yoshiaki, Iko Toshiya, Robert Kourlex[95].

Les opérations génocidaires menées par Hitler contre les Juifs, les Slaves, les Tziganes constituèrent un révélateur des réactions de la société, en Allemagne comme ailleurs, ce dont tinrent compte les dirigeants des autres pays en guerre.

Quant à la guerre d'extermination menée par les bombes et les armées révolutionnaires, elle donnait la mesure du degré d'adhésion des populations victimes au régime incarné par ses dirigeants. Elle raidit les Anglais dans leur résistance, n'abattit pas les Allemands. Par contre, elle suscita un certain défaitisme en Italie et détacha la population du régime de Mussolini. Celui-ci n'osa pas se montrer tel qu'en lui-même après le bombardement de Rome alors que Hitler et Goebbels, dans des circonstances analogues, vilipendaient l'ennemi à la radio et que Churchill ne manqua jamais d'aller sur place avec le roi ou la reine réconforter les victimes.

Ces bombardements meurtriers ne rapportèrent qu'une seule victoire militaire à eux seuls, la reddition de Pantellaria, qui se fit sans combats.

Au Japon, toutefois, ce furent bien les bombardements et la bombe atomique qui amenèrent la capitulation du mikado, demeuré solidaire de son peuple, et dont ce peuple demeura aussi solidaire. Ils permirent aussi aux Japonais d'apparaître, tels les habitants de Dresde, comme des victimes de la guerre, oublieux des crimes qu'eux-mêmes avaient pu commettre pendant de longues années.

Repères chronologiques (1942-1944)

1942

1ᵉʳ janvier : vingt-six pays signent la déclaration des Nations unies

2 janvier : entrée des Japonais à Manille

11 janvier : les Japonais aux Indes néerlandaises (Célèbes-Bornéo)

14 janvier : fin de la conférence Arcadia à Washington : priorité *donnée à* la lutte contre l'Allemagne

18 janvier : accords militaires secrets Japon-Allemagne-Italie.

Partage du monde

20 janvier : conférence de Wannsee sur l'extermination des Juifs

21 janvier : offensive de Rommel sur Benghazi

15 février : capitulation du général Percival à Singapour

12 mars : MacArthur quitte Luçon (Philippines) : « Je reviendrai »

27 mars : premier convoi de déportés pour Auschwitz

18 avril : Laval ministre de l'Intérieur, de l'Information et des Affaires étrangères

4 mai : bataille de la mer de Corail : première victoire des États-Unis sur le Japon

5 mai : débarquement anglais à Madagascar

8 mai : début de l'offensive allemande en URSS, à Kertch (Caucase)

2-17 mai : offensive soviétique vers Kharkov

20 mai : plan Harris : bombardement systématique de l'Allemagne par la RAF

27 mai : Prague : attentat contre Heydrich

29 mai : France : étoile jaune pour les Juifs en zone occupée

1er juin : 1 000 avions sur Essen. Victoire des Français libres à Bir Hakeim

1er juin : BBC : « Les Allemands ont exterminé 700 000 Juifs polonais »

4 juin : bataille de Midway, grande victoire des États-Unis dans le Pacifique

21 juin : prise de Tobrouk par Rommel

22 juin : Laval : « Je souhaite la victoire de l'Allemagne »

6 juillet : offensive allemande (Voronej-Stalingrad-Caucase)

16 juillet : rafle des Juifs au Vélodrome d'hiver

22 juillet : les évêques s'adressent à Pétain pour protester contre la persécution des Juifs

7 août : offensive américaine à Guadalcanal

12 août : entrevue Staline-Churchill

19 août : débarquement canadien de Dieppe. Nomination du général Montgomery

12 septembre : pression et assaut sur Stalingrad

28 septembre : l'URSS reconnaît de Gaulle

30 septembre : vers la rupture de Gaulle-Churchill (Levant-Madagascar)

23 octobre : début de la bataille d'El-Alamein

3 novembre : Hitler à Rommel : « Ne pas reculer d'un pas »

6 novembre : Staline proteste : « Et le deuxième front ? »

8 novembre : Torch : « Débarquement allié en Afrique du Nord française »

9 novembre : ultimatum allemand à Vichy : « Déclarez la guerre ! »

11 novembre : France : invasion de la zone libre

13 novembre : reprise de Tobrouk par les Anglais

7 novembre : les Allemands occupent la Tunisie

22 novembre : accords Darlan-Clark à Alger

27 novembre : sabordage de la flotte française à Toulon. Programme de Peenemünde : fabrication des V1

6 décembre : les Allemands stoppent les Alliés en Tunisie

12 décembre : Staline : « Paulus est encerclé à Stalingrad »

19 décembre : entrevue Hitler-Laval-Ciano

1943

14-25 janvier : conférence de Casablanca : Roosevelt-de Gaulle-Giraud

25 janvier : prise de Tripoli

Jean Moulin à la tête des mouvements unis de la Résistance

2 février : capitulation des Allemands à Stalingrad

Mars : grève générale à Athènes. Grandes grèves en Italie
13 avril : découverte des charniers de Katyn
19 avril : insurrection du ghetto de Varsovie
13 mai : prise de Tunis par les Anglo-Franco-Américains
30 mai : de Gaulle à Alger
10 juillet : débarquement allié en Sicile
25 juillet : renvoi du Duce par le roi d'Italie. Gouvernement Badoglio
3 septembre : armistice italien
23 septembre : proclamation de la République de Salò
4 octobre : discours de Himmler sur l'extermination des Juifs
22 novembre : conférence du Caire : Roosevelt, Churchill, Staline
28 novembre : conférence de Téhéran : Roosevelt, Churchill, Staline
31 décembre : constitution d'un gouvernement polonais (Bierut) à Moscou
11 janvier : exécution du comte Ciano

4

Alliances et mésalliances (1940-1945)

Dans quelles mesures les relations personnelles, les contacts directs entre dirigeants sont-ils intervenus dans les processus de décision qui ont déterminé pour une part le cours de la guerre ? Et quel regard ces dirigeants ont-ils porté sur leurs partenaires et alliés ? Rencontres et conférences constituent un observatoire privilégié pour mieux comprendre leur conduite.

Mais d'autres instances peuvent aussi y contribuer.

Entre autres, leur vie privée, leurs relations familiales : c'est notamment le cas dans les rapports entre Mussolini et Hitler.

MUSSOLINI ET HITLER : DE L'AMITIÉ À LA DÉPENDANCE

La honte ou le reniement

Mussolini était entré en guerre à reculons. En juin 1940, son armée n'était pas prête mais « il ne voulait pas être parjure ». Sur mer, la flotte italienne était sourde et aveugle : faute de radars, elle ne pouvait percer ni la nuit ni le brouillard ; elle subit perte sur perte, l'aviation arrivant à son secours chaque fois avec retard. Au tournant de l'année 1940-1941, les forces du Duce n'avaient connu que des échecs, en Grèce notamment où les meilleures unités, « les loups de Toscane », sont battues à leur tour. En Cyrénaïque, il en va de même : équipement désuet, unités mal préparées au combat même quand elles sont supérieures en nombre, comme à Sidi Barrani, où 30 000 Britanniques font 100 000 prisonniers italiens, ou encore à Bardia ou à Tobrouk où, bien qu'ils disposent de plus de canons que l'ennemi, ils sont défaits. En Éthiopie aussi les Italiens ont perdu la partie : le Négus est de retour, il enflamme ses soldats, les Britanniques le soutiennent depuis le Kenya, les Français libres depuis la Somalie et bientôt les troupes du Duce ne reçoivent plus de ravitaillement, la route par Suez étant coupée. En juillet 1941, c'est la reddition du duc d'Aoste : à Debra Tabor, sur 4 000 hommes, il y a eu, en huit semaines, deux morts et quatre blessés : la reddition aux Anglais se fait avec les honneurs de la guerre...

« Je n'ai pas assez de sang pour rougir de honte », dit le Duce à Ciano avant de rencontrer le Führer.

« Comment... la France vaincue a gardé son empire, et nous, maîtres de l'Europe, l'avons perdu ? » Cette perte de l'Éthiopie est plus déshonorante que le reste car c'est sa conquête qui avait assuré au fascisme sa gloire triomphante.

Pourtant, quand Mussolini rencontre Hitler à Salzbourg, en avril 1942, une fois de plus, il est fasciné, « grisé » par son assurance, et sensible à la discrétion dont son hôte fait preuve alors qu'il sait tous les déboires de l'Italie. Le Duce subit cet ascendant, même si son mépris et ses griefs passés ou présents sont bien toujours là : il s'attribue une partie de la gloire de cet allié, de cet associé qui s'est dit son disciple et dont il affecte de croire qu'il est le parrain de ses succès – ne sont-ils pas placés à l'origine sous le signe du fascisme, sous le drapeau du Duce ?

Le Führer reparti, Mussolini ressasse les humiliations que lui a fait connaître cet ami depuis qu'il l'a reconnu empereur d'Éthiopie.

Après son recul lors de l'Anschluss, il y avait eu l'occupation de Prague dont le Führer ne l'avait pas prévenu. Puis, une fois conclu le pacte d'Acier, celui-ci ne l'avait pas non plus averti de la conclusion du pacte germano-soviétique, pas plus que de sa démarche auprès des Britanniques quand il leur proposa son alliance, le 25 août 1939.

Deux fois, avant la conférence de Salzbourg et avant la rencontre de Brenner, Hitler l'avait en quelque sorte « convoqué » d'urgence. Puis, envahissant la Grèce, les Allemands s'étaient comportés comme s'ils venaient protéger les Grecs de l'intervention italienne – et les *Deutsche Wochenschau* montrent d'ailleurs qu'à Salonique, au moins, la Wehrmacht ne fut pas mal accueillie. Et tout comme à Athènes les Allemands montaient un cabinet Tsolacoglu, en Croatie, sans en informer les Italiens, ils agissaient en maîtres alors que deux ans plus tôt le Führer avait assuré Mussolini que la Dalmatie et la Croatie faisaient partie, évidemment, de la zone « réservée » au gouvernement italien. Plus, en Albanie, les forces allemandes faisaient obstruction aux actions de l'armée italienne et, en Libye, Rommel, arrivé sur les lieux, menaçait les officiers italiens de cour martiale s'ils ne se battaient pas mieux ; simultanément, les Allemands proposaient au Duce que sa marine et son aviation soient confiées à un commandement allemand. Le 22 juin 1941, enfin, à 3 heures du matin, Otto von Bismarck, conseiller d'ambassade, apporte à Ciano une lettre du Führer annonçant l'intervention en URSS. Fureur de Mussolini : Göring venait de lui faire savoir « qu'il serait imprudent de se battre sur un deuxième front ». Réveillée, sa femme lui demande quelle est la signification de l'événement. « Cela veut dire que la guerre est perdue », lui répond le Duce[1].

Trop, c'est trop : quand Mussolini apprend qu'un accord germano-espagnol se profile alors qu'il a toujours considéré, en raison de l'aide apportée à Franco, que la négociation avec le Caudillo était son domaine réservé, il éclate. Dans le discours qu'il doit faire au gouvernement, il s'abstient de faire l'apologie de son alliance avec l'Allemagne. Puis quand il apprend avec indignation la reprise de l'irrédentisme allemand dans le Haut-Adige sous l'impulsion du gauleiter Hofer, il vide son cœur à Ciano, son gendre et ministre des Affaires étrangères, qui le presse de se sortir de son engagement et de retourner, au moins, à la non-belligérance.

« Écris, lui intime-t-il en juillet 1941, écris dans tes carnets que je prévois qu'un conflit est inévitable entre l'Italie et l'Allemagne. Il est évident que les Allemands se préparent à nous demander de reculer notre frontière jusqu'à Salorno, peut-être jusqu'à Vérone. Cela provoquera une crise formidable en Italie et dans le régime. Je la surmonterai mais ce sera la plus dure de toutes. Je sais cela avec mon instinct animal et je me demande à présent sérieusement si, pour notre avenir, il ne vaudrait pas mieux souhaiter la victoire de l'Angleterre plutôt que la victoire de l'Allemagne. En attendant, les Anglais bombardent l'Allemagne même le jour, et cela me fait un très grand plaisir. [...] Puisque nous finirons par nous battre contre les Allemands, il ne faut pas créer le mythe de leur invincibilité. Malgré cela, je n'ai que peu de confiance dans notre peuple, au premier bombardement qui détruira quelque campanile fameux ou un tableau de Giotto, les Italiens se laisseront aller à une crise de sentimentalité artistique et lèveront les bras pour capituler. » Ayant appris que les travailleurs italiens en Allemagne étaient maltraités à la moindre infraction et que l'on avait jeté contre eux des chiens de berger, il explose : « Voilà qui fait naître dans mon cœur une haine durable. Je puis attendre de longues années mais ce compte-là, je le réglerai. Je n'admets pas que les héritiers d'une race qui a donné César, Dante et Michel-Ange à l'humanité soient dévorés par les dogues des Huns[2]. »

Au Conseil des ministres qui suit, il n'est pourtant question de rien, pas plus qu'au précédent, où Mussolini a plutôt tonné contre les possédants, ajoutant seulement que la carte de pain, qui venait d'être introduite, serait maintenue après la fin de la guerre « pour que les Agnelli ne mangent pas davantage que les simples ouvriers ».

Et Mussolini ne pense qu'à envoyer des troupes sur le front russe, tant les succès de Hitler s'annoncent fulgurants. Il est ulcéré que les Roumains soient déjà à Odessa et ne cesse de fulminer contre les militaires, en particulier contre le général Graziani qu'il voudrait faire passer en jugement pour ses défaites devant le général Wavell (mais qui y échappera).

« Duce, vous êtes trop bon, vous ne ferez jamais un dictateur », lui dit un jour le Führer[3].

Lorsque commence la campagne de Russie, il est clair que Mussolini a vu l'échec de son projet d'une « guerre parallèle » : l'aide allemande s'est imposée à lui, tant en Afrique du Nord qu'en Grèce, et il ressent vivement cette humiliation. Quant aux Italiens, ils sont sensibles plutôt à leurs défaites, celle de Sidi Barrani, surtout, a ébranlé le moral d'un pays qui n'a jamais vraiment voulu entrer en guerre : à preuve, il y eut peu d'engagés volontaires, à la différence de 1915. Et comme cette guerre se déroule hors de la terre natale, la population ne s'y habitue pas vraiment. Elle la ressent d'abord par des restrictions alimentaires bientôt assez sévères. Mais le climat n'est pas à la guerre, ce qui apparaît avec force quand on compare les actualités *Luce*, de 1941, et les *Pathé News* britanniques de la même époque : alors que dans ces dernières les opérations militaires ou leur préparation occupent tout le Journal ou presque, les informations que donne *Luce* ignorent que le pays est en guerre : quand on parle des soldats, c'est pour leur envoyer des livres dans ces hôpitaux où l'on voit, certes, des soldats, mais malades, pas blessés au combat.

Le Duce demeure populaire, mais la guerre laisse les Italiens indifférents. À un Conseil des ministres de mars 1942, Mussolini doit admettre que « cette guerre n'était pas du tout comprise par le peuple ». Il pense que, faute de buts de guerre explicites, il vaut mieux insister sur les menaces d'une défaite qui pourrait réduire les Italiens en esclavage... Or, de cela, les Italiens ne sont pas convaincus. Ce serait plutôt leurs dirigeants qui le seraient, quitte à penser que la menace vient de l'allié plus que de l'ennemi, mais la direction fasciste joue de l'hostilité populaire aux notables, à la grande bourgeoisie réputée anglophile, pour que la population continue à s'associer à sa politique, au rêve, bien écorné, il est vrai, d'une *Mare Nostrum* à l'italienne.

Ces circonstances ne font qu'aggraver l'état de santé du Duce. Edda, sa fille, et Rachel, son épouse, vont quérir des médecins qui, en secret, doivent établir un diagnostic : ulcère ? début de cancer ? dysenterie amibienne ? Il souffre de plus en plus, demeure souvent prostré. Les chutes de tension sont fréquentes chez un homme qui apparaît une force de la nature mais qui, déjà, lors du premier accouchement de sa femme, s'était évanoui. Son teint est devenu gris mais, observe un des thérapeutes, « avec un bon communiqué du front, il reprendra des couleurs ». De fait, le Duce passe par des phases de dépression et d'exaltation au gré des nouvelles, mais il y en a peu de bonnes et plus il devient irritable, plus son entourage prend de l'ascendant sur lui. Son gendre, bien sûr, qui lui sert d'intercesseur avec les milieux de la haute bourgeoisie et avec la cour. Ciano a été un chantre de l'alliance allemande, puis a été hostile à l'entrée en guerre et ensuite a poussé à l'expédition de Grèce, entre autres raisons pour prévenir un rapprochement de Hitler avec la France vaincue, et manifester que l'Italie faisait la guerre et prenait des gages dans les Balkans.

Dès l'été 1941, Ciano voudrait dégager son beau-père et l'Italie du sortilège hitlérien, mais le Duce ne veut pas se renier et espère toujours, malgré la honte de ses défaites, qu'un jour il tirera avantage des victoires de l'Allemagne. Mussolini écoute, certes, son gendre, se confie à lui, mais tout en haïssant les Allemands, il persiste à vouloir demeurer fidèle à son allié. Edda, cette fille tant aimée, au fort tempérament, reproche vivement au comte Ciano, son mari, qu'elle adore, sa germanophobie montante, son pacifisme, qui pourrait mener son père à trahir ce qu'il incarne, le fascisme antibourgeois et anticapitaliste. Edda n'est pas dupe du comportement des Allemands, c'est elle qui dénonce à son père les mauvais traitements que connaissent les travailleurs italiens en Allemagne, mais, question d'honneur, il faut tenir. Elle met toute sa volonté, qui est forte, au service de son père. Mondaine, joueuse, casse-cou, elle sait qu'au bout il y aura sans doute la défaite, la potence, mais tel est son destin, ou celui de son père.

Elle fait peur à Rachel, sa mère, qui ne l'a jamais supportée, jalouse de l'amour que son père lui porte. Gardant la rusticité de son ascendance paysanne, celle-ci cherche à protéger son mari et le clan contre ces milieux mondains que fréquente son gendre et dont elle sent bien qu'ils attendent l'occasion d'abattre le dictateur fasciste. Elle passe à son Benito toutes ses frasques, constantes et innombrables, car elle sait qu'en dépit de tout il lui garde tendresse et, à sa façon, fidélité. Rachel n'oublie pas le jour où il l'a enlevée, avec, aux pieds, les sabots de son village de Romagne ; il lui avait dit que c'était elle qui « lui donnerait des enfants » et que, si elle refusait, il la tuerait et « se tuerait ensuite avec le revolver qu'il posa sur une table ». Il l'aurait fait, impulsif comme il l'était alors, et courageux comme pas un, multipliant les duels, les courses automobiles, le pilotage d'avions... Certes, une liaison, particulièrement, a déplu à Rachel, avec une journaliste, une intellectuelle, mais c'était autrefois.

Et voilà qu'une relation qui n'est pas une passade se noue avec une femme qui admire le Duce comme aucune avant elle. C'est Edda cette fois qui se met à haïr Clara Petacci, familière des milieux fascistes mais point maîtresse à penser. Une passion vraie, charnelle et réciproque, naît entre Mussolini et cette femme qui désormais le suit partout, même si chaque jour Benito écrit ou communique avec la mère de ses enfants[4].

Ce cercle des proches est de plus en plus attentif à la santé du Duce, à ce qui se passerait si elle s'aggravait brusquement. Les querelles de famille interfèrent avec la politique de l'État. Le 16 juillet, Rachel prévient les Allemands que son gendre manigance quelque intrigue contre son mari. Que Ciano apparaisse comme un « dauphin » désigné contrarie tous ceux, tel le membre de la vieille garde fasciste, Farinacci, qui voient le régime s'éloigner de plus en plus de ses racines. D'autant plus que Mussolini est également en relation avec les militaires (que pourtant il déteste et méprise) dont on sait bien qu'ils veulent se dégager de l'étreinte allemande, de la subordination aux contraintes de l'alliance et qu'ils ont l'oreille du roi. Les succès de l'été 1942 – avance allemande vers Stalingrad, succès de Rommel, échec du débarquement anglo-canadien à Dieppe, etc. – ont permis à Mussolini de faire bonne figure de sorte que, même après le blocage de la Wehrmacht à Stalingrad et le coup d'arrêt de Rommel devant El-Alamein, sa retraite, le débarquement allié en Afrique du Nord française, il se permet, malgré la perte de Tripoli – « Nous reviendrons » – de présenter le bilan global comme relativement positif : la France de Vichy, comme puissance virtuelle, a disparu et les Italo-Allemands occupent la Tunisie ainsi que la Corse. « L'occupation de la zone non occupée, Corse et Tunisie avec, est importante, explique Mussolini, parce que de ce côté il ne peut plus y avoir de malentendu. La France n'a plus son territoire métropolitain, elle n'a pas de colonies, elle n'a pas d'or, elle n'a pas de flotte, pas d'armée et pas d'aviation : elle n'a rien. Les Français ne possèdent même pas leur propre âme, et c'est peut-être la perte la plus sérieuse qu'ils ont faite car cela implique le déclin final d'un peuple. »

Le sabordage de la flotte française à Toulon soulage Mussolini car son problème essentiel est la perte de l'autonomie qui lui restait en Méditerranée. Oublié le projet, en collaboration avec les Allemands, de neutraliser Malte, oubliée l'idée de freiner la retraite de Rommel jusqu'en Tunisie ; Hitler a beau lui faire savoir qu'à Tunis on tiendra « comme à Verdun », Mussolini sent bien qu'à moyen terme le sol de la patrie est menacé et qu'il sera difficile d'empêcher les Alliés installés en Afrique du Nord de débarquer en Sardaigne ou en Sicile. En effet, s'il n'y a plus à craindre un ralliement de la flotte française aux Alliés, il n'y a plus non plus de flotte italienne pour arrêter les Alliés.

« Ma maladie, dit Mussolini à Alfieri, ce sont les convois. »

Devant les échecs des Allemands en Russie – la bataille de Moscou, fin 1941, et celle de Stalingrad, fin 1942 – Mussolini ne cesse de répéter qu'il faut conduire la paix à l'est pour sauver la situation en Méditerranée.

La divergence entre le point de vue des Italiens et celui des Allemands devient éclatante.

Les appels à l'aide de Mussolini à Hitler pour sauver l'Italie demeurent sans autre réponse que de vaines promesses. De leur côté, les Italiens n'imaginent pas l'étendue du désastre qu'est Stalingrad dont la capitulation n'a lieu qu'en février 1943 : craignant eux-mêmes « un déferlement soviétique », les Allemands ne peuvent guère aider les Italiens. Or, en Allemagne aussi, l'idée d'une paix séparée avec l'URSS progresse – avec l'URSS plutôt qu'avec les démocraties depuis qu'à Casablanca, le 21 janvier, « la reddition inconditionnelle des puissances de l'Axe » a été prise comme but de guerre par Roosevelt et Churchill. Göring et Mussolini, ainsi que Ciano qui y pousse, ont pris langue sur ce point, avec cette idée que le Japon pourrait jouer les bons offices. Ribbentrop se risque même à en parler au Führer, avançant que l'Italie serait la mieux placée pour ouvrir ces négociations. Devant l'explosion de fureur de Hitler, il n'insiste pas, mais n'en envoie pas moins secrètement Clauss sonder Alexandra Kollontaï, ambassadrice de Staline en Suède. L'affaire demeure sans suite, tout comme l'idée italienne de constituer avec la Roumanie, les Bulgares et Ankara un front balkanique, à la fois antisoviétique et prêt à conclure avec les Russes ; mais les Turcs, sollicités, se dérobent.

Le point important est bien que, alors que Ciano imagine ces négociations comme un pas vers le retrait de l'Italie de la guerre, pour Mussolini, il n'en est pas question.

En janvier 1943, le général Cavalerro, « ce laquais des Allemands », disent ses ennemis, démissionne pour incapacité, et Mussolini le remplace par le général Ambrosio. Cependant, quand celui-ci parle du retrait des troupes italiennes sur le continent, le Duce lui dit son désaccord, et, au contraire, l'approuve quand il veut resserrer la collaboration avec Kesselring et von Arnim, qui ont remplacé Rommel à la tête de l'Afrikakorps. Et bientôt, quand, après s'être séparé de Ciano, Mussolini se voit interroger par le remplaçant qu'il lui a nommé, Bastianini, sur sa politique, il lui répond : « Quand on est en guerre, on reste aux côtés de son allié[5]. »

C'est le 5 février 1943 que, sans prévenir personne, le Duce avait démis son gendre de ses fonctions pour le nommer ambassadeur au Vatican. Un poste qui permettait d'ouvrir des négociations ? Certainement pas, les rapports avec le Vatican étant très froids. Et Mussolini se séparait aussi de Grandi, qui était à la Justice, de Bottai, qui était à l'Éducation, de sept autres, ce qu'on appela « la relève de la garde[6] ». Le départ de ces « autres » devait servir à cacher l'essentiel. Le Duce se séparait de tous ceux qui incarnaient le pacifisme et qui rôdaient autour du roi. Pour eux, l'ennemi principal était devenu l'Allemand. Mussolini, lui, se refuse à reproduire l'attitude qui l'avait conduit, après 1914, à se détourner de son engagement (alors socialiste).

Quant à Mussolini, connaître l'humiliation et la honte de la défaite, soit. Se renier, jamais plus.

L'Italie en guerre (1940-1943)

1939
Avril : conquête de l'Albanie

1940
Juin : entrée en guerre
Août : occupation de la Somalie britannique, invasion du Kenya
Septembre : offensive italienne en Libye, prise de Solloum
Octobre : entrée des Italiens en Grèce
Novembre : attaque anglaise sur Tarente
Décembre : contre-offensive grecque, pénétration en Albanie

1941
Janvier : retour du Négus en Éthiopie, contre-offensive anglaise en Libye, prise de Bardia, Tobrouk
Février : arrivée de l'Afrikakorps de Rommel en Libye.
Attaque anglaise sur Gênes
Mars : défaite italienne à Keren en Érythrée,
défaite navale italienne au cap Matapan
Mars-avril : offensive de Rommel
Juillet : capitulation du duc d'Aoste en Éthiopie

Novembre : contre-offensive Auchinleck, reprise de la Cyrénaïque, sauf Tobrouk

1942
26 mai : offensive Rommel/Cavalerro sur l'Égypte
31 août : arrêt de l'offensive, faute d'essence
23 octobre : offensive Montgomery à El-Alamein
Novembre : débarquement allié en Afrique du Nord française (Algérie et Maroc)
Novembre-décembre : les Britanniques occupent la Cyrénaïque

1943
Janvier : les Italiens perdent Tripoli
Mai : débarquement allié en Sicile
25 juillet : chute de Mussolini
3 septembre : armistice de Cassabile

Le désaveu et la chute du Duce

Depuis qu'il avait demandé à Mussolini une photo dédicacée, en 1922, Hitler nourrissait une certaine admiration pour celui qu'il avait aimé présenter comme son maître à penser. Sans doute, le Duce, tout en étant flatté de la victoire de Hitler en 1933, était bien plus réservé dans le regard qu'il portait sur le Führer mais ses succès et sa puissance l'impressionnèrent : le chancelier n'avait ni monarque ni constitution à respecter. Très vite Hitler exerça sur lui un ascendant. De son côté, à mesure que les rapports de pouvoir s'inversaient entre les signataires du Pacte d'acier, le Führer éprouvait de plus en plus d'affection pour celui qui devenait un compagnon d'infortune.

Chez Mussolini, le pacte et les manquements de Hitler ont suscité bien des colères. Et ses manquements à lui ne lui ont guère rapporté de dividendes vu la faiblesse militaire de l'Italie, une entrée en guerre contrainte, des échecs trop nombreux. Les compensations à ce risque mal calculé sont faibles : en 1942, il restait l'Albanie, une présence militaire en Dalmatie, une zone occupée en France. La guerre n'est pas populaire mais jusqu'à l'automne 1942[7], elle n'a pas vraiment affecté la vie du peuple italien, sauf les restrictions alimentaires, qui vont en s'aggravant. On parle peu de la guerre et, aux actualités *Luce*, par exemple, on montre le front russe plus que celui de Tobrouk.

Avec les premiers bombardements de Grosseto, de Cagliari, etc., un certain mécontentement commence à sourdre. À l'intérieur aussi, le régime manque de muscle ; pour commémorer ses vingt années, il présente une sorte de répétition fatiguée de ses exploits d'antan : politique du logement, assèchement des marais Pontins, éducation de la jeunesse. Rien sur l'empire, bien sûr, ni sur la guerre...

Les maillons de l'antifascisme ne sont pas (encore) assemblés, les militants de l'ancienne gauche (tel Lizzani) répugnent à imaginer que les catholiques éprouvent les mêmes sentiments d'hostilité qu'eux envers le régime. Pourtant, l'Église ne tient pas de discours patriotique à la différence de l'Église orthodoxe russe qui, derrière l'archimandrite Pitirim, soutient avec conviction les armées de Staline.

En janvier 1943, la prise de Tripoli par les Anglais ne sonne pas seulement le glas de la présence italienne en Afrique, elle annonce la défaite de l'Axe en Méditerranée. « Demeurer plus longtemps en Afrique est un pur suicide », déclare Rommel au Führer et à Mussolini. Un jugement qui détermine la destitution du « meilleur maréchal allemand, dira-t-on, qui a ainsi perdu sa réputation pour une question d'approvisionnement ».

Car là se trouvait bien la clé du problème ; il portait en lui un inévitable débarquement allié quelque part en Italie.

Un chiffre permet de mesurer la situation : en 1940, la flotte italienne comptait 3 300 000 tonneaux, plus 560 000 saisis à la France au moment de l'armistice. En mars 1943, il reste en bon état de marche 595 000 tonneaux ; c'est largement insuffisant pour opérer les transferts de troupes à un moment où les Allemands, au lendemain de la capitulation de Stalingrad, sont dans l'incapacité de dégarnir le front de l'Est de ses blindés ou d'apporter une aide aérienne plus consistante.

Les appels à l'aide de Mussolini à Hitler se font de plus en plus pressants, mais il est clair que, désormais, l'attaque des convois anglo-américains constitue le maximum que les Allemands peuvent promettre pour prévenir un débarquement sur le continent. Le front russe passe avant tout – on y prépare l'offensive de Koursk – et Hitler manifeste un désintérêt croissant pour le front italien. Le Führer fait transmettre au Duce, par Ribbentrop, un message personnel : « Vous ne pouvez pas savoir combien je désire passer quelques jours avec vous... pour que nous examinions l'aspect global de la guerre. » Ce que le nouveau généralissime italien, Ambrosio, interprète parfaitement ; il fait aussitôt savoir au général Kesselring, successeur de Rommel, que « désormais, les questions militaires ne seront examinées qu'en fonction des intérêts de l'Italie[8]. »

Bien que Mussolini ait répété que « Tunis est la citadelle qui défend l'Europe », et malgré Hitler, qui ne veut pas, après Stalingrad, perdre sur cet autre front, les généraux Messe et von Arnim se trouvent coincés entre les forces alliées venues de l'est et celles venues de l'ouest ; faute de recevoir une aide, ils se savent voués à la capitulation. Celle-ci a lieu le 12 mai 1943.

Mais pour le Duce, un nouveau front vient de s'ouvrir : « Nous voilà projetés vingt ans en arrière », dit-il en apprenant que des grèves viennent d'éclater chez Fiat. 45 000 grévistes, ou 10 000 selon les estimations, peu importe, le fait est que le mécontentement gronde, contre la détérioration des conditions de vie, proclame-t-on, « mais ne vous y trompez pas, Duce, lui dit Farinacci, ces grèves sont politiques ». Elles visent le régime, en effet, la guerre que mène Mussolini, et qui n'aboutit qu'à des échecs tandis que les bombardements font de plus en plus de victimes.

Ce qui inquiète le Duce est bien que l'immense appareil d'État fasciste n'a rien vu venir et qu'en la circonstance il a des mains de glaise : il procède en tout à 467 arrestations et 87 meneurs sont condamnés à des peines bénignes. Le système affrontait sa plus grande crise depuis l'assassinat de Matteotti : à nouveau ce fut Farinacci, au directoire du parti fasciste, qui préconisa des mesures de répression sévères. Mussolini voulut calmer les plus violents ; il rappela que 1 387 000 membres du parti étaient mobilisés et qu'avant tout il fallait maintenir la stabilité du front intérieur, « ne pas avoir les nerfs fragiles. [...] De même, quand les Russes ont rompu premièrement le front roumain, deuxièmement le front italien, troisièmement le front hongrois, et chaque fois le front allemand, ces gens aux nerfs fragiles ont cru que Staline allait arriver sur nos plages. [...] Quant à nos ouvriers, on ne donnera pas un sou aux familles qui n'ont pas été évacuées, si les ouvriers abandonnent leur travail en temps de guerre, s'ils ne se ressaisissent pas immédiatement, ils seront traités comme on traite les soldats qui abandonnent leur poste sur le champ de bataille. Comme en 1924, il est des hommes qui croient bon de disparaître, de se faire oublier : nous ne les oublierons pas[9] ».

Hitler commenta : « Le Duce est toujours le seul homme en Italie », en marge du télégramme que lui avait adressé Mackensen pour lui faire part de ce discours. Néanmoins, à la conférence militaire qui suivit, Jodl ayant évoqué des intrigues communistes, Hitler déclara : « Qu'il soit possible à des gens d'arrêter complètement de travailler dans huit usines est pour moi impensable. Et que personne n'ait osé s'interposer... Ils y ont mis fin en se demandant s'il fallait ou non intervenir d'une façon radicale. Si l'on montre la moindre faiblesse dans des cas comme celui-là, on est perdu. »

Et, pour la première fois, Hitler s'interrogea sur la fiabilité, non du Duce, mais de son régime.

Jusque-là, les services allemands de sécurité n'avaient pas été autorisés par le Führer à opérer sur le territoire d'un ami ; ils se donnèrent désormais cette autorisation et utilisèrent un poste clandestin pour informer Ribbentrop de ce qui pouvait se tramer contre le Duce[10].

« Il faudrait trouver une centaine de sénateurs qui s'intéresseraient au sort de l'Italie plus qu'à celui de Mussolini », notait le général Cavaglia. Telle était bien la position de l'état-major et du roi vers qui les yeux se tournaient car il avait le pouvoir de destituer le Duce, du moins selon la Constitution. Mais le monarque était prudent, très prudent, et il savait bien quels étaient les risques d'une telle décision. Cependant, l'invasion de la Sicile ou de la Sardaigne se mettait en place et il fallait à tout prix trouver une solution pour que l'Italie se dégage de son alliance avec l'Allemagne, qu'au minimum elle obtienne du Führer la fin de la lutte sur deux fronts par une cessation des combats avec l'URSS.

Le Duce et le Führer se rencontrent une deuxième fois à Salzbourg, début avril 1943. Mussolini a fait le voyage courbé en deux par de terribles coliques et crampes d'estomac. Quand il arrive à son tour, Hitler est fatigué, avec de grosses poches sous les yeux. L'un et l'autres sont livides, contractés : « Deux malades, dit quelqu'un. – Non, répond le docteur Pozzi, deux cadavres[11]. »

Ils sont sous le coup de Stalingrad et de Tripoli.

Pourtant, Hitler reprend le dessus et, quand il quitte le Duce, il se félicite de lui avoir redonné du tonus. Mais Bastianini, qui a remplacé Ciano, n'est pas dupe.

« J'ai demandé à Hitler, explique le Duce, de mettre fin à la guerre à l'est... Il se déclare d'accord mais il est convaincu qu'il portera un coup décisif aux Russes dans un avenir prochain, je n'ai pas pu aborder le sujet des émissaires de paix. » Ribbentrop dit à Ambrosio qu'au contraire, Hitler ayant assuré le Duce que l'URSS était prête à s'écrouler, il n'a plus été question de paix séparée.

« Je serai toujours à vos côtés », câble Hitler à Mussolini après la reddition des forces italiennes et allemandes en Tunisie, le 19 mai. C'est à cette date que commence la bataille de Koursk, grave défaite des panzers allemands qui suit la chute de l'île de Pantellaria, dite « imprenable », et le débarquement allié en Sicile, qui rencontre peu de résistance.

En urgence, les deux dictateurs décident de se rencontrer à nouveau, à Feltre, ce qui, de fait, est une nouvelle fois une « convocation » lancée par le Führer. Mussolini obtempère de mauvaise grâce. Il savait que, aux armées comme à la cour, on attend de lui qu'il mette fin au Pacte d'acier. Et il se doute que les Allemands vont lui demander à nouveau de mettre les forces italiennes sous le commandement allemand. À son ambassadeur à Berlin, Alfieri, arrivé le premier, il ne dit rien : « Mussolini ne réagit plus, personne ne sait ce qu'il pense. » Ambrosio fait pression sur lui : l'Italie doit se retirer du conflit avant quinze jours. « Se séparer de l'Allemagne ? C'est vite dit. Vous croyez que Hitler nous laisserait notre liberté d'action ? »

À Feltre, le Duce ne peut placer un mot. Il n'a d'ailleurs qu'un souci : il vient d'apprendre que Rome a été bombardée. C'est la première fois. Le roi, la reine, le pape vont visiter les victimes. Et lui n'y est pas. Pendant ce temps, le Führer stigmatise le commandement italien, incapable de se défendre, il déclare que la guerre sous-marine va bientôt disposer de nouveaux moyens. Surtout, il annonce qu'en août Londres sera rasée en quelques semaines grâce à une arme secrète. Au déjeuner, il vocifère et frappe du poing sur la table.

En partant, il dit au maréchal Keitel : « Envoyez-lui ce dont il a besoin. » Il le répète à Ambrosio qui s'écrie auprès de Bastianini : « Il se fait encore des illusions, il est fou, je vous dis, il est fou. »

De fait, Hitler n'a pas voulu rendre à Mussolini sa liberté, ce qui, en clair, signifie qu'il ne laisserait pas l'Italie se retirer de la guerre.

De retour à Rome, Mussolini découvre la dureté du bombardement qui a atteint le quartier de San Lorenzo, causant 2 800 à 3 000 morts et près de 10 000 blessés. Le choc suscite la rage populaire contre le régime qui a fait entrer le pays dans cette guerre. San Lorenzo accepte la visite du pape, mais refuse celle du roi et de Mussolini qui doit se déguiser pour aller voir les dégâts[12].

Autour du roi s'agitaient les milieux qui jugeaient qu'il était urgent d'agir. La perte de « l'imprenable » Pantellaria, presque sans combat, annonçait le pire. À la manœuvre, agissait Acquarone, ministre de la cour. Il comptait sur le comte Grandi et avait sondé les intentions du maréchal Badoglio, un ancien démocrate qui faisait partie, depuis 1943, d'un comité de liaisons de six partis antifascistes. Bonomi, de son côté, expliquait au roi que le Pacte d'acier n'était pas une alliance entre États mais, comme le disait le préambule, « entre deux régimes et deux révolutions ». Avec la chute du régime fasciste, l'alliance cesserait d'être valable.

L'idée fut donc de réunir le Grand Conseil et d'obtenir, avec l'aide de quelques fascistes mous, un vote de destitution du Duce.

Le portrait que Ciano faisait alors de son beau-père laissait entendre que celui-ci était désormais sans ressort. Le 19 juillet, dix jours après le débarquement en Sicile : « Il est en piteux état, apathique... Cet homme qui avait la magie des mots et celle des actes, il n'en reste rien. Il est aboulique et donne l'impression qu'il va se retirer de la vie publique... Il ne me recevra pas, il ne m'écoutera pas[13]. »

Mussolini accepte de se rendre à la réunion du Grand Conseil ; flairant un piège, Rachel lui demande de ne s'y rendre qu'en grand uniforme mais il refuse. « Arrête-les tous avant », lui crie alors Rachel. Quand il prend la parole, les participants sont frappés de voir devant eux un homme résigné. Son exposé revient à dire que si la situation est si grave, c'est que les militaires ne lui ont pas obéi. Grandi dénonce alors la décomposition du régime et du pays et en rend responsable le Duce : « Tu nous a conduits dans le sillage de Hitler. » Il préconise le retour à la Constitution, ce qui signifie la remise au roi du commandement des forces armées, Mussolini se consacrant désormais à la direction effective du parti dont il refera un « bloc granitique ». Ciano prend la parole pour défendre le Duce, pour dire que ce sont les Allemands qui l'ont trahi. Mais Mussolini est furieux. On entoure le Duce, on le caresse... Non, il ne refusera pas qu'on mette ce texte aux voix, ce texte qui le destitue. Il refuse même qu'on l'amende. Fait oralement, le vote donne 18 voix pour, dont celle de Ciano, 8 contre, 1 abstention. Mussolini refuse encore une chose : qu'on lui adresse, selon l'usage, le salut au Duce...

Et il refuse la proposition de fascistes « durs » d'arrêter les « 19 félons », qu'on arrête. Le lendemain, il se rend à la convocation du roi qui le congédie, le remplace par Badoglio, et le fait arrêter. Le Duce n'a pas voulu faire appel à la milice ni à son chef qui voulait intervenir, il se laisse arrêter. Il a cette phrase : « De même que la France combattante sauvera l'honneur des Français, la mussolinienne sauvera l'honneur des Italiens[14]. »

En quelques heures, on ne voit plus un seul insigne du parti dans les rues, la garde personnelle du Duce se laisse désarmer sans résistance.

En quelques heures, le régime fasciste s'était effondré.

Sans ressort, le Duce se laisse emmener à Ponza, l'île pénitentiaire où le roi l'avait assuré qu'il serait en sécurité. Il y arrive malade et complètement démuni, au point que les marins de la corvette *Perséphone* lui donnent l'un 400 lires, l'autre un caleçon[15].

Le roi dit sa gratitude à Grandi, bien déçu de constater que la succession lui échappe pour être confiée à Badoglio : « Vous avez été le Tallien de Robespierre.

— Non, Majesté, je n'ai pas été Tallien, et Mussolini ne fut jamais Robespierre. S'il l'avait été, il n'aurait jamais laissé vivre le Parlement, la Constitution, la monarchie pendant vingt-cinq ans[16].

— Au moins vous aurez été la conscience du roi », répond le monarque.

Quand le maréchal Badoglio prend le pouvoir, il déclare d'abord aux Allemands que « le combat continuera ». De sa prison, Mussolini, où il retrouve son ancien camarade socialiste Antonio Gramsci qu'autrefois il avait fait incarcérer, écrit à Badoglio, le 29 juillet, qu'il le soutiendra ainsi que son roi. Mais Hitler n'en croit rien et rejette cette neutralité que lui offrent les Italiens si les Allemands évacuent le pays. Hitler refuse, n'ayant « aucune garantie » ; une décision qu'il regrettera plus tard, car elle lui aurait permis de ramener des forces à l'est ou à l'ouest (selon les propos tenus à Kaltenbrunner en mars 1945).

Surtout, le Führer veut sauver son ami : il ordonne à Himmler de préparer l'opération Alaric, la libération de Mussolini. En complément, il est prévu un attentat contre Badoglio et l'arrestation du roi. Mais il y a trop peu d'Allemands à Rome pour préparer l'opération dans son ensemble et seule peut être mise sur pied la libération du Duce. C'est au début septembre que, après avoir cherché où Mussolini était incarcéré et appris ses déplacements successifs, Otto Skorzeny et ses hommes le localisent plus ou moins dans le Grand Sasso. Les *Deutsche Wochenschau* montrent le contingent SS chargé du raid Skorzeny, et l'enlèvement du Duce, qui est emmené dans un petit avion. Cette libération est présentée comme un exploit de la SS alors qu'en vérité, comme le révélera Roman Rainero, le Duce était gardé en tout et pour tout par trois militaires en civil et qu'il n'y eut aucun combat pour le libérer : « L'expédition n'a rien eu d'un coup de main héroïque. »

Mussolini est accueilli chaleureusement par le Führer alors à son QG : Ribbentrop, *Donna* Rachel et son fils, Vittorio, sont là[17].

Le pacte était mort. Une certaine amitié entre les deux hommes demeurait.

CHURCHILL ET ROOSEVELT : LE PILOTE ET LE CAPITAINE

Harry Hopkins, l'homme de confiance et le confident de Roosevelt, a établi un parallèle entre son président et Churchill. À la Maison-Blanche, raconte-t-il, le ciel aurait pu crouler sans qu'on s'en rendît compte tant était grande la tranquillité qui régnait autour du président. Churchill, lui, semblait être toujours dans son poste de commandement, installé sur une tête de pont précaire, et on entendait toujours dans sa conversation comme un grondement de canons ; où qu'il fût, il était toujours au front et ne parlait que de batailles, non seulement celles de cette guerre-là, mais aussi de celles du passé depuis Cannes jusqu'à Gallipoli.

Pour faire veiller Roosevelt jusqu'à minuit, il fallait au moins Pearl Harbor, l'élection présidentielle ou une partie de poker particulièrement acharnée. Vers 10 heures le soir, Churchill était en pleine forme, et vers 2 ou 3 heures du matin, ses collaborateurs pouvaient s'attendre à être tirés de leur lit pour mettre au point un projet nouveau qui exigeait sans délai des plans. Churchill faisait une consommation exceptionnelle d'alcool puisqu'elle se poursuivait à intervalles très réguliers tout au long des heures de veille, sans paraître avoir la moindre influence sur sa santé ni sur l'agilité de sa pensée. Il était doué d'une faculté d'absorption vraiment olympienne. Roosevelt, lui, buvait peu et ne consacrait que très peu de temps aux occupations mondaines ; il préférait les réunions en petit comité où l'on se racontait des histoires et on se faisait des farces. Il aimait mieux parler que lire ou écrire. Il était indolent et plein d'entrain, fuyant et ouvert[18].

À titre rétrospectif, donnons ici l'unique équivalent « hiltérien » au témoignage de Hopkins, ce texte de l'interprète Schmidt, qui assista à une rencontre seul à seul entre Hitler et Mussolini, à Munich :

« Hitler était assis légèrement ramassé sur lui-même. Quand il parlait avec animation, la fameuse mèche retombait sur son front et lui donnait un air de bohème. Qu'il ait eu du sang tchèque dans les veines ne me parut pas invraisemblable. [...] Pâle, avec ses cheveux sombres, sa voix rauque aux accents enroués et roulant les r, ses yeux s'enflammant de passion ou jetant un éclair de colère, je n'avais pas l'impression d'avoir auprès de moi un Allemand typique. Il me paraissait être un produit de ce métissage qu'on trouvait dans la monarchie austro-hongroise et qui se manifeste encore dans certains quartiers de Vienne...

Mussolini, assis en face de lui, donnait une impression radicalement différente. Le corps toujours très droit, se balançant un peu sur les hanches en parlant, il éveillait, avec sa tête de César, l'idée d'un romain antique. Ses mines étaient plus expressives que celles de Hitler quand il tonnait contre le bolchevisme et se déchaînait contre la Société des nations. Son visage exprimait tour à tour la colère, le dédain, la résolution ou la ruse. Je fus frappé par la forme précise, cristalline qu'il donnait à ses pensées. Il ne prononçait pas un mot de trop et tout ce qu'il disait aurait pu être imprimé sur-le-champ. La différence entre leurs rires était intéressante. Celui de Hitler avait toujours un arrière-goût de mépris et de sarcasme. Il portait la trace de ses déceptions antérieures et de ses ambitions refoulées. Mussolini, en revanche, pouvait rire à gorge déployée. C'était un rire libérateur, qui montrait que cet homme avait le sens de l'humour*. »

Souvent, ce sont les premières rencontres qui marquent les positions et la mémoire. Pendant cette guerre, Roosevelt et Churchill se sont vus au moins six fois seul à seul. La première réunion eut lieu six mois avant Pearl Harbor, à Terre-Neuve, sur le *Prince of Wales*. Le projet en fut tenu secret, bien sûr, Churchill ayant à traverser l'Atlantique et le cuirassé *Bismarck* pouvant rôder par là.

Le non-dit et le dit de cet entretien éclairent quatre années de relations anglo-américaines[19].

On était au cœur de l'été 1941. Quand Churchill prit la mer, au début d'août, la Wehrmacht avait envahi l'URSS depuis six semaines et son avancée paraissait irrésistible. Il y avait de quoi réveiller l'inquiétude du Premier ministre. Est-ce pour se donner du cœur ? Sur le *Prince of Wales*, il regarda pour la cinquième fois *Lady Hamilton*, film d'Alexandre Korda montrant les dernières années de Nelson, le héros qui, grâce à la Home Fleet, avait empêché Napoléon de débarquer en Angleterre... Évocation transparente de ce qui venait de se passer, mais grâce à la Royal Air Force. À la fin de la séance, tout ému, Churchill s'adressa à l'assistance : « Ce film représente des événements analogues à ceux dans lesquels vous jouez votre propre rôle[20]. »**

---

* Écrit en 1950, *op. cit.* 160, p. 122-123.

** La forte chute de pertes alliées dans l'Atlantique dès le second semestre de 1941 provient du déchiffrage par les Anglais des codes donnés par la machine *Enigma* et utilisés par les U-boots, qui furent dès lors plus aisément localisés et ne purent plus opérer en « meutes ». Plus tard, en mai 1943, ce fut surtout le manque d'équipages spécialisés qui fit dire à l'amiral Dönitz que « la bataille de l'Atlantique [était] perdue ». *Cf. op. cit.* 217 b.

Avant de se rendre à Terre-Neuve, Roosevelt se confia à son fils Elliott : « Nous cherchons à apaiser le Japon pour gagner le temps nécessaire à la création d'une puissante armée. Quant aux Anglais, tu as été là-bas. Tu as vu les gens. Tu m'as dit comment ils sont maigres, pâles, épuisés. Une rencontre comme celle-ci fera un bien énorme à leur moral. Ne le crois-tu pas ? Les nazis ont atteint leur zénith. Ils sont les maîtres de l'Europe. Il y a beaucoup plus d'Américains qu'avant qui pensent qu'il faut apporter une aide à l'Angleterre au moins morale si nous ne voulons pas être demain la cible des canons et des bombes. Tu verras que la première chose que Churchill me demandera sera d'entrer en guerre.

« [...] Et les Anglais seront sans doute inquiets de savoir quelle part de notre production nous réservons aux Russes. Je sais quelle confiance Churchill fait à la capacité de résistance de la Russie dans la guerre... »

Et ses doigts s'arrondirent en zéro.

« Je suppose que ta confiance est plus grande, intervint Elliott.

« — Celle de Harry Hopkins l'est, et il a réussi à me convaincre. [...] Quant à l'Angleterre, nos chefs d'état-major seront en mesure de se rendre compte quel est exactement le potentiel de guerre britannique et s'il est vrai que les Anglais sont au bout du rouleau... [...] Il faut que nous fassions comprendre aux Anglais, et dès le début, que nous n'acceptons pas le rôle de jobard, bon à tirer l'Empire britannique d'un mauvais pas et que l'on ignore ensuite... Nous n'aiderons pas l'Angleterre dans cette guerre pour lui permettre de continuer à dominer brutalement les peuples coloniaux[21]... »

À ce fils, n'a-t-il pas tout dit ?

La rencontre fut chaleureuse, et, d'emblée, au premier repas, Churchill entra dans le vif du sujet :

« Je crois savoir, Franklin, que le peuple américain est très favorablement disposé à notre égard. En fait, il est prêt à entrer dans le conflit...

— Vous pouvez trouver aussi des indices en sens contraire...

— Pourtant, le débat sur le prêt-bail...

— Winston, si vous vous intéressez à l'opinion, lisez le *Journal officiel* du Congrès. »

Après le repas, Churchill fit un discours, chaleureux, éloquent. « On goûtait le jus de ses phrases... Il nous subjuguait même quand on n'était pas d'accord... », rapporte Elliott.

« [...] Nous avons été près de la défaite, mais Hitler et ses généraux ne s'en sont pas rendu compte. [...] La seule chance qui vous reste, c'est de déclarer la guerre sans attendre qu'ils frappent les premiers ; ils vous porteront le premier coup dès que nous serons battus et ce premier coup sera le dernier.

« — Et les Russes ? demanda mon père.

« — Je ne sais pas combien de temps ils tiendront... »

À cette tablée, jamais un « oui », jamais un « non » ne se fit entendre du côté des Américains.

Ce jour-là, 7 août 1941, Smolensk était tombé aux mains du général Bock...

Une semaine plus tard, le 14 août 1941, était signée la Charte de l'Atlantique.

Le projet avait été préparé par Sumner Welles, discuté longuement par correspondance avec Churchill. Et pendant ces journées passées à Terre-Neuve, Roosevelt écoutait, écoutait. Quelqu'un d'autre que lui avait pris en main les débats...

On était d'accord sur tout. Sur tout ? Avant de se quitter, Roosevelt lança le paquet de mer : « Naturellement, dit-il avec une assurance teintée de malice, une fois la guerre terminée, une des conditions premières d'une paix durable doit être une plus grande liberté de commerce.

Pas de barrières artificielles, pas de nation la plus favorisée... »

Churchill : « Les accords commerciaux de l'Empire britannique sont... »

Roosevelt : « Une question à étudier... C'est à cause d'eux que les peuples de l'Inde et de l'Afrique sont aussi arriérés... »

Churchill : « Monsieur le président, l'Angleterre n'envisage pas un instant de renoncer à la position privilégiée dont elle jouit et qui a fait sa grandeur... »

Roosevelt : « Voyez-vous, c'est sur ces questions qu'un désaccord pourrait naître entre vous, Winston et moi. »

En le quittant, Churchill pointa le doigt sur Roosevelt et lui lança, ému :

« Monsieur le président, je crois que vous voulez supprimer l'Empire britannique. Toutes les idées que vous avez sur la structure de la paix après la guerre l'indiquent. Mais malgré cela...

— Oui, malgré cela ?

— Nous savons que vous êtes notre seul espoir. »

Ces propos ne figurent pas dans les *Mémoires* de Churchill[22].

Conférences et projets interalliés

1941
Atlantic : Churchill-Roosevelt, Terre-Neuve (août)
ABCI : première esquisse d'une stratégie d'ensemble (mars)

1941-1942
Arcadia : Churchill-Roosevelt, Washington

1942
Molotov-Churchilll, Londres (mai)
Molotov-Roosevelt, Washington (mai)

Lifebelt (ceinture de sauvetage) : opération Açores, réglée par la diplomatie

Bolero : concentration de forces américaines en Grande-Bretagne

Jupiter : projet de débarquement en Norvège

Gymnast : projet de débarquement en Afrique du Nord française ; deviendra *Torch*

Magnet : envoi de forces américaines en Irlande

Churchill-Roosevelt, Washington,

Sledghammer (frappe devant) : minidébarquement en cas d'effondrement du front russe ou d'effondrement intérieur en Allemagne

Round-up (rassemblement) : grand débarquement en Europe prévu pour 1943 ; sera *Overlord* en 1944

Light-foot (pied léger) : offensive Alexander Montgomery en Égypte, (octobre 1942)

Velvet (velours) : création d'une force aérienne dans le Caucase, plan prévu pour fin 1942

1943

Churchill-Roosevelt, de Gaulle-Giraud, Casablanca (janvier)

Churchill-Roosevelt (*Trident*), Washington (mai)

Churchill-Roosevelt (*Quadrant*), Québec (août)

Churchill-Roosevelt-Staline, Téhéran (décembre)

Churchill-Roosevelt-Chiang Kai-chek (*Sextant*), (décembre)

Flintlock (fusil à pierre) : attaque américaine aux îles Marshall

Avalanche : débarquement en Italie, à Salerne

Anakim : offensive en Birmanie

Buccaneer : débarquement en Asie du Sud-Est (abandonné)

Shingle : débarquement au sud de Rome (abandonné)

Husky (Esquimau) : débarquement en Sicile

Strangle (étrangler) : bombardements pour couper l'Allemagne de l'Italie

1944

Churchill-Roosevelt, Québec

Churchill-Staline, Moscou (août)

Overlord (Suzerain), débarquement anglo-américain en Normandie (juin)

De Gaulle-Roosevelt (7 juillet)

Dragoon (Dragon) : débarquement franco-américain en Provence (août)

Pointbank (À bout portant) : bombardements des voies de communication en Allemagne

De Gaulle-Staline (décembre)

1945

Churchill-Roosevelt-Staline, Yalta (février)

Churchill-Attlee, Truman-Staline, Potsdam, (juillet)

La rencontre suivante eut lieu au lendemain de Pearl Harbor, fin décembre 1941, alors que les deux chefs d'État étaient désormais « sur le même bateau ». En venant à Washington, Churchill craignait que les désastres subis par les Américains dans le Pacifique ne les conduisent à modifier leurs conceptions stratégiques et à abandonner le principe « l'Allemagne d'abord » pour concentrer toute leur puissance face au Japon – ce à quoi poussaient l'amiral King et le général MacArthur.

Inversement, comme Churchill préconisait des opérations en Méditerranée, on pouvait le soupçonner de penser d'abord à sauvegarder la route de Indes – ce qui n'était pas faux mais il craignait tout autant que les Américains ne prennent le risque de débarquer trop tôt en Europe de l'Ouest. En tout cas, ce soupçon pouvait renforcer les arguments de ceux des Américains qui voulaient diriger les forces américaines plutôt sur le Pacifique que sur l'Atlantique.

Une intervention du général Marshall conforta Roosevelt dans sa détermination de ne pas modifier la stratégie d'ensemble élaborée avant Pearl Harbor. Il expliqua tout simplement que, certes, à court terme, la menace japonaise apparaissait la plus dangereuse, mais que l'adversaire le plus faible était bien, malgré ses victoires, l'Allemagne, qui se battait sur deux fronts ; qu'au reste, les distances étaient moindres dans l'Atlantique et que la nécessité première était de s'en assurer la maîtrise. Et puis, fut-il ajouté, ce choix stratégique empêcherait l'URSS de se retirer de la guerre[23].

L'argumentaire tint bon. Même si les dispositifs de sa mise en place furent à l'origine de réels dissentiments, ceux-ci n'altéraient pas la volonté commune de penser et d'agir ensemble.

L'évolution de la carte de guerre fut néanmoins à l'origine d'un autre changement de décision.

L'idée était bien de débarquer en force quelque part en Europe de l'Ouest, de façon partielle s'il n'était pas possible d'opérer avec une force susceptible « de déborder douze divisions blindées allemandes » ; au moins, de la sorte, on aiderait les Russes qui, alors en grande difficulté, attendaient ce débarquement-ci (le projet prit pour nom *Sledghammer*) comme « le talisman de la libération ».

À l'aube de l'été 1942, si la victoire américaine de Midway sur les Japonais était de bon augure dans le Pacifique, les Alliés des États-Unis n'avaient qu'un seul succès à leur actif : le raid de mille bombardiers sur Cologne. La situation sur les autres fronts était dramatique : les Allemands avaient atteint Sébastopol et Kharkov tandis qu'en Afrique Tobrouk tombait entre leurs mains, ce qui était, pour les Anglais, un coup aussi terrible que la perte de Singapour – l'Égypte et le Moyen-Orient étaient à présent à la portée de Rommel. En outre, la guerre sous-marine portait aux Alliés des coups très durs : 400 000 tonnes torpillées la semaine du 14 juillet 1942 ; à ce rythme, les navires coulés l'emportaient dans la proportion de deux et demi contre un.

Les militaires brûlaient d'intervenir en force quelque part, mais comment les Britanniques pourraient-ils leur faire comprendre que la *battleworthiness* (l'aptitude à bien se battre) ne s'acquérait pas si aisément ? Pour le leur faire sentir, à la conférence de Washington, Churchill, théâtral, décrivit la Manche comme « un fleuve de sang », leur rappela les massacres de Passchendaele et de la Somme, affectant de chercher des témoins autour de lui, il ajouta : « Mais leurs visages ne sont plus là[24]. »

C'est ainsi que, du débarquement en Europe, on passa au débarquement en Afrique du Nord française ; et que *Gymnast* devint *Torch*. En manière de démonstration, les Anglo-Canadiens lancèrent le débarquement manqué de Dieppe. Une répétition générale ? Ou un échec programmé destiné à montrer aux Russes... et aux Américains quels étaient les risques et les dangers d'une opération frontale[25] ?

Sauf que *Torch* serait avant tout l'affaire des Américains et qu'à Washington comme à Londres on s'interrogeait sur ce que serait l'attitude des Français... Dans un télégramme secret, parvenu à Washington via l'Espagne, le 23 avril 1942, Darlan faisait savoir au Département d'État que « si Laval obtenait le dessus, lui, Darlan, commettrait un acte public qui le ferait reconnaître des Américains, dans le cas où Pétain n'aurait plus le contrôle des affaires face à Laval. Darlan s'en irait aux colonies. Stop[26] ».

Parallèlement à ces considérations stratégiques, au tout début des hostilités contre l'Allemagne, Roosevelt porte son attention sur la guerre psychologique, constatant que ses services diplomatiques n'en ont pas perçu l'utilité. Pendant cette période où il connaît la réticence de toute une partie de l'opinion à envoyer une armée outre-Atlantique, le président américain mène campagne auprès des « peuples invaincus spirituellement, depuis les Autrichiens, Polonais, etc., jusqu'aux Allemands victimes du nazisme », pour qu'ils mettent fin à ce régime. L'idéal serait de faire « craquer » l'Allemagne du dedans grâce au soulèvement des nations conquises et opprimées, ou à une crise intérieure. « Nous n'avons pas intérêt à laisser apparaître que la totalité du peuple allemand est composée de meurtriers ou de suppôts de Hitler » (2 mai 1942).

Pour rallier les Allemands des États-Unis à sa politique, Roosevelt encourage la réalisation de films dont le scénario va en ce sens, tels *Moon is down* d'Irving Pichel, un immigré antinazi, *Hitler's Children* d'Edward Dmytrik, ou encore *The Seventh Cross* de Fred Zinnemann. Mais ces films qui invitent à se méfier des dirigeants n'ont guère de succès dans un pays où l'emporte sur tout le reste le loyalisme envers les institutions.

Voulant disposer de son propre réseau d'informations – ce qui indispose Hull et le Département d'État – et pour mieux connaître les milieux nazis du dedans, imaginer leurs projets, Roosevelt se sert des rapports qu'il commande à un ancien nazi, Ernst Hanfstaengl, un proche de Hitler qui a fui l'Allemagne à la veille de la guerre, et que les Anglais ont gardé sous surveillance au Canada avant de le céder, non sans réticences, à Roosevelt, qui souhaite disposer d'une sorte de Rudolf Hess à portée de main[27].

L'idée est de susciter une sorte de Darlan allemand, peut-être Schacht ou Neurath, voire Göring. De Gaulle, d'ailleurs, a parfaitement senti que « ce projet n'était pas nécessairement désagréable à certains éléments américains qui jouent une nouvelle Europe faite autour de Pétain, Franco, Sikorski et Göring, contre les Soviets et même contre l'Angleterre » – une phrase, que le Général a supprimée de ses *Mémoires* mais dont Jean-Baptiste Duroselle a retrouvé la trace[28].

À cette date, en effet, Roosevelt ne veut pas laisser Churchill imposer sa manière de voir l'avenir de la guerre.

« Il est une pièce de musée, une relique rare quand il dit qu'il n'est pas devenu ministre pour présider à la liquidation de l'Empire, on croirait écouter une voix d'outre-tombe. Tout ce qu'il leur dit sur les desseins de la Russie paraît irréel, comme s'il vivait dans un passé très éloigné. » Roosevelt était jaloux de Churchill, juge Lord Moran, médecin personnel du Premier ministre britannique. Selon Halifax, Marshall lui aurait dit que Roosevelt ne tenait pas à ses visites car il était trop averti des questions militaires[29].

Mais cette idée d'un Darlan allemand fut bientôt dominée par une autre : l'agressivité allemande s'enracinait dans une tradition qu'incarnait le militarisme prussien et qui n'était pas seulement l'expression de la politique hitlérienne. D'accord en ce point avec Eden plus encore qu'avec Churchill, Roosevelt renonça à l'espoir d'un accommodement possible avec des Allemands hostiles à Hitler, et les Anglais furent bientôt heureux de l'entendre préconiser, à Casablanca, le 24 janvier 1943, un objectif implacable, « l'inconditionnel *surrender* » de l'ennemi.

De Gaulle selon Churchill :
un personnage attachant et irritant

Alors que se préparaient d'éventuels projets de débarquement en France ou en Afrique du Nord, le comportement à adopter vis-à-vis de Vichy et de De Gaulle constituait un point de désaccord entre Churchill et Roosevelt.

Ainsi, dès la Déclaration de décembre 1941, écrite en commun au titre des « Puissances associées » bientôt dites Nations unies, certains termes et l'ordre des signataires firent l'objet de discussions. Par exemple, Litvinov, nommé ambassadeur à Washington, préféra qu'on parle de liberté de conscience plutôt que de liberté religieuse, et jugea que placer l'URSS en queue de la liste n'était pas très habile. Quant à la France libre, Hopkins estimait qu'elle ne devait pas y figurer pour le moment... Mais Churchill demanda qu'à la formule « les gouvernements signataires » on substituât la formule « les gouvernements et autorités signataires ». Hull s'y opposa, son hostilité envers les Français libres étant solidement enracinée. Eden vint à la rescousse de Roosevelt qui penchait pour satisfaire Churchill : « Les Français libres sont nos alliés dans toute l'acception du terme, leurs forces sont en liaison avec nous dans de nombreux territoires, notamment la Nouvelle-Calédonie. Nous n'avons pas le droit de nous opposer à leur inclusion[30]. »

Les dissentiments n'en existaient pas moins, et la décision prise d'appliquer le projet *Gymnast-Torch*, le débarquement en Afrique du Nord française, ne fit que les aviver.

Mais pour qu'à cette date, après tant de manifestations d'admiration, de colère, Churchill puisse prendre la défense chaleureuse de De Gaulle, il fallait bien qu'il existe un fort enjeu politique. S'adressant à Cordell Hull : « J'ai de bonnes raisons de craindre, lui dit Churchill, que la présente attitude du Département d'État de Washington à l'égard respectivement des Français libres et de Vichy ne fasse un tort considérable à l'esprit combattant, en France et ailleurs. Il ne me semble pas que ce soit une bonne chose, en temps de guerre, d'accorder un prix aux apôtres du déshonneur. [...] Il s'agit à Vichy d'hommes couchés, prosternés aux pieds du conquérant... [...] Quant aux hommes qui continuent à se battre, ils sont considérés avec un respect croissant par neuf Français sur dix, l'espoir soulevant à nouveau cette race de guerriers... »

Depuis juin 1940, quelque insupportable qu'ait été l'exigence d'un de Gaulle isolé d'incarner la souveraineté française, pour Churchill, la solidarité va de soi. Elle se renforce grâce au ralliement des îles françaises du Pacifique, au coup de dés réussi par Leclerc, Boislambert et Pleven au Tchad et au Cameroun, ralliés eux aussi, avec l'aide en sous-main de l'Angleterre. Le fiasco d'une véritable action militaire commune sur Dakar n'entame pas cette solidarité : elle montre seulement que les cadres de l'État, en métropole comme ailleurs, sont fidèles au maréchal Pétain. Au moins, à Dakar, des Français n'avaient pas tiré sur des Français. Mais les tirs de la flotte britannique avaient fait cent cinquante victimes dans la troupe et dans la population de Dakar ; douze Français libres avaient été capturés dont Boislambert. Si ce fiasco n'affecta pas vraiment les relations entre la Grande-Bretagne et la France libre, il n'en fut pas de même, durant l'été 1941, de la crise en Syrie et au Liban.

L'affaire était liée à la politique de réactivation de la collaboration par Darlan. Ayant rencontré Hitler, sensible à sa marche en avant pour la conquête du Sud-Est européen, celui-ci souhaite y associer Vichy avant qu'il ne soit trop tard. Il définit sa politique comme celle du « donnant-donnant », et propose aux Allemands, comme premier gage, l'accès à Tunis, voire aux aérodromes de Syrie. Ces protocoles de Paris, signés en mai 1941, suscitèrent une vive réaction de Weygand qui, devant l'assentiment donné par Pétain à Darlan, offrit sa démission[31].

C'est dans ce contexte, dans ce Moyen-Orient, terre d'un antagonisme vieux d'un siècle, que surgit le premier grand conflit entre de Gaulle et Churchill. Depuis l'accord de 1936 signé par Léon Blum et qui promettait la fin du mandat français sur la Syrie et le Liban dans les trois années à venir, aucune ratification n'avait été signée, ni par Daladier, ni par Reynaud, ni par Pétain.

Or, en 1941, la France vaincue, Churchill décide de ne pas prendre en compte les revendications arabes (la Grande-Bretagne étant, elle aussi, présente dans la région), qui explosent avec l'avancée fulgurante de Hitler en Yougoslavie et en Grèce. Elles s'expriment par la voix du Grand Mufti de Jérusalem : « Les Allemands et nous avons des ennemis communs : les Anglais, les Juifs et les communistes. »

Gabriel Puaux, haut commissaire français du protectorat, se félicite d'abord de l'attitude de Londres – une « bonne manière » qui a pour but également d'éviter toute contagion. Mais bientôt, sur instruction de Darlan, il accuse les Britanniques de préparer un « coup » avec le général Catroux pour faire passer la Syrie et le Liban du côté de la France libre. Le général Dentz, qui remplace Puaux, manifeste à son tour son hostilité envers les Britanniques, mais ceux-ci jugent qu'il faut s'entendre avec le représentant de Pétain pour prévenir un mouvement issu des milieux nationalistes arabes, ce qui enflammerait tout le Moyen-Orient.

Lorsque l'avancée de la Wehrmacht, en Grèce, parut irrésistible, l'Irak se souleva contre les Anglais à l'appel du Grand Mufti. À Bagdad, un coup d'État porta au pouvoir Rachid Ali. Aussitôt, Hitler essaya d'intervenir en envoyant avions et conseillers militaires à Alep, en conformité avec les accords de Paris. Simultanément, le général Dentz résistait aux forces gaullistes du général Le Gentilhomme, que soutenaient les Anglais. Damas fut prise par les alliés anglo-gaullistes après que Vichy eut répondu à l'invasion par un baroud d'honneur. En réponse à ce peu de résistance, les Anglais traitèrent avec égards le général Dentz, et écartèrent de Gaulle de la négociation de Saint-Jean-d'Acre, qui substituait ainsi en Syrie la souveraineté anglaise à celle de la France.

C'était la crise.

Il s'ensuivit une quasi-rupture des relations entre de Gaulle et Churchill. Mais, en août 1941, l'homme de la France libre put écrire au ministre britannique au Caire, Lord Lyttleton : « Je suis heureux des assurances que vous me donnez concernant le désintéressement de la Grande-Bretagne en Syrie et au Liban, et le fait que la Grande-

Bretagne y reconnaît la position privilégiée de la France, lorsque ces pays se trouveront indépendants, conformément à l'engagement que la France libre a pris à leur égard. » Empreint d'un esprit colonialiste que mettaient en cause Syriens et Libanais, de Gaulle ne s'apercevait pas qu'une constitution, garantie de l'indépendance, ne pouvait s'accommoder de l'octroi à la France de liens « privilégiés ». La Grande-Bretagne ayant, entre-temps, rétabli sa position en Égypte et en Irak, le Grand Mufti avait fui en Allemagne, où Hitler l'avait reçu avec honneur, comme en témoignent les *Deutsche Wochenschau*[32].

Cette sous-évaluation de la revendication arabe, les mêmes hommes – de Gaulle, Catroux – la reproduiraient au Maghreb, à ceci près qu'au lieu de craindre la mainmise de l'Angleterre (qui n'était pas innocente), ils redouteraient celle des États-Unis (qui ne le fut pas non plus) avant de soupçonner l'URSS ou Nasser. Quant aux cicatrices causées par la crise anglo-gaulliste, elles ne se refermèrent pas de sitôt.

Pour incarner une souveraineté intacte, et ne pas apparaître en France bien sûr, mais également aux États-Unis, comme un fantoche manipulé par les Britanniques, de Gaulle accorda, à Brazzaville, une interview au *Chicago Daily News* que Churchill accueillit comme un outrage. Le journaliste lui ayant demandé pourquoi Londres ne rompait pas avec Vichy, il avait répondu par ces propos qu'ensuite il démentit :

« L'Angleterre a peur de la flotte française. En fait, elle a conclu avec Hitler une sorte de marché pour la durée de la guerre, dans lequel Vichy sert d'intermédiaire. Vichy sert Hitler en maintenant le peuple français en état de sujétion, et en vendant l'Empire français à l'Allemagne morceau par morceau. Mais n'oubliez pas que Vichy sert également l'Angleterre en maintenant la flotte hors des mains de Hitler. L'Angleterre exploite Vichy de la même manière que l'Allemagne ; la seule différence est dans leurs intentions. Nous assistons en fait à un échange mutuellement profitable entre deux puissances adverses, qui permet au gouvernement de Vichy de subsister aussi longtemps que l'Angleterre et l'Allemagne y trouveront leur compte[33]. »

Était-ce outrageant ? Pour autant que le texte paraissait aux États-Unis, sans doute, mais sans l'oublier, Churchill négligea ces paroles en soutenant vivement la cause de la France libre auprès de Hull, comme on l'a vu, quelques mois plus tard. Las... Une nouvelle cause de conflit intervint lorsque, sans tenir compte des invites de De Gaulle à contrôler ensemble Madagascar pour y prévenir une intervention ennemie (le Japon étant entré en guerre), Churchill s'installa à Diégo-Suarez sans le prévenir mais en assurant Vichy que l'île « serait rendue à la France à la fin de la guerre ». Furieux et désespéré, le Général envisagea alors de tout abandonner... Eden réussit à recoller les morceaux, et Churchill expliqua avoir agi ainsi « pour éviter un nouveau Dakar[34] ».

Par ailleurs, le vieux lion respecte profondément de Gaulle, et le félicite ouvertement pour le succès des Français libres à Bir Hakeim, le 12 juin 1942.

Eden et le gouvernement anglais, vu le retour au pouvoir de Laval, demandaient à Churchill de rompre avec Vichy. Grâce à l'historien anglais R. T. Thomas, on a connaissance de cet échange secret de correspondance entre Churchill et Eden. Il révèle qu'à sa manière, et comme de Gaulle l'avait senti à Brazzaville, Churchill pratiquait bien à son endroit une sorte de double jeu.

« Quels que soient les sentiments de dégoût et de mépris, écrivait Churchill, que nous pourrions avoir et qui sont légitimes vis-à-vis de la politique de Vichy, qui mérite toute notre méfiance, nous ne devons pas oublier que c'est le seul gouvernement qui peut, peut-être, nous donner ce que nous attendons encore de ce pays, explicitement la flotte de Toulon et la participation de l'Afrique du Nord française à la guerre. On doit mesurer quelles sont les chances de ces hypothèses et elles ne semblent pas totalement négligeables. [...] Le gouvernement de Vichy, que ce soit sous Darlan, Laval ou même Doriot peut-être, doit donner des gages, de semaine en semaine, à ses maîtres allemands. Leur seule alternative, c'est l'installation d'un gauleiter et l'occupation complète. [...] Jusqu'à présent, je ne pense pas que le gouvernement de Vichy ait fait plus que ce qui est absolument nécessaire pour l'éviter. Ils ont subi Oran, Dakar, la Syrie, Madagascar, le blocus anglais et nos raids aériens en faisant montre des signes de colère les plus restreints possible. Cette attitude leur a été imposée, sans doute, par les sentiments contre l'Allemagne d'une vaste majorité de la population... et par la conviction qu'ils ne doivent pas s'aliéner les États-Unis... Lorsqu'un grand changement se produira dans les masses françaises et que la certitude d'une victoire alliée se manifestera, il se produira aussi un changement définitif dans l'action du gouvernement de Vichy. »

Eden lui répondit que « rien ne laissait préjuger d'une modification de la politique de Vichy, et qu'un rapprochement entre l'Angleterre et Vichy serait politiquement et moralement désastreux. Il y a des centaines et des milliers de Français qui prennent des risques et meurent pour la cause de la Résistance et pour celle des Alliés, et une seconde palinodie de Pétain, rejoignant notre camp, serait insupportable. »

Concernant les États-Unis, Eden ajoutait : « Leur tort est de maintenir une certaine confusion dans les esprits dont seuls bénéficient en France les collaborateurs et les adeptes du double jeu : seuls ceux-ci en tirent profit car on ne voit pas les avantages que les États-Unis ou les Alliés ont obtenus à l'égard de Vichy. »

Churchill lui répondit le 14 juin 1942 : « Depuis trente-cinq ans que je suis un ami de la France, j'ai une certaine sensibilité qui me permet de savoir sur quoi je compte. Il est très facile de faire l'inventaire de toutes les choses honteuses que Vichy a commises, mais cela ne tient pas assez compte des conditions exceptionnelles et anormales qui prévalent dans ce pays vaincu avec un gouvernement qui vit sous la menace de l'ennemi. [...] Cela ne modifie pas l'espoir qu'un jour la flotte française sera avec nous en Afrique et que l'invitation sera faite aux Anglais et aux Américains d'y entrer. Sous une forme ou sous une autre, Vichy est la seule instance qui peut nous offrir ces merveilleux cadeaux ; [...] Roosevelt a là-dessus les mêmes sentiments que moi, et, je crois, l'état-major aussi.

« Les vues tranchantes que vous développez ne recouvrent pas tous les aspects de la politique anglaise ; il y a plus dans la politique anglaise envers la France que de tromper Pétain et de soutenir de Gaulle. [...] Il faut continuer à soutenir de Gaulle et l'encourager à renforcer son organisation par l'intégration dans ses forces des Français les plus représentatifs[35]. »

Cette idée ressort lorsque, de Gaulle l'ayant agressé au nom de la France à propos du comportement des Anglais en Syrie et à Madagascar, Churchill lui répond : « Vous n'êtes pas la France... Vous êtes la France combattante. [...] Vous faites la guerre à l'Angleterre au lieu de la faire à l'Allemagne. » Il serait allé jusqu'à crier : « Je vous briserai comme une chaise, en l'empoignant et en la cassant en deux[36]. »

Toujours parce que Churchill mesure le loyalisme des autorités françaises envers Pétain, le débarquement en Afrique du Nord se fera bientôt, encore une fois sans que de Gaulle en ait été averti.

Mais c'est avant tout Roosevelt qui s'y est opposé.

De Gaulle selon Roosevelt : cet homme est dangereux

La flotte française, oui, c'est bien elle aussi qui préoccupe Roosevelt dès la signature de l'armistice de juin 1940. Et si l'effondrement de la France le bouleverse, le 26 mai 1940, déjà, avant que la défaite soit consommée, il n'oublie pas de prévoir les conditions de l'éloignement de la flotte française via Suez et Gibraltar ; l'ambassadeur William Bullitt propose qu'elle aille mouiller à Lisbonne. Quelques mois plus tard, le successeur de Bullitt, l'amiral Leahy, écrit à Roosevelt que « le maréchal et les membres de son cabinet ont été si impressionnés par l'impossibilité où s'est trouvée la France de retarder l'avance de la Wehrmacht qu'ils croient une victoire britannique impossible ». Le peuple l'espère pourtant, juge Leahy, et de nombreuses personnalités aussi... « mais leur état d'esprit est tel qu'ils consentiraient presque à n'importe quel compromis avec Berlin ».

Sur un point seulement, Pétain se veut rassurant : la flotte. « J'ai donné des assurances à votre gouvernement, à Churchill personnellement, je les renouvelle, je ne peux pas céder ces navires. »

Faisant constamment des grâces à l'amiral Leahy, se montrant ostensiblement en sa compagnie, ce qui, en ce début 1941, nourrit le mythe du double jeu, Pétain accueille favorablement les propositions de l'envoyé spécial de Roosevelt en Afrique du Nord, Robert Murphy, qui se propose de négocier avec le général Weygand l'aide économique que les États-Unis pourraient apporter à l'Afrique du Nord et à la France. Or Weygand incarne bien l'alternative à la politique de Laval puis de Darlan : il est manifestement l'homme de la revanche, et non pas l'homme de la défaite, même s'il adhère complètement à la révolution nationale, même s'il est volontiers hostile à l'Angleterre et plus encore à de Gaulle, qu'il hait. Proconsul en Afrique du Nord, il sait dire « non » aux Allemands et aux Italiens chaque fois que leurs demandes sortent des conditions de l'armistice. Il est même intraitable.

Homme de confiance de Roosevelt, Sumner Welles juge qu'« il serait difficile pour les États-Unis de maintenir des relations avec Vichy, et, ce qui est plus important, avec les autorités d'Afrique du Nord si notre gouvernement accordait au comité français libre quelque chose qui ressemblerait à une reconnaissance[37] ».

À Washington, cependant, l'ambassadeur de France, Henry Haye, fait bonne garde : il a été invité (comme Pétain) à la grande réception organisée par le comité France-Allemagne, dite de la réconciliation, deux mois après Munich, huit mois avant la déclaration de guerre. Il est favorable à la collaboration... Trop même, au point que Pétain voudrait le remplacer par Charles Rist en prévision de l'entrée en guerre des États-Unis. Mais, volte-face fréquente chez Pétain, il renonce quand, avec les succès allemands sur le front de l'Est, Darlan active la collaboration et contraint Weygand à la démission après la signature des accords de Paris[38].

Or, pendant les dix-huit mois qui séparent la capitulation française de l'entrée en guerre des États-Unis, lié à Laval et à Chambrun, Henry Haye avait su mener une active politique en faveur de Vichy, notamment au travers des institutions culturelles françaises, telle l'Alliance française, celles-ci adossées au Québec catholique et vichyssois. Au témoignage de Raoul Aglion, délégué de la France libre à New York, et comme le confirment les travaux d'Emmanuelle Loyer sur les intellectuels et artistes français en exil aux États-Unis, l'hostilité de ces milieux à de Gaulle contribua à légitimer la méfiance que Roosevelt nourrissait à l'encontre du Général[39].

À Londres, comme on le sait, les personnalités présentes en juin 1940 avaient fait grise mine à de Gaulle mais elles appartenaient toutes à différentes instances de l'État et n'étaient pas nombreuses. À New York, c'était autre chose : on y trouvait à la fois des élites culturelles et politiques : de Geneviève Tabouis à Me Henri Torrès, de Saint-Exupéry à André Maurois, d'André Breton à Paul Morand, et des personnalités politiques telles que Jean Monnet*, Pierre Cot, Camille Chautemps – et le plus influent d'entre eux, Alexis Leger (Saint-John Perse). Or celui-ci avait été chassé du Quai d'Orsay par Paul Reynaud, dès son arrivée au pouvoir, et de Gaulle était « l'homme de Paul Reynaud », alors que pour d'autres il était « l'homme de Churchill ». À cela, s'ajoutait le fait qu'ayant écrit à l'un de ses correspondants qui voulait constituer un Comité de la France libre qu'« il n'y avait pas lieu de regretter l'impossibilité dans laquelle se sont trouvés bien des Français représentatifs de rejoindre Londres ou New York », de Gaulle passa pour un antirépublicain, antidémocrate, impression que son statut de militaire ne pouvait que renforcer. De sorte que le comité *France For Ever* recueillit fort peu d'adhérents, 3 000 à peine, alors qu'il y avait plus de 20 000 résidents français aux États-Unis ; la plupart se voulaient apolitiques à moins d'être en résonance avec la politique officielle de leur pays d'accueil. Lorsque de Gaulle envoya Pleven à Washington pour qu'il y expose le point de vue de la France libre, ni Hull ni Roosevelt ne voulurent le recevoir. C'est en Alexis Leger que le président américain a confiance, lui qui, avant la défaite, lui avait annoncé le désastre imminent et la responsabilité de Paul Reynaud. Ainsi pour Roosevelt, de Gaulle ne représentait rien, pour les milieux exilés non plus, pourtant bien hostiles à Vichy[40].

C'est alors qu'au lendemain de Pearl Harbor de Gaulle juge qu'on peut confier à l'amiral Muselier le soin de se saisir de Saint-Pierre-et-Miquelon ; Churchill, prévenu, garde les yeux mi-clos, mais, averti, le Département d'État met son veto ; de Gaulle veut l'ignorer car, arrivé sur

---

* Comme membre du Supply Council britannique.

place, Muselier a su enflammer la population en faveur de la France libre. Hull est furieux ; tout acquiescement ruinerait la politique vichyste de Roosevelt. Il stigmatise les soi-disant Français libres, et exige des Canadiens qu'ils règlent la question. Or, les opinions publiques américaine et canadienne approuvent l'opération, qu'en fin de compte Roosevelt juge minuscule. Churchill, en public, félicite les Français libres, quitte, en privé, à stigmatiser de Gaulle, qui risque de ruiner la bonne entente entre alliés. Muselier est mécontent d'avoir agi contre l'avis de Washington : « Ces méthodes sont inadmissibles, dit-il aux Américains, je ne suis pas un gangster. » Il démissionne de la France libre. De Gaulle le destitue, crise grave qu'Eden ne peut dénouer[41].

Pour purifier les relations avec Roosevelt, de Gaulle acquiesce à l'octroi de facilités à l'aviation américaine à Tahiti comme en Nouvelle-Calédonie, sans autres conditions que la reconnaissance de la souveraineté française et de l'autorité du Comité de la France libre ; puis il accorde aux Américains l'autorisation d'installer une base à Bora Bora et une autre en Nouvelle-Calédonie. Bientôt, l'avant-garde d'une force de quarante mille Marines peut débarquer. Le général Patch est accueilli par l'amiral Thierry d'Argenlieu, qui dispose de six cents hommes.

Muselier avait rompu, à quatre reprises ; Alexis Leger, éminence grise des milieux émigrés, avait refusé d'adhérer ou de présider le mouvement gaulliste aux États-Unis, la colonie française considérait de Gaulle avec suspicion, voyait qu'il était *persona non grata* auprès des autorités américaines même si la presse, tout comme au Canada*, était solidaire de De Gaulle, et dénommait « soi-disant secrétaire d'État[42] » Cordell Hull, qui avait parlé de « soi-disant Français libres[43] ». Le bilan, pour de Gaulle, était négatif.

---

* Mais, au Québec, l'opinion publique était largement pétainiste.

Ce que de Gaulle pense des Américains, sur quoi repose l'essentiel de leur discorde, apparaît bien dans l'entretien qu'il a eu le 28 mai 1942 avec Étienne Boegner, le fils du pasteur Boegner, un des cinq hommes de la délégation que Pleven avait créée pour représenter la France libre aux États-Unis. Puisé aux archives Alexis Leger, cet entretien a été publié dans sa quasi-intégralité dans le *De Gaulle* d'Éric Roussel[44].

Le Général y tient des propos d'une extrême violence à son délégué venu le voir à Londres :

« E.B. : Bonjour, mon général, je suis heureux de vous revoir...

D.G. : Ah oui, eh bien moi, je sais des choses qui se passent à Washington et qui ne me plaisent pas du tout. Qu'est-ce que c'est que ces histoires ? Je veux des explications.

E.B. : Je ne vois pas, mon général... J'ai eu au contraire avec le State Department une conversation...

D.G. : Ah oui, nous y voilà. Le State Department... Quand vous aurez fini d'organiser la guerre contre moi aux États-Unis avec le State Department... Et c'est pour cela que vous venez ici ?

[...]

E.B. : Mon général, vous vous méprenez sur la politique qui est à poursuivre aux États-Unis. J'ai le sentiment de n'être pas compris. Quand je demande des secours pour les prisonniers de guerre, je suis traîné dans la boue par les gaullistes, Mme Pleven en tête. Ma trahison est de vouloir aider les Français non gaullistes... Je déplore aussi que vous ayez laissé sans réponse une lettre de Tixier vous demandant de préciser vos convictions républicaines. Je regrette enfin le coup de force de Saint-Pierre-et-Miquelon.

D.G. : J'ai pris Saint-Pierre-et-Miquelon et je le reprendrai. Je suis la France et Saint-Pierre est à moi. »

Étienne Boegner ayant fait valoir que la porte du State Department était bien ouverte aux Français libres, de

Gaulle lui répond que peu lui importe : ce qui compte, c'est d'être reconnu... « Ces Américains, poursuit-il, ils préfèrent protéger officiellement les gens de Vichy avec leur Leahy. Leahy, qui organise la guerre contre moi en France. Leahy qui protège les bourreaux de Vichy. »

Le document mis au jour par Éric Roussel donne ensuite la mesure de la colère de De Gaulle :

« E.B. : M. Sumner Welles, en tout cas, m'a dit que vous devriez faire des efforts pour mieux vous entourer, élargir le comité. La seule limite posée par les États-Unis est la suivante : il est impossible de reconnaître un gouvernement de la France libre hors du territoire français avant la fin de la guerre.

D.G. : [avec une violence inouïe, selon Boegner] Eh bien, vous pouvez dire à votre ami Welles qu'il est un con, une ganache, un idiot. Je les emmerde, vous comprenez, je les emmerde. Ils ne comprennent rien. Eh bien, la guerre les balaiera, et moi, la France, moi, je resterai et je les jugerai. Ah oui, ils préfèrent négocier avec l'amiral Robert pour la Martinique, avec Robert, c'est-à-dire avec Laval et avec les Allemands. Ils lui envoient leurs observateurs, ils traitent avec lui. Mais c'est avec moi qu'ils doivent négocier. Vous m'entendez, avec moi, la France. Et ils doivent me remettre la Martinique et tout de suite. Mais j'en ai assez de ces Américains, vous comprenez. Je vais leur montrer comment on écrit l'Histoire, et je vais leur envoyer des bateaux et des hommes, et leur tirer dessus... »

Étienne Boegner insiste alors pour que de Gaulle élargisse son comité aux États-Unis, une demande que d'autres avaient énoncée pour celui de Londres, un an et demi plus tôt. « J'ai demandé à Leger et à Maritain, répond le Général, mais le State Department a fait pression sur eux pour qu'ils refusent.

E.B. : Je ne crois pas... Je peux vous indiquer la raison de leur attitude...

D.G. : Quoi, je demande à M. Maritain de venir, mais il ne peut pas venir... Et pourquoi il ne peut pas venir ? Parce qu'il fait des cours. Plus tard, on saura que lorsque la France a besoin de M. Maritain, M. Maritain a préféré faire des cours...

E.B. : Alexis Leger a la volonté de servir ; il m'a chargé de vous poser deux questions...

D.G. : Quoi ?

E.B. : Si vous êtes très sincèrement attaché aux traditions démocratiques...

D.G. : Je suis démocrate, je ne cesse de dire que je suis démocrate. Je l'ai dit et redit. J'en ai assez. Je ne le dirai plus. »

Plus loin dans la conversation, Étienne Boegner fait remarquer à de Gaulle qu'il ne prend pas la mesure des moyens de guerre que les Américains mettent à sa disposition...

« Quels moyens de guerre ? répond le général. Je leur demande quatre avions de transport pour l'Afrique et ils refusent de me les donner. Et puisque je n'ai pas les moyens de transport qu'il me faut, eux n'auront pas mes aérodromes. Qu'ils essaient d'atterrir à Pointe-Noire, comme ils le prétendent, et je donnerai des ordres, on tirera sur leurs bombardiers, on les abattra. C'est moi qui commande à Pointe-Noire. Ils verront bien.

E.B. : Lord Halifax pense que notre mouvement devrait être d'abord militaire.

D.G. : Lord Halifax est un agent américain. Il ne cesse de jouer contre moi, je n'ai que faire de ses conseils...

E.B. : La France ne pourrait-elle pas tirer parti du flottement qui règne dans l'administration américaine ?

D.G. : Du flottement ? Il flotte, votre Welles ? Ils ne veulent pas me reconnaître, eh bien je me passerai d'eux. Je suis la France et je dois être intransigeant. [...] Oui, je sais, ils veulent me remplacer, ils négocient pour organiser la guerre contre moi avec des traîtres que je ferai fusiller.

Mais toute la France est derrière moi. Toute. Il n'y a pas un Français qui ne soit pas derrière moi. Évidemment, s'ils veulent m'avoir, ces Américains, ils m'auront car ils sont plus forts que moi. Mais l'Histoire les jugera. »

Quant à la suggestion d'Étienne Boegner de venir aux États-Unis pour y rencontrer Roosevelt, de Gaulle y répond :

« Qu'il m'invite. Ce n'est pas à moi de le lui demander. Je n'entrerai pas par la petite porte. Je suis la France, et j'entrerai par la grande porte. Et si Roosevelt veut me voir, qu'il m'invite officiellement.

E.B. : Je suis obligé de vous exprimer mon désaccord...

D.G. : Ce n'est pas la question. Marchez droit d'abord. Je n'aime pas les gens qui ruent dans les brancards... Et vous n'êtes qu'un prétentieux. »

D'après ce témoignage reproduit dans le livre d'Éric Roussel, Boegner se lève, sort... « Nous nous séparons sans nous serrer la main », conclut-il.

À cette date, de Gaulle s'imagine bien que les Américains veulent lui substituer le général Giraud, qui vient de s'évader d'Allemagne « et ne fait pas de politique ». Tout en étant fidèle à Pétain, il s'échappe à nouveau de France non occupée pour rejoindre les Alliés à Gibraltar. Est-ce l'homme providentiel ?

En fait, lors du débarquement d'Afrique du Nord, Giraud se fait doubler par Darlan, que Roosevelt et Churchill reconnaissent à la grande indignation des opinions publiques tant en Grande-Bretagne qu'aux États-Unis. « Oui, confesse bientôt Roosevelt à André Philip, ceux qui m'aident sont les bienvenus. Aujourd'hui, Darlan me donne Alger. Je crie "vive Darlan !" ; si demain Laval me donne Paris, je crierai "vive Laval !"[45]. » Au grand soulagement de Churchill et de Roosevelt, Darlan est bientôt assassiné. Reste Giraud.

À son fils, Roosevelt dit qu'il considère l'homme comme un nul. Il accepte néanmoins de poser sur la photo à côté de Giraud et de De Gaulle, qui doit lui serrer la main. Mais la scène doit être tournée deux fois car, à la première prise, si ce dernier tend certes la main à Giraud, c'est en détournant la tête[46]...

Et de De Gaulle, que dit-il à Elliott, juste avant de le rencontrer, sur pression de Churchill ? « De Gaulle a l'intention d'établir en France un gouvernement d'un seul homme. Je ne puis imaginer un homme qui m'inspirerait une plus grande défiance. Toute son organisation fourmille d'espions policiers. Pour lui la liberté de parole se ramène à sa propre liberté d'agir... sans être critiqué. Comment pourrait-on avoir confiance entière dans les forces qui le soutiennent ? Et puis, il appartient corps et âme aux Anglais[47]. »

Comme on le voit, Roosevelt a fait siens tous les jugements de la résistance non gaulliste. Il croit ce qu'il dit. La preuve ? Quand, à Casablanca, il reçoit Giraud, l'entretien se fait sans protocole ; quand il reçoit de Gaulle, un service de sécurité veille aux quatre coins du salon.

À Elliott, il dit encore qu'« à ses avances, de Gaulle n'a répondu que par des grognements ».

Sachant bien que, depuis Mers el-Kébir et le rapatriement des troupes du Levant au Maghreb, les Français d'Afrique du Nord leur étaient hostiles, les Britanniques avaient certes géré les opérations navales nécessaires au débarquement en novembre 1942, mais ils demeurèrent à l'écart des opérations à terre, laissant agir les Américains. Ignorant quelle serait la réaction des autorités françaises, le commandant américain n'avait pas omis de prévenir les *Marines* qu'ils ne débarquaient pas en terrain ennemi... De fait, après le baroud d'honneur ordonnancé par Darlan, les Américains furent fort bien reçus, et l'opération se fit sans qu'il y ait trop de morts parmi eux.

Certes Pétain avait donné l'ordre de se défendre et, de son côté, de Gaulle, furieux de ne pas avoir été informé, dit qu'il eût fallu tirer sur les Américains, « car on n'entre pas comme cela en France » ; mais il oublia son mouvement de colère une fois que le voyage à Casablanca et la conférence d'Anfa l'eurent réintroduit dans le jeu.

Un *duumvirat* Giraud-de Gaulle fut mis sur pied par Roosevelt et Churchill, les Américains et Vichy voulant apporter un soutien politique à Giraud qui, on en était d'accord, en avait bien besoin, ne serait-ce que parce qu'il ne voulait s'occuper que de problèmes militaires. Les Américains le firent chaperonner par Jean Monnet, Alexis Leger ayant refusé ce rôle, et Vichy envoya Couve de Murville à Alger pour qu'il ait près de lui un conseiller économique[48]. Mais, bien vite, ils comprirent de quel côté se trouvait l'intelligence politique. Et ils savaient qu'en métropole la Résistance s'unifiait pour se rallier à de Gaulle.

Ainsi, bien que Giraud réussît à monter à son insu l'expédition de Corse, devenant le premier des libérateurs du territoire, une page allait se tourner à l'avantage du général de Gaulle.

Si son intransigeance antivichyste avait dans un premier temps desservi le Général, elle l'avait valorisé à mesure que le régime de Pétain-Laval s'enfonçait dans la collaboration et la répression. Cette dernière évolution lui avait permis de rallier à son oriflamme une Résistance intérieure d'abord réticente, de se la subordonner en redonnant aux forces émanant des anciens partis politiques une place qui signait sa propre allégeance à la tradition démocratique et républicaine.

Lorsque doit avoir lieu le débarquement, la Résistance intérieure pousse à l'insurrection. De Gaulle est-il pour ? Est-il contre ? Les Alliés sont réticents même si les rapports entre de Gaulle et Eisenhower sont bons. En tous les cas, dans l'appel que de Gaulle lance le 6 juin 1944, il n'est pas question d'insurrection. Parce qu'il juge que les conditions ne sont pas réunies, qu'il craint une mainmise des communistes sur le pays ? En tous les cas, il négocie surtout la participation des forces françaises de l'extérieur : celles de Juin en Italie, celles de Leclerc dans la Manche.

Ce seront les initiatives locales, en relation avec Kœnig, qui déclencheront les soulèvements. Elles furent convaincantes pour Eisenhower, Montgomery et, lors du débarquement en Provence, en août 1944, pour Patch. Mais elles ne convainquirent pas Roosevelt que le gouvernement provisoire d'Alger incarnait la République. Il appela « occupées » les régions que les forces alliées avaient libérées. Il n'était toujours pas question de reconnaître la légitimité du général de Gaulle.

LES CONFÉRENCES DE LA GRANDE ALLIANCE

Les entretiens vus par Staline

Les *Mémoires* d'Andreï Gromyko présentent un intérêt particulier : ministre plénipotentiaire puis ambassadeur auprès du président Roosevelt après 1939, il fut au côté de Staline aux conférences de Téhéran (novembre-décembre 1943), Yalta (février 1945), Potsdam (juillet 1945), et bien qu'il n'ait écrit ces *Mémoires* qu'en 1989, ils ont l'avantage de présenter un point de vue synthétique sur le comportement de Staline et aussi sur la façon dont les Soviétiques ont jugé la politique et la manière de Churchill et de Roosevelt à Téhéran et à Yalta pour la comparer à celle d'Attlee et de Truman à Potsdam[49].

Certes, Molotov a participé également aux trois conférences mais, dans ses entretiens avec Tchouev, il a plutôt évoqué des épisodes, des moments et des problèmes particuliers sans confronter explicitement les enjeux de chacune d'entre elles et les comportements des participants[50].

Tout comme Molotov, Gromyko nie l'existence de clauses secrètes aux accords passés avec Ribbentrop en 1939. Ce qui est invraisemblable de la part de Molotov, qui les a conclus, l'est moins de la part de Gromyko. Sans doute suit-il les instructions officielles en niant l'existence de clauses secrètes (ce n'était pas un secret au Kremlin que Staline voulait récupérer la partie orientale de la Pologne, à l'est de la ligne Curzon, considérée comme biélorusse et ukrainienne, voire les pays baltes perdus au traité de Riga en 1921). Il reste que son témoignage donne un point de vue et c'est pour l'instant l'essentiel.

On retrouve chez Roosevelt comme chez Staline, dit-il, l'idée qu'une rencontre à trois, avec Churchill, est une nécessité. Roosevelt a proposé une rencontre au Caire ou à Bagdad ; Staline préfère Téhéran. « Il ne s'agit pas de sécurité, elle ne m'inquiète pas, écrit Staline, mais, à Téhéran, il y a une liaison téléphonique ou télégraphique avec Moscou. » Il lui faut suivre de près la bataille d'Ukraine[51].

À Téhéran, trois mois après l'armistice italien, le point le plus important de la réunion portait sur l'ouverture d'un second front à l'ouest. Pas plus que lors de sa rencontre, en août 1942, avec Churchill, Staline ne parvenait pas à obtenir que ce second front fût ouvert, et non pas dans les Balkans ou le nord de l'Italie comme le voulait Churchill. « La raison d'être de ce choix était claire, explique Gromyko : se mettre en travers de l'avance des armées soviétiques, pousser sur Berlin et, grâce à l'occupation du sud-est de l'Europe, procurer aux puissances occidentales une ouverture directe sur les frontières de l'URSS. »

À Téhéran, Staline ne cessa de presser Churchill de donner une date de ce débarquement en Europe, sans jamais y parvenir. « Au cours de l'une de ces discussions, se contenant à peine, il se leva de son siège et, s'adressant à Molotov et Vorochilov, il leur déclara : « Nous avons trop de choses à faire chez nous pour perdre notre temps ici. Nous n'en sortons pas[52]. »

Dans la confusion qui suivit, rapporte Gromyko, Churchill manifestement effrayé à la pensée d'une rupture des discussions affirma en toute hâte : « Ce sera pour mai 1944. »

Autre problème, l'avenir de l'Allemagne maintenant qu'il apparaissait qu'elle serait vaincue. Des bruits circulaient que les Anglais et les Américains voulaient fractionner le pays, mais ni Churchill ni Roosevelt n'avaient de plan précis. Seule certitude, il fallait « rogner les ailes » de la Prusse, sa province la plus agressive.

Après les avoir écoutés, Staline fit le commentaire suivant : « Sur les champs de bataille, les Prussiens, les Bavarois, les Saxons et les soldats des autres régions d'Allemagne combattent avec la même détermination. À mon avis, on ne peut résoudre le problème allemand en démantelant le territoire de ce pays. À mon avis, vous ne pouvez pas plus effacer l'Allemagne de la carte que vous ne le pourriez de la Russie. C'est dans la démilitarisation et la démocratisation de l'ensemble de l'Allemagne qu'il faut chercher la solution. Il faut liquider le nazisme et la Wehrmacht et traduire devant le peuple les dirigeants criminels du IIIe Reich. »

Staline proposa que tous trois y réfléchissent, et de se retrouver pour en discuter. De fait, ce ne sera pas à Yalta mais à Potsdam, après la capitulation allemande.

Sur la question polonaise, Roosevelt souleva la question des unités militaires alors en URSS et qui, « en violation d'un accord se retiraient de ce pays ». « Il songeait aux sept millions d'Américains d'origine polonaise qui allaient voter aux prochaines élections présidentielles [...] il se méfiait pourtant de Churchill », juge Gromyko. Selon lui, Churchill voulait imposer un gouvernement polonais essentiellement hostile à l'URSS (et qui se posait dans une attitude d'une lutte entre les puissances occidentales et la Russie, irait jusqu'à affirmer Harriman, un peu plus tard[53]).

« Pourtant, estime Gromyko, Churchill et Roosevelt apercevaient l'imprudence d'une telle attitude et s'efforçaient même de faire entendre raison au gouvernement polonais. En vain. Les exilés polonais réactionnaires fonçaient tête baissée vers leur perte[54]. »

Sur le problème des frontières polonaises, le gouvernement exilé de Londres présenta des exigences « absurdes », rapporte Gromyko. Aussi Churchill prit-il trois allumettes pour illustrer ses idées, chacune représentant une frontière, à l'est celle de 1940, au centre et à l'ouest, celles de 1939 : « Ces allumettes, déclara-t-il, doivent être déplacées vers l'ouest ; une manière que soient garanties les frontières occidentales de l'URSS. » « L'URSS reconnaît la frontière soviéto-polonaise de *fin* 1939 et la juge juste », commenta Staline. À Téhéran, il fut ainsi considéré que « l'essentiel du peuple polonais est localisé entre la ligne Curzon et le fleuve Oder ». Il fut convenu aussi que Königsberg serait attribué à l'URSS.

Troisième point : Staline déclara alors qu'après la défaite allemande l'URSS « apporterait aux Alliés l'aide nécessaire pour vaincre le Japon ».

Les Alliés discutèrent ensuite de la création d'un organisme international de sécurité, sur le principe duquel ils étaient d'accord.

Une date ayant été fixée au débarquement, et Staline ayant promis d'intervenir pour aider les Alliés face au Japon, l'humeur fut meilleure à la fin de la conférence qu'à ses débuts. On promit de se revoir. Une anecdote circula même, qui contribua à détendre l'atmosphère. À l'ouverture d'une séance, Churchill aurait dit : « J'ai fait un rêve : je serai maître du monde. » « Et moi j'ai rêvé que je serai maître de l'univers », aurait renchéri Roosevelt avant de demander à Staline : « Et vous, qu'avez-vous rêvé ? » « Que je n'entérinerai pas vos nominations », aurait répondu Staline.

La santé du chef d'État américain s'étant détériorée, Gromyko ne le revit à Washington qu'en février 1944 où, « avec un sourire de charme, Roosevelt glissa qu'il lui avait fallu faire pression sur Churchill pour parvenir à un accord et qu'il lui donnait du fil à retordre ».

Au moment de Téhéran, en novembre-décembre 1943, les nouvelles du front ne pouvaient que détendre l'atmosphère. Staline se réjouissait de la libération de Kiev, de Gomel, de Jitomir, perdue et reprise, et d'avoir détruit ou démantelé cent divisions ennemies ; en Italie, les Alliés se rapprochaient de la ligne Gustav et de Cassino, leur seul échec ayant été la « libération » de Mussolini par les nazis en septembre.

Quand les trois leaders se retrouvent un an plus tard à Yalta en janvier 1945, la carte de guerre fait au contraire planer une forte tension, alors même qu'elle laisse présager la fin des hostilités. En effet, d'un côté les Russes sont à 150 kilomètres de Berlin, de l'autre l'offensive allemande des Ardennes, « le dernier coup de dés de Hitler », menace de remettre en cause les succès du débarquement allié. Staline se trouve en position de force, ce qu'on a complètement occulté après coup lorsqu'on a reproché à Roosevelt les concessions faites à Yalta.

Avant d'examiner les données de cette polémique, revenons aux témoignages des Soviétiques sur Yalta – pour les confronter à d'autres.

« L'atmosphère était majestueuse et triomphale », rapporte Gromyko. Le général Antonov expliqua qu'il avait avancé la date de son offensive pour aider les Alliés. Roosevelt écoutait avec compréhension et demeurait calme. Churchill, en revanche, parvenait mal à cacher son irritation. [...] Ses cigares le trahissaient, quand il était crispé ou énervé, il en fumait beaucoup plus. Le nombre de ses mégots variait en proportion directe de la tension des réunions. » De fait, on ne pouvait contester la sympathie que

Staline éprouvait pour Roosevelt et qui ne s'étendait guère au Premier ministre britannique.

À Yalta, Staline prenait soin de tenir au courant chaque membre de la délégation soviétique des objectifs qui lui paraissaient essentiels lors de ce sommet. Il organisa même un cocktail pour s'entretenir avec chacun d'eux. « Il me demanda : "Sur quelles principales forces sociales Roosevelt peut-il compter dans son pays ?" […] J'expliquai, répondit Gromyko, que les extrémistes de droite dénonçaient absurdement ses sympathies pour le socialisme, un artifice de propagande. À l'heure actuelle, il n'a aucun rival pour la présidence, il est sûr de son fait. Ce furent ces mots dont Staline tint le plus grand compte[55]. »

Au centre des discussions, selon Gromyko, se trouvait la question des réparations allemandes, « qui ne fut pas résolue ». Staline ne parvenait pas à comprendre ce qui poussait Roosevelt et Churchill à écarter cette question. Les quelque 30 à 40 millions de dollars évoqués n'étaient qu'une « goutte d'eau » en rapport aux dégâts causés par l'invasion allemande estimés à 2 600 milliards de roubles. « Les Alliés ne répugnaient-ils pas à une restauration trop rapide de l'économie soviétique ? » Roosevelt était le moins loquace, il se gardait de toute confrontation avec Churchill qui se refusait au moindre geste en faveur de l'URSS. À une question de Staline, Gromyko répondit que « ce n'était certainement pas un hasard si, sur ce point, Roosevelt ne faisait pas pression sur Churchill : "Il est possible qu'ils se soient accordés préalablement", marmonna Staline.

« Le lendemain, avant la réunion, Staline me convoqua pour que je lui traduise une missive qu'il venait de recevoir de Roosevelt. "Répétez, répétez", me disait-il. Roosevelt déclarait que les États-Unis reconnaissaient à l'URSS Sakhaline et la moitié de îles Kouriles. Il était ravi, marchait de long en large en répétant : "Bien, très bien." Il ne voulait pas se séparer de la lettre qu'il gardait à la main quand je le quittai. »

La sympathie que Staline éprouvait pour Roosevelt ne changea rien à leurs dispositions vis-à-vis de la question polonaise, estime Gromyko. Si à l'est, on se décida bien sur la ligne Curzon, « avec quelques rectifications en faveur de la Pologne », à l'ouest, les Soviétiques proposaient la ligne Oder-Neisse, « mais les Anglais et les Américains jugèrent que la population polonaise ne serait pas capable de tirer parti des ressources de ces nouveaux territoires ». On se sépara sans avoir réglé ce problème des frontières occidentales.

Mais ce fut le problème du gouvernement futur de la Pologne qui souleva le plus de difficultés. Staline soutenait que « la Pologne ne devait pas être gouvernée par ceux qui l'avaient conduite à une catastrophe, mais par ceux qui avaient combattu contre Hitler ». Churchill et Roosevelt proposaient la dissolution des deux gouvernements polonais et la composition d'un nouveau gouvernement qui comprendrait les principaux membres du cabinet réactionnaire en exil. « L'URSS et les forces démocratiques consentirent à ce compromis[56]. »

Selon les Soviétiques, le vrai problème n'était pas celui des frontières : les ennemis du pays pouvaient traverser la Pologne parce que c'était un État faible : les Russes ne peuvent fermer ce corridor de l'extérieur, il ne peut l'être que de l'intérieur, par des forces polonaises, « il faut donc créer une Pologne forte, libre et indépendante ». « Avec les Russes et les Allemands, les soldats polonais sont vraiment les plus obstinés », ajouta Staline.

À Yalta, l'état de santé de Roosevelt se détériora. Une séance fut annulée, le président américain ayant dû garder la chambre. Staline, accompagné de Molotov et de Gromyko, lui rendit visite. Le président américain en fut ravi mais, après quelques banalités échangées avec Staline sur la beauté de la Crimée, « Roosevelt devint détaché, étrangement distant : il nous voyait mais son regard divaguait au loin... "Pourquoi la nature le punit-elle ainsi ? nous dit Staline. En quoi est-il plus mauvais que d'autres ?" Oui, ajoute Gromyko, Staline éprouvait pour Roosevelt une sympathie personnelle qu'il ne nous cachait pas ».

À Potsdam, dont il sera question plus loin (voir la section « Potsdam : la bombe A ouvre une nouvelle ère »), on aurait pu s'attendre à une ambiance triomphale. Mais les premiers jours, où Churchill fut encore présent – il laissa ensuite la place à Attlee, ayant été battu aux élections –, l'atmosphère fut protocolaire et des divergences éclatèrent sur toutes les questions. Selon Staline, Truman (Roosevelt était mort, à cette date) était venu pour faire le minimum de concessions sur les réparations et attirer l'Allemagne dans le système occidental. Il avait fait retarder la date de réunion pour pouvoir s'appuyer sur le succès des essais atomiques prévus en juillet. Il jugeait que Roosevelt avait trop cédé, à Yalta. Staline dut faire de même sur la question des réparations et, en échange, il obtint un accord sur la frontière Oder-Neisse.

« Ils veulent nous étrangler, dit Staline. Mais ne vous en faites pas, nous avons survécu à la guerre civile, nous survivrons bien à cela[57]. »

Encore une fois, le problème de la composition du gouvernement polonais fut âprement discuté. La délégation du cabinet de Lublin (ou Comité de Lublin) fut présentée par Boleslaw Bierut, et les trois puissances exprimèrent leur satisfaction qu'un nouveau gouvernement fût constitué et reconnu à la place de celui de Londres « qui du reste n'existait plus »... Parmi les membres de ce dernier, juge Gromyko, Mikolajczyk, représentant le gouvernement polonais de Londres, ne méritait pas la confiance du pays.

Les entretiens vus par Churchill

Sur un grand nombre de points, le regard que Churchill porte sur le déroulement et l'enjeu de ces rencontres à deux ou à trois corrobore celui des Soviétiques. Les points d'accord comme les suspicions et les zones de conflit cités sont les mêmes – mais l'argumentaire est volontiers différent.

L'exemple le plus important concerne la décision d'établir un deuxième front, puis sa date et sa localisation.

Ainsi, Churchill confirme dans ses *Mémoires* écrits plus tard comme dans les propos tenus auparavant à ses proches collaborateurs que, lorsque le vent tourna en faveur des Soviétiques, dès l'hiver 1942-1943, son objectif fut bien d'intercepter le déferlement de leurs armées en opérant un débarquement dans le sud de l'Europe pour leur couper la marche vers l'ouest et, sait-on jamais, arriver les premiers à Berlin. Les laisser affaiblir les Allemands et s'affaiblir eux-mêmes avant d'intervenir participe aussi de ses vues[58].

Mais d'un autre côté, son hostilité globale à un débarquement frontal en Europe occidentale – ce que souhaitaient les Russes – tenait à un autre ensemble de données.

Tout d'abord, il n'oublie pas que, de 1939 à 1942, son pays n'a connu que des défaites : le rembarquement de Dunkerque, de la Grèce et de la Crète, la chute de Singapour, la perte de Tobrouk malgré une supériorité en matériel et en hommes, le débarquement de Dieppe – la semaine après sa rencontre avec Staline, en août 1942. Il veut en éviter une nouvelle ; qu'il n'ait pas confiance en ses armées pour vaincre l'Allemagne, voilà qui rend compte à la fois de son obstination à refuser le débarquement ou du moins à éviter qu'il soit frontal, et de sa préférence pour une stratégie périphérique dont les risques sont moindres. Plus encore, il opterait pour la guerre aérienne, en l'occurrence pour la destruction ciblée de l'industrie, voire des villes allemandes – stratégie, perçue aussi bien comme une réponse à la « Koventrisation » et qui atteint son premier apogée lors du grand raid de 1 046 avions sur Cologne, en novembre 1942.

Lorsqu'en août 1942 Staline lui dit que les Anglais sont « des peureux », Churchill ne lui répond pas qu'ils se sont pourtant battus seuls à l'heure du pacte germano-soviétique et après la défaite de la France. Il l'a déjà rappelé à Maïski. Il préfère convaincre Eden que, faute de pouvoir débarquer, il n'a qu'une parade pour calmer Staline : s'engager à ne pas remettre en cause les frontières polonaises à l'est, ce qu'il lui avait déjà dit lorsqu'il avait rencontré Molotov et qu'avait été signé un pacte d'amitié pour vingt ans entre la Grande-Bretagne et l'URSS, qui incluait la promesse de ne pas signer de paix séparée (26 mai 1942).

L'entrée en guerre des États-Unis, qu'il avait tant souhaitée, avait pourtant amené Winston Churchill à aménager sa position. S'il ne voulait pas qu'à Washington triomphe la *Pacific Strategy* et s'il voulait que la priorité soit donnée à la lutte contre l'Allemagne, il fallait imaginer une action offensive assez convaincante pour détourner les Américains de leur tentation d'accorder cette priorité à la guerre du Pacifique. La chute de Tobrouk, pourtant, en juin 1942, augurait mal d'une opération au nord de la Méditerranée, où se trouvait l'essentiel des forces britanniques – une opération frontale en France, comme le souhaitait l'amiral King, apparaissant totalement irréelle. Mais les Américains ne voulaient pas se représenter quelle pouvait être la puissance de la Wehrmacht. Surtout, Roosevelt était convaincu que Churchill s'obstinait à refuser un débarquement sur les côtes atlantiques ou sur la Manche seulement pour conserver la route des Indes en demeurant le maître de la scène méditerranéenne. Et ce qu'il y avait de vrai, c'était bien que Churchill avait conscience que les Américains voulaient mettre fin à la puissance coloniale britannique, en particulier en Inde.

Le choix de *Gymnast*, bientôt appelé *Torch*, c'est-à-dire le débarquement en Afrique du Nord, fut, tout pesé, une victoire pour Churchill. Les Américains allaient s'engager en Afrique du Nord et pas dans le Pacifique. Mais ce succès était chèrement payé, même si Marshall se gardait sous la manche le débarquement en Europe de l'Ouest, car ce serait les Britanniques qui allaient en supporter les aléas, leurs forces navales se trouvant concentrées dans ces régions. Leur chance fut qu'à la date prévue le vent tourna en leur faveur à El-Alamein.

En août 1942, annonçant à Staline le plan *Torch* de débarquement en Afrique du Nord, Winston Churchill fut frappé par la pertinence et la vivacité des vues stratégiques de son interlocuteur : « D'un coup, il saisit tous les avantages stratégiques de *Torch*, il en énuméra les quatre principales raisons : d'abord attaquer Rommel dans le dos, puis se dégager de l'Espagne, ensuite que cela produirait des conflits entre Français et Allemands en France, enfin que cela placerait l'Italie au plein fouet de la guerre.

« Vraiment, je fus impressionné par cette analyse remarquable. Elle montrait la capacité du dictateur russe à maîtriser toute nouvelle donnée de la guerre. Peu de personnes auraient été capables en quelques minutes de repérer les données que nous avions mis si longtemps à évaluer, à mettre en place. Il avait tout compris, et d'un coup [*in a flash*][59]. »

Ce qu'omet de rappeler Churchill dans ses *Mémoires*, c'est que cette rencontre d'août 1942 avait mal commencé : Staline l'avait abreuvé d'une bordée d'insultes tant à cause de l'arrêt des livraisons par la mer du Nord eu égard aux pertes causées par les U-Boots, que du lieu de débarquement choisi, l'Afrique du Nord.

Il surmonta cette humiliation lors de la rencontre du lendemain, argumentant sur sa bonne foi pour expliquer qu'il était difficile de risquer la mort de cent cinquante mille soldats sur un débarquement frontal – mais qu'un essai allait se faire dans les jours prochains (ce fut le débarquement manqué de Dieppe). Le montant des pertes virtuelles n'impressionna guère Staline. Mais le ton de sincérité de Churchill changea son humeur. « C'est lui qui compte, plus que la substance de ce que vous me dites… », lui dit-il.

Churchill repartit satisfait d'avoir réussi ce contact personnel avec Staline.

Après la rencontre tripartite de Téhéran de novembre 1943, qui annonçait pour mai 1944 le débarquement à l'ouest, Churchill voulut renouveler le contact à deux avant la conférence tripartite prévue à Yalta. Les circonstances étaient tout à fait nouvelles puisque le débarquement en Normandie avait eu lieu, Paris était libérée tandis qu'à l'est, l'Armée rouge avait atteint les frontières de la Hongrie et que les garnisons allemandes des États baltes étaient encerclées. « Le communisme redressait la tête derrière le front soviétique, tout grondant des tonnerres du canon. La Russie devenait la rédemptrice, et le communisme, l'Évangile qu'elle apportait. »

On était en septembre 1944 et Churchill tenait à voir Staline seul à seul pour prévenir les effets d'une connivence qu'il avait senti naître entre Roosevelt et Staline.

Le moment était bien choisi, car Roosevelt ne pourrait essayer de l'accompagner : en effet, le président américain devait être présent pour sa réélection qui devait se jouer le 4 novembre face à Dewey.

Dans sa proposition de rencontre, Churchill écrivait à Staline, le 27 septembre 1944, qu'il saisirait l'occasion pour répéter le lendemain à la Chambre des communes que « c'était l'armée russe qui avait brisé les rouages de la machine de guerre allemande, et que c'est elle qui fixe encore actuellement de beaucoup la plus grande partie des effectifs ennemis sur le front[60] ».

Il semble bien que les historiens du temps de la guerre froide n'aient pas voulu connaître cette attestation. Et que, depuis, c'est leur silence... qui a fait écho.

« Je me fais une fête de retourner à Moscou dans des conditions beaucoup plus favorables qu'en août 1942. » Cette fête, il semble que Roosevelt devait en suspecter quelque peu le prétexte. Il câbla à Staline que les États-Unis ne se sentiraient en rien liés par toute décision prise en dehors d'eux « car à l'heure actuelle, il n'y a pas un problème [...] qui ne concerne pas les États-Unis ». Il proposa à Churchill qu'Harriman y participe. Staline lui-même s'interrogea sur la raison de cette demande d'entretien personnel. Au vu de la réaction de Roosevelt, il organisa cette réunion chez Molotov. Churchill s'arrangea néanmoins pour avoir un entretien seul à seul avec Staline[61].

C'est au cours de cet entretien qu'il relate dans ses *Mémoires* que Churchill griffonna sur un papier ce « partage » de l'Europe :

« Roumanie : Russie 90 ; les autres 10 % – Grèce : Grande-Bretagne 90 % (en accord avec États-Unis) – Yougoslavie : 50 %-50 % – Hongrie : 50 %-50 % – Bulgarie : Russie 75 % ; les autres 25 %. »

« Je poussai le papier devant Staline, raconte-t-il, à qui la traduction fut faite. Il y eut un léger temps d'arrêt. Puis celui-ci prit son crayon bleu, y traça un gros trait en manière d'approbation, et nous le rendit. Tout fut réglé en moins de temps qu'il n'en faut pour l'écrire. [...] Je dis alors : "Ne trouvera-t-on pas un peu cynique que nous ayons l'air d'avoir réglé le sort de millions d'êtres humains d'une façon aussi cavalière ? Brûlons ce papier.

– Non, dit Staline, gardez-le[62]." »

Ainsi, contrairement à une légende qui s'est perpétuée au point qu'elle en est devenue une « vérité historique », ce n'est pas à Yalta que l'Europe a été divisée en zones d'influence mais bien à Moscou, quelques mois plus tôt, et c'est Churchill, pas Staline, qui en a été l'initiateur, Roosevelt étant accusé, aux États-Unis et en Europe centrale, d'y avoir souscrit.

Pour signaler cette démarche et pour s'en expliquer plus ou moins, Churchill écrivit alors à Roosevelt une longue lettre[63]. Mais cette lettre, il ne l'envoya pas.

Comme on l'observe, dans ce partage du monde, il n'était pas question de la Pologne, objet permanent des discussions tant sur ses frontières que sur la composition de son futur gouvernement. Mikolajczyk paraissait intraitable. Il était à Moscou. « Vous êtes des gens durs qui veulent faire capoter l'Europe », lui dit Churchill[64].

Mais les hommes du Comité de Lublin firent une détestable impression à Churchill, surtout lorsque leur président, Bierut, déclara qu'« au nom de la Pologne, il demandait que Lvov fût attribuée à la Russie ». Churchill jugeait qu'il fallait que les uns et les autres se rencontrent, constituent un gouvernement de coalition. Sur le principe, Staline et Molotov étaient d'accord à condition que les Polonais de Londres fussent minoritaires... « Une plaie suppurante », commente Churchill.

Cette double intransigeance qui, vu la carte de guerre, avec l'armée soviétique aux portes de la Pologne, amènerait la prise du pouvoir par un gouvernement à la Quisling, se retrouve quelques mois plus tard à Yalta : à cette date, Mikolajczyk, pour avoir proposé à ses collègues ministres à Londres une négociation avec le Comité de Lublin, a été obligé de démissionner. À Yalta, il a été convenu que des élections libres auraient lieu en Pologne, qui perdrait ses territoires à l'est pour en récupérer à l'ouest. Juste après, Churchill rencontre le général Anders. C'est l'explosion :

« Vous n'êtes pas content du résultat de la conférence de Yalta ? » demande Churchill en français au général Anders, le 21 février 1945.

Anders : « C'est peu dire que je ne suis pas content. Je trouve qu'un grand malheur est arrivé. La nation polonaise n'a pas mérité un règlement pareil et nous, les combattants, ne nous y attendions pas. La Pologne a été la première à répandre son sang, dans cette guerre... Elle a subi des pertes énormes. Elle a été l'alliée de la Grande-Bretagne dès le commencement et pendant les moments les plus durs. À l'étranger, nous avons fourni les efforts militaires les plus importants, dans les airs, sur mer, sur terre. En Pologne, notre mouvement de résistance contre les Allemands était le plus considérable de tous. Et aujourd'hui, nous les chefs, que dirons-nous à nos soldats ? La Russie soviétique, alliée fidèle de l'Allemagne jusqu'en 1941, nous enlève maintenant la moitié de notre territoire et veut établir sa propre autorité sur le reste de la Pologne. Par expérience nous savons à quoi cela mène... »

Churchill, avec violence : « Tout cela est votre faute. Depuis bien longtemps je vous conseillais de régler la question avec la Russie soviétique en lui abandonnant les territoires situés à l'est de la ligne Curzon*. Si vous m'aviez écouté, l'affaire aurait pris un tour totalement différent. Nous n'avons jamais garanti la frontière orientale. Nous possédons suffisamment de troupes nous-mêmes et nous n'avons pas besoin de votre concours. Vous pouvez retirer vos divisions, nous nous en passerons[65]. »

---

* Après Versailles, les Anglais avaient fixé la frontière polono-soviétique à la limite ethnique du peuplement polonais (ligne Curzon). Au lendemain de la guerre russo-polonaise, le traité de Riga fixa la frontière 200 kilomètres à l'est et reconnaissait à la Pologne une partie de la Biélorussie et de l'Ukraine.

Ces propos pouvaient provoquer la rancœur des Polonais – de fait, si l'Histoire a bien reconnu leurs souffrances, elle n'a pas vraiment rendu justice à la participation active de leurs forces à la libération de l'Europe, lors de la campagne d'Italie, notamment.

Plus loin, Churchill explique que la question des frontières sera examinée à la conférence de la Paix, que la Pologne recevra de larges compensations à l'ouest, la Prusse-Orientale, etc. Sur la question du gouvernement futur, Anders explique qu'il préférerait un gouvernement composé exclusivement d'hommes de Lublin* car, ainsi, les Polonais verraient bien que ce n'est pas un vrai gouvernement.

Churchill était reparti assez sombre de Yalta.

La connivence qu'il avait pressentie et perçue entre Roosevelt et Staline s'était bien manifestée une nouvelle fois, par exemple lorsque tous deux avaient résisté à ses pressions pour que la France participe à l'occupation de l'Allemagne. Certes, il avait fini par l'emporter, « s'étant battu comme un lion », mais alors même qu'il écrivait à Eden que « son seul espoir pour le monde était l'entente entre les Trois », il sentait bien que « le monde allait se partager en deux, entre les États-Unis et l'URSS, et qu'ainsi le rôle planétaire de la Grande-Bretagne prendrait fin[66]... ».

Déjà, sur le chemin de retour de Yalta, un premier signe confirma son impression.

Sans l'en informer, comme en témoigne l'échange de leur correspondance, Roosevelt a concocté au Caire un rendez-vous avec Ibn Séoud, roi d'Arabie, sachant quelles ressources se trouvaient cachées dans ce pays. Il s'agit pour le président américain de s'assurer le monopole de l'exploitation du pétrole, et c'est alors qu'on y crée l'Aramco. Dans ces régions que la Grande-Bretagne consi-

---

* Désignés par Staline.

dérait comme sa chasse gardée, les États-Unis faisaient ainsi irruption, et de quelle manière...

Churchill n'avait pas été convié à ces entretiens de Suez, qui eurent lieu sur le *Quincy*. Il réussit cependant à s'y faire inviter tout en sachant l'hostilité que le roi d'Arabie nourrissait contre les Anglais. Une anecdote : à côté des cadeaux d'Ibn Séoud (des épées incrustées de diamants et des colliers de perles pour lui, Eden et leurs épouses respectives), le coffret à parfum de 100 livres sterling qu'il avait fait porter au roi d'Arabie avait triste allure ; alors Churchill se résolut à confier à Ibn Séoud que le coffret n'était là que pour l'aider à attendre la dernière Rolls Royce, qui lui serait offerte sitôt sortie. Au vrai, celle-ci était destinée à la reine, et Winston Churchill dut s'en expliquer puis en acheter une autre à Sa Gracieuse Majesté. Qui fut payée avec les diamants d'Ibn Séoud[67].

Les entretiens vus par Roosevelt[68]

En quittant Yalta, Roosevelt dit à Adolf Berle, un des trois conseillers de son *brain trust* : « Adolf, je n'ai pas dit que le résultat était bon. J'ai dit que c'était le meilleur que je pouvais obtenir[69]. »

Sans doute le procès qui lui fut fait après coup – d'avoir trop cédé à Staline – n'avait pas de sens sur le fond : l'idée d'un partage de l'Europe en zones d'influence avait été une idée de Churchill, pas de Roosevelt ni de Staline, et, dans la réalité, les Soviétiques occupaient déjà l'Europe centrale et la Pologne quand eut lieu la conférence de Yalta. « La seule attitude pratique est de recourir à l'influence que nous pouvons avoir pour améliorer la situation. » Il admet qu'un gouvernement polonais ne saurait être hostile à l'URSS, mais après que les Soviétiques ont admis que les élections organisées par un gouvernement représentatif doivent se faire sous la surveillance des ambassadeurs des Trois Grands, il laisse Staline rejeter le principe du contrôle... une vraie concession.

Le fait est que, bien avant Yalta et la conférence de Téhéran, Roosevelt avait été impressionné par la puissante capacité de l'URSS à faire la guerre, à résister aux Allemands. Cela l'avait marqué profondément, tout comme l'avait marqué la défaite de 1940, dont il avait tiré de sombres conclusions quant à l'avenir de la France. En outre, si le communisme était bien interdit de séjour aux États-Unis, le gouvernement de Washington n'avait jamais eu depuis 1918, vis-à-vis des Soviets, l'attitude hostile et agressive des Français ou des Anglais. Certes, des Américains avaient participé à l'intervention étrangère contre la Révolution bolchevique de 1917 mais autant pour surveiller et contrecarrer l'action des Japonais en Sibérie que pour participer à la lutte des Blancs, des contre-révolutionnaires. Plus que d'autres, les Américains avaient apporté à la Russie une aide humanitaire au début des années 1920, lors de l'épidémie de typhus. Et, depuis l'invasion allemande de 1941, sous-estimant la puissance de la Wehrmacht, les Américains et Roosevelt aussi bien nourrissaient toutes sortes de soupçons à l'encontre de Churchill, circonspect sinon hostile à un appui « prématuré » ou excessif à l'URSS.

Un courant prosoviétique était apparu les années précédentes hors même de la gauche américaine, dont l'ancien ambassadeur Davies était l'un des animateurs. Son livre, *Mission à Moscou*, allait devenir un film en 1943, dans lequel étaient justifiés les procès de Boukharine, Radek, Zinoviev, etc., et qui suggérait que le pays se démocratisait. Un autre film de Lewis Milestone et Lilian Hellman, *The North Star*, dépeignait l'URSS d'avant l'invasion comme un pays de cocagne très semblable au Middle West. Roosevelt avait encouragé la production de ces films.

La décision de Staline de dissoudre le Komintern, le 19 mai 1943, alors qu'il était question d'une rencontre entre Roosevelt, Staline et Churchill à Téhéran, impressionna favorablement le président américain.

Les raisons de Staline, certes, étaient multiples, comme on l'a vu. Il avait cette idée en tête depuis deux ans. Le 20 avril 1941, se référant au fait que les communistes américains avaient dû se désaffilier du Komintern pour ne pas tomber sous le coup du *Voorhis Act* qui exigeait que les organisations liées à un pays étranger fussent transparentes, Staline avait dit à Dimitrov : « Vous perdez vos partis communistes. Mais ce n'est pas si mal car il vaut mieux qu'ils se développent de façon indépendante, et puissent ainsi se renforcer. [...] Ensuite, on rétablira une organisation internationale. » Ces propos avaient été tenus après que les succès allemands à l'ouest eurent mis fin à la vie de plusieurs de ces partis d'Occident[70]...

Un mois plus tard, l'agression allemande détourna Staline de ce projet, qui revint sur le tapis lorsqu'il fut question d'une rencontre à trois avec Churchill et Roosevelt. D'ailleurs William Bullitt avait fait savoir à Staline qu'une dissolution de l'Internationale communiste serait pour Roosevelt une preuve de bonne volonté[71]. Comme le Komintern était moribond, Staline n'eut pas de mal à convaincre Dimitrov, Thorez, Dolorès Ibárruri, Ulbricht, etc., de la nécessité de ce suicide. Quatre-vingts quotidiens américains saluèrent cette décision qui rassura Roosevelt sur l'avenir de la politique internationaliste de Staline : tout se passait comme s'il était décidé qu'il y mettait fin.

Au retour de Téhéran, rapporte l'ambassadeur de Pologne à Washington, Jan Ciechanowski, il esquiva les questions relatives à l'hospitalité que Staline lui avait offerte à l'ambassade américaine, ce qui agaça ceux des Américains et des Polonais qui attendaient une condamnation ou du moins une critique du dictateur, de son régime. Surtout, Staline avait tenu à Roosevelt des propos conciliants sur la Finlande, voire sur l'avenir des pays baltes... « Le président finlandais, Paasaviki, a toute ma confiance, lui avait dit Staline, bien qu'il ne soit pas communiste, mais seulement démocrate... Ah si au moins on pouvait trouver un Paasaviki polonais, avait-il ajouté, les choses seraient grandement simplifiées⁷². » Selon le général Arnold, il avait réussi « à donner l'impression à Roosevelt d'être un vrai démocrate ». Et Roosevelt lui rendait sa sympathie, porté à lui faire confiance, à soupçonner Churchill de faire obstacle à la naissance d'une amitié entre l'Amérique et l'URSS.

Plus tard, à Moscou, lors d'une réunion quadripartite entre Mikolajczyk, Churchill, Harriman et Molotov, ce dernier déclara qu'à Téhéran Roosevelt avait donné son accord complet sur la ligne Curzon comme frontière orientale de la Pologne. « Il me semble, ajouta Molotov en se tournant vers Harriman et Churchill, que M. Mikolajczyk n'est pas au courant de ce détail et doute encore de la position de l'Amérique dans cette affaire. »

Ni Harriman ni Churchill ne relevèrent le défi de Molotov. Au vrai, Roosevelt et Churchill avaient évoqué la large compensation à donner, à l'ouest, à la Pologne, y compris Stettin, plutôt que contester la ligne Curzon puisque, selon l'enquête faite en 1919 par l'expert anglais, pourtant antisoviétique, à l'est de cette ligne, il n'y avait plus guère de Polonais, mais des Biélorusses et des Ukrainiens. Les Polonais revendiquèrent néanmoins Lvov et les champs de pétrole voisins, et Churchill expliqua que ces frontières pourraient être réévaluées à la conférence de la Paix.

Tout se passait comme si le gouvernement polonais de Londres voulait ignorer les larges compensations à l'ouest, jusqu'à l'Oder-Neisse, que leur offraient les Trois Grands.

La minorité polonaise aux États-Unis joua-t-elle vraiment un rôle ou Roosevelt le fit-il croire jusqu'à sa réélection en novembre 1944 ? De fait, indépendamment du vrai problème qu'était la composition d'un gouvernement polonais dominé par le Comité de Lublin, après sa réélection, Roosevelt envoya à Mikolajczyk une lettre datée du

17 novembre 1944 (juste avant Yalta) dans laquelle, s'il témoigne en termes diplomatiques de sa sympathie pour la Pologne, il ne prenait aucun engagement autre qu'une compensation territoriale à l'ouest et le droit pour les Polonais à la liberté [*sic*]. Il n'y était question ni de la composition du gouvernement ni de la transparence des futures élections : c'est ce que les Polonais allaient dénommer la grande capitulation de Yalta, « l'immolation de la Pologne[73] ».

Stettinius, le nouveau secrétaire d'État, qui avait succédé à Cordell Hull, considérait que « l'idée qu'à Yalta les intérêts vitaux des États-Unis ont été sacrifiés à l'apaisement est fausse ». Ce sont les manquements à Yalta, juge-t-il, qui ont perturbé le monde d'après-guerre. En l'occurrence, le fait que les Soviétiques et les partis communistes n'ont pas respecté l'engagement d'élections vraiment libres dans les pays de l'Est européen.

Mais le procès fait à Roosevelt avait commencé avant même Yalta, lancé par le sénateur Vandeberg notamment, qui non seulement ne voulait pas savoir que l'idée des zones d'influence n'émanait pas de Roosevelt mais qui surtout voulait ignorer qu'en février 1945 les Russes n'étaient pas loin de Breslau alors que les Alliés, à l'ouest, sortaient meurtris de la bataille des Ardennes – il n'en jugeait pas moins, comme bien des élus républicains, qu'il fallait dire « bravo » au premier qui entrerait dans Berlin, mais sans que ce succès lui donne pour autant aucun droit particulier.

Certes, sur le problème du devenir de l'Allemagne, Roosevelt ne l'avait pas emporté : il était d'accord avec ses partenaires pour désarmer et démilitariser le pays, mais Staline et Churchill étaient restés hostiles à un démembrement en cinq ensembles, indépendamment des zones d'occupation ; comme Staline, il avait cédé sur l'octroi à la France d'une zone et d'un siège – « par bonté », avait-il commenté, « car elle ne le mérite pas », avait ajouté Staline. Les républicains reprochaient également à Roosevelt d'avoir fait rentrer l'URSS dans le concert des nations en l'admettant à l'ONU avec trois voix.

Mais pour Roosevelt, l'essentiel n'était pas là. Staline laissait aux Américains les mains libres au Japon contre cette compensation encore secrète, la restitution de Sakhaline et des Kouriles à l'URSS. Plus important encore était que, répondant à la forte pression des militaires américains pour amener l'URSS à entrer en guerre contre le Japon, Staline avait non seulement donné son accord mais permis que cette intervention ait lieu dans les deux mois suivant la capitulation de l'Allemagne. En outre, autre succès pour Roosevelt, Staline avait assuré le président américain qu'il considérait Chiang Kai-chek comme un allié plutôt que Mao Tsé-toung.

À Yalta, parmi ceux qui s'estimèrent « victimes » des Trois Grands, figuraient les Polonais et de Gaulle – que seul Churchill avait soutenu.

À l'issue des conférences de Téhéran et de Yalta, et si l'on prend en compte les archives consultées par Montefiore, on voit que la connivence entre Staline et Roosevelt paraît avoir non seulement exaspéré Churchill mais débridé Staline. À Yalta, il ne cesse de faire des plaisanteries et manifeste la même goujaterie sans contrôle qui, juste avant décembre, avait offusqué de Gaulle.

« Pourquoi ne pas exécuter 50 000 ou 100 000 officiers allemands ? » interroge Staline. « Ce n'est pas l'idée que les Britanniques se font de la justice », répond Churchill... « Alors, disons 49 000 », propose Roosevelt. « Ils mourront de toute façon », ajoute Elliott, le fils de Roosevelt, invité à cette table – et souvent éméché. « On dirait que vous faites tout pour briser l'entente entre alliés », dit alors Churchill, agacé, à Elliott. C'est à Yalta que Staline a lancé sa plaisanterie devenue célèbre, en réponse à une proposition de Churchill de faire du pape un allié : « Le pape, combien de divisions ? » Ensuite, quand Roosevelt déclare que les élections en Pologne doivent être « aussi irréprochables que la femme de César », Staline répond « qu'elle n'était pas aussi innocente qu'on veut bien le dire ». « Buvons à la santé de George VI, lance-t-il plus tard, bien que je sois contre la monarchie. » « Contentez-vous de proposer un toast aux trois chefs d'État présents », rétorque Churchill.

Un hôte imprévu était arrivé, Beria. « Qui est-ce ? » demanda Roosevelt. « C'est notre Himmler », répondit Staline en riant, ce qui choqua Roosevelt et ne fit pas rire du tout Beria, qui avait entendu...

Ses hôtes partis, Staline proposa une promenade à Joukov : « Tu sais ce qu'est devenu Yakov (fils de Staline) ? lui demanda Staline... Ces assassins le fusilleront... Ils veulent le pousser à trahir son pays... » « Non, Yakov ne trahira jamais sa mère patrie. » Ils allèrent à table mais Staline ne put rien avaler.

Il ignorait que son fils était mort depuis deux ans[74]...

Les entretiens vus par Chiang Kai-chek

Chiang Kai-chek n'avait pas été invité à Yalta. Il avait toutefois rencontré Churchill et Roosevelt au Caire, avant la conférence de Téhéran. En son absence, à Yalta, on en traita pas moins du sort de l'Asie orientale.

Et Roosevelt céda à Staline des territoires chinois...

Ainsi, il n'y a pas que le pacte germano-soviétique qui comportait des clauses secrètes. Il y en eut également lors des accords de Yalta. Observons que celles-ci sont rarement évoquées.

Le 11 février 1945, en échange de sa participation à la guerre contre le Japon, Roosevelt accordait officiellement à Staline les conditions suivantes : le *statu quo* en Mongolie-Extérieure – elle était, de fait, gouvernée par les communistes. Les « droits de la Russie », violés en 1905, après sa défaite contre le Japon, lui seraient restitués, notamment à Dairen et Port Arthur, loués comme base navale à l'URSS, et elle aurait sa part dans les chemins de fer de l'Est chinois et du sud de la Mandchourie, comme avant 1905.

À cela s'ajoutaient, cette fois aux dépens du Japon, le retour à l'URSS du sud de Sakhaline et les îles Kouriles (ces clauses-là n'étaient pas secrètes).

Churchill fut mis au courant mais n'intervint pas dans cette négociation.

L'ambassadeur des États-Unis en Chine, Hurley, demanda à son président « si les États-Unis avaient le droit de céder des territoires appartenant à un tiers ». « Trouvez les voies d'un accord », aurait répondu, gêné, Franklin Roosevelt. De fait, le président américain, attentif à mettre en cause les pratiques impérialistes de la Grande-Bretagne ou de la France, ressuscitait, aux dépens de la Chine, les pratiques impérialistes de l'ancienne Russie tsariste, mais à l'avantage de l'Union soviétique.

« Il ne faut pas en parler à Chiang Kai-chek », dit Truman à l'ambassadeur Hurley après la mort de Roosevelt, le 12 avril 1945. À la conférence de San Francisco, Truman expliqua donc à l'ambassadeur de Chiang Kai-chek, T.V. Soong, que rien de dommageable pour la Chine n'avait été décidé. Mais Soong, qui avait réussi à connaître le contenu de l'accord secret, lui répondit que ces avantages concédés, l'URSS les avait abandonnés en 1924...

Quand, à Tchoung-King, en juin, l'ambassadeur de Staline, A.A. Petrov, proposa à Chiang Kai-chek un traité d'amitié et d'alliance, il lui indiqua qu'il existait des « préconditions » et précisa :

« Elles ont l'aval de Roosevelt et de Churchill.

« – Vous voulez dire qu'elles ont été décidées à Yalta ?

« – Oui », répondit l'ambassadeur de Staline, qui ajouta que le projet d'alliance prévu correspondait à une déclaration de guerre de l'URSS au Japon.

Et l'ambassadeur de Truman, Hurley, de rappeler qu'à Yalta « Staline avait assuré de façon catégorique qu'il ferait son possible pour promouvoir l'unification du pouvoir en Chine sous le leadership de Chiang Kai-chek, « car derrière Mao Tsé-toung, ce n'étaient pas de vrais communistes... seulement des communistes en margarine... »

Ce fut le 27 juin 1945 que T.V. Soong, désormais ministre des Affaires étrangères, vint à Moscou signer le traité d'amitié et d'alliance. Il était accompagné du fils de Chiang Kai-chek, Chang Ching-kuo. Celui-ci était chargé d'ouvrir les négociations de façon informelle... D'abord très convivial, Staline changea soudain de ton et dit brutalement à Chang Ching-kuo : « Nous devons négocier sur la base de ces préconditions. Et puis Roosevelt les a signées... »

Et comme le fils de Chiang Kai-chek refusait d'admettre ces clauses, notamment l'incorporation de la Mongolie-Extérieure à l'URSS, voire son indépendance, Staline retrouva son amabilité pour lui répondre :

« Écoutez, vous avez peut-être raison sur le fond. Mais vous devez comprendre qu'aujourd'hui vous avez besoin de mon aide, et moi je n'ai pas besoin de la vôtre. Si vous aviez la capacité de vaincre le Japon, je ne vous demanderais rien. Mais vous n'en avez pas les moyens. Alors pourquoi faire tant d'histoires sur la Mongolie[75] ? »

Pour que le fils de Chiang Kai-chek ne retourne pas dans son pays déstabilisé par de telles concessions, il fut ainsi convenu que cet accord demeurerait secret jusqu'à ce que soit effective et définitive la défaite du Japon[76].

Les demandes de Staline, en fait, allaient bien au-delà des « pré-conditions » de Yalta.

Est-ce que cela avait été par avance une compensation ?

À la conférence du Caire, Roosevelt avait demandé à Chiang Kai-chek « s'il voulait récupérer l'Indochine ». Non, avait répondu Chiang. L'Indochine n'est pas chinoise... L'hostilité de Roosevelt à la présence anglaise ou française en Asie avait frappé Chiang. Son anti-impérialisme apparaissait plus constant que sa méfiance vis-à-vis de l'URSS et du communisme ; voilà qui surprit le Chinois. Cette hostilité se confirme lorsque, après le coup de main du Japon sur l'Indochine le 9 mars 1945, Roosevelt fait savoir au général Chennault que « le gouvernement américain est intéressé à voir les Français éjectés d'Indochine par la force ».

Chiang n'apprécie pas cette manière de voir. Il sera chargé de contrôler le départ des Japonais au nord de l'Indochine après leur défaite, car il préfère une présence française au transfert du Tonkin à des maîtres chinois qui pourraient être bientôt des suppôts de Mao Tsé-toung[77].

LES AVANIES DU GÉNÉRAL DE GAULLE

De Gaulle n'avait pas été invité non plus à Yalta, mais l'affront était bien qu'on ne l'avait même pas averti qu'une conférence à trois avait lieu. S'il avait fini par savoir que Churchill et Eden avaient été favorables à sa participation, au moins lorsque seraient posés les problèmes de l'Allemagne, il reste que les informations ne lui étaient parvenues qu'à la suite d'une note qu'il avait fait remettre aux trois participants.

Cette humiliation avait été précédée par d'autres, et elle fut encore suivie d'une autre.

La plus grave avait été cette attente, cette longue attente de la reconnaissance, alors que depuis le débarquement de juin 1944, il était clair que la France entière et tout particulièrement la Résistance avaient acclamé le chef de la France libre, apportant à Roosevelt la preuve qu'il incarnait bien la nation. Le président des États-Unis l'avait d'ailleurs reçu à Washington, le 7 juillet, au vu du triomphe recueilli depuis qu'il avait débarqué à Bayeux.

La reconnaissance officielle, cependant, ne vint que le 25 octobre, deux mois après la libération de Paris, journées d'apothéose pour le général de Gaulle, qui illuminaient sa légitimité – le 25 octobre, soit un mois après la reconnaissance en Italie d'Ivanoe Bonomi, Premier ministre d'un roi qui avait reconnu Mussolini avant que l'avancée des forces alliées l'amène à collaborer à sa chute.

« Le gouvernement est satisfait qu'on veuille bien l'appeler par son nom », répondit de Gaulle à la question d'un journaliste.

Mais lorsque, à ce titre, il invita Roosevelt à Paris – alors qu'à Washington celui-ci l'avait seulement « reçu » –, il lui fut répondu : « J'espère me rendre un jour en France, mais je crois plus important de rencontrer d'abord les deux hommes d'État russe et anglais[78]. »

Ce qu'il y avait de grave, derrière cette humiliation, était bien la déconvenue qui l'accompagnait concernant l'équipement des huit divisions françaises, dont de Gaulle voulait doubler le nombre. Roosevelt disait son incapacité à y contribuer, à la suite d'Eisenhower d'ailleurs, aux prises avec les difficultés de la bataille d'Alsace, où la Wehrmacht opposait une résistance acharnée. Mais Roosevelt craignait aussi de trop renforcer de Gaulle, comme le révèle le choix des mots : il répond comme s'il s'agissait d'une armée d'occupation[79]...

Or la guerre n'est pas encore gagnée – l'offensive allemande des Ardennes en témoigne. Ce n'est que placé devant cette épreuve, à l'heure de Yalta, que Roosevelt accepte en fin de compte de renforcer l'armée française.

On assistait ainsi à une situation paradoxale qui, note Alexandre Werth, était « une drôle de guerre à l'envers » : alors qu'en 1940 la France, relativement bien équipée, refusait la guerre, fin 1944, au contraire, ses dirigeants trépignaient d'y participer mais leur grande alliée répugnait à les équiper.

Compte tenu des bonnes manières de Harry Hopkins, venu à Paris expliquer à de Gaulle les origines de la méfiance américaine envers lui et envers la France – répétant ce que Roosevelt lui avait déjà dit – de Gaulle affecte donc ne pas juger trop déshonorant le fait qu'il n'est pas invité à Yalta.

Dernière humiliation pourtant : alors que de Gaulle avait invité le président américain à Paris, puis à nouveau à son retour de Yalta, « là où cela lui conviendrait », Roosevelt choisit « d'inviter » lui-même de Gaulle... à Alger. Affront calculé auquel de Gaulle opposa un refus (il avait des « tâches urgentes ») qui était la réponse du berger à la bergère, mais affront d'autant plus cuisant qu'en invitant de Gaulle en Algérie, Roosevelt se comportait comme s'il s'y trouvait chez lui. Devant ce refus, à son tour, le président américain jugea que « certains se comportaient » comme une « diva », « ce qui est bien dommage[80] ».

La mauvaise humeur de De Gaulle à l'encontre des Américains venait aussi du fait que, depuis Yalta, il avait appris que la zone d'occupation accordée à la France en Allemagne l'avait été malgré l'opposition de Stettinius et de Staline, grâce à Churchill et Eden. De surcroît, après que les Japonais eurent tué, torturé et interné un bon nombre de Français en Indochine lors du coup de force du 9 mars, les Américains n'eurent pas un mot de sympathie.

Churchill lui-même s'était conduit avec désinvolture : après être passé en Corse sans prévenir, comme en territoire occupé, il avait annoncé tout de go sa visite à Paris. À cette date, trois mois avant Yalta, les rapports étaient tendus entre la France et la Grande-Bretagne, toujours à cause de la crise en Syrie et au Liban. Pourtant, sur l'insistance de Georges Bidault, le vieux lion était venu célébrer le 11 novembre 1944... et les Français lui avaient fait un tel accueil que, dans son allocution les larmes aux yeux, Churchill avait fait une allusion spirituelle à ses rapports avec l'homme de la France libre : ils s'étaient, disait-il,

« connus par tous les temps... je veux dire par toutes les températures ».

Mais les effusions ne sauraient cacher la réalité des choses, en l'occurrence les rapports de force entre chefs d'État. Éric Roussel a retrouvé les télégrammes du 15 novembre 1944 que Churchill envoie à Roosevelt et à Staline pour les informer du contenu de ses entretiens avec de Gaulle, au reste limités en cette occasion du 11 novembre. Avant tout, de Gaulle souhaite pouvoir disposer d'armes pour les forces françaises et occuper ensuite une partie de l'Allemagne. « Il est vraiment peu informé de ce qui se fait et se décide », conclut Churchill qui, par ailleurs, n'est pas hostile, au contraire, à ces demandes, mais qui fait savoir avec insistance que, contrairement à ce qu'écrit la presse, rien ne s'est décidé entre eux[81].

Établir de fortes relations avec l'URSS de Staline était pour de Gaulle une nécessité qui allait de soi : à la fois pour rééquilibrer la position de la France, très dépendante des Anglo-Saxons, et pour ressusciter l'alliance traditionnelle, gage d'un contrôle attentif de l'Allemagne après la guerre. La raison supplémentaire était que ni la Grande-Bretagne ni les États-Unis ne garderaient longtemps des forces militaires en Europe une fois la victoire acquise. Pour de Gaulle, le passé récent était encourageant car il avait toujours pu, à Alger notamment, compter sur l'appui de Staline même si l'ambassadeur Bogomolov jugeait que l'homme de Londres était entouré de « fieffés réactionnaires » tels que Palewski, Pleven et d'autres. Un an plus tôt, lors de l'entrée des Alliés à Tunis, les *News Reels* américaines montraient le général Giraud et lui seul, alors que les *Novosti* soviétiques célébraient le général de Gaulle.

Sous-estimant la faiblesse relative des forces françaises (par rapport à celles des Soviétiques et des Anglo-Saxons), de Gaulle partit à Moscou, ayant sollicité l'invitation, comme s'il allait négocier avec les Russes d'égal à égal, à la manière de ses prédécesseurs en 1891... Avant de partir pour un long périple via Le Caire et Stalingrad, il fit savoir à l'Assemblée consultative que « la France est en voie de retrouver les moyens de son indépendance ».

Témoin direct, Alexandre Werth rapporte que de Gaulle commit une première gaffe à Stalingrad en évoquant cette bataille comme le symbole de « l'unité entre alliés », alors qu'elle avait été une victoire purement russe, avec du matériel exclusivement russe. Suivit une controverse à Moscou où, reçu petitement et dans l'anonymat, le Général se trouva bousculé dans le métro, comme tout le monde. Encore plus vexé qu'on ne sache pas non plus qui il était, Bidault jugea les Russes « froids et inhumains[82] ». Désagréablement surpris d'une telle réception sans honneurs et sans chaleur, de Gaulle refusa de séjourner dans la Maison des hôtes, sous prétexte qu'elle était truffée de micros, et exigea de dormir à l'ambassade.

L'accueil de Staline fut glacial.

Tandis que de Gaulle fait valoir que la cause des malheurs des deux pays a bien été qu'en 1939 il n'y avait pas d'alliance entre eux, Molotov rappelle qu'en 1935 Laval avait saboté le pacte franco-soviétique. Mais « de Gaulle n'est pas Laval », répond le Général...

Autre agression, Staline, goguenard, s'étonne des lenteurs de la reconstruction en France : « Dans le Midi, ironise-t-il, les villes françaises ont été libérées assez facilement. À Paris non plus il n'y a pas eu de grands combats... Les entreprises industrielles sont demeurées intactes... Pourquoi l'industrie française ne se relève-t-elle pas ? » De Gaulle répond que la France n'a plus que 5 000 locomotives sur les 22 000 d'avant-guerre, et que c'est la question des transports qui bloque tout.

De Gaulle aborde ensuite le problème central : celui de l'avenir de l'Allemagne, « dont la Rhénanie doit être détachée, réunie au territoire français, nécessité économique, politique, militaire.

– Comment les Alliés voient-ils ce problème ? demande Staline.

– Les Anglais et les Américains ne seront pas toujours sur le Rhin, mais la France et la Russie resteront toujours là où elles sont.

– Oui, mais l'Histoire a montré que les deux puissances continentales ont une force insuffisante pour maîtriser l'Allemagne.

Abordant ensuite la question polonaise, de Gaulle dit son accord sur le report de la frontière occidentale de ce pays à la ligne Oder-Neisse, et que cela résout le problème de la frontière orientale. « La frontière sur la ligne Curzon peut être reconnue si on assure à la Pologne des terres allemandes sur sa frontière occidentale. » À l'est, « c'est la frontière que préconisait Clemenceau », rappelle Staline.

Offensif à son tour, de Gaulle demande : « Quel est l'état d'esprit, en Pologne ? » Staline répond qu'« il étudie cette question... que la population a commencé par être perplexe... se demandant pourquoi le Comité de Londres n'est pas en Pologne quand le pays se libère. [...] Après le fiasco de l'insurrection de Varsovie, le peuple a appris qu'elle avait été déclenchée à l'insu et sans l'accord du commandement de l'Armée rouge. [...] Il eût fait savoir qu'il n'était pas prêt. [...] Puis les agents du Comité de Londres se trouvant en Pologne se sont dressés contre la réforme agraire qui se saisissait des terres des grands propriétaires, comme en France à la fin du XVIIIe siècle. Ils ont maintenant perdu toute autorité ».

Staline ajoute qu'il pensait « que les Français comprendraient cela plus rapidement que les Anglais ou les Américains » et de Gaulle lui répond qu'il souhaite seulement rapprocher Russes, Polonais et Français et affirme qu'il enverra néanmoins un envoyé auprès du Comité de Lublin (selon un témoin, ce sera Christian Fouchet) ; mais Staline montre qu'il n'en croit rien.

Puis de Gaulle évoque à nouveau l'avenir de l'Allemagne et l'alliance franco-soviétique, un pacte à conclure. La politique anglaise, explique-t-il, « est lente à réagir et il peut exister des dissentiments entre Français et Anglais sur le statut à donner à la rive gauche du Rhin ». À ce pacte à deux, Staline dit qu'il faut préférer un pacte à trois, France-URSS-Grande-Bretagne car l'Angleterre a maintenant de grandes possibilités de détruire l'industrie allemande et elle le fera, tirant la leçon de ce qui s'est passé après la Première Guerre mondiale.

Ainsi, tandis que sur la Pologne Staline a fait comprendre à de Gaulle que ses interrogations étaient sans fondement, il n'a cessé de répondre à ses demandes sur l'Allemagne ou sur une éventuelle alliance qu'il convenait d'agir en accord avec les Anglais.

De fait, le compte rendu soviétique de ces entretiens omet de signaler que, pendant qu'ils se déroulaient, Churchill avait envoyé un câble pour signifier son vœu de participer à un pacte éventuel. Il ne pouvait pas non plus signaler que Staline n'avait pas manqué de vouloir rabattre la superbe du Général en lui rappelant que, pendant cette guerre, les Français s'étaient peu battus. Il ne pouvait pas mentionner non plus l'éloge qu'il avait fait de Thorez, concluant que « s'il était à la place de De Gaulle, il ne le mettrait pas en prison... du moins pas tout de suite ».

Affront supplémentaire, Staline laisse Molotov demander qui ratifierait le pacte... manière de rappeler à de Gaulle que la France n'a pas encore de parlement élu. « Vous avez bien signé avec les Tchèques, qui n'ont qu'un gouvernement provisoire, répond de Gaulle, tout d'abord pris de court. Vous voyez qu'il n'y a pas de problème[83]. »

Ces échanges peu amènes laissèrent une très mauvaise impression aux deux interlocuteurs. Selon Alexandre Werth, Staline déclara qu'il n'avait jamais rencontré un négociateur aussi désagréable que de Gaulle. Et celui-ci repartit mécontent, ayant peu apprécié les blagues un peu vulgaires et provocatrices que le Géorgien aime à multiplier, jouant le tyran criminel qui se prétend prêt à fusiller les diplomates – ou à faire fusiller Thorez[84].

Certes, de Gaulle n'a pas reconnu le Comité de Lublin, indiquant seulement qu'il enverrait un observateur, mais il n'a rien obtenu sur l'Allemagne. Seule l'idée d'un pacte a été évoquée, mais sans qu'on sache s'il sera à trois ou à deux.

Un an plus tard, à sa manière, de Gaulle contait au lieutenant Guy ce voyage à Moscou. « Mon intention n'était pas simplement d'échanger avec Staline une signature sur un bout de papier [le pacte]. Non, ce que je voulais surtout, c'était me rendre compte. Et j'étais prêt, en mon for intérieur, à prendre avec lui l'engagement de le soutenir en Pologne, en Roumanie, etc., contre un soutien catégorique de sa part dans un combat pour le Rhin, j'étais prêt à fermer les yeux. [...] Staline, bien entendu, a promis du bout des lèvres et ne devait jamais soutenir nos efforts par la suite [...]. Moralement nous ne devons plus rien aux Russes, ils ne nous ont pas assistés. Plus encore, ils sont en train d'aider au relèvement de l'Allemagne. L'hypothèque est levée, je suis prêt maintenant à me lier aux Anglo-Saxons. Oui, parfaitement[85]. »

Ces explications ne donnent pas, on l'imagine, la mesure des désillusions dont ces entretiens sont à l'origine. Elles vont jusqu'à lui faire dire que Staline aide au relèvement de l'Allemagne, ce qui, à la date de ces propos, en 1946, ne correspond guère à la réalité – même en zone soviétique.

De fait, ce voyage à Moscou a contribué à retourner du tout au tout la position de De Gaulle qui devient de plus en plus antisoviétique. Les décisions de Staline à Yalta le confirment dans la nécessité de ce changement, bien que le chef d'État soviétique ait accepté, « par bonté », qu'une zone d'occupation soit accordée à la France... mais prise sur la zone anglo-américaine.

Il reste que les Anglais et les Américains ont fini par donner à la France la place qu'elle espérait, et que le retournement de De Gaulle vers l'ouest se fera plus vif encore après qu'il aura quitté le pouvoir et que les communistes y demeureront.

En 1945-1946, il croit volontiers qu'une troisième guerre mondiale peut éclater. Churchill, à Fulton, a su voir qu'entre l'Est et l'Ouest, un « rideau de fer » est tombé. Roosevelt est mort le 12 avril 1945, comment réagira son successeur ? Et puis, alors qu'à Reims un général français a participé à la capitulation allemande, à Berlin le maréchal Joukov prétend ne pas savoir que le général de Lattre doit participer à cette deuxième signature, et Vychinski tente de l'en exclure : quelle humiliation ! Plus lourde encore que celle du maréchal Keitel, qui exprime sa fureur – lui qui était à Rethondes en juin 1940 – de voir un drapeau français à côté de celui des autres vainqueurs... « Il ne manquait plus que cela », dit-il.

QUEL BILAN ?

La confrontation des points de vue permet de reconsidérer le diagnostic sur la Grande Alliance, sur ses tenants et ses aboutissants, sur ce que révèlent les entretiens entre dirigeants.

Premier trait : l'entente tacite entre Churchill et Staline sur les zones d'influence en Europe a eu plus d'avenir – et de réalité – que les promesses de Yalta. L'Europe de l'Est est plus ou moins passée sous contrôle soviétique, la Grèce sous contrôle britannique (puis américain).

Aux États-Unis, la mise en cause de la politique de Roosevelt, jugée trop conciliante, a tenu à son comportement personnel, souvent de connivence avec Staline, plus qu'à la réalité des actes et décisions prises à Téhéran ou Yalta. Mais son hostilité affirmée à la colonisation britannique ou française a frappé aussi bien Chiang Kaï-chek.

Cette connivence a isolé Churchill et a eu pour effet de substituer l'esquisse d'une entente soviéto-américaine à l'alliance anglo-américaine, tendance qui se manifestera lors de la crise de Suez en 1956. Son enjeu ? La réduction de l'Empire britannique, dont se détache déjà l'Australie. Elle signifie que, chez le président Roosevelt, l'idée de guerre froide n'a pas encore émergé, alors qu'elle s'affirme déjà chez certains de ses conseillers, Forrestal, par exemple. Chez Churchill, elle est latente.

Staline, de son côté, n'a renoncé en rien à la révolution mondiale. La dissolution du Komintern est due aux circonstances, et aux nécessités tactiques, liées plus ou moins à un rapprochement avec les États-Unis.

Les rapports anglo-américains, fondamentalement bons, n'en sont pas moins empreints d'une certaine rivalité, voire d'une certaine méfiance : Churchill et Roosevelt essayant de se tourner l'un l'autre, Churchill avant Yalta, Roosevelt après. Surtout, de façon quasi méticuleuse, il veut récupérer territoires et droits perdus ou abandonnés, des Pays baltes à la Chine, de la Bessarabie à Sakhaline et aux Kouriles.

Autre constat : sur les problèmes conflictuels concernant l'avenir de l'Europe, hormis les discussions ouvertes, il n'y a pas de vrais désaccords sur le fond entre les Trois Grands, sauf sur les réparations. Mais ceux-ci ont sous-estimé la capacité d'autonomie des forces qui pouvaient leur échapper : en Grèce, en Yougoslavie, en Chine entre autres – où les partis communistes n'ont pas « obéi » à Staline. À Yalta, les accords ne stipulaient pas qu'en Europe de l'Est les communistes prendraient la totalité du pouvoir. C'est en cela qu'ils ont été violés. Or c'est là où il n'y a pas eu de troupes soviétiques que le communisme a été le plus dur : avec Tito en Yougoslavie, en Albanie. Et c'est sans l'aval de Moscou qu'une guerre civile éclate en Grèce. D'autant qu'à l'heure de Yalta – 1945 – la présence des Russes était pour bien des démocrates d'Occident une garantie contre le retour soit de l'influence allemande, soit du fascisme, voire des deux : en Hongrie, en Roumanie, en Bulgarie.

Autres réflexions, inspirées par ce qui s'est passé durant les décennies suivantes :

– sa croyance que le régime soviétique finirait par se démocratiser n'a-t-elle pas contribué à faire juger Roosevelt crédule ou naïf ? ;

– les faits ont-ils contribué à dessiller les yeux de ceux qui croyaient infaillible le discours selon lequel le sens de l'Histoire conduisait à la révolution mondiale ?

Repères chronologiques

1944

4 mars : offensive soviétique vers les Carpates
10 mars : formation d'un Comité de libération national grec ;
programme du CNR (Comite national de la Résistance)
18 mars : entrevue Hitler-Horthy ; Horthy démissionne Kallai
25 mars : anéantissement du maquis des Glières
15 mai : les Américains prennent Wake
3 juin : le CFLN se proclame gouvernement provisoire (Comité français de libération nationale)
4 juin : entrée des Alliés dans Rome
6 juin : débarquement en Normandie
12 juin : premier bombardement de Londres par les V1
23 juin : le territoire soviétique est entièrement libéré
20 juillet : complot contre Hitler : exécution de von Stauffenberg
21-30 juillet : destruction du maquis du Vercors

1er août-3 octobre : insurrection de Varsovie
15 août : débarquement en Provence
20 août : arrestation de Pétain par les Allemands ; son transfert à Sigmaringen
19-25 août : libération de Paris
31 août : les Soviétiques à Bucarest – coup d'État du roi Michel
21 août-29 septembre : session de la conférence de Dumbarton Oaks : vers la charte de l'ONU
Septembre : Tito libère la Serbie
6 septembre : bombardement de Londres par les V2
9 septembre : insurrection de Sofia
Octobre : conférence de Moscou – partage des zones d'influence entre Churchill et Staline
12-14 octobre : libération d'Athènes ; entrée des Anglais
24-26 octobre : bataille de Leyte, aux Philippines, un désastre pour les Japonais
Novembre : libération de l'Alsace
4 décembre : débuts de la guerre civile en Grèce
16 décembre : offensive allemande des Ardennes
26 décembre : siège de Budapest

1945
1er janvier : le Comité de Lublin se déclare gouvernement de la Pologne
4-11 février : conférence de Yalta
13-14 février : bombardement de Dresde
15 février : réouverture de la route de Birmanie
9 mars : désarmement des troupes françaises d'Indochine par les Japonais
16 mars : l'Armée rouge atteint la frontière autrichienne
6-7 avril : bataille d'Okinawa
9 avril : insurrection de la Résistance italienne
12 avril : mort de Roosevelt
25 avril : jonction américano-russe de Torgau
28 avril : mort de Mussolini

capitulation des troupes allemandes en Italie
30 avril : suicide de Hitler
2 mai : capitulation de Berlin
5-8 mai : insurrection de Prague
7-8 mai : capitulation générale de l'Allemagne
17 juillet-2 août : conférence de Potsdam : Staline, Truman, Churchill
6 août : première utilisation de la bombe atomique à Hiroshima
8 août : l'URSS déclare la guerre au Japon
9 août : seconde bombe atomique, à Nagasaki

5
Fin de partie

Depuis qu'il a tenu ces propos : « C'est le commencement de la fin », on convient volontiers avec Winston Churchill qu'effectivement ce mois de novembre 1942 constitua bien le tournant de la guerre. Simultanément, la Wehrmacht était arrêtée devant Stalingrad, les Germano-Italiens étaient battus à El-Alamein et cette défaite contribuait au succès du débarquement en Afrique du Nord. Dans l'océan Pacifique également, le Japon subissait son premier revers, à la bataille de Guadalcanal.

Il est vrai que ce tournant de l'hiver 1942-1943 a bien été identifié comme « la bissectrice de la guerre » (Henri Michel), mais notons que, si les populations de l'Europe occupée ont, certes, observé ce retournement simultané, il se situait pour elles à plusieurs années-lumière d'une éventuelle libération. Car ces populations étaient surtout sensibles à l'aggravation de leur sort, à une répression de plus en plus cruelle.

Plus tôt que Churchill, visionnaire mais ne rendant pas public son jugement, de Gaulle déclara dès décembre 1941 à l'un de ses interlocuteurs, stupéfait : « La guerre est finie, elle se termine même plus tôt que je ne le pensais. » Pour lui, jointe à celle de l'URSS qui résistait, la puissance des États-Unis garantissait la défaite de l'Allemagne, de l'Italie et du Japon. Les défaites américaines n'étaient que des « péripéties » qui comportaient l'immense avantage d'avoir fait entrer l'Amérique dans la guerre.

Goebbels aussi, dans son *Journal* intime, pressent dès janvier 1942 que la guerre peut être perdue ; ce sont les défaites allemandes devant Moscou, le refus de von Bock, en septembre, de prévoir des vêtements chauds pour la Wehrmacht qui lui font pressentir le pire ; il en parle à Hitler, qui le laisse lancer sa campagne de récolte de vêtements qu'il transforme en une victoire de la solidarité nationale. Certes, la destitution de von Brauchitsch fait vaciller les certitudes de la population allemande, mais les succès japonais au même moment cachent la mesure de ces échecs et permettent de se ressaisir.

Le ministre de l'Armement Todt, avec un diagnostic similaire, recommandait à Hitler de songer à chercher une issue politique à la guerre : on était le 29 novembre 1941. Todt périt en février 1942 dans un accident d'avion, échappant à l'ordre de suicide auquel obéit le maréchal Rommel en octobre 1944, pour lui avoir fait la même suggestion. Mais, dans l'entre-deux, Hitler avait reçu dix fois ce conseil.

Au procès de Nuremberg, Göring déclara que l'Allemagne avait perdu la guerre quand elle avait perdu la bataille d'Angleterre, à l'automne 1940, ramenant ainsi la défaite à l'échec de la Luftwaffe, le sien propre. Jugement *a posteriori*, celui-là comme celui de Schmidt, l'interprète du Führer, qui pour sa part situait en septembre 1939 « le commencement de la fin », Hitler « n'ayant pas su mettre une borne à ses ambitions ».

On peut ainsi se demander, au-delà des propos tenus, et eu égard à leurs actes mêmes, quelle fin de partie ont envisagée les grands protagonistes de ce conflit et dans quel état d'esprit – si tant est qu'ils en ont envisagé une.

HITLER : LA VICTOIRE OU L'APOCALYPSE

« Si les Allemands ne sont pas prêts à tous les sacrifices pour leur survie, qu'ils périssent. » Selon Marlis Steinert, c'est au début de l'hiver 1941-1942 que Hitler lança pour la première fois ce type d'avertissement[1]. Les locomotives à vapeur avaient gelé ainsi que les bouches d'alimentation de stations à essence ; l'ordre de Hitler fut : « Arrêtez-vous sur place, ne faites pas un pas en arrière[2]. » Guderian lui ayant fait remarquer que cet ordre entraînerait des sacrifices inutiles, Hitler lui demanda ironiquement « s'il s'imaginait que les grenadiers de Frédéric étaient morts pour leur plaisir ».

Quelques jours plus tard, Hitler mettait Guderian en disponibilité. La semaine précédente, le 18 décembre 1941, il avait accepté la démission du maréchal von Bock, qui commandait l'offensive sur Moscou, puis le lendemain, 19 décembre, il évinçait le maréchal Brauchitsch du commandement en chef, puis ce fut le tour de von Leeb, qui dirigeait les armées du Nord et du maréchal Hoepner, qui passa en cour martiale.

« Il faut contraindre la troupe à une résistance fanatique sur ses positions », disait l'ordre du jour du Führer. Il l'accompagnait d'une mise en cause de l'ordre militaire, de ses chefs, incapables de se battre dans un « esprit national-socialiste » : cet esprit, Hitler, qui avait pris le haut commandement de l'armée de terre, allait le lui insuffler.

À cette date, n'ayant pas participé vraiment à la bataille d'Angleterre, étant même resté en retrait, le Führer pouvait se créditer d'une série ininterrompue de succès – dus à son goût du risque, à ses coups de dés réussis. À lire les *Mémoires* du maréchal Keitel, on constate qu'il exerçait alors sur tous, et sur lui en particulier, un très réel ascendant.

Mais l'échec de la stratégie menée en 1941, suivi par le désastre de cet hiver 1941-1942, détendit la relation d'obéissance absolue que le haut commandement nouait jusque-là avec le « génie stratégique » du Führer. En 1942, ce fut le maréchal List qui fut accusé d'avoir empêché le détachement blindé des SS de s'engager sur Rostov après que Jodl eut refusé de comprendre l'intérêt tactique des ports de la mer Noire – alors qu'il faisait valoir que les atteindre par une attaque à partir des sentiers de la montagne du Caucase était quasiment impossible. Au général Halder, un de ses plus proches collaborateurs, Hitler reprochait de n'apporter que des informations négatives, en l'occurrence les rapports du général Thomas, chef des services économiques de l'OKW (commandement suprême de la Wehrmacht), qui produisait des chiffres démoralisateurs sur le nombre de chars que les Russes produisaient derrière l'Oural, ou sur les réserves en hommes qu'ils entraînaient. Il fut limogé en octobre 1942, en même temps que Thomas. Selon ce même Halder, à l'annonce que la production mensuelle des chars russes allait s'élever à mille deux cents unités (soit 25 % de plus que la production allemande), Hitler se serait avancé vers lui, menaçant, les poings brandis, et lui aurait déclaré que « lutter avec le chef d'état-major général lui coûtait la moitié de sa force nerveuse[3] ».

« Les militaires sont des lâches, expliquait Hitler à Goebbels, ils se dérobent lorsqu'il s'agit de prendre de grandes décisions et ils cherchent à se défausser de leurs responsabilités sur les hommes politiques. [...] Ils essaient de se dédouaner en rédigeant des *Mémoires* négatifs. Si les choses se passent bien, ils espèrent que leurs rapports tomberont dans l'oubli, si les choses se gâtent, ils peuvent les déterrer pour montrer qu'ils avaient averti du danger en temps voulu » (25 janvier 1944).

Mais sur ce mépris se greffe bientôt la suspicion.

À Stalingrad, la reddition du maréchal Paulus et la création d'un Comité national pour l'Allemagne libre donnent une substance à sa colère et à ses craintes. La plupart des grands chefs militaires lui inspirent désormais de la méfiance, que ce soit Busch, à qui Hitler reproche sa retraite sur la Berezina, ou encore le flamboyant Rommel, certes « admirable chef de blindés », mais « qui manque de souplesse et de vitalité depuis son retour en Europe... ».

À la veille du 6 juin 1944, l'attente nerveuse du débarquement s'accompagne d'un dilemme que Hitler doit trancher. Ignorant le lieu où il se produira – le Pas-de-Calais, la Normandie, la Norvège... – et trompé par *Fortitude*, une opération de fausses informations diffusées par les Anglo-Américains, le haut commandement allemand hésite entre deux dispositifs : von Rundstedt juge qu'il faut garder une forte réserve assez loin des côtes pour pouvoir frapper l'assaillant où qu'il débarque ; Rommel juge à l'inverse qu'il faut disposer de forces tout près des côtes, juste derrière le mur de l'Atlantique car, vu la supériorité aérienne des Alliés, jamais des forces postées en arrière ne réussiront à rejoindre le point d'attaque ni à jouer le rôle qui leur est dévolu.

Rejeter l'assaillant tout de suite est bien la solution choisie par le Führer, mais il ne confie à Rommel que trois divisions blindées, gardant le reste en réserve. De fait, trompés par *Fortitude*, les Allemands croient que le débarquement de Normandie n'est qu'une diversion, que l'essentiel aura lieu ailleurs. Le délai ainsi gagné permet à Eisenhower et à Montgomery de se consolider. Certes, le mauvais temps provoque quelque retard dans le calendrier mais, en même temps, il trompe les Allemands, et, la nuit même du débarquement, Rommel est convoqué au quartier général du Führer... Il peste contre les informations que lui a communiquées la marine.

Chez Hitler, comme cela se produisit encore, une, deux fois, les moments d'irritation ou de tension extrême alternent avec ceux où l'optimisme et la confiance rayonnent. Après le débarquement, qui a fini par se consolider, et bien que les bombardements anglais aient touché la base de Pennemünde, Hitler attend le salut des V1 : 2 400 sont lancés en juin sur l'Angleterre. Plus tard, lors de l'arrêt de son offensive dans les Ardennes, en décembre, il comptera pareillement sur les V2. Il affirme ainsi sa foi dans le génie créatif de la race allemande.

Mais voilà que la carte de guerre s'aggrave.

Le 17 juin, Hitler ne veut pas entendre Rommel lui dire, en présence de von Rundstedt, que l'ennemi dispose d'une énorme supériorité aérienne et qu'en conséquence il faudrait penser à mettre fin à la guerre. « Ne vous occupez pas de la situation de la guerre mais de votre front d'invasion », lui répond-il. L'offensive soviétique d'été ayant été lancée, le Führer retire son commandement à Keitel pour le remettre à von Kluge, qui condamne d'abord le pessimisme de Rommel puis, une fois sur place, en comprend mieux les données. Ayant réitéré au Führer, mais en passant par von Kluge, les données de son inquiétude, Rommel dit alors à son adjoint, le général Speidel : « Si le Führer n'en tire pas les conséquences, il faudra agir. » Qu'est-ce que cela signifie[4] ?

Hitler l'a parfaitement pressenti.

Aux dirigeants économiques qu'Albert Speer lui a amenés, il déclare, le 29 juin 1944, alors que les Américains ont fini par occuper Cherbourg :

« Cette guerre n'est pas seulement une guerre de soldats mais avant tout une guerre de techniciens... Nous y sommes entrés avec une certaine supériorité parce que nous avions pu nous constituer un arsenal... L'adversaire nous a rattrapés en bien des domaines et s'est emparé de notre expérience. C'est en partie la raison d'échecs sévères... Les ingénieurs américains sont en majorité d'origine allemande et de sang souabe alémanique. Ce sont les mêmes forces qui travaillent chez nous [*sic*] et il serait triste qu'elles n'aboutissent pas aux mêmes résultats. » Et d'ajouter : « Ne croyez pas que, parce que nous subissons un échec, nous soyons acculés à la *capitulation*... Peut-être en a-t-il été question en 1939, lorsque nos adversaires campaient au bord du Rhin. Aujourd'hui, ce serait risible. Cette guerre ne se joue pas au quotidien, la perte d'un point d'appui comme Cherbourg ne joue aucun rôle... Jamais nous ne devons laisser se reproduire 1918. Aussi longtemps que moi ou quelqu'un de ma garde vivra, quiconque songera à la *capitulation* sera anéanti. L'Allemagne n'a jamais été vaincue par des ennemis de l'extérieur mais toujours par des Allemands. Or, ceux qui l'ont vaincue ne sont plus là aujourd'hui. »

Pourtant, après l'attentat du 20 juillet, le Führer précise sa position et rend son diagnostic plus clair : « En 1918, l'armée avait été trahie par l'arrière : aujourd'hui c'est l'arrière qui est menacé d'être trahi par l'armée. »

Et l'on découvre que par pans entiers le haut commandement était dans le complot, ou au courant du complot sans l'avoir dénoncé...

L'attentat du 20 juillet n'était pas le premier auquel Hitler avait échappé. Mais celui-là apparaissait l'aboutissement d'un vrai complot, voire la première étape d'un putsch. Ainsi, à Paris, dès qu'il en eut connaissance, le général C. H. von Stülpnagel fit arrêter le chef de la Gestapo, Oberg, ainsi que des dirigeants SS... avant de les relâcher, une fois l'échec évident.

Arrivé sur ces entrefaites, juste après sa libération, Mussolini fut impressionné par les dégâts que la bombe avait causés, et il réconforta le Führer : c'était un miracle, donc une garantie de victoire.

Hitler a son idée sur les coupables. Croisant des ouvriers maçons, il leur lance : « Je sais que ce n'est pas de vous que cela vient. » Effectivement, le Führer reste très aimé dans les classes populaires, il le sait et d'emblée il stigmatise les « von », les aristocrates du haut commandement de l'armée.

Pour Goebbels, bien sûr, les conjurés ont agi sous l'influence des Juifs et des Anglais, pour Dönitz, c'est l'armée de terre qui a trahi car tout de suite on a identifié von Stauffenberg comme étant le poseur de bombe. Göring, Ribbentrop, Jodl et Keitel qui a pris le Führer dans ses bras étaient encore là. Alors que le Führer était sous le coup, quelqu'un lança que cela rappelait l'affaire Röhm. Jusque-là apathique, Hitler bondit alors en hurlant qu'il faut châtier les coupables et leurs familles comme jamais on ne pourrait l'imaginer, qu'il les exterminera tous. Si sa fureur éclate à cette allusion, c'est parce qu'elle lui rappelle que Röhm, en 1934, l'a mis en garde contre l'armée et que, pour se la concilier, Hitler a fait assassiner Röhm par les SS (la « nuit des Longs Couteaux »).

Les crises d'hystérie de Hitler éclataient chaque fois qu'il s'apercevait que son infaillibilité avait été prise en défaut.

Ce complot, Hitler le rattacha à la « trahison » de Paulus alors qu'en fait il exprimait à la fois le désespoir et la colère de ceux qui, jugeant la guerre perdue, souhaitaient qu'on prévienne une catastrophe inéluctable. De fait, ce complot émanait moins des opposants catholiques, protestants ou autres qui, tels les militants de la Rose rouge, condamnaient la tyrannie du régime en son inhumanité que de la nébuleuse qu'animait le colonel von Stauffenberg et un groupe d'officiers généraux. Qu'ils fussent à l'état-major ou non, ceux-ci se sentaient humiliés depuis que le Führer et le parti nazi avaient entrepris de s'attribuer les processus de décisions militaires. Une évolution qui s'accentua encore après l'attentat puisque Himmler fut nommé commandant en chef de « l'armée de l'intérieur ».

Dernier sursaut de l'ordre militaire et opération de sauvetage d'un pays au bord de la défaite, l'attentat et la tentative de putsch ne constituaient en rien un soulèvement contre les crimes commis par le régime en Russie, Pologne, Serbie ou ailleurs, ou encore contre le génocide des Juifs, même si certains généraux, tel von Bock, avaient hautement protesté dès l'été 1941[5].

Tout comme les ouvriers maçons du 20 juillet, les classes populaires furent plutôt portées à considérer que le Führer avait été victime de traîtres à la patrie. Le général von Treskow s'étant suicidé à l'annonce de l'échec de l'attentat, son cadavre fut arraché à sa tombe devant ses parents rassemblés et sa famille injuriée.

Hitler parla à la radio : « [...] pour que vous entendiez ma voix et que les Allemands soient au courant des détails de ce crime sans égal dans l'histoire du pays... Une clique d'officiers idiots, ambitieux, sans scrupules et en même temps criminels a forgé un complot pour m'éliminer et exterminer pratiquement l'état-major du haut commandement... Ce petit noyau de criminels sera détruit sans merci... Cette fois encore les comptes seront réglés comme nous autres national-socialistes avons coutume de le faire... »

La répression fut terrible. « Il faut en finir avec cette racaille... Et cette fois je n'irai pas par quatre chemins. Ces criminels ne seront pas traduits devant une cour martiale où siégeraient leurs complices, où l'on ferait traîner le procès en longueur... Il faut les pendre comme de vulgaires criminels... La sentence doit être exécutée moins de deux heures après avoir été prononcée et sans qu'ils aient le temps de faire entendre leur voix. Freisler y veillera, c'est notre Vychynski. »

On refusa toute assistance religieuse aux condamnés. Les huit premiers, sabots aux pieds, déshabillés jusqu'à la ceinture, furent ainsi pendus. L'agonie devait se prolonger et après chaque exécution le bourreau reprenait force en buvant de l'eau-de-vie. Les *Deutsche Wochenschau* ont gardé les images du vieux maréchal von Witzleben qui, ses bretelles lui ayant été retirées, doit sans cesse remonter son pantalon pendant qu'on l'interroge. On ne sait si Hitler se fit ou non présenter les films des exécutions.

Bientôt Himmler explique que ces procédés ne devaient rien à l'exemple des bolcheviks ; elles remontaient aux anciennes traditions germaniques. « On disait : cet homme a trahi, son sang est celui d'un traître, et le sang qui coule dans les veines de sa famille est mauvais. Il faut l'éliminer. La famille du comte von Stauffenberg sera détruite jusqu'à son dernier membre. » Il devait en aller ainsi des familles von Seydlitz, von Treskow, von Kleist, etc. Environ 5 000 personnes furent arrêtées, un très grand nombre exécutées.

Le sort du maréchal Rommel fut différent.

Suspect dès la fin de 1943 pour avoir dit au Führer qu'il fallait mettre fin à la guerre sur deux fronts, il fut au courant du complot mais, blessé dans un accident juste après le débarquement de juin, il n'y participa pas directement, même si, selon son chef d'état-major von Speidel, il avait « comme lui, franchi le Rubicon ». Pourtant il semble bien qu'il ignorait figurer sur certaines listes comme futur président du Reich à la mort du Führer, une désignation qui tenait à l'estime de l'ennemi pour sa campagne d'Afrique et à l'idée qu'il pourrait ainsi mener des négociations dans des conditions favorables.

Quand il fut convoqué par Hitler, il croyait recevoir une affectation nouvelle. Au lieu de cela, le Führer lui fit savoir qu'il avait le choix entre deux solutions : passer devant le tribunal, perdre tous ses droits pour lui et sa famille, ou bien se suicider et bénéficier de funérailles nationales, avec les droits afférents pour les siens.

« Il choisit le suicide, nous dit son fils, ce que confirme le fils de son chef d'état-major. Il fut convenu qu'on viendrait le chercher chez lui, où passèrent deux des généraux membres du tribunal. Ils lui donnèrent une ampoule de cyanure qu'il avala dans la voiture qui l'emmenait... Le secret devait être gardé. » À ses obsèques, bien des généraux étaient présents. Il fut dit qu'il avait été victime d'une attaque. Il fut interdit de procéder à une autopsie[6].

Goebbels, Himmler, Bormann avaient joué les grands épurateurs, tous convaincus avec Hitler non que les militaires avaient comploté pour prévenir le désastre de la défaite, mais que ces défaites étaient le résultat de leur trahison.

Le parti reprenait le dessus à la fois sur les militaires et sur les hauts responsables hors parti qui servaient de relais avec la société civile, tels Lammers ou Speer, dont Goebbels ou Himmler voulaient pouvoir utiliser la main-d'œuvre pour la défense armée du Reich. Hitler avait moins de ressort pour trancher ces querelles internes et il répugnait à réduire les pouvoirs de Göring, qu'on jugeait désormais inapte, en raison de son sybaritisme, à redresser la Luftwaffe et que l'opinion publique rendait responsable de l'incapacité des forces aériennes à défendre les villes allemandes.

Hitler voyait désormais la trahison partout, aussi bien chez ses alliés se détachant de lui que chez les militaires de haut rang qu'il soupçonnait d'avoir participé au complot. De fait, le suicide du maréchal von Kluge, après que le Führer eut refusé qu'il évacue la poche de Falaise, en juillet 1944, ajouta à sa colère, le persuadant que non seulement l'officier avait participé au complot mais qu'il se préparait à négocier avec les Alliés.

À nouveau, le 25 août, la reddition de von Choltitz ajoute à sa méfiance hystérique à l'encontre des meilleurs de ses généraux. L'officier a désobéi à ses ordres de détruire Paris, comme auparavant d'autres avaient refusé de détruire Leningrad et Kiev.

À l'est comme à l'ouest, les armées allemandes reculent. Après le débarquement en Provence, la bataille d'Alsace et la perte de Varsovie, Hitler compte, pour se redresser, sur le schisme qui « nécessairement » doit éclater entre Anglo-Américains et Soviétiques. Et sur la nouvelle arme secrète, les V2. Et plus encore sur l'offensive qu'il prépare en secret avec le nouveau chef des armées de terre, le général Model. Celle-ci doit aboutir à un retournement complet de la situation. Bien que vieilli, il retrouve pour la préparer une humeur dynamique, et il explique : « Il est important de temps à autre d'ôter à l'ennemi ses certitudes en faisant comprendre par des chocs offensifs que la réussite de ses plans est, de prime abord, impossible. Une défense réussie ne pourra jamais l'en convaincre. Dans les guerres, la décision définitive n'intervient que lorsque l'un ou l'autre reconnaît que la guerre comme telle ne peut plus être gagnée... Quoi qu'il fasse, l'ennemi ne pourra jamais compter sur une capitulation, jamais, jamais[7]. »

Le 16 décembre 1944, l'offensive des Ardennes commença par un succès éclatant : des commandos parlant anglais et portant uniforme américain s'infiltrèrent derrière les lignes sous la conduite d'Otto Skorzeny. L'effet de surprise permit à 250 000 Allemands d'assaillir 80 000 Américains, tandis que les V2 étaient lancés sur Londres et sur Anvers. On rêvait déjà de rejeter toute une armée à la mer. Mais le temps s'étant éclairci, l'aviation anglo-américaine put se ressaisir et briser l'offensive. Hitler s'adressa au peuple allemand pour dire sa détermination.

Au même moment, tandis que tombait Budapest, à sept contre un pour les blindés, et vingt contre un pour l'artillerie, les Russes s'approchaient de l'Oder... Mais Hitler refusait à Guderian le transfert de troupes de l'ouest vers l'est.

Ordonnant toujours de se battre pied à pied, de ne jamais reculer, il promulgua en mars 1945 une directive dite de la terre brûlée. Il avait appris que des Allemands se rendaient aux Américains, ou par exemple aux FFI, telle la colonne Elster de près de dix mille hommes. Pour Hitler, ces hommes, officiers en tête, avaient trahi. Ils n'étaient plus prêts à se sacrifier. Ils étaient indignes de leur Führer.

Cette « terre brûlée », destruction de son pays, de ses usines souterraines et autres qui avaient assuré la puissance de la Wehrmacht, Albert Speer la refusa. Il fallait mettre fin au désastre qui avait conduit à l'évacuation de vingt millions d'Allemands des grandes villes, telle Dresde entièrement détruite par les bombardements.

C'en était assez.

Après Speer, qui décide de désobéir, des nazis tels Himmler et Göring voulurent négocier avec les Alliés dans le dos du Führer, prévenir l'apocalypse.

Hitler avait dit qu'il voulait s'opposer à l'Histoire, considérée comme une chute vers le néant. Le peuple allemand serait le premier à s'y précipiter, comme dans *Parsifal*.

On y était.

LA MALADIE EMPORTE ROOSEVELT

En dix-huit jours – l'a-t-on suffisamment souligné ? –, sont morts trois des grands protagonistes de la guerre : Roosevelt, le 12 avril 1945, de maladie, Mussolini, le 28 avril, exécuté et pendu, Hitler le 30 du même mois, suicidé.

Les images cinématographiques en témoignent, à Yalta, au début de 1945, Franklin Roosevelt est très fatigué : son visage est émacié, et, au cours de la conférence, il aurait eu des absences. De retour aux États-Unis, le 17 mars, pour le quarantième anniversaire de son mariage, il porte une fleur à la boutonnière et paraît en meilleur état. Puis il part se reposer à Warm Springs. Pourtant, Robert Sherwood, qui écrit ses discours, et Henry Morgenthau, avec qui il évoque l'avenir de l'Allemagne, sont effrayés par le tremblement de ses mains, sa difficulté à s'exprimer.

À Warm Springs, il est entouré d'une cousine et de sa bonne amie, Lucy Mercer Rutherford, qui a demandé à Elizabeth Shoumatoff de faire son portrait. D'un coup, Roosevelt lève la main à sa tempe : « J'ai une terrible douleur derrière la tête », dit-il. Ses dernières paroles avant de glisser dans son fauteuil. Tandis que Lucy Mercer Rutherford s'éclipse discrètement, on appelle Eleanor Roosevelt, alors à Washington. Elle prend aussitôt l'avion mais quand elle arrive, son mari est mort. Elle fait une scène à sa fille de lui avoir caché la présence de Lucy, puis tout rentre dans l'ordre – et le silence – pour les obsèques.

Le vice-président, Harry Truman, jusque-là tenu à l'écart de toute décision et de toute information est investi ; dès le 13 avril, il jure sur la Bible – un précédent – fidélité à la Constitution, et, répétant ce que lui a dit Eleanor Roosevelt, ajoute que le président « était mort en soldat[8] ».

À Londres, Winston Churchill qui, comme chacun, ignore tout de Harry Truman et ne tient pas à le rencontrer aux obsèques, ébranlé qu'il est par la mort de son grand compagnon, décide de ne pas franchir l'Atlantique : au reste, il peut se faire représenter par Eden, qui doit s'y rendre pour préparer la conférence de San Francisco, ainsi que par Lord Lyttleton, Lord Cranborn et le major Attlee, chef de l'opposition travailliste, qui se trouvent déjà aux États-Unis[9].

À Paris, de Gaulle sait bien qu'à Yalta, dont il a été écarté, la France a obtenu malgré Roosevelt et malgré Staline le droit à une zone d'occupation en Allemagne – Harry Hopkins, Eden, et Churchill ont dû en convaincre l'Américain et le Soviétique. Surtout, il en veut à Roosevelt de l'avoir « invité », lui, de Gaulle, à Alger, territoire français, lors de son passage au retour de Yalta. Et d'y avoir, de plus, invité des chefs d'État arabes, y compris ceux du Liban et de la Syrie. Pourtant, à sa mort, il lui rend hommage : « C'était en réalité un aristocrate qui a rendu d'immenses services à l'Amérique », confie-t-il à Donnadieu de Vabres. Son regret, à de Gaulle ? Que Franklin Delano Roosevelt n'ait jamais compris les données de son comportement[10].

Staline nourrissait une certaine rancœur contre Roosevelt, à la veille de sa mort. Il le soupçonnait de négocier la reddition du général SS Karl Wolff, qui commandait les troupes allemandes en Italie, de telle sorte que celui-ci puisse en transférer une partie vers l'est, face aux Soviétiques. Roosevelt a démenti avec force et Staline a fini par le croire : douze jours avant sa mort, Roosevelt a réussi à l'apaiser, désolé, disait-il par l'atmosphère de méfiance qui entourait ces discussions[11].

En Allemagne, Goebbels a appris le premier la mort de Roosevelt. Il le fait savoir aussitôt à Hitler, alors dans son bunker, à Berlin. « Mon Führer, je vous félicite ! Le destin a abattu notre plus grand ennemi. Dieu ne nous a pas abandonnés. Deux fois déjà il vous a sauvé d'assassins déchaînés et voici qu'il vient d'abattre notre ennemi le plus dangereux. Le miracle s'est produit... C'est comme la mort de la Grande Élisabeth de Russie, qui nous a sauvés de la coalition contre Frédéric II. »

On but le champagne[12].

« Voilà, vous ne vouliez pas me croire », dit le Führer à ses collaborateurs réunis. Le bunker fut alors plein de bruit et d'enthousiasme. Mais quelques heures plus tard, se rappelle Albert Speer, il trouva Hitler assis, grisé et épuisé. « Il donnait l'air d'être désespéré. » Pourtant, il dicta un ordre du jour aux armées de l'Est : il devait être communiqué lorsque serait déclenchée l'offensive russe contre Berlin. « Alors que le plus grand criminel de guerre vient de mourir, nous sommes au tournant de cette guerre. » Le 16, les Russes lançaient leur offensive avec 41 600 canons, 6 250 chars et 7 560 avions[13].

Quelques jours plus tard, on apprenait la mort de Mussolini.

LA DOUBLE MORT DE BENITO MUSSOLINI

Pendant que Mussolini, libéré, se trouvait en Allemagne, le maréchal Badoglio mettait fin au mythe d'une poursuite de la guerre aux côtés des Allemands et négociait un armistice avec les Alliés (le 3 septembre 1943). Ce faisant, il imaginait que leurs armées débarqueraient à la hauteur de Rome et qu'ainsi ses propres forces seraient à l'abri de représailles allemandes. Or, non seulement les clauses imposées étaient aussi dures envers le roi et lui qu'elles auraient pu l'être envers le régime fasciste, mais le débarquement eut lieu au sud de Naples, de sorte qu'incapable de défendre Rome contre les Allemands le gouvernement dut se replier jusqu'à Brindisi. Les troupes se rendaient un peu partout aux Allemands ; toutefois, dans le Dodécanèse et dans l'île de Céphalonie, elles livrèrent de durs combats avant d'être submergées par la Luftwaffe : dans cette dernière île, 3 000 soldats et leur général, Gandin, furent massacrés. Seule une partie de la flotte put s'échapper.

L'accueil du Führer à Mussolini libéré avait été, selon Goebbels, « un exemple profondément émouvant de fidélité entre hommes et entre camarades ». Pavolini, qui était là, fit savoir au Duce que « le gouvernement national fasciste attendait qu'il le ratifie puisqu'il en était le chef légitime ».

« Votre travail est digne d'éloges, répondit Mussolini, mais il faut repartir de zéro. »

Keitel et Rommel étaient sceptiques sur la nécessité de ressusciter un régime « qui avait fondu comme neige au soleil ». Ayant pris les dispositions nécessaires pour contrôler le nord de l'Italie et Rome, Hitler pensait que le Duce aurait à cœur de se venger de ceux qui l'avaient trahi. Mais celui-ci s'était réconcilié avec Ciano grâce à l'intercession d'Edda. Hitler commenta : « Duce, vous avez le sens de la famille, et je vous comprends. » Cependant, le fait indigna les fascistes présents, qui crurent même que Ciano, ce « champignon vénéneux », allait redevenir ministre des Affaires étrangères.

Le 18 septembre 1943, Mussolini s'adressa au peuple italien depuis Munich, à la radio. Il expliqua qu'il lui avait fallu attendre « avant de reprendre contact avec le monde ». Il rappela que l'indépendance du pays avait été le fait des républicains, pas de la monarchie, que son apôtre en avait été Mazzini. Le nouveau gouvernement qu'il constituerait serait « national et social, c'est-à-dire fasciste ». Son postulat était qu'il fallait « prendre les armes de nouveau au côté de l'Allemagne, du Japon et des autres alliés, car seul le sang pourra effacer cette page honteuse de l'Histoire, éliminer les traîtres, supprimer les ploutocrates parasites ».

Pour ne pas être considéré comme « un lâche », le maréchal Graziani, ennemi mortel de Badoglio et limogé en 1941 après ses échecs en Afrique du Nord, accepta le ministère de la Guerre.

Sauf que la division Piave, peu sûre, avait été désarmée par les Allemands.

Sauf que les Allemands ne voulurent pas que se reconstitue une armée italienne.

La milice que Graziani formerait serait placée sous commandement allemand[14].

Hitler n'avait pas voulu que Mussolini se réinstalle à Rome, déclarée « ville ouverte ». La nouvelle république fasciste eut ainsi pour résidence Salò, sur le lac de Garde, pas loin de Vérone, où un congrès fut réuni pour définir la ligne du nouveau régime. La confusion des esprits était telle que d'aucuns préconisaient la suppression de la propriété privée, en rupture complète avec ce qu'avait pu être la nature du fascisme.

Le vrai problème était de combattre les partisans, depuis que s'était réveillé le combat antifasciste, et de se poser face à la domination allemande, qui s'exerçait comme dans un territoire conquis : on demandait à Graziani les raisons de ses déplacements, Hofer avait été nommé gauleiter de Carinthie, Rainer du Haut Tyrol, Rahn jouait auprès de Mussolini le rôle que jouait von Renthe-Fink auprès de Pétain ; ministre de la Propagande, Pavolini se fit expulser de Trieste pour avoir déclaré que c'était une ville italienne.

Bientôt, comme en Pologne ou en France, les représailles allemandes contre la Résistance donnèrent leur mesure : 335 otages furent exécutés à Rome aux fosses Ardéatines, tandis que les suppôts des Allemands entreprenaient une chasse aux Juifs, qui furent bientôt déportés – jusque-là, le régime avait, certes, pris des mesures antisémites, dès 1938 et à l'initiative de Mussolini, pour complaire au Führer, mais sans trop veiller à leur application, à tel point que les Juifs français trouvaient en zone d'occupation italienne protection auprès des autorités[15]. La situation changea avec la naissance de la République de Salò. Primo Levi en a porté témoignage.

Depuis que l'abcès du coup d'État avait été percé, la santé du Duce s'était améliorée, comme si l'air frais du Grand Sasso avait aidé à sa convalescence. Même s'il était désabusé, il avait retrouvé une certaine vigueur, encore que bien des témoins allemands ou italiens avaient pu se demander s'il avait vraiment envie de « reprendre du service ». La compagnie de ses anciens camarades fascistes l'encombrait un peu, et les jeunes, qui criaient vengeance, l'inquiétaient autant que l'abattait la conscience qu'il avait de son impuissance absolue vis-à-vis de ses protecteurs allemands. Au plus aurait-il volontiers pris la mitraillette contre les partisans, ce qui aurait renoué avec ses combats d'antan, quitte à mourir les armes à la main.

Son véritable tourment, dans ce contexte, était le nœud de haines qui s'était noué entre les trois femmes de sa vie, ainsi que le procès de son gendre, Ciano, que les Allemands avaient livré au régime après qu'ils eurent détourné son avion parti le 27 août 1943 à destination de l'Espagne. Edda s'était précipitée chez Hitler pour sauver Ciano, son mari.

« Votre mari ? N'ayez aucune crainte, il sera libéré. »

Et Mussolini de dire au Führer qu'il garantit sur sa tête la loyauté de son gendre. Mais, de retour en Italie, Edda mesure à quel point Ciano est haï, moins pour son action politique que pour la corruption qui a entouré son passage au pouvoir. À commencer par Rachel, l'épouse du Duce, femme simple et vigoureuse et de plus en plus active à Salò, où elle veille à ce que soit respectée l'alliance, la sainte alliance, avec le Führer. Déjà elle déteste sa fille, pour l'ascendant qu'elle a pris sur le Duce ; ses sentiments s'exaspèrent quand elle constate qu'Edda fait tout pour sauver Ciano, ce gendre abhorré et traître. Quant à Clara Petacci, la maîtresse en titre, elle est le soutien du Duce dans ce dilemme dont il ne parvient pas à sortir ; doit-il ou non prendre la défense de ce gendre qui, il veut le croire, ne l'a pas vraiment trahi[16] ?

Edda a proposé au Führer qu'en échange de la libération de son mari, elle lui livrerait ses carnets, ce que souhaitait Himmler car ceux-ci étaient censés compromettre Ribbentrop. Le 8 janvier 1944, lorsque la cour de Vérone se réunit pour juger les traîtres, on observe que Mussolini ne vient pas témoigner. Une fois les accusés condamnés à mort, ils signent leur pourvoi auprès du Duce, qui a jusque-là laissé faire la justice fasciste. « Pour moi, répète-t-il, Ciano est déjà mort. » Mais sa fille persiste à vouloir sauver son mari, et elle envoie à son père cette missive :

« Duce,

J'ai attendu jusqu'à aujourd'hui le plus petit signe d'humanité ou d'affection de votre part. Cela suffit maintenant. Si Galeazzo [Ciano] n'est pas en Suisse dans les trois jours, selon les conditions que j'ai stipulées aux Allemands, je ferai usage de tout ce que je sais. Si on nous laisse en paix et en sécurité, vous n'entendrez plus parler de nous[17]. »

« Ce sera mon destin d'être trahi par tout le monde, même par ma fille. Elle s'est probablement enfuie en Suisse », commente Mussolini.

Les Allemands ont placé auprès de Ciano une espionne dont la mission est de découvrir où Edda et lui ont caché les fameux carnets. Mais Frau Beetz est tombée amoureuse de son prisonnier ; elle ne dit pas à ses chefs que les enfants d'Edda et Galeazzo sont déjà en Suisse, et laisse filer Edda avec les carnets[18]...

Le 12 janvier, Ciano est exécuté, Mussolini n'ayant pas signé le pourvoi.

Celui-ci demande à Mgr Chiot, confesseur de Ciano, si, à sa mort, « il avait eu des paroles de pardon... pour moi aussi ?

« Mgr Chiot : Évidemment.

« Mussolini, dont les mains tremblent : Qu'a-t-il dit exactement ?

« Mgr Chiot : Il a dit : "Que Dieu me pardonne d'avoir maudit mon beau-père... Nous sombrons tous dans le même naufrage. L'heure de Mussolini viendra bientôt. La violence se retourne toujours contre elle-même."

« Mussolini : La violence se retourne toujours contre elle-même...

Et il répéta cette phrase plusieurs fois. »

Et à Rachel, quelques jours plus tard : « Rachel, ce matin, j'ai commencé à mourir[19]. »

Le testament moral du Duce

Mussolini lança en décembre 1944 son dernier jet de flammes. À Milan, animé d'un ultime espoir que soutenaient l'offensive allemande des Ardennes et l'annonce d'un lancement imminent des nouvelles armes secrètes sur Londres ou même sur New York, il fit son premier grand discours public depuis le complot de juillet 1943. Il exposa le déroulement de sa libération, dit également les difficultés de la situation à l'heure où il parlait, exprima sa détermination à retrouver l'esprit du fascisme d'origine. Cet hymne d'espoir fut acclamé par le public puis par les Milanais lorsque le Duce parcourut la ville en voiture décapotable.

Mais, tous les témoignages le confirment, il perdit bientôt toute illusion. L'amertume et le désenchantement dominaient ses propos, de longues périodes d'abattement succédaient à des courts moments d'activité. « Je suis désormais un défunt, dit-il à la journaliste Maddalena Mollier, épouse de l'attaché de presse allemand... Mon étoile s'est couchée, je m'affaire en sachant que tout est farce... J'attends la fin de la tragédie, non plus en acteur mais en spectateur. » Ou alors : « Il parlait comme avant, faisait les mêmes gestes qu'avant, mais ce n'était pas lui... et je ne reconnaissais pas l'homme que j'avais construit dans mon imagination[20]. » Sans doute n'était-il plus qu'un figurant, dirigeant depuis Guarguano un régime fantôme. Les Allemands ne l'ont pas mis au courant des négociations qu'ils mènent avec les Alliés pour mettre fin aux combats en Italie du Nord.

Sur cette époque, on dispose d'un long témoignage, que les historiens de Mussolini et du fascisme ont ignoré. Il émane de l'« ambassadeur » de Doriot, alors à Sigmaringen, auprès du Duce, Victor Barthélemy. Deux entretiens qu'il a eus avec Mussolini, le premier juste avant la mort de Doriot, dont la voiture allait être mitraillée par l'aviation alliée le 22 février 1945. Le second, en avril, au lendemain de la nomination de Kesselring au commandement « des armées du Sud » et son remplacement en Italie par le général Vietinghoff, quelques jours avant l'arrestation et l'exécution du Duce.

Ces entretiens*, inconnus des historiens de Mussolini et de l'Italie fasciste, peuvent être considérés comme « le testament » moral du Duce.

« Mussolini était amaigri, les traits un peu tirés ; le visage accusait une certaine fatigue. Mais les yeux avaient conservé une certaine vivacité et la voix était demeurée forte et bien timbrée. Les présentations faites, le Duce commença aussitôt :

« "Je suis très heureux de faire votre connaissance, me dit-il en un français très correct. [...] Je suis heureux de m'entretenir avec un 'fasciste' français et le principal collaborateur de Jacques Doriot, dont j'admire le courage politique et militaire. Causons donc librement, nous avons tout le temps." »

Victor Barthélemy regrettant que les contacts entre les fascistes de différents pays n'aient pas été plus fréquents et mieux maintenus, comme les communistes ont su le faire avec le Komintern, Mussolini répond :

« Peut-être. Sans doute même. Mais il y avait bien des difficultés pour réaliser un tel projet. Voyez-vous, il y a une grande différence entre la conception communiste du monde et la conception fasciste. Le communisme est basé sur deux idées fondamentales : la lutte des classes considérée comme une évidence historique, et l'internationalisme considéré comme une nécessité en vue du triomphe du communisme.

---

* Ces entretiens ont été retracés par Victor Barthélemy lui-même dans son livre *Du communisme au fascisme*, Albin Michel, Paris, 1978.

« Le fascisme, lui, a répudié la lutte des classes en tant que moteur de l'Histoire, et il considère le fait national comme une évidence et une nécessité du développement des peuples. Le fascisme n'est pas internationaliste, le nationalisme était une nécessité absolue pour le fascisme et pour l'Italie. Le fascisme avait comme première mission historique de faire de l'Italie une grande maison, ce qu'elle n'était pas encore en réalité au lendemain de la Grande Guerre. Il devait procurer à son peuple les territoires nécessaires à son expansion, et lui donner les moyens matériels et spirituels de les défendre. Cela nous l'avons fait. Du moins pour la première partie de ce que je viens de dire. Pour la deuxième partie, le temps nous a manqué. »

Mussolini évoque alors ses propres erreurs et comment elles ont été exploitées :

« [...] Nous n'avons pas poussé assez loin notre socialisme. Nous n'avons pas mis à la raison comme nous aurions dû le faire les capitalistes italiens. Ils nous avaient accueillis comme des sauveurs en 1922. Grâce au régime, à l'ordre qu'il a rétabli, à la paix sociale, ils ont pu développer leurs affaires et s'enrichir scandaleusement. Et lorsque nous avons été aux prises avec les difficultés de la guerre, ils ont fomenté contre le régime et contre moi-même le complot du 25 juillet, aidés par ce lamentable "paillasse" de Victor-Emmanuel et par une poignée de traîtres qui, durant vingt ans, se sont prétendus fascistes et ont bénéficié des faveurs du régime. »

Barthélemy : « Certains de ces traîtres, au moins, ont été durement châtiés... »

Mussolini : « Cela est une autre histoire. Une terrible et cruelle histoire. Pour ceux qui ont été fusillés à Vérone et aussi pour moi. Surtout pour moi... De Bono, quadriumvir de la Marche sur Rome... et Ciano, le père de mes petits-enfants... Je ne souhaite à personne, pas même à mon pire ennemi, une nuit comme celle que j'ai passée[21]... »

« [...]

« Nous n'avons pas donné au peuple sa part de pouvoir. Non le pouvoir stupide et inutile du bulletin de vote, mais sa part de notoriété de son instrument de travail, de son entreprise. J'ai senti, bien avant le 25 juillet, qu'il fallait revenir aux origines. Je l'ai même dit. Et ceux-là ont pris peur qui se sentaient menacés dans leurs privilèges immérités. Les grands patrons, les Agnelli, les Pirelli et tant d'autres... Ils ont commencé à comploter. Ils ont organisé en accord avec quelques malheureux communistes les grèves du printemps 1943 dans leurs propres entreprises. »

Barthélemy et Mussolini évoquent ensuite l'évolution de la carte de guerre. Barthélemy se félicite des succès allemands obtenus il y a peu de temps lors de la bataille des Ardennes, tandis que Mussolini l'assure que Hitler va disposer d'armes d'une puissance inégalée. Le Führer lui a dit qu'il a confiance en lui.

Puis Mussolini revient à son obsession :

« Ah ! si l'on m'avait écouté. On aurait fait la paix avec la Russie. Dans cette guerre, ce ne sont pas les Russes qui sont nos ennemis, ce sont les Anglo-Saxons. Les Anglais, les Américains. Depuis 1942, j'ai demandé à Hitler de faire la paix avec la Russie. Staline, je le sais, n'aurait pas demandé mieux. Et la Russie ne représentait plus un danger pour l'Europe après les coups qu'elle venait de recevoir.

« Mais Hitler était obnubilé par la Russie.

« Voyez-vous, les Allemands sont des soldats admirables, les meilleurs du monde. Ce sont de remarquables organisateurs. Mais ils ne comprennent rien à la politique. Et puis ils procèdent par idées préconçues dont ils ne veulent pas démordre. Hitler est dominé par deux idées : l'Angleterre est une sœur de race avec laquelle on peut, on doit s'entendre. La Russie est un pays de sauvages, de sous-hommes qu'il faut faire disparaître et dont le territoire doit devenir une colonie de peuplement pour les Européens. Entendez pour les Allemands.

« Sur les deux points, il se trompe. Les Anglais sont la nation la plus égoïste, la plus féroce qui soit sur terre. Toute leur histoire le prouve. J'ai cru, moi aussi, que l'on pouvait s'entendre avec eux. J'en suis bien revenu. Quant aux Russes, ce n'est pas vrai qu'ils sont des sauvages. Certes, le bolchevisme est une erreur monstrueuse et criminelle. Mais la Russie a produit de grands savants, de grands musiciens, des écrivains de génie. J'ai été le premier en Europe à établir des relations diplomatiques avec les Soviets et je n'ai pas eu à m'en plaindre[22]. »

Mussolini s'en prend aux militaires : alors que Hitler juge que ceux-ci l'ont trahi, lui les estime surtout incapables. Ainsi, des trois dictateurs, seul Staline, malgré les défaites de ses armées et les exécutions qu'il a ordonnées à leur suite, semble avoir fini par travailler en bonne coopération avec les chefs militaires.

« Badoglio m'a dit que l'armée italienne était assurée d'une victoire rapide, précise Mussolini. Vous savez comment les choses se sont passées. [...] Les chefs de l'armée italienne ne valaient rien. Ils n'ont jamais rien valu, ces aristocrates, ces officiers de salon ! Regardez ce qui s'est passé pour la marine. J'avais construit, grâce aux sacrifices du peuple italien, une des plus belles marines de guerre, des bateaux magnifiques. Qu'a fait notre marine ? Rien. Si, elle a subi des défaites, souvent dans des combats où elle était supérieure en nombre. [...]

« À un moment donné, en 1942, Hitler m'a proposé de placer à bord des navires de guerre italiens des états-majors de la marine allemande. J'ai refusé. Je ne pouvais accepter une telle proposition. Mais il avait raison[23]. »

Au deuxième entretien, en avril 1945, juste avant la mort du Duce, Victor Barthélemy était accompagné de Zerbini qui avait succédé à Buffarini au ministère de l'Intérieur. Cette fois l'entretien fut très court.

« [...] Il s'adressa à Zerbino pour avoir des nouvelles. Ce dernier n'en avait pas...

« "Nous sommes prisonniers et nous ne savons rien, s'exclama le Duce d'un ton violent. Le dernier des voleurs dans la dernière des prisons reçoit des nouvelles et des visites de ses parents. Moi, rien. On ne me dit rien, je ne puis plus téléphoner librement. Pourtant il se passe des choses. Mais je vais m'évader ! Je vais m'installer à Milan. Là au moins, je saurai quelque chose !

« "— À Milan, il y a Rauff, dit Zerbino, lui sait tout, mais ne dit rien. Bassi ne sait rien.

« "— Mais Milan, c'est ma ville. Tout le monde m'y connaît. Et si je dois mourir, c'est là que je mourrai !"

« Je n'avais pas dit un mot. J'étais un spectateur muet de cette scène d'un drame shakespearien qui se jouait devant moi... [...]

« "Ah ! si l'on m'avait écouté. Depuis deux ans... Deux ans déjà, vous m'entendez, nous serions en paix avec la Russie ! Nous aurions gagné la guerre. Avec les Russes, on pouvait s'entendre. Staline est ce que l'on veut, mais il n'est pas fou. Les autres sont tous fous. [...] Dans quelques jours, je serai à Milan. Et s'il n'y a plus rien à faire, nous nous battrons dans la Valteline, seuls s'il le faut. Et nous y mourrons[24]." »

Deux jours plus tard, il était exécuté.

L'exécution de Mussolini

Mussolini partit ainsi pour Milan. Il savait que les Allemands négociaient leur reddition aux Alliés, que ceux-ci remontaient vers Mantoue, que les partisans préparaient une insurrection générale dans la capitale lombarde. « Au revoir, lui dit le préfet Nicoletti. Non, adieu », répond le Duce qui n'a plus d'illusions sur la suite des événements.

À Milan, une négociation doit avoir lieu ce 25 avril 1945 sous les auspices du cardinal Schultster, entre d'une part une délégation fasciste, avec Mussolini et Graziani, et d'autre part la délégation du Comité de libération nationale de l'Italie du Nord – émanation du Comité de libération nationale installé à Rome, mais plus radical. L'atmosphère est tendue, mais un accord semble se préparer : la reddition sans conditions, oui, mais avec des garanties pour les dirigeants fascistes et leur famille, demande Mussolini. C'est alors que le préfet Bassi surgit pour annoncer que la Résistance négocie avec les Allemands : il n'y a donc plus à ménager ceux-ci. « Ils nous ont toujours traités comme des esclaves, s'exclame Mussolini… Je reprends ma liberté[25]. »

Tandis que, devant ce rejet, les chefs de la Résistance donnent l'ordre d'insurrection générale, Mussolini et sa petite troupe, ne voulant pas mettre Milan à feu et à sang, se rallient à l'idée de se battre dans la Valteline, de mourir les armes à la main.

Ces tout derniers jours, déprimé, le Duce était plus que jamais tourné vers les siens, tant vers sa maîtresse en titre, Claretta, toujours avec lui, que sa femme Rachel avec qui il a été en contact téléphonique quotidiennement, que sa fille Elena, dont Claretta supportait mal la présence ; son fils Vittorio était avec lui, mais lui s'inquiétait sans cesse du sort des autres enfants, Anna et Romano. Vittorio jugeait folle l'entreprise de la Valteline : « On dira que tu as fui », mais Mussolini ne veut rien entendre… Il sait que, s'il est pris, il sera exécuté sans procès, comme en a décidé le Comité de libération de l'Italie du Nord.

Mussolini traverse alors Côme, le 27 semble-t-il, où il fait passer une lettre à sa femme. Elle est écrite au crayon bleu, la signature en rouge. Rachel la publiera en 1957, douze ans plus tard ; la voici en son intégralité :

« Ma chère Rachel,

« Me voici à la dernière étape de ma vie, à la dernière page de mon livre. Nous ne nous reverrons sans doute jamais plus. C'est pourquoi je t'écris.

« Je te demande pardon pour tout le mal que je t'ai fait sans le vouloir, mais tu sais que tu es la seule femme que j'ai vraiment aimée : devant Dieu et devant notre Bruno*, en ce moment suprême, je te le jure.

« Je dois rejoindre la Valteline, mais, je t'en prie, il faut que toi et les enfants vous essayiez de gagner la frontière suisse. Là-bas, vous recommencerez une nouvelle vie. Je ne crois pas que les Suisses refuseront de vous accueillir parce que je les ai toujours aidés et que vous êtes étrangers à la politique. S'il en était autrement, présentez-vous aux Alliés ; ils se montreront sans doute plus généreux que les Italiens**. Je te recommande Anna et Romano, surtout Anna qui en a tant besoin.

« Ton Benito. »

Rachel réussit alors à joindre son mari au téléphone, et lui demanda qui il avait pour se battre à ses côtés. « Personne, lui dit-il, même mon chauffeur m'a abandonné. Je suis seul, tout est fini[26]. »

C'était quasiment vrai. Le convoi qui montait vers la Valteline, au départ gros de plus de 200 véhicules, n'en comptait plus que quelques-uns. Les légionnaires fascistes s'étaient plus ou moins égaillés dès le départ de Côme. Au moins, Mussolini trouva à Menaggio un contingent de 200 soldats allemands. Bientôt ceux-ci rencontrèrent les partisans mais, peu soucieux de se battre, ils négocièrent leur reddition. Malgré sa résistance et sur les avis conjugués de Claretta et d'Elena, le Duce accepta de se coiffer d'un cas-

---

* Bruno, troisième fils des Mussolini, a été tué en 1941 lors d'un vol d'essai d'un bombardier.

** De fait, les Suisses refoulèrent Rachel et ses enfants et ne laissèrent passer la frontière qu'aux autres réfugiés...

que allemand. Ainsi camouflé, il put franchir un barrage, mais, moins chanceux que Kerenski qui s'était déguisé en marin pour quitter le palais d'Hiver, il fut ensuite reconnu par des partisans et bientôt transféré vers Milan. Il existait un accord entre le Comité de libération nationale de Haute-Italie et les Alliés selon lequel les chefs fascistes leur seraient livrés. On ne sait plus trop si ce fut un comité insurrectionnel plus ou moins autonome qui ordonna d'exécuter Mussolini, ou si l'opération se fit en accord avec les services secrets anglais, qui n'auraient pas tenu à ce que le Duce, dans un procès, fasse état de sa correspondance passée avec Churchill, où celui-ci l'aurait poussé à un retournement des alliances.

L'exécution elle-même a fait l'objet de plusieurs récits : s'il est certain que Clara Petacci réussit à obtenir de ses gardiens de rejoindre le Duce pour mourir avec lui, on dispute de savoir s'ils furent abattus au sortir de la voiture qui les conduisait vers Milan, près de Giulino di Mezzegra, ou devant la grille de la villa Belmonte, à moins qu'ils l'aient été en deux temps. Ensuite, les corps furent emmenés dans un angle de la place Loreto, à Milan même, et leurs corps pendus par les pieds à la poutre d'un garage ; informée, une foule vint hurler sa haine à ce Duce, hier adoré et désormais honni ; honni pour avoir conclu cette alliance avec Hitler ; honni pour être à l'origine de la terrible guerre civile qui avait suivi la création de la République de Salò, dont les milices, comme leurs homologues en France, collaboraient avec l'occupant allemand et combattaient les résistants.

C'est sur cette même place Loreto que les Allemands avaient fusillé quinze otages à la suite de l'assassinat de quelques-uns de leurs soldats par la Résistance... « Ils nous traitent comme des Polonais », avait alors dit le Duce, indigné, à Romano. Rachel était là. Bientôt, elle avait reçu une lettre anonyme : « Nous les emmènerons tous à la place Loreto. » Voyant Claretta, en avril, elle lui avait dit : « Ils vous emmèneront tous à la place Loreto[27]. »

HITLER : « JE MOURRAI DANS BERLIN »

Lorsqu'on apprend la mort de Mussolini, Hitler a déjà mis en œuvre la préparation de son propre suicide. Cette issue, bien des observateurs la pensent inéluctable depuis la défaite de ses armées, alors qu'il paraît impossible de produire en quantité suffisante ces armes secrètes censées détruire Londres ou New York.

En 1941, aux États-Unis, l'OSS avait commandé à un psychanalyste, W.C. Langer, un programme de recherche sur la psychologie du Führer. Celui-ci présenta ses conclusions au premier trimestre 1944. Évoquant les fins possibles de Hitler à l'heure de sa défaite probable, l'enquête écarte l'hypothèse d'une mort naturelle, qui détruirait le mythe du surhomme qu'il a forgé, ainsi que celle d'une fuite dans un pays neutre puisqu'il a condamné Guillaume II d'avoir agi ainsi ; l'assassinat est possible mais dommageable aux Alliés car il consoliderait la légende du Führer ; la mutinerie est peu vraisemblable vu l'ascendant qu'il exerce sur ses proches. La capture est tout autant improbable car l'idée en est insupportable à Hitler, qui se voit promené à Moscou dans une cage de fer. Reste le suicide, « épilogue le plus vraisemblable », juge le programme. « Pas un suicide banal, ajoute le rapport, mais accompagné d'une mise en scène remarquable, pour perpétuer dans la mort le lien avec son peuple... »

Au vrai, Hitler a déjà menacé de se suicider au cours du putsch de 1923, puis à la suite de la mort de sa nièce Geli en 1930, et en 1936 si l'occupation de la Rhénanie se soldait par un échec. Ces idées de suicide accompagnaient des moments de dépression, évidemment plus accentués en ce printemps de 1945 où, en outre, Hitler cache sa maladie, ses tremblements de la main surtout. Il se montre de moins en moins. Les seules images cinématographiques qu'on a de lui, lorsqu'il passe ses jeunes troupes en revue à l'occasion de son anniversaire, le 20 avril 1945, corroborent ce témoignage de Gerhardt Boldt :

« Le regard est fixe et vacillant à la fois. Celui qui le croise reçoit un choc, car il semble venir d'un autre monde. [...] Le visage est celui d'un individu vidé de ses forces, quand il marche, Hitler se traîne péniblement... ses mouvements sont ceux d'un vieil homme très malade[28]. »

D'une certaine façon aussi, dans son bunker où il réside depuis plusieurs semaines, Hitler se cache à son peuple. Il est devenu l'inverse de l'image qu'il voulait être, celle de la jeunesse allemande : « Je veux qu'ils soient souples et musclés, rapides comme le lévrier, coriaces comme le cuir et durs comme l'acier de chez Krupp. » Sa peau est grise, ses chairs molles, ses mains tremblantes...

Hitler a-t-il seulement su que Mussolini venait d'être capturé puis exécuté ? On l'a supposé, Joachim Fest notamment, mais il n'en existe aucune preuve, aucun signe. Au moins est-on certain que Göring s'est trompé quand il a affirmé, lors du procès de Nuremberg, que Hitler se serait écrié en voyant les photos du Duce et de sa maîtresse pendus par les pieds, « que cela ne lui arriverait jamais ». Göring a vu Hitler pour la dernière fois le 20 avril, Mussolini a été pendu le 28 avril, et Göring n'a pu voir ces photos qu'après coup[29]. Toujours est-il que Hitler envisage de se supprimer et d'ordonnancer la crémation de son corps pour ne pas courir le risque « d'être promené en cage sur une charrette à Moscou » si par une « ruse » quelconque les Russes parviennent à s'emparer de lui vivant ou blessé. Tout en même temps, il continue à compter sur un miracle, ce qui rend compte des moments d'exaltation qui succèdent à son abattement. S'il sait que le Reich, envahi de tous les côtés, n'est plus à même de construire le grand nombre de V2 qui devaient détruire

Londres, voire New York, au moins a-t-il déjà échappé à l'attentat du 20 juillet 1944, ensuite un dégel de l'Oder a brusquement arrêté la marche des Soviétiques, et il continue à croire que les Anglo-Saxons sont sur le point de se retourner contre les Soviétiques, ce qui ouvrirait d'immenses perspectives.

Après l'échec de l'offensive des Ardennes en janvier 1945, le général Guderian, à la tête de l'état-major général, déclara à Ribbentrop que la guerre était perdue. Le bombardement de Dresde qui suivit, durant la nuit du 13 au 14 février, signifiait que les villes allemandes pouvaient être complètement détruites, l'une après l'autre. Il fallait mettre fin à cette catastrophe. Albert Speer, sans le dire, décida de refuser d'obéir à Hitler qui, par l'ordre du 19 mars, ordonna la destruction de toutes les infrastructures industrielles susceptibles de servir à l'ennemi. Le texte de Hitler concluait : « On ne peut absolument pas prendre la population en considération. » Après avoir contourné l'ordre, Speer imagina d'introduire du gaz empoisonné dans l'air conditionné qui aboutissait à l'abri situé sous la chancellerie dont, en étant l'architecte, il connaissait les plans... Mais une cheminée de sécurité venait d'être construite qui anéantit le projet : pour la deuxième fois en sept mois, Hitler échappait à un attentat. Le Führer n'eut connaissance que plus tard de cet attentat-là, quand Speer le lui confessa. Entre-temps, ayant observé que les soldats n'avaient plus confiance qu'en Hitler seul, Speer continua à sauver ce qu'il pouvait des usines allemandes, mais abandonna son projet meurtrier[30].

Pour sûr, seul Goebbels avait la même vision apocalyptique que Hitler, prêt à tout détruire et à s'ensevelir sous les décombres d'une nation coupable de n'avoir pas su conquérir le monde. Les autres dirigeants, Göring, Bormann, Himmler, pensaient à hériter du pouvoir fou du Führer, quitte à chercher les moyens de mettre fin au conflit en s'alliant aux Anglo-Saxons pour se retourner contre les Russes (ce qui pour Hitler était trahir) plus qu'à inscrire leur nom dans l'Histoire.

Le 15 avril, persuadé que les Russes attaqueraient en Saxe pour barrer la route aux Américains avant de marcher sur Berlin, Hitler lança un « ordre fondamental » qui prévenait l'éventualité d'une coupure du Reich en deux : le Nord était confié à l'amiral Dönitz, le Sud au maréchal Kesselring. Implicitement, cela pouvait signifier que le Führer poursuivait le combat dans le Sud, dans les Alpes bavaroises. Dans une proclamation aux armées, il dénonça les atrocités commises par « l'ennemi mortel judéo-bolchevik. [...] Quiconque donnait l'ordre de battre en retraite devait être capturé et si nécessaire abattu sur-le-champ, quel que soit son grade ». Il concluait : « Berlin reste allemande, Vienne redeviendra allemande, et l'Europe ne sera jamais russe. » Le 16, les Soviétiques lançaient leur offensive, mais bien vers Berlin, et trois jours après, on apprenait qu'ils étaient en vue de la capitale et qu'ils avaient enfoncé le groupe d'armées du général Heinrici.

Le 20 avril, jour anniversaire des cinquante-six ans du Führer, les premiers obus soviétiques atteignaient la capitale du Reich. Hitler dit à son valet de chambre qu'il ne voulait voir personne ; il alla néanmoins décorer les Jeunesses hitlériennes, notamment ces quelques gamins qui avaient réussi à détruire un char soviétique. Ce sont les dernières images de lui vivant qu'ont filmées les *Deutsche Wochenschau*. Quelque peu hagard, marchant péniblement, cachant les tremblements de son bras droit dans son dos, il tapote les joues du plus jeune – a-t-il plus de douze ans... ? – et disparaît. L'attendent les hauts dignitaires qui, dans une ambiance lugubre, sont venus le féliciter. Tout le monde remarque que Göring, par une sorte d'acte manqué, ne porte pas les habits chamarrés qu'il goûte d'ordinaire mais un uniforme kaki qui le fait ressembler à un officier américain. Il s'esquive le premier, rejoignant le grand Sud après avoir invité le Führer à partir pour Berchtesgaden d'où il pourrait commander efficacement à des armées encore en bon état. On rapporte que Hitler ne lui répondit même pas[31].

Deux jours plus tard, au briefing du 22, apprenant que n'avait pas eu lieu la diversion que devait mener le général SS Steiner, Hitler explosa. Après les chefs militaires, les SS à leur tour le trahissaient, également la Luftwaffe qui, depuis Prague, n'était pas venue soutenir les défenseurs de Berlin. Jamais il n'avait hurlé et insulté ainsi les dirigeants du pays. Puis, dans un sanglot, il lâcha : « La guerre est perdue. » Refusant de se rendre à Berchtesgaden – « ce lieu de vacances », lui avait dit Speer –, il déclara qu'il resterait à Berlin pour y diriger les opérations et qu'au dernier moment il se donnerait la mort. Pour ce qui était de négocier avec les Anglo-Américains, Göring le ferait mieux que lui. Généraux et autres dirigeants eurent beau protester, Hitler demeura intraitable, répétant « qu'il ne quitterait jamais Berlin, jamais ». Il ordonna à ses services d'évacuer la capitale tant qu'une issue de sortie existait encore.

Comme la ville était quasiment encerclée et qu'on communiquait mal avec le bunker, on peut imaginer que, désormais, le Führer était dans l'incapacité d'exercer un commandement, Göring jugea qu'il pouvait arguer de la loi du 22 juin 1941 qui faisait de lui son héritier pour prendre en main ce qui restait des forces du Reich. En attendant une réponse, il posa une date limite, ce que Bormann présenta au Führer comme un ultimatum et une trahison. De fait, en laissant éventuellement Göring négocier, Hitler n'entendait pas se dessaisir du pouvoir. Il prit fort mal l'initiative d'un homme, qui, à ses yeux, avait perdu tout crédit depuis longtemps. Il le destitua de toutes ses fonctions, ce à quoi Göring obtempéra, quitte à se laisser mettre sous la bonne garde des SS.

Himmler crut ainsi, à son tour, que son heure était arrivée. Mais le Führer lui imputa la défaillance du général SS

Steiner, dont il espérait l'aide pour débloquer Berlin. Ses soupçons sur une trahison possible de Himmler se confirmèrent quand il apprit que « son fidèle Heinrich » avait commencé à négocier avec les Alliés par l'intermédiaire de la Suède et du comte Bernadotte. Hitler « écuma d'indignation et de colère, se démenant comme un fou ». Il se vengea sur l'homme de confiance de Himmler, Fegelein, qui se trouvait être le beau-frère d'Eva Braun, en le faisant exécuter sur-le-champ. Le teint de Hitler « avait pris un ton de brique et son visage devint méconnaissable[32]. »

Que Himmler le trahisse fut pour Hitler le signal de la fin*.

Au reste, s'évanouissait le dernier espoir d'un quelconque redressement militaire. Ce ne furent ni Steiner, ni Wenck, ni Holste qui se manifestèrent, mais Joukov, dont les obus atteignaient la chancellerie tandis qu'une partie des Berlinois en fuite étaient noyés dans les égouts. Les Russes étaient bien dans Berlin, à moins d'un kilomètre du bunker.

Tel le spectre d'un drame qui s'annonce, Eva Braun se fraya une voie vers Berlin et le bunker malgré l'interdiction du Führer. Elle voulait mourir avec lui. Ainsi de Goebbels et de sa femme.

Ne pouvant supporter l'idée d'une faillite du nazisme, Goebbels avait partagé les vues apocalyptiques du Führer – sacrifier les vies allemandes à son projet fou. Sauf qu'il ne maudissait pas, comme lui, le peuple allemand d'avoir failli à sa mission, et que ce n'était pas pour cause d'échec qu'il jugeait sa disparition nécessaire. « La vie ne méritant pas d'être vécue » dans un monde qui avait mis fin à l'idéal national-socialiste, lui et sa femme étaient prêts au sacrifice comme à celui de leurs propres enfants. Dans le bun-

---

* Fait prisonnier par les Britanniques quelques jours après le suicide de Hitler, Himmler réussit, malgré maintes précautions, à avaler une capsule de cyanure.

ker se retrouvaient ainsi, outre Bormann, ceux qui étaient décidés à mourir : Hitler et Eva Braun, Goebbels et les siens. Hitler répéta à Goebbels ce que lui avait susurré Speer : « Je trouverais mille fois plus lâche de me suicider sur l'Obersalzberg que de rester et de tomber ici. » Qu'un miracle se produise et il demeurerait le Führer, que l'Allemagne devienne bolchevique et bientôt le nazisme deviendrait un mythe[33].

Les noces et le testament

Puisque son union avec le peuple allemand prenait fin, le Führer jugea qu'il pouvait, avant la mort, prendre officiellement femme et épouser Eva Braun. Goebbels et Bormann servirent de témoins pour un mariage vite ficelé qui eut lieu dans la nuit du 29 au 30. Une petite réunion au champagne suivit, Hitler expliquant que la fidélité d'Eva méritait cette récompense : participer comme épouse à la mort rituelle du Führer.

Hitler avait donné des instructions à ses aides de camp les plus fidèles pour qu'une fois mort sa crémation fût assurée : une provision d'essence fut ainsi réservée à la sortie du bunker. Puis, à la suite de la cérémonie de la noce, il dicta ses testaments.

Le testament privé expliquait les raisons de son mariage et désignait comme exécuteur son fidèle camarade du parti, Martin Bormann, pour remettre à la famille de sa femme et à ses secrétaires les biens qu'il possédait « s'ils valent quelque chose » afin qu'elles continuent à pouvoir vivre « bourgeoisement ». Toutes les œuvres d'art qu'il avait pu acquérir devaient aller au musée de peinture de sa ville natale, Linz.

Le testament politique reprenait d'abord l'énoncé de ses obsessions, « cette responsabilité de la juiverie internationale dans les destructions de la guerre, dans son déclenchement, voulu exclusivement par des hommes d'État d'ascendance juive ou qui travaillaient pour les intérêts juifs ». S'agissait-il de Churchill ou de Daladier, de Staline ou de Roosevelt ? Aucun ne correspondait, ni de près ni de loin, à cette définition. Lui, Hitler, « n'avait jamais voulu la guerre en tout cas ». Il ne laissait aucun doute : « Si les nations européennes doivent être à nouveau considérées comme de simples paquets d'actions de ces conspirateurs [...] alors cette race, qui est réellement coupable de ce combat meurtrier, sera elle aussi appelée à rendre des comptes : la juiverie. » Il ajoutait : « Je n'ai pas non plus dissimulé que, cette fois, des millions d'enfants des peuples aryens d'Europe ne mourraient pas de faim, des millions d'hommes adultes n'iraient pas au-devant de la mort, et des centaines de milliers de femmes et d'enfants ne périraient pas brûlés et écrasés sous les bombes dans des villes sans que le véritable fautif expie sa culpabilité, fût-ce par mes moyens plus humains. »

« Ses moyens plus humains » étaient les camps d'extermination.

Il ajoutait : « Je n'ai aucune envie de tomber entre les mains d'ennemis qui, pour amuser leurs masses rameutées, auront besoin d'un spectacle monté par les Juifs. » Stigmatisant ensuite les chefs de l'armée de terre : « Puisse un jour faire partie de la conception de l'honneur de l'officier allemand – comme c'était déjà le cas dans notre marine – l'idée que la reddition d'un quartier ou d'une ville est impossible et qu'il appartient aux chefs de donner l'exemple jusque dans la mort. »

À la fin de ce testament, Hitler nommait un gouvernement appelé à lui succéder après sa mort. Göring, Himmler, Speer en étaient chassés. L'amiral Dönitz était nommé président du Reich – et pas « Führer » –, Goebbels chancelier – alors que Hitler savait qu'il mourrait avec lui – et Bormann à la tête du parti. À ces dirigeants, Hitler recommandait « par-dessus tout d'observer méticuleusement les lois raciales et de résister implacablement à l'empoisonneur de tous les peuples, la juiverie internationale[34] ».

Après avoir répété à Bormann qu'il refusait la capitulation de Berlin, Hitler rendit visite à Magda Goebbels, qui le supplia une dernière fois de quitter la capitale. Eva Braun avait rejoint son époux et quitté sa robe de mariage, noire avec roses rouges, pour une tenue bleue à garnitures blanches.

Vers 3 heures de l'après-midi, tous deux s'enfermèrent dans leur chambre. Au bout d'un certain temps, Bormann et Linge, son valet de chambre, ouvrirent la porte et sentirent une forte odeur d'acide prussique. Sur un canapé, Eva Hitler née Braun était affalée à gauche de son mari, sans vie. De la tempe droite du Führer, du sang coulait.

L'événement fut annoncé par l'amiral Dönitz. Mais, selon Volkogonov[35], Staline manifesta quelque méfiance vis-à-vis de cette information, craignant que le suicide ne fût un leurre. Après que les Russes l'eurent exhumé, le 9 mai, le corps du Führer fut identifié par Mengershausen, un des aides de camp : les pieds étaient consumés, et le trou d'une balle dans la tempe confirmait l'hypothèse du suicide. Néanmoins, à une date où les testaments du Führer n'avaient pas encore été découverts, toutes sortes de rumeurs couraient, par exemple que Hitler et Eva Braun avaient pu s'enfuir au Danemark... Quand Hermann Karnau, un membre de la garde personnelle du Führer, publia le récit de la crémation, qu'il avait vue de ses yeux, on ne voulut pas le croire. Et bientôt Staline accusa les Britanniques de cacher Hitler et Eva Braun. Les Russes déclaraient qu'il n'y avait pas de preuve matérielle qu'ils fussent morts, et cela ébranla jusqu'à Eisenhower, qui était en relations constantes avec des généraux soviétiques.

Ainsi, alors qu'à Berlin des Russes, officiers de l'état-major de Joukov, affirmaient formellement qu'étaient identifiés les corps de Hitler et de Goebbels, Staline répétait à Harry Hopkins « qu'il était sûr que Hitler était vivant, peut-être réfugié chez Franco ou en République argentine ».

Tancé par Vychinski, l'« œil de Staline », Joukov retourna piteusement sa position. Les restes furent emportés à Moscou, et les témoins, faits prisonniers, emmenés eux aussi. À nouveau, les identifications eurent lieu, confirmant qu'il s'agissait bien du Führer. Staline abandonna enfin la thèse de l'évasion. Il ne pouvait plus craindre que le corps de Hitler, caché quelque part, ne devînt un lieu de pèlerinage[36].

Quelques années plus tard, dans *La Chute de Berlin*, de Mikhaïl Tchiaourelli, on reconstitua le suicide de Hitler, mais par le cyanure – une mort moins noble qu'un coup de pistolet à la tempe[37].

WINSTON CHURCHILL : LA CHUTE

La capitulation de l'Allemagne signait la fin d'un cauchemar. Hitler s'était suicidé dans son bunker, disait-on, et l'événement était tel qu'on en avait presque oublié que, le même mois, Roosevelt était mort et que Mussolini avait été exécuté. On en oubliait aussi, les Anglais les premiers, comme en témoignent de folles images prises le 8 mai 1945 à Londres, que la guerre continuait et que leurs troupes se battaient durement en Birmanie, contre les Japonais. Ils jugent que leur épreuve est terminée. Pour s'en persuader, suprême ingratitude démocratique, tels ces Français qui en 1920 n'avaient pas élu Clemenceau, « le Père la Victoire », à la présidence de la République, les Britanniques renvoient Churchill dans ses foyers – lui qui avait su forger leur résistance et assurer leur survie.

Le matin où on lui annonce que l'Allemagne a capitulé, « le Premier ministre n'avait pas du tout l'air enthousiasmé par la fin de la guerre », rapporte Lord Moran, son médecin. « D'ailleurs, très vite, se rappelle-t-il, il eut l'air très fatigué […], paraissait épuisé[38]. »

Churchill sait, promesse à tenir, qu'il doit mettre fin au gouvernement de coalition puisque l'Allemagne est vaincue. Mais il espère que les travaillistes vont le garder jusqu'à la victoire contre le Japon, et il le leur propose. « Ils ne regarderont même pas ma lettre... Ils sont bouillants de haine », confie-t-il à son médecin. De fait, à leur congrès de Blackpool, les travaillistes rejettent l'idée de demeurer au gouvernement à côté du leader conservateur. Ils veulent des élections et espèrent prendre le pouvoir. Attlee en informe Churchill avec aigreur... Lord Moran devine l'humiliation du Premier ministre : « Avoir parlé au nom de l'Angleterre sans la permission ou l'intervention de quiconque pendant cinq ans, et se retrouver un beau jour en solliciteur, au seuil de la porte, la casquette à la main... il y a de quoi être irrité. » À la BBC, on ne lui offre que vingt minutes de parole pour sa campagne électorale future, et sa fille doit demander une autorisation dans les formes réglementaires pour l'y accompagner – jusque-là, il suffisait qu'il en émît le vœu pour qu'elle puisse entrer avec lui.

Bref, le Premier ministre connaît toutes les rigueurs d'une démocratie véritable.

Jusqu'aux élections, il n'a droit qu'à un gouvernement de transition ou d'affaires courantes (*caretaker*), que quittent Attlee et les travaillistes et qu'il remplace par des libéraux, Hore-Belisha et le fils de Lloyd George – ce qui semble un retour aux années 1930.

Dans son *Manifeste*, prélude aux élections, Winston Churchill parle « de grandeur, de liberté, condition aux progrès, et autres phrases creuses de ce genre », commente le docteur Moran. « Il ne se place pas sur le terrain de la réalité, à savoir que les pauvres redoutent avant tout les dépenses qu'entraîne la maladie et qu'ils veulent que les médecins les soignent pour rien. C'est le parti qui leur accordera cet avantage qui sera le gagnant. » Il glorifie l'esprit de Dunkerque, la justice, le progrès, tandis que les travaillistes répondent « du pain, du travail, des logements ». Churchill ne voit pas que le pays a tourné la page des comportements héroïques et qu'il est, déjà depuis le succès du débarquement, dans l'après-guerre[39]...

À la radio, son intervention tombe à plat.

« Plus vous parlerez, plus vous perdrez des voix », lui dit son médecin. Churchill a vilipendé les travaillistes « qui instauraient une sorte de Gestapo » – alors qu'il avait gouverné quatre ans avec eux... « J'ai donc été si mauvais ? » demande le Premier ministre. Et déjà on susurre que le chef de guerre, ce bouledogue, ne saurait être l'homme de la paix, qu'il est sans doute incapable d'accomplir des réformes – appliquera-t-il seulement le plan Beveridge, qui institue l'État providence[40] ? « Je n'ai plus rien à dire, plus de message à transmettre », commente encore le Premier ministre. À Hendaye où il se repose une semaine, les passants l'acclament. « N'importe où dans le monde, on m'acclamerait », dit-il avec tristesse. La pensée des élections à venir l'empoisonne.

Le 25 juillet, Winston Churchill dit à son médecin : « J'ai fait un cauchemar... J'ai rêvé que la vie était finie pour moi. Je voyais, c'était très précis, mon cadavre étendu sur une table dans une pièce vide, recouvert d'un drap blanc. Je reconnaissais mes pieds nus pointés en avant... C'est peut-être la fin. »

Le 26, il apprenait la défaite de son parti, avec 213 sièges seulement face aux 393 du Labour. Et lui-même, humilié jusque dans sa circonscription où, par pudeur, travaillistes et libéraux n'avaient pas présenté de candidat contre lui, il obtint 28 000 voix, et un inconnu, indépendant, 10 000...

« Mais pourquoi m'acclament-ils donc ? À quoi cela rime-t-il ? » dit-il de ceux qui le félicitaient... les larmes aux yeux.

Parlait-il d'ingratitude ?

Non, il en concluait seulement que « le peuple avait trop souffert ».

DE GAULLE : L'ÉTRANGE VICTOIRE...

Mais ce fut surtout en France que l'après-8 mai prit la figure d'une étrange victoire. On fêta l'événement, certes, mais rien à voir avec l'ivresse de la Libération. Car entre l'été 1944 et le printemps 1945, l'ouverture des camps de la mort avait révélé l'innommable. On savait désormais que bon nombre de ceux dont on attendait le retour ne reviendraient jamais. Quant à ceux qui avaient survécu, on les voyait, ces morts-vivants, à côté de prisonniers de guerre bien portants que l'ennemi n'avait pas mal traités. « Ne les opposez pas », dit la légende d'une caricature dans *Combat*, alors dirigé par Albert Camus. Le contraste n'en perpétue pas moins le souvenir glauque d'une époque tragique.

Autre malaise : cette guerre qui avait continué après la Libération était devenue le fait des militaires, d'eux seuls. Il n'est question que de De Lattre, de Leclerc, de Kœnig. Déjà, en 1944, grande avait été l'amertume des civils de la Résistance intérieure, d'avoir été relégués, lors des cérémonies, en queue de cortège. Cette Résistance intérieure avait été la mal-aimée de la victoire. En 1945, dans l'ombre des retours d'Allemagne et des célébrations, survivait ainsi quelque chose de notre guerre civile.

Il est vrai que, à cette heure, pour de Gaulle et les siens, identifier cette Résistance intérieure au danger communiste était une précaution qui pouvait paraître légitime. Même si Staline jugeait que les communistes français devaient participer au gouvernement, mettre un éteignoir sur les velléités « révolutionnaires », stimuler la reconstruction du pays, de Gaulle restait circonspect. En Corse, ultra-minoritaires, n'avaient-ils pas pris le pouvoir depuis la libération de l'île ?

« Vous ne pensez pas que j'allais me faire reconnaître par ces comités du désordre ! » confie-t-il un an plus tard à son aide de camp, le lieutenant Guy. Tout se passait ainsi comme si la France libre s'opposait à la Résistance... Et de Gaulle d'approfondir le diagnostic : « En 1944, la France, cette vieille dame bourgeoise, n'a acclamé la Résistance malgré son horreur du chambardement que parce qu'elle l'a confondue avec la fin de la guerre. Elle ne s'était pas encore aperçue, un an après la Libération, que la guerre venait seulement de prendre fin. »

Et puis, dans l'ombre des retours d'Allemagne et des célébrations organisées depuis la Libération, l'épuration perpétuait-elle aussi quelque chose des temps de l'Occupation. « À l'heure des bourreaux, écrivait Albert Camus dans *Combat*, avait répondu la colère des victimes. Et les bourreaux partis, les Français sont restés avec leur haine, en partie inemployée. Ils se regardent avec un reste de colère. »

Ces données rendent compte du changement qui s'opère dans le pays à l'encontre de De Gaulle. Le héros acclamé par tous à la Libération est, moins d'un an plus tard, soupçonné de ne pas rendre justice aux malheurs de son pays : chacun commémore la Libération comme pour en remontrer à l'autre ; au mont Valérien et à Châteaubriant, les communistes, qui s'affirment le parti des 80 000 fusillés, célèbrent leurs morts comme s'ils avaient été les seuls. Au mont Valérien, toutes les tendances de la Résistance sont mêlées, mais les 1er et 11 novembre, c'est le gouvernement de Gaulle qui récupère les morts de la « guerre de trente ans ». À chacun ses cérémonies jusqu'à ce que, le 8 mai, la victoire soit commémorée en même temps que la fête de Jeanne d'Arc... Cette victoire était-elle celle des armées françaises en Allemagne ? de De Gaulle ? des Soviétiques et de leurs alliés communistes ? ou des Alliés ?

Étrange victoire qui fut à peine fêtée et dont les contemporains n'ont guère conservé la mémoire...

Quant à de Gaulle lui-même, il gardait un souvenir amer de son voyage à Moscou (voir plus haut « Les avanies du général de Gaulle ») ; l'allié objectif sur lequel il s'était appuyé pendant la guerre pour faire contrepoids à Roosevelt s'était révélé désagréable, menaçant...

Depuis, il a pu observer comment l'immense machinerie des partis communistes mettait peu à peu la main sur les pays de l'Est. En France, même, le parti de Maurice Thorez capitalise les frustrations de la société qui, certes, n'avait pas volontiers participé aux actions de la Résistance intérieure mais qui, le plus souvent, l'avait protégée et était restée profondément hostile à l'occupant.

Réactivant la suspicion dont de Gaulle avait été l'objet à ses débuts, en 1940-1941, les communistes soutenus par une partie de la gauche lui imputent des ambitions dictatoriales, ce qu'il rejette bientôt « avec un mépris de fer ». Et le monde politique se délecte de la réponse que lui cisèle Pierre Hervé dans *l'Humanité* : « Mépris de fer, culotte de peau, sabre de bois. »

De Gaulle allait bientôt quitter le pouvoir (en janvier 1946), son diagnostic sur la menace soviéto-communiste rejoignant celui de l'entourage du nouveau président américain Harry Truman, plus attentif que Roosevelt aux risques de l'avenir[41].

LA GUERRE FROIDE OU BIEN...

Soixante ans après la guerre, lorsque Vladimir Poutine commémora la victoire sur le nazisme, les dirigeants des États baltes annexés par l'URSS lors du pacte germano-soviétique se refusèrent à considérer le 8 mai comme une libération. Pour eux la date marquait une annexion.

Ces Baltes perpétuaient ce qu'on appelait en 1945 « l'esprit de Riga », c'est-à-dire la résistance, successivement aux impérialismes tsariste et soviétique. Cette attitude fut incarnée par des émigrés baltes aux États-Unis puis par des diplomates en poste dans ces pays, qui avaient contesté, en 1941, la conclusion de la « Grande Alliance » entre Washington et Moscou et plus encore, en 1945, l'esprit de conciliation qui avait régné à Yalta. Derrière George Kennan, Loy Henderson, Charles Bohlen, ils mettaient en place l'argumentaire qui sera celui de la guerre froide – une réponse aux violations de Yalta commises par Staline en Europe de l'Est. Plus tard, ils énoncèrent la doctrine du *containment* : bloquer les Soviétiques sur leurs positions.

Depuis la mort de Roosevelt, Harry Hopkins étant malade, ils faisaient le siège du président Truman, et le convainquirent de manifester sa fermeté, notamment sur tous les aspects du problème polonais – rôle des hommes du gouvernement émigrés à Londres, frontières à l'est, etc. Fin avril 1945, rencontrant Molotov pour la première fois, à la veille de la conférence de San Francisco, qui mit sur pied l'ONU, Truman somma sèchement son interlocuteur de respecter les clauses de Yalta. « De ma vie, on ne m'avait jamais parlé ainsi », commenta Molotov. « Le problème polonais n'est pas pour nous seulement une affaire d'honneur mais de sécurité », répondit Truman[42].

Ce durcissement américain s'était opéré en silence, à la faveur de l'inexpérience du nouveau président. Mais l'influent James Byrnes, secrétaire d'État, finit par convaincre Truman que la priorité des priorités n'était ni la création de l'ONU, ni (encore) l'antagonisme avec l'URSS mais bien la participation des États-Unis à la guerre contre le Japon. Il fallait que, lors de la rencontre avec Staline à Potsdam, on ne l'oublie pas car si, dans le Pacifique, les Américains volaient de victoire en victoire depuis plus d'un an, l'assaut final contre l'archipel japonais lui-même devrait se payer d'une effroyable perte en hommes...

... LA LUTTE CONTRE LE JAPON

Le 30 avril, jour du suicide de Hitler, les États-Unis, tout supérieurs qu'ils fussent en aviation, avaient perdu 20 navires et 157 autres avaient été endommagés. Le 5 mai, les kamikazes avaient coulé 17 autres navires ; le 11, ils mettaient hors d'usage le porte-avions *Bunker Hill*, qu'ils coulaient quelques jours plus tard. L'acharnement défensif japonais était à son paroxysme. À Iwo Jima, la garnison japonaise comptait 23 000 hommes ; 21 900 se firent tuer. À Okinawa, elle en comptait 80 000 ; 73 000 se firent tuer. À Okinawa, les Américains avaient perdu 12 000 soldats ; pour Kyu Shu, le commandement prévoyait d'en perdre dix fois plus. Et pour Hondo[43]...

Truman arrive en juillet à Potsdam pour rencontrer Staline (Churchill, présent les premiers jours, cédera la place à Attlee). Au vu de ses propres incertitudes, le président américain est inquiet du tour que va prendre la conférence. Mais Staline le rassure tout de suite : il déclarera la guerre au Japon...

Retournement historique. En effet, on pouvait se demander pourquoi ce n'était pas le Japon qui, après l'agression allemande contre l'URSS en 1941, n'avait pas attaqué à l'est. Au vrai, le mikado avait connu, en 1939, une humiliation quand Hitler, ignorant le Pacte anti-Komintern passé avec Mussolini et lui, avait conclu son accord avec Staline sans le prévenir. En signant un pacte de non-agression avec Moscou durant le printemps 1941, le mikado rendait au Führer la monnaie de sa pièce. Et puis, autre humiliation, durant les opérations de Chine, venus à l'aide de Chiang Kai-chek, les blindés soviétiques avaient infligé une raclée aux chars japonais. Ceci pouvait expliquer cela mais de fait, à cette date, été 1939, la bataille était passée inaperçue dans l'Europe en crise : pour des raisons différentes, Staline et les Japonais préférèrent la garder secrète. Côté soviétique, Khrouchtchev rapporte que, cependant, cette victoire avait donné à Staline une assurance qui allait coûter cher, en développant chez lui le virus de l'autosatisfaction[44].

Ajoutons que, côté japonais, après l'intervention allemande contre l'URSS en 1941, procéder à des annexions en Sibérie n'avait pas pour le Japon l'intérêt que pouvait présenter la maîtrise des mers chaudes et des pétroles d'Indonésie. À Tokyo, enfin déconsidérée par la campagne de Chine qui n'aboutissait pas et par la défaite de Nomonhan, l'armée de terre baissa pavillon devant la marine qui, secrètement, préparait Pearl Harbor. On sait la suite.

Or, l'Allemagne vaincue, Staline avait les mains libres en Extrême-Orient. Le contrôle de la Mandchourie, vieille ambition des Russes, pouvait enfin se réaliser. Pour obtenir à l'ouest ce qu'il comptait de toute façon acquérir à l'est, Staline rassura donc Truman.

POTSDAM : LA BOMBE A OUVRE UNE NOUVELLE ÈRE

C'est alors qu'eut lieu l'événement surprise : l'essai réussi d'une bombe atomique, à Alamogordo, au Nouveau-Mexique. Truman se fit communiquer le détail de l'information, la relut et la relut encore. Puis décida d'en informer Staline. Comme si de rien n'était, au sortir d'une session de la conférence, il lui glissa : « Nous avons une nouvelle arme de puissance inégalée », sans préciser qu'il s'agissait de la bombe atomique. Selon Truman, Staline aurait répondu sur le même ton : « Faites-en bon usage contre les Japonais. » Mais selon Anthony Eden, qui surveillait Staline, celui-ci se serait contenté de hocher la tête sans manifester la moindre réaction. « Un vrai joueur de poker[45]. » Les Américains se demandèrent alors si Staline avait compris l'importance de la chose. On savait qu'il connaissait l'existence du programme Manhattan sur le projet de la bombe A et il n'ignorait pas que le test d'Alamogordo avait réussi. Alors ?

Alors ? Le maréchal Joukov se rappelle qu'une fois les Soviétiques entre eux Molotov dit à Staline : « Ils font monter les enchères. – Laissez-les, répondit celui-ci. Je vais dire un mot à Kurchatov pour qu'il se hâte d'aboutir. » « Je compris bien, alors, témoigne Joukov, qu'il s'agissait de la bombe atomique. »

De fait, les Russes avaient pris du retard sur les Américains : cela ne tenait pas à la qualité de leurs savants, I.V. Kurchatov, P.L. Kapista, A.D. Sakharov, mais à une décision prise par Beria et Staline de freiner ces recherches-là. Pourquoi ? Comme on l'a vu, à la veille du débarquement en Normandie, ayant jugé qu'une bombe A ne serait pas prête de sitôt, Albert Speer avait mis un terme au projet pour concentrer les efforts sur les fusées : ç'avait été les V1 et les V2[46].

Ainsi, de la même manière que les Allemands méprisaient la créativité scientifique et technique des Russes, les Russes surestimaient les chercheurs allemands et sous-estimaient les américains, français et anglais : dès lors que les Allemands avaient abandonné les recherches sur la bombe A, ils avaient freiné à leur tour les travaux ; seul, pensaient-ils, le génie allemand aurait pu les concurrencer.

On mesure ici l'effet pervers des préjugés en Histoire.

À Potsdam, faute de se mettre d'accord sur l'avenir de l'Allemagne, de la Pologne ou de l'Europe, Soviétiques, Britanniques et Américains laissèrent chacun libre d'agir comme il l'entendait dans sa propre zone, bien délimitée, tant à l'ouest qu'en Extrême-Orient[47].

Sauf que la bombe apporta aux Américains un avantage qui renversait le rapport de forces et donnait le signal d'une course aux armements. Mais ni les Soviétiques ni les Américains ne virent plus loin ; ils ne mesurèrent pas que la bombe ouvrait une ère nouvelle dans les relations internationales... Les Américains jugèrent seulement « qu'ils n'avaient plus besoin des Russes » dans la lutte contre le Japon.

En utilisant cette bombe, ils voulaient avant tout prévenir la mort de centaines de milliers de leurs soldats, et hâter la fin de la guerre ; ils n'avaient pas l'idée, comme on l'a dit ultérieurement, de lancer un avertissement à Staline. Cependant, pour James Byrnes et Harry Truman, il s'agissait aussi de gagner la guerre contre le Japon avant que les Soviétiques ne participent à l'hallali. Car, depuis la Sibérie, ceux-ci pouvaient, par Hokkaido et le nord du Japon mal défendus, arriver plus vite qu'eux à Tokyo.

Ceux qui décidèrent de l'utiliser demeurèrent sourds aux avis de ces savants qui prédisaient les effets à long terme de cette bombe atomique, sauf qu'à Washington on décida d'épargner Kyoto, centre culturel et stratégique. Le compte à rebours fut ainsi mis en route. La première bombe parmi les quelques-unes qui étaient opérationnelles fut lancée sur Hiroshima le 6 août.

Lors du bombardement de Tokyo, à la fin du mois de mai 1945, lorsqu'une partie du Palais impérial avait pris feu, le mikado avait dit à un de ses proches : « Au moins le peuple verra que je partage son sort et que je ne bénéficie pas d'une protection spéciale des dieux. » Quand il eut connaissance d'Hiroshima, le 6 août, de la déclaration de guerre de l'URSS, le 7, puis de Nagasaki, le 9, cette même disposition de son esprit le conduisit dans le sens de la capitulation.

LE MIKADO ENTRE DEUX FEUX

À Potsdam, une déclaration avait été signée par les États-Unis, la Grande-Bretagne et la Chine, les trois alliés, qui évoquaient l'alternative qui s'offrait au Japon : la destruction massive ou la capitulation sans conditions. Il n'était pas question de bombe atomique. Par contre, le point n'était pas clairement établi s'il s'agissait d'une capitulation des forces militaires, d'elles seules, ou de l'État japonais, ce qui eût inclu l'empereur et le régime.

Les uns, tel Cordell Hull, républicains dans l'âme, disaient qu'il ne fallait pas épargner les institutions monarchiques ; d'autres, tel Joseph Grew, jugeaient qu'il fallait perpétuer l'empereur pour prévenir une lutte « jusqu'au bout ».

À Tokyo, avant même la déclaration de Potsdam, les dirigeants civils et militaires ont conscience que la guerre est perdue, mais ceux qui jugent qu'il faut y mettre fin estiment aussi que, pour faire plier les militaires, il faut impliquer le mikado, l'amener à prendre position. Son entourage s'y emploie en s'efforçant, d'abord à mots couverts, de lui faire comprendre que la guerre ne peut plus être gagnée. Le baron Kido, garde des Sceaux, le baron Osanaga Kanrogi, chef de la domesticité, le prince Chichibu, frère cadet de l'empereur, son fils aussi s'efforcent de montrer la fausseté des informations qui émanent des autorités militaires : par exemple, celle qui a présenté comme une victoire, en octobre 1943, ce qui était bien une défaite, la perte des îles Gilbert. Plus tard, le général Kumaki Koiso, qui avait remplacé

Tojo, avait assuré le mikado que l'avenir de la guerre dépendait de la bataille de Leyte. Or Leyte avait été perdue. En décembre 1944, le trône demanda une enquête sur le bilan de ces opérations. « Pourquoi alors se bat-on à Luçon ? » demanda-t-il à Koiso[48].

C'est le garde des Sceaux, Koichi Kido, qui a mis sur le papier le processus de sortie de guerre. Il l'a rédigé en juin 1945, par conséquent avant la conférence de Potsdam.

Il observe d'abord que l'attaque sur Okinawa a eu lieu bien avant la date qu'annonçaient les chefs militaires, et que l'île sera bientôt perdue. Bien que les kamikazes aient coulé plus de 30 navires, endommagé 100 autres, les 900 avions qui attaquent la flotte japonaise la rendent inopérante. Dans l'île, comme pour les prochaines à être attaquées, les bombes incendiaires détruisent tout – habitations, récoltes, etc. Sans parler des pertes effroyables que causent les bombardements sur Tokyo et d'autres grandes villes.

Après avoir évoqué également pénurie et troubles sociaux, Koichi Kido estime qu'il faut au plus vite envisager de mettre fin à la guerre. Il est évident, écrit-il, qu'avant tout l'ennemi veut se débarrasser des militaristes de ce pays. Il faut donc proposer la paix au nom des forces combattantes, mais pas trop tard, pour que les demandes minimales du Japon puissent être satisfaites : « La seule solution est de prier l'empereur d'intervenir pour sauver la population et faire les démarches de paix. » Un message de sa part pourra passer par une puissance qui jouera les intermédiaires… Ce pourrait être l'URSS, qui est demeurée neutre dans le conflit du Japon. Le mikado a confiance en Staline.

À cette date, Kido n'envisage pas la reddition inconditionnelle mais le retrait de tous les territoires occupés, dont on reconnaîtrait l'indépendance.

Mais à la Conférence impériale du 8 juin, l'amiral Kantaro Suzuki, nouveau Premier ministre, dit son indignation devant toute faiblesse. Les Japonais « ont peut-être des javelots de bambou mais également des bombes dans les poches » ; or « une nation qui est prête à mourir pour son empereur ne peut que remporter la victoire ; elle se bat jusqu'à la fin, pas question de se rendre[49] ». Personne n'ose répondre. Le silence se fait. Abasourdi ou accablé, l'empereur n'a pas dit un mot.

Au vrai, Suzuki répétait ce qu'il avait dit au mikado lors de sa nomination, « qu'une reddition inconditionnelle serait la fin du Japon impérial, que la capitulation de l'Allemagne ne changeait rien à ça ». De fait, de par cette capitulation, le U 234 qui devait apporter 60 kilos d'oxyde d'uranium au Japon n'arriva jamais, ce qui coupa court à l'espoir d'Hiro-Hito de voir réussir les recherches sur la bombe A (que, chimiste et biologiste lui-même, il suivait de près). Suzuki ajoutait que « la mort récompenserait le service de l'empereur ».

La plupart des militaires pensaient que la nation devait périr avec eux : certes, ils pressentaient qu'ils allaient perdre, mais ils préféraient mourir au combat qu'être traînés, après une défaite, devant le tribunal du vainqueur pour rendre compte de la guerre qu'ils avaient suscitée, sans parler des crimes que leurs alliés leur reprocheraient. Pourtant, il en était qui jugeaient cette approche de la paix inéluctable, à condition de l'entreprendre à la suite d'un grand succès, et seulement alors – ce qui devenait la position de Suzuki. Les militaires savaient aussi que se débarrasser des hommes de cour favorables à ces démarches était quasiment impossible ; la police n'oserait pas arrêter ces importants personnages, même si déjà elle les surveillait.

C'est le grand raid sur Tokyo – le 9 mars, une attaque nocturne – qui, en raison du nombre épouvantable de victimes qu'il causa (près de 100 000) et l'étendue de ses destructions, décida Hiro-Hito à agir. Un nouveau raid, le 25 mai, rasant 19 kilomètres carrés de Tokyo renforça sa détermination d'affronter les militaires, ce qu'il n'avait pas eu la force de faire auparavant. Ce dernier bombardement avait fait près de 200 000 victimes, le Palais impérial avait été touché, et 28 personnes y étaient mortes ; la preuve était faite que rien de sérieux n'avait été prévu pour faire face aux incendies géants d'un bombardement à grande échelle. Cette incurie avait une origine : depuis le premier raid, celui de Doolittle, les Japonais croyaient que seuls quelques bombardiers isolés pourraient encore survoler les grandes villes, et qu'ils seraient ensuite obligés de s'égailler en Chine ou ailleurs faute d'avoir assez d'essence pour s'en retourner jusqu'à leur base. Le commandement n'avait pas mesuré à quel point, avec la perte successive des îles, ces bases s'étaient rapprochées.

Le cas d'Okinawa les alerta cependant que la progression des Américains s'effectuait à une cadence sans cesse accélérée même si la résistance était acharnée[50]. Plus encore : l'aviation nippone, déjà inférieure en nombre et en puissance, manquait de carburant ; désormais, les avions remplissaient leurs réservoirs pour un aller simple – et les pilotes se faisaient kamikazes. Aux Soviétiques, le gouvernement japonais demandait précisément des avions et du pétrole.

Pour le mikado et ses conseillers, le prince Konoye entre autres, il fallait à tout prix gagner l'alliance de Staline, si possible avant la conférence de Potsdam, ou au moins faire jouer à l'URSS un rôle de médiateur. Or, sans prévenir son souverain, Suzuki avait envoyé un messager auprès de l'ambassadeur Malik, mais pour lui proposer discrètement un marchandage : les îles Kouriles en leur totalité et le reste de Sakhaline, semble-t-il, en échange de cette aide si nécessaire. Sachant parfaitement que ces concessions devaient être faites par les Alliés à Potsdam, Malik renvoya le messager à son empereur.

Une nouvelle fois, le mikado fit éclater sa colère : en avril déjà il avait renvoyé le Premier ministre Koiso parce que celui-ci avait entrepris des négociations secrètes avec la Chine. À sa place, il avait nommé le vieil amiral Suzuki. Cette fois, était-ce pour n'avoir pas été tenu au courant, ou parce qu'il souhaitait une médiation de l'URSS, pas une négociation ? Il décida d'envoyer le prince Konoye en messager à Moscou. Mais Staline ne reçut l'émissaire qu'après l'avoir fait lanterner. Il voulait gagner du temps, que s'épuisent Américains et Japonais, avant d'entrer en scène, c'est-à-dire en guerre comme il l'avait promis aux Alliés. Il voulait leur rendre la monnaie de leur pièce – eux qui avaient tant attendu avant d'ouvrir un deuxième front.

Sauf qu'ayant déchiffré le code des Soviétiques, Truman n'ignorait rien des tentatives d'Hiro-Hito et des instructions de Staline de gagner du temps.

Sauf, et surtout, qu'ayant la bombe A, Truman voulait s'en servir avant que les Russes n'interviennent.

Hiro-Hito avait eu connaissance de la Déclaration de Potsdam, le 27 juillet, mais Suzuki avait fait comme si elle n'apportait rien de nouveau. En tout état de cause, le ministre des Affaires étrangères, Togo, ainsi que Hiro-Hito étaient suspendus à l'espoir d'une médiation soviétique.

C'est alors que le 6 août le mikado apprit le drame d'Hiroshima. Comprenant que l'impensable se produisait, et convaincu par ses proches qu'il lui fallait intervenir en personne, il chargea Osanaga Kanrogi et Kido de réunir une conférence, d'autant plus décidé cette fois qu'il apprit aussitôt après l'entrée en guerre de l'Union soviétique, et, le 9, l'explosion d'une autre bombe A sur Nagasaki. À cette conférence, Togo prit position en faveur d'une cessation des hostilités. De forts murmures l'accusant de défaitisme se firent entendre ; les chefs des armées et de la marine, Umezu et Toyoda, plaidèrent encore une fois pour une dernière bataille qui ferait mesurer aux Américains le prix de leurs exigences. Suzuki se tourna alors vers l'empereur, afin qu'il « donne son opinion », déclara Osanaga Kanroji.

Gêné dans sa lecture par la sueur qui embuait ses lunettes dans ce bunker torride où il résidait depuis plusieurs semaines, Hiro-Hito prit enfin la parole pour lire le texte qu'il avait préparé ; il était tellement tendu que ses premiers mots furent inintelligibles.

HIRO-HITO PARLE

« J'ai écouté avec soin tous les arguments s'opposant à une acceptation des conditions posées par les Alliés. Pourtant, mon opinion n'a pas changé. Pourtant, je la redis. Au vu de la situation dans le reste du monde et au Japon, je pense que la continuation de la guerre n'offre rien de plus que des destructions. [...] Quoique quelques-uns d'entre vous craignent que soit menacée l'essence de notre pays, je crois que les Alliés ne la modifieront pas, ils n'ont là-dessus que de bonnes intentions. [...] Je comprends pleinement combien il est difficile, pour les officiers, soldats et marins, de se soumettre à un désarmement et de voir le pays occupé. J'ai conscience aussi du fait que le peuple est prêt à se sacrifier pour son pays et son empereur. Mais ce qui peut m'arriver m'importe peu. Je veux préserver la vie du peuple. Il est dur pour moi de voir mes loyaux soldats désarmés et mes fidèles ministres condamnés comme criminels de guerre.

« Si nous continuons la guerre, le Japon sera complètement détruit. Quoique certains d'entre vous ne fassent vraiment pas confiance aux Alliés, je crois que la fin de la guerre vaut mieux que l'anéantissement du Japon. Telle qu'est la situation aujourd'hui, la nation a encore une chance de se rétablir.

« Je me rappelle la douleur de l'empereur Meiji au temps de la triple intervention*. Comme lui, je supporterai le fardeau insupportable. Mais l'espoir aussi de notre

---

* En 1895, la Russie, l'Allemagne et la France avaient obligé le Japon à restituer à la Chine la péninsule de Liaotung (Liaodong).

renaissance... Cela ne peut s'accomplir tout de suite, mais dans un effort si le peuple se joint à cet effort. Je ferai tout pour l'aider.

« [...] Comme le peuple n'a pas vraiment conscience de l'état de notre situation, il va être profondément choqué quand il entendra notre décision. Je la lui expliquerai, si c'est approprié par une intervention à la radio. Les troupes, en particulier, seront consternées ; les ministres trouveront difficile de leur faire accepter cette décision. J'irai partout où il le faudra pour expliquer ma décision.

« L'heure est venue où il faut supporter l'insupportable. J'avale mes larmes et donne ma sanction à la proposition du ministre des Affaires étrangères : je veux que le gouvernement prépare aussitôt que possible un rescrit impérial annonçant la fin de la guerre.

« Telle est mon opinion[51]. »

Présent, le ministre de l'Information, Kainan Shimomura, rapporte :

« Tous avaient écouté, le buste et la tête baissés. Ici et là des hommes sanglotaient... Ces sanglots étaient devenus particulièrement bruyants quand l'empereur avait dit qu'il ferait tout ce qui était en son pouvoir, même aller parler à la radio, pour épargner à la population de nouvelles souffrances. Les gants blancs de l'empereur allaient et venaient pour essuyer son visage et ses lunettes pleines de larmes, vision qu'on ne pouvait supporter. Quand l'empereur eut fini, tout le monde pleurait. Le Premier ministre promit de rédiger tout de suite le rescrit impérial et il s'excusa "d'avoir accompli l'impardonnable : obliger l'empereur à prendre ainsi une décision"[52]. »

Un certain nombre d'officiers, conduits par le commandant Hatanaka, tentèrent alors une sorte de coup d'État pour prévenir la diffusion du message de l'empereur ; ils se rendirent au quartier général de la Garde impériale avec le capitaine Shigerato Uehara pour rallier à eux le général Mori. Celui-ci ayant refusé, ils l'abattirent d'un coup de revolver et décapitèrent au sabre le lieutenant-colonel qui était avec lui. Ignorant le sens des ordres qu'ils recevaient, les commandants de la Garde incarcérèrent les journalistes de la radio NHK qui avaient enregistré l'allocution du mikado... mais le disque sur lequel elle avait été gravée avait déjà été expédié pour diffusion. Hiro-Hito ignorait tout de ces moments tragiques où, en se conformant à la tradition et malgré les interdictions de l'empereur, un grand nombre d'officiers se faisaient hara-kiri pour ne pas avoir à entendre la voix du mikado annonçant la capitulation. Parmi eux, commettant ce suicide rituel, figurait le ministre de la Guerre, Anami, qui se reprochait de ne pas avoir su prévenir le complot.

Avertis que l'empereur allait parler, cent millions de Japonais s'étaient prosternés, prêts à entendre sa voix pour la première fois.

Miracle de la phraséologie, il réussit à ne pas faire état d'une capitulation :

« À nos bons et loyaux sujets,

« Après avoir mûrement réfléchi aux tendances générales prévalant dans le monde et aux conditions existant aujourd'hui dans notre Empire, nous avons décidé de régler la situation actuelle par une mesure d'exception.

« Nous avons ordonné à notre gouvernement de faire savoir aux gouvernements des États-Unis, de Grande-Bretagne, de Chine et de l'Union soviétique que notre Empire accepte les termes de leur Déclaration commune*.

« [...]

« Voici désormais près de quatre années que la guerre se prolonge. Bien que tout le monde ait fait de son mieux – en dépit de vaillants combats livrés par nos forces militaires et navales, de la diligence et de l'assiduité de nos serviteurs et du dévouement de nos cent millions de sujets

---

* Il s'agit de celle de Potsdam.

– la guerre a évolué, mais pas nécessairement à l'avantage du Japon, tandis que les tendances générales prévalant dans le monde se sont retournées contre ses intérêts. En outre, l'ennemi a mis en œuvre une bombe nouvelle d'une extrême cruauté dont la capacité de destruction est incalculable et supprime bien des vies innocentes. Si nous continuions à nous battre, cela entraînerait non seulement l'effondrement et l'anéantissement de la nation japonaise mais encore l'extinction totale de la civilisation humaine.

« Cela étant, comment pouvons-nous sauver nos sujets ? Comment expier nous-mêmes devant les esprits de nos ancêtres impériaux ? C'est la raison pour laquelle nous avons ordonné d'accepter les termes de la Déclaration commune des puissances.

« Nous ne pouvons qu'exprimer le sentiment de notre plus profond regret à nos alliés du Sud-Est asiatique qui ont sans faillir coopéré avec notre Empire pour obtenir leur émancipation.

« [...]

« C'est en conformité avec les décrets du temps et du sort que nous avons résolu d'ouvrir la voie à une ère de paix grandiose pour toutes les générations à venir en endurant ce qu'on ne saurait endurer et en supportant l'insupportable.

« Ayant pu sauvegarder et maintenir la structure de l'État impérial, nous sommes toujours avec vous[53]. »

La *note* envoyée par le gouvernement japonais, le 10 août 1945, indiquait qu'« il était prêt à accepter les conditions énumérées par la Déclaration publiée à Potsdam le 26 juillet 1945 par les chefs des gouvernements des États-Unis, de la Grande-Bretagne et de la Chine, à laquelle s'est joint le gouvernement soviétique, *sous la condition* que ladite déclaration ne comporte pas d'exigences qui portent préjudice aux prérogatives de Sa Majesté en tant que Chef Souverain[54]. »

Conclusion

Quelles traces...

À deux moments de vérité – celui de l'attentat du 20 juillet et celui de son suicide programmé – les réactions de Hitler permettent de reconsidérer certains aspects de son rapport à sa vie, à l'histoire de son pays.

Qu'à la veille même de sa mort il se soit fait étaler dans son bunker les plans de Linz, la ville dont, adolescent, il avait rêvé de régénérer l'architecture, voilà qui désigne son *Rosebud*, son secret intime. Sa relation durable avec Speer est un autre signe de la blessure jamais guérie qu'avait causée l'échec de ses ambitions artistiques, et on peut se demander si son acharnement à vouloir raser les villes de grande architecture – Saint-Pétersbourg, Leningrad, Kiev, voire Paris (le sort de Londres étant associé à d'autres pulsions) – n'a pas quelque chose à voir avec cette angoisse existentielle.

Mais plus essentiel est le propos tenu au lendemain de l'attentat de juillet 1944 : « En 1918, l'armée avait été trahie par l'arrière. Aujourd'hui, c'est l'arrière qui est menacé d'être trahi par l'armée. » Ce divorce le hante. Sa dernière crise de colère hystérique éclate quand, toujours à la veille de sa mort programmée, est évoqué le nom de Röhm, qui en 1934 l'avait mis en garde contre cette possibilité et qu'il avait fait assassiner pour se rallier, précisément, l'armée.

De fait, après l'attentat, l'indignation fut grande dans les classes populaires tant demeurait vif l'attachement envers le Führer, et il fut encore plus difficile pour les groupes d'opposants de se manifester. Ralliée, la grande bourgeoisie est muselée comme Visconti l'a bien senti et montré dans *Les Damnés* (*La Caduta Degli Dei*) : à la table de la puissante famille von Essenbeck, Herbert Thalmann est seul à critiquer les méthodes – criminelles – du régime. Au reste, seul le magnat Fritz Thyssen, qui avait soutenu Hitler en 1933, ose, six ans plus tard, lui dire son indignation devant les persécutions dont sont victimes « le christianisme et les Juifs ». Il est destitué de la nationalité allemande, ses biens sont confisqués. L'opposition d'une partie de l'armée fut plus conséquente soit par ressentiment contre le dessaisissement dont elle était victime au temps des victoires qui eussent été les siennes, et les siennes seulement, soit qu'après coup elle ait jugé que le Führer conduisait le pays à sa perte. Quant aux savants qui cherchaient à produire la bombe atomique, les freinait la crainte que le Führer, un jour, ne s'en servît. L'armée n'en collaborait pas moins avec le régime, elle était compromise dans les crimes commis contre l'humanité, et rares sont les cas bien identifiés – celui du général von Bock, bientôt destitué – où elle osa les stigmatiser.

Cette connivence, longtemps niée pour autant que le cœur n'y était pas nécessairement, s'accompagnait d'une défiance réciproque que le Führer identifia à une trahison.

Mais, pour les victimes, l'armée avait bien été solidaire des victoires, des défaites et des crimes du régime : elle sombra avec lui, et avec lui aussi sombra un certain militarisme à tort ou à raison identifié à l'héritage prussien de l'État-nation.

C'est le même sort que connut le militarisme japonais, Hiro-Hito ayant su rompre avec lui à l'heure des bombardements américains et de l'arme atomique – tard sans doute, mais sauvant ainsi son trône. S'il est vrai que Truman et MacArthur, en l'y maintenant, avaient leur raison (la crainte du communisme) le militarisme quant à lui disparut pour de bon. Ses chantres étaient prêts, comme Hitler, à conduire le pays à l'apocalypse.

Si, en Italie, comme en Allemagne et au Japon, c'est bien la défaite qui accentue et accélère le divorce avec les militaires contre lesquels le Duce ne cesse de fulminer, en URSS, l'ordre militaire en tant que tel a été brisé en deux temps : à la suite de la révolution et de la guerre civile d'abord, par les purges staliniennes ensuite. Ces dernières se poursuivirent en 1941, à l'heure de la défaite, mais les rapports entre le parti et l'armée ne cessèrent de s'améliorer dès que fut réduit, voire relégué, le rôle des commissaires politiques. Staline fut le seul chef d'État avec Hitler à participer pleinement aux travaux de l'état-major, à cette différence près que Staline s'instruisait en donnant son point de vue qui, à Stalingrad, fut entendu, alors que Hitler voulait, lui, imposer son ascendant.

Les États-Unis et la Grande-Bretagne n'ont pas connu les mêmes conflits (seul les connaîtra Truman, lors de la guerre de Corée, en 1951, qui destitue le général MacArthur prêt à bombarder la Chine communiste). Dans ces deux démocraties, les militaires suivent les ordres de leur gouvernement et épousent plus ou moins ses querelles, ses dilemmes, ses choix : priorité à l'Atlantique ou au Pacifique, offensive à l'ouest ou en Méditerranée, débarquement en petites ou en grandes tenailles (Provence ou Adriatique en vis-à-vis de la Normandie).

Churchill et Roosevelt doivent surtout arbitrer les rivalités entre les chefs, et dominer leurs humeurs. Roosevelt ne peut se passer du général Marshall, que Churchill ne peut supporter tout en s'entendant bien avec Eisenhower qui, pour sa part, n'est guère apprécié comme chef par Patton qui estime que Bradley est un « médiocre » et Montgomery un « puceron », lequel juge qu'il faut retirer à Ike le commandement de ses armées, etc.

D'autres observations émanent de la confrontation du comportement des protagonistes aux différents stades de cette histoire. Par exemple, il apparaît clairement que le principal objectif de Staline est de redonner à l'Union soviétique les frontières de l'ancien empire des tsars. Dans les conversations avec Ribbentrop, à l'époque du pacte germano-soviétique, le dernier succès obtenu à l'usure est bien la récupération de la Lituanie, qui s'ajoute aux deux autres États baltes et à la partie orientale de la Pologne, considérée, elle, comme biélorusse ou faisant partie de l'Ukraine (ce qui rejoignait les conclusions de Lord Curzon, arbitre des frontières au lendemain de la Première Guerre mondiale). Le point important est le refus de toute tentation d'une extension vers les « mers chaudes ou ouvertes » que propose Ribbentrop, tout comme vers l'Inde britannique (alors que Hitler, à défaut de projet explicite, reçoit l'Indien Chandra Bose avec tous les honneurs).

À nouveau en 1945, Staline revendique Sakhaline, les Kouriles perdues en 1905, ainsi que le retour aux droits de la Russie sur Port-Arthur et les chemins de fer chinois. Quand Matsuoka, en 1941, propose à Molotov de racheter la partie nord de Sakhaline, celui-ci prit cette offre pour une plaisanterie. Et si Roosevelt attribue à l'URSS Mongolie-Extérieure, que les Soviétiques vont absorber lentement, c'est parce qu'une co-occupation du Japon n'aurait pas intéressé Staline. Au Japon, comme dans l'Europe orientale, après Yalta, celui-ci compte sur les partis frères pour qu'après guerre triomphe le socialisme. Quant aux velléités d'indépendance que pourraient avoir les pays baltes ou l'Ukraine, voire la Biélorussie, elles sont jugées aller « contre le sens de l'Histoire » et doivent donc être considérées comme « contre-révolutionnaires ».

Quant à Roosevelt, on a déjà observé qu'il est plus attentif à mettre en cause la légitimité des Empires français et britannique qu'à analyser celle de l'empire soviétique indépendamment même de la nature propre du régime. Il est porté à faire volontiers de Staline son allié circonstanciel contre Churchill ou de Gaulle. Il veut croire que Churchill pense plus à l'après-guerre qu'à la nécessité prioritaire de battre l'Allemagne d'abord. Ce n'est pas tout à fait faux pour autant que Churchill craint la mainmise de l'URSS sur l'Europe centrale. D'ailleurs, en 1946, au temps de Truman, les États-Unis ne manquent pas de prendre la relève des Anglais en Grèce, et Churchill félicite hautement Truman d'avoir été si vigilant sur le danger communiste, cela depuis Potsdam. Certes Churchill a dit et répété qu'il n'avait pas fait cette guerre pour que sa fin soit aussi celle de l'Empire britannique. Et de Gaulle pense la même chose de la politique américaine, conscient que Roosevelt manigance le départ des Français d'Indochine, dès 1943.

La politique anti-impérialiste de Roosevelt eût été plus convaincante s'il n'avait pas tenté de mettre la main sur les pétroles d'Arabie, une manière de se substituer au colonialisme britannique. Un pas de plus sera effectué plus tard, en 1956, quand les États-Unis et l'URSS s'associeront pour expulser les Français et les Britanniques de Suez.

Ajoutons que les anathèmes énoncés par Roosevelt contre « le malheureux sort réservé aux Noirs » portaient sur les Noirs d'Afrique. Pas sur les Noirs ou les Indiens et Chicanos des États-Unis. Cela, seuls les Soviétiques osaient le dire, mais de façon encore très discrète car, à cette date, eux aussi avaient besoin de l'aide américaine.

Le parti pris que nous avons adopté pour chaque crise, dilemme ou prise de décision – convoquer chacun des différents acteurs –, a permis de modifier bon nombre d'attendus que reproduisait la vulgate.

Ainsi, il apparaît qu'avant la guerre l'énoncé de ses revendications par Hitler pouvait n'être qu'un trompe-l'œil : en effet, qu'elles soient satisfaites était susceptible de le courroucer. Ainsi, à Munich, il regrette d'avoir dû négocier : « Il n'y aura pas de nouveau Munich », dit-il après coup, lors de la crise de Dantzig. Pour lui, en effet, la manière d'obtenir compte plus que ce qu'il peut acquérir, et la nécessité de la guerre est un acte de foi ; seule celle-ci témoignerait de la supériorité de la race allemande. Or, en 1939, le peuple s'y rend sans aucune flamme. On mesure comment le régime a réussi ensuite à la durcir.

En parallèle de l'incroyable politique de poltrons que mènent les dirigeants français, et que Hitler ne comprend pas, la Grande-Bretagne pousse les concessions jusqu'à ce que la corde casse. Et lorsqu'elle déclare la guerre, après l'intervention de Hitler en Pologne, c'est avec l'intention de la réparer. Ce contre quoi seul Churchill se dresse, ce à quoi on s'attendait – mais avec une audace sans doute sous-estimée.

Quant à l'URSS, la méthode suivie fait apparaître clairement que les conditions qui ont préexisté au pacte avec Hitler puis la politique adoptée par Staline jusqu'à la rupture ont été élaborées avec cette double certitude, pour Staline que la France résisterait si la guerre éclatait, et pour Hitler que l'Angleterre s'en retirerait. Double erreur... dont les conséquences ébranlent à la fois Staline et Hitler.

Par ailleurs, les circonstances raidissent Roosevelt dans sa méfiance vis-à-vis d'un pays, la France, qu'il admirait profondément ; pour une part, mais une part seulement, de Gaulle mesure les effets de ce désamour.

Mais ce qui nous a surtout frappé durant cette enquête, c'est bien l'ampleur de la méconnaissance que les différents protagonistes avaient de leurs ennemis.

Le plus étonnant est sans doute l'ignorance que les Allemands, Hitler en particulier, avaient de ce qui se passait en URSS ; en raison, pour l'essentiel, de ses idées racistes, de son mépris des Slaves. Cette sous-évaluation du génie russe – une erreur que Mussolini essayait en vain de corriger – a coûté cher à la Wehrmacht, elle-même imbue des valeurs de l'armée prussienne confortées par les victoires de 1939-1940.

En vis-à-vis, le réseau internationaliste construit par le régime soviétique surinforme le Kremlin de ce qui se passe en Allemagne et ailleurs, presque au jour le jour, jusqu'à la surprise de cet envoyé de Roosevelt qui s'aperçoit que les Soviétiques connaissent aussi bien que lui l'état des stocks militaires aux États-Unis.

S'il est vrai que le régime soviétique est opaque, la vie politique du Japon l'est tout autant pour les Américains ; qui ne maîtrisent pas grand-chose des aléas de la politique de ses dirigeants, et qui s'imaginent que Hiro-Hito est un empereur de pacotille, mythe qu'ils vont perpétuer à l'heure de la guerre froide.

Sans doute ces dernières observations ne rendent-elles pas compte de ce qui a été l'essentiel de cette enquête : la montée d'une guerre vers sa paranoïa d'extermination, d'Auschwitz à Hiroshima, et l'évaluation de la part qu'y ont jouée personnellement les principaux protagonistes que les progrès de la connaissance historique avaient quelque peu relativisée.

Notes

1. Prélude à la guerre (1918-1939)

1. Henry Kissinger, *The World Restaured. Metternich, Castelreagh, The Problem of Peace, 1812-1822*, Londres, 1957.
2. Ces images de l'armistice figurent à la fin de *La Grande Guerre, 1914-1918*. Pathé, 1964, réalisation Marc Ferro et Solange Peter. Elles proviennent des archives de Coblence.
3. *Mein Kampf*, cité in Fest, *op. cit.* 117*, I, p. 82.
4. Pierre Renouvin, *Le Traité de Versailles*, Flammarion, Paris, 1972.
5. Cité in *1919, Mille neuf cent dix-neuf, vu par ses contemporains*, Alwig, Paris, 2000.
6. Lire Sebastien Haffner, *Histoire d'un Allemand, souvenirs, 1914-1933*, Actes Sud, Arles, 2003.
7. Fest, *op. cit.* 117, p. 29.
8. *Ibidem*, p. 61.
9. Hamman, *op. cit.* 133.
10. Cité dans le quotidien de la société de Thulé, *Munchener Beobachter*, du 4 octobre 1919.
11. Hamann, *op. cit.* 133.
12. Kellog, *op. cit.* 142.

---

* Les numéros cités dans les notes renvoient aux ouvrages mentionnés dans la bibliographie, p. 333.

13. *Ibidem*. Sur le faux que constituent les *Protocoles*, *cf.* Olendes, *op. cit.* 811 *b*.

14. Sur cette légende, *cf.* notre *Nicolas II*, Payot, Paris, 1990, p. 221 et 332.

15. Sur le modèle préfasciste en Russie, *cf.* notre *Révolution de 1917*, Nlle éd. Albin Michel, Paris, 1997, p. 518-534.

16. Philippe Burrin, *op. cit.* 110.

17. Sur les débuts de Hitler, Bullock, *op. cit.* 109 *a* ; Fest, *op. cit.* 117 ; Kershaw, *op. cit.* 143 ; Steinert, *op. cit.* 164.

18. Benoist-Méchin, *op. cit.* 106, p. 312.

19. *Cf.* note 17.

20. Cité *in* Marc Ferro et Marie-Louise Derrin, *Comment l'Allemagne est devenue nazie*, Pathé, 1970.

21. Kershaw, *op. cit.* 144, p. 593-615.

22. *Cf.* note 5.

23. Bullock, *op. cit.* 109 *b*.

24. Sur cette section, outre les ouvrages cités note 17, voir Duroselle, *op. cit.* 327.

25. La campagne de Hess est visible dans F. Caillaux et Marc Ferro, *Chroniques d'une paix manquée*, Pathé, 1966.

26. Ce fut ce traité qui contribua le plus à ressusciter l'anglophobie latente des dirigeants français.

27. Kershaw, *op. cit.* 143, et les ouvrages cités note 17.

28. Zara, *op. cit.* 417, p. 123-124.

29. Milza et Berstein, *op. cit.* 412, p. 90.

30. Milza, *op. cit.* 411, p. 7-163.

31. Sur l'antifascisme européen, Groppo, *op. cit.* 406 *c*.

32. Deakin, *op. cit.* 404, p. 23.

33. Zara, *op. cit.* note 28, *passim*.

34. *Cf.* Milza et Berstein, cités note 29 ainsi que Duroselle, cité note 24.

35. *Journal de Genève* du 30 novembre 1943, cité *in* Gafenco, *op. cit.* 904, appendice.

36. *Cf.* Kershaw, *op. cit.* 143, II, p. 104 et suiv.

37. Schmidt, *op. cit.* 160, p. 138 et suiv., ainsi que Duroselle, *op. cit.* 327, p. 325 et suiv.

38. Schmidt, *op. cit.* 160, note 37, p. 152 et suiv.

39. Témoignage visuel du journaliste américain William Shirer, présent sur les lieux. William Shirer, *Berlin Diary, 1934-1941*, Londres, 1995.

40. Schmidt, *op. cit.* 160, note 37, p. 159.

40 bis. *Cf.* Déat, *op. cit.* 324 *a*, p. 444.

41. *Deutsche Wochenschau* et *Pathé Cinéma*, semaine de Munich. Sur Daladier, témoignage personnel de Pierre Daladier.

42. Selon Watson, *op. cit.* 814, p. 50-51.

43. Duroselle, *op. cit.* 327, *passim*, et Bonnet, *op. cit.* 316 *b*, *passim*.

44. *Ibidem* et Bonnet, *op. cit.* 316 *b*, p. 289 et suiv.

45. Defrasne, *op. cit.* 324 *b* et Annette Becker, *Maurice Halbwachs, un intellectuel en guerres mondiales*, Paris, 2003.

46. Milza, *op. cit.* 411, p. 658-718.

47. Ciano, *op. cit.* 403, II, p. 54.

48. Henderson, *op. cit.* 210 *b*, p. 259, et Schmidt, *op. cit.* 160, p. 212 et suiv.

49. Ciano, *op. cit.* 403, II, p. 132.

50. Kershaw, *op. cit.* 143, *passim*.

51. *Ibidem* et Schmidt, *op. cit.* 160, *passim*, et Munich, *op. cit.* 809 *b*.

52. Kershaw, *op. cit.* 143 et Steinert, *op. cit.* 164 *passim*.

53. Marie, *op. cit.* 531, p. 572 et Molotov, *op. cit.* 528, p. 232.

54. *Ibidem*, ainsi que Ciano, *op. cit.* 403 et Kershaw, *op. cit.* 143, *passim*.

55. Khrouchtchev, *op. cit.* 524, p. 69-72.

56. *Ibid.* p. 79.

57. Richard H. Ullman., *Britain and the Russian civil War*, Princeton, 1968, tome 2, p. 204-294.

58. Montefiore, *op. cit.* 529, p. 327. Observons que c'est à la veille de Montoire (octobre 1940) que Pétain se fit résumer *Mein Kampf*, qu'il n'avait jamais lu, par Gillouin, *cf.* Ferro, *op. cit.* 328, p. 179.

59. Gafenco, *op. cit.* 904, p. 60.

60. Marie, *op. cit.* 531, *passim*.

61. Manchester, *op. cit.* 215, p. 410.

62. Volkogonov, *op. cit.* 546 *b*, p. 263-276.

63. Ferro, *op. cit.* 328, p. 171.

64. Duroselle, Marie, cités aux notes 43 et 53, *passim*.

65. Montefiore, *op. cit.* 529, p. 335.

66. Broué, *op. cit.* 505.

67. Voir, notamment, Angelo Rossi, *La Guerre des papillons*, Paris, 1954, p. 154, planche 5. Et Jean-Pierre Rioux (sous la direction de), *Les Communistes français de Munich à Châteaubriant*, Paris, 1987.

68. Churchill, *op. cit.* 206 ; Bedarida, *op. cit.* 202 ; Manchester, *op. cit.* 215 ; Moran, *op. cit.* 214.

69. *Ibidem.*

70. *Ibidem*, ainsi que Charmley, *op. cit.* 205.

71. Schmidt, *op. cit.* 160, p. 159.

72. *Ibidem*, p. 148.

73. Manchester, *op. cit.* 215, p. 422 et p. 424 ; Decaux, *op. cit.* 207 b.

74. Anders, *op. cit.* 901, 15.

75. Ciano, *op. cit.* 403, II, p. 10.

76. Weizsacker, *op. cit.* 172, p. 56.

2. Identifier l'ennemi principal (1939-1941)

1. *Cf.* notre *Grande Guerre 1914-1918*, Paris, Idées 1969, Nlle éd. Folio Gallimard, 1990, p. 14-77.

2. Nous reprenons ici quelques conclusions de notre *Pétain*, *op. cit.* 328, p. 36-94.

3. *Cf.* De Gaulle, *Lettres*, *op. cit.* 330, 1938, p. 24.

4. *Ibidem*, 1940, p. 31.

5. Ferro, *op. cit.* 328, p. 78-79.

6. *Cf.* les ouvrages de Lacouture, *op. cit.* 343 et Roussel, *op. cit.* 361.

7. Éric Roussel, *Jean Monnet*, Fayard, Paris, 1996.

8. Cremieux-Brilhac, *op. cit.* 323, I, p. 53-71 et Delpla, *op. cit.* 208, ainsi que Barré, *op. cit.* 313, *passim*.

9. Lukacs, *op. cit.* 213 et Manchester, *op. cit.* 215, II, p. 516.

10. Duroselle, *op. cit.* 326, p. 164-174 ; Kammerer, *La Vérité sur l'armistice*, Paris, 1951, p. 105-138.

11. Edward Spears, *Assigment of Catastrophe*, Londres, 1954, p. 252.

12. Winston Churchill, *War Speeches*, I, p. 277.

13. Delpla, *op. cit.* 208, p. 542 et suiv.

14. *Pathé News*, semaine du 14 juillet 1940.

15. Bedarida, *op. cit.* 202, p. 134-146, meilleure étude sur la *bataille d'Angleterre*, surtout les p. 134-146 ; voir également Winterbotham, *op. cit.* 219, p. 67 et suiv.

16. *Pathé News* de septembre 1940.

17. Winterbotham, *op. cit.* 219.

18. *Cf.* note 16, chapitre 1.

19. *Pathé News* de mi-mars et Goebbels, *op. cit.* 126, p. 258-277.

20. Gorodetsky, *op. cit.* 517, p. 45-51, *Deutsche Wochenshau* et *Pathé News* de la même semaine.

21. Goebbels, *op. cit.* 126, *passim*.

22. Goebbels, *op. cit.* 126, p. 101.

23. Hillgruber, *op. cit.* 134, p. 89-109.

24. Warlimont, *op. cit.* 170, *passim*.

25. Lukacs, *op. cit.* 213.

26. Ciano, *op. cit.* 403, II, 275.

27. Warlimont, *op. cit.* 170, p. 111.

28. Lee Asher, *Göring, l'homme qui a perdu la guerre*, Paris, 1974, p. 92-121 et Bedarida, *op. cit.* 202, p. 160-164.

29. Kershaw, *op. cit.* 143, II, p. 462.

30. Halder à Hitler, le 31-7-1940, *cf. Archives Naumov*, *op. cit.* 501, I, p. 137-139.

31. Fest, *op. cit.* 117, II, p. 319-321.

32. Gafenco, *op. cit.* 904, p. 210.

33. Seton-Watson, *op. cit.* 814, p. 70-83.

34. *Archives Naumov*, *op. cit.* 501, I, n° 172-176-179.

35. Goebbels, *op. cit.* 126, *passim*.

36. Seton-Watson, *op. cit.* 814, p. 65-67 ; Kershaw, *op. cit.* 143, II, 537-540 ; *Deutsche Wochenschau*, 27 avril 1941.

37. Gorodetsky, *op. cit.* 517, p. 359-380 ; Kershaw, *op. cit.* 143, p. 550-560.

38. *Ibidem*, et David Irving, *Rudolf Hess*, Paris, Albin Michel, 1988.

39. *Ibidem* et Gorodetsky, *op. cit.* 517, p. 380-397.

40. Bialer, *op. cit.* 504, p. 40-41.

41. Molotov, *op. cit.* 528.

42. Gor'kov, *op. cit.* 516, p. 222-469.

43. Molotov, *op. cit.* 528, p. 23-61.

44. Volkogonov, *op. cit.* 546 *b*, p. 328-329.

45. Gor'kov, *op. cit.* 516, p. 229.

46. Allilouïeva, *op. cit.* 502, p. 330-331.

47. Sur ces *War Games*, *cf.* Archives Naumov, *op. cit.* 501, ainsi que Volkogonov, *op. cit.* 546 *b*, Bialer, *op. cit.* 504 *b*, et entretien avec Jacques Sapir, avril 2006.

48. Volkogonov, *op. cit.* 546 *b*, p. 287.

49. Rapports des généraux Kazakov et Eremenko, ainsi que du colonel Vannikov, *in* Bialer, *op. cit.* 504 *b*, p. 138-158 et p.575-576.

50. *Archives Naumov*, *op. cit.* 501, 1er juillet 1940, I, 37.

51. *Ibidem*, I, doc 97 et 176.

52. *Ibidem*, I, p. 117.

53. Montefiore, *op. cit.* 529, p. 369.

54. *Archives Naumov*, *op. cit.*, 501, I, p. 69.

55. Sur l'arbitrage de Vienne, qui a favorisé la Hongrie aux dépens de ses voisins, *cf.* Seton-Watson, *op. cit.* 814, global, ainsi que Gafenco, pour le point de vue roumain, *op. cit.* 904, et Gorodetsky, le plus documenté pour les relations germanosoviétiques, *op. cit.* 517.

56. *Archives Naumov*, *op. cit.* 501, p. 503-505 et 538.

57. Pathé, 1966, Gorodetsky, *op. cit.* 517, p. 184.

58. Andrew, *op. cit.* 503, p. 194.

59. *Ibidem*, p. 152.

60. *Ibidem*, p. 172.

61. Hopkins, *op. cit.* 715, I, p. 204 et suiv.

62. Toutes ces informations proviennent des *Archives Naumov*, *op. cit.* 501, *passim*, ainsi que Volkogonov, *op. cit.* 546 b, p. 309.

63. Churchill, *op. cit.* 206, éd. anglaise, III, p. 493.

64. Behr, *op. cit.* 602, p. 85.

65. Bix, *op. cit.* 606, p. 179.

66. Entretien de l'auteur avec Pierre-François Souyri du 28 février 2006.

67. Témoignage d'Akamatsu.

68. *Ibidem*, p. 230-260.

69. Mosley, *op. cit.* 627, p. 170-176.

70. Vie, *op. cit.* 635, p. 196 et suiv.

71. Bix, *op. cit.* 606, *passim*.

72. Bix, *op. cit.* 606, p. 377.

73. *Nippon News* (NHK), 71 octobre 1941.

74. Israelian, *op. cit.* 805 b, p. 80 et suiv.

75. Lattimore, *op. cit.* 625, p. 139.

76. Broué, *op. cit.* 505, p. 283.

77. Keiji Furuya, *op. cit.* 624, p. 115.

78. Ulam, *op. cit.* 544 a, p. 171-172. Bergère, *op. cit.* 604, p. 355.

79. Ulam, *op. cit.* 544 a, p. 171-172.

80. Hammond, *op. cit.* 618, p. 121.

81. Chiang Kai-chek, *op. cit.* 634, p. 18-54.

82. North, *op. cit.* 628, p. 94.

83. Chevrier, *op. cit.* 610, p. 64.

84. Ulam, *op. cit.* 544 a, p. 175, Souyri, *op. cit.* 633 a, p. 184-188.

85. Keiji Furuya, *op. cit.* 624, p. 324-325.

86. Bianco, *op. cit.* 605, ainsi que Short *op. cit.* 631, p. 306.

87. Keiji Furuya, *op. cit.* 624, p. 514.

88. Dimitrov, *op. cit.* 612, p. 106-110.

89. Wego, *op. cit.* 636, p. 7-10.

90. Messages de Chiang, *op. cit.* 611, p. 1-20.

91. Discussion de ces problèmes *in* Sheng, *op. cit.* 630.

92. Stilwell, *op. cit.* 633 c, p. 307-310.

93. Kaspi, *op. cit.* 714, p. 428.

94. Kaspi, *ibidem*, *passim*, ainsi que Delmas, *op. cit.* 705, p. 165-191.

95. Hopkins, *op. cit.* 715, I, p. 229-301.

96. Hopkins, *op. cit.* 715.

97. Freidel, *op. cit.* 707, p. 289, et Hopkins, *op. cit.* 715 I, p. 36.

98. Ceplair and Englund, *op. cit.* 702, *passim* et p. 129 et suiv.

99. Nous avons repris ici des éléments de notre article paru dans Le Roy Ladurie, *op. cit.* 601, p. 369-377.

100. Duroselle, *op. cit.* 706, p. 267 et suiv.

101. Freidel, *op. cit.* 707, p. 290.

102. Duroselle, *op. cit.* 706, p. 283.

103. Hopkins, *op. cit.* 715, p. 43 et suiv.

104. *Ibidem*, p. 89.

105. Duroselle, *op. cit.* 706, p. 294.

106. D'après O. Shinibu, cité par Bix, *op. cit.* 606, p. 732.

107. Heffer, citant Spyman, *op. cit.* 711, p. 424.

108. Heffer donne ce tableau, *op. cit.* 711, p. 424.

109. *Paramount*, semaine du 23 novembre 1941.

110. Maser, *op. cit.* 152, p. 397.

111. Friedlander, *op. cit.* 121, p. 295 et suiv.

112. Costelle et Turenne, *La Bataille du Pacifique*, 1re partie. Pathé, 1966.

113. Hopkins, *op. cit.* 715, p. 114.

114. Selon le témoignage d'Akamatsu.

115. Hitler, *Libres Propos*, *op. cit.* 137, p. 3-37.

116. *Nippon News*, n° 73, ainsi que Wray, *op. cit.* 633 ; Souyri, *op. cit.* 633 b, Paris-X, 1977.

117. Decaux, *op. cit.* 207 b, ainsi que Hitler, *Libres Propos*, *op. cit.* 137, II, p. 307.

118. Témoignage de Christian Pineau, donné en mai 1992.

119. Trotski, *op. cit.* 542.

120. Soudoplatov, *op. cit.* 536, p. 97-121.

3. Guerre ou extermination (1939-1945) ?

1. Arad, *op. cit.* 114, p. 173 et suiv.
2. Témoignage de Rudolf von Thadden, janvier 1992.
3. Leslie, R.F. *The History of Poland since 1863*, Cambridge, 1980, p. 214-218. Ainsi que Hilberg, *op. cit.* p. 135 et *L'Allemagne nazie*, *op. cit.* p. 148.
4. Alexandra Viatteau, *Staline assassine la Pologne*, Paris, Le Seuil, 1999, p. 23.
5. Gutman, *cf.* note 1, p. 191.
6. Viatteau, *cf.* note 4, p. 57.
7. N. Werth, *op. cit.* 548, p. 234-235.
8. Témoignage, juillet 1991.
9. Maser, *op. cit.* 152, p. 395.
10. Goebbels, *op. cit.* 126, *passim*.
11. *Cf.* le film d'Elem Klimov, *Id i smotri* (*Va et regarde, Requiem pour un massacre*), 1985.
12. Fest. *op. cit.* 117, II, 322, et Keitel, *op. cit.* 141 *b*, p. 172.
13. Henri de Turenne et Daniel Costelle, *La Bataille de Moscou*, 1966, et *Pathé Gazette*, janv. 1942.
14. Information communiquée par Jacques Sapir, 2006, et témoignage Vladlen Sirotkine, 13 juillet 1991.
15. Ève Curie, *op. cit.* 903, p. 149-150.
16. Goebbels, *op. cit.* 127, le 22 mars 1943.
17. *Ibidem*.
18. Ayçoberry, *op. cit.* 102*b*, p. 30.
19. *Ibidem*, mars 1943.
20. Maser, *op. cit.* 152.
21. Goebbels, *op. cit.* 127, 23 janvier 1943.
22. Goebbels, *ibidem*, *passim*.
23. Volkogonov, *op. cit.* 546 *b*, p. 386-387.
24. Témoignage du 6 juillet 1991.
25. Volkogonov, *op. cit.*, 546 *b*, p. 345.
26. Bialer, *op. cit.* 504 *b*, p. 227 et suiv.
27. Volkogonov, *op. cit.* 546 *b*, p. 372.
28. Bialer, *op. cit.* 504 *b*, p. 438-440.
29. *Novosti*, semaine du 6 novembre 1941.

30. Joukov, *op. cit.* 523.

31. Beevor, Anthony, *Stalingrad*, Paris, De Fallois, 1999.

32. Témoignages du Russe Vassili Grossman et de l'Allemand Theodor Pliever, extraits dans Ferro, *Les Individus face aux crises du XXe siècle*, Paris, Odile Jacob, 2005, p. 154-159.

33. Goure, *op. cit.* 518.

34. Erickson, *op. cit.* 513.

35. Dimitrov, *op. cit.* 510, p. 197.

36. Général Wladyslaw Anders, *op. cit.* 901, p. 9 et suiv. ainsi que Viatteau, cité note 4 ; et Katyn, *op. cit.* 544 b, p. 91.

37. Dimitrov, *op. cit.* 510, p. 217.

38. *Ibid.* ainsi que Djilas, *op. cit.* 511.

39. *Ibidem*, p. 233-237.

40. *Ibidem*, p. 238.

41. Yitzak Arad, *op. cit.* 114, p. 421-442.

42. Colloque, *op. cit.* 148, p. 278.

43. Vaksberg, *op. cit.* 546 a, p. 124-125.

44. Anders, *op. cit.* 901, *passim*.

45. Montefiore, *op. cit.* 529, p. 283 et suiv.

46. *Ibidem*, p. 247, en note.

47. Artamanov, M.I., *Studies in Ancient Khazar History*, Leningrad 1936 (en russe), rééd., 1962, édition expurgée.

48. Témoignage, texte intégral dans *Notre Révolution de 1917*, Paris, Albin Michel, 1997, p. 975-977.

49. L'Union générale juive des travailleurs de Lituanie, de Pologne et de Russie, connue sous l'abréviation *Bund*. Parti politique socialiste juif créé à la fin du XIXe siècle, le Bund revendiquait l'émancipation des travailleurs juifs dans le cadre du combat pour le socialisme. Il s'opposait aux tendances centralistes des bolcheviks.

50. Ferro, *op. cit.* 514, et Vaksberg, *op. cit.* 546 a.

51. Vaksberg, *op. cit.* 546 a.

52. Kostyrchenko, *op. cit.* 526 b.

53. Nicolas Werth, *L'Île aux cannibales : 1933, une déportation-abandon en Sibérie*, Paris, Perrin, 2006, 206 p.

54. Marie, *op. cit.* 532 et Werth, *op. cit.* 548, p. 250-252.

55. Taylor, *op. cit.* 166, p. 12-130, et témoignage de Calvocoressi, le 9 février 1996.

56. Ingrao, *op. cit.* 139, ainsi que Husson, *op. cit.* 138, et Ferry, *op. cit.* 113.

57. Gross, Jan. T., *Les Voisins*, 2005, Paris, Fayard, 2002, p. 91-129.

58. *Cf* Klarsfeld, *op. cit.* 341, Vago, *in* Aron-Furet, *op. cit.* 148, p. 335, ainsi que Bauer, *op. cit.* 103, p. 133-145.

59. Hitler, *Libres Propos*, *op. cit.* 137, I, p. 253.

60. *Ibidem*, p. 87.

61. Mommsen, *op. cit.* 156, p. 196.

62. Fest, *op. cit.* 117, p. 193.

63. Hitler, *Libres Propos*, *op. cit.* 137, I, p. 148-149, le 5 juin 1942.

64. *Ibidem*, I, p. 294 et II, p. 257.

65. *Ibidem* I, p. 303-304.

66. Sur le racisme, Colas, *op. cit.* 802 *b*, p. 533.

67. Mommsen, *op. cit.* 156, p. 189.

68. Von Thadden, « Allemagne-France, une comparaison », *Le Genre humain*, 1989, p. 63-73.

69. Frei, *op. cit.* 120, p. 211-213.

70. Bauer, *op. cit.* 103, p. 21-55.

71. Colloque, *op. cit.* 148 et Hilberg, *op. cit.* 135.

72. Mommsen, *op. cit.* 156, note 61.

73. Aly et Heim, *op. cit.* 101 *a*, p. 99.

74. *Ibidem*, p. 171.

75. *Ibidem*, p. 173.

76. Goebbels, *op. cit.* 126, le 28 juin 1941.

77. Lewy Gunther, *op. cit.* 150, p. 165 et suiv.

78. Friedlander, Colloque, *op. cit.* 148, p. 30-32.

79. Bauer, *op. cit.* 103, p. 375.

80. *Ibidem*, p. 148.

81. Lénine, tome 35, le 26 juin 1918.

82. Bauer, *op. cit.* 103, p. 55-73.

83. Abzug, R. H. *Inside the Vicious Heart, Americans and the Liberation of Nazi Concentration Camps*, Oxford, 1985.

84. Wyman, *op. cit.* 720, *passim*.

85. Ciechanowski, *op. cit.* 902, p. 159-162.

86. Yman, *op. cit.* p. 288-341, et Wasserstein, *in* Colloque, *op. cit.* 148.

87. Parker, *op. cit.* 812, p. 151-173.

88. *Ibidem.*

89. Powers, *op. cit.* 158 *a*, p. 636.

90. Jones, R.V. *Reflections on Intelligence*, Londres, 1989, p. 213-265 et Kershaw, *op. cit.* 143, p. 922-924, et 946-954.

91. Jones, *cf.* note 83, *ibidem.*

92. Kaspi, *op. cit.* 714, p. 481 et suiv.

93. Holloway, *op. cit.* 522, p. 49-96.

94. Bix, *op. cit.* 606, p. 359-367.

95. *Cf.* surtout John Dower, *op. cit.* 614.

4. ALLIANCES ET MÉSALLIANCES (1940-1945)

1. Rachel, *op. cit.* 413, p. 204-205, ainsi que témoignage à S. Haffner, *in* Stern, du 26 juin 1965.

2. Ciano, *op. cit.* 403, II, p. 49-50, le 6 juillet 1941.

3. Rachel, *op. cit.* 413, p. 216.

4. Sur ce nœud de vipères familial, Rachel, Ciano fournissent des éléments, voir Milza, *op. cit.* 411, p. 462-489.

5. Deakin, *op. cit.* 404, p. 190.

6. *Ibidem,* p. 166-173.

7. *Cf. Luce,* octobre 1942.

8. Deakin, *op. cit.* 404, p. 218.

9. *Ibidem,* p. 242-257.

10. Hagen, *op. cit.* 407, et Höttl, *op. cit.* 408.

11. Deakin, *op. cit.* 404, p. 298.

12. Ferretti, *op. cit.* 406 *b.*

13. Brissaud, *op. cit.* 402, p. 137.

14. Michel, *op. cit.* 809 *a,* II, p. 126.

15. Rachel, *op. cit.* 413, p. 208.

16. Brissaud, *op. cit.* 402, p. 254-256.

17. *Deutsche Wochenschau* de mi-septembre 1943.

18. Hopkins, *op. cit.* 715, I, p. 127-128.

19. Freidel, *op. cit.* 707, p. 312.

20. Churchill, *Grande Alliance*, III, 2, p. 46-79.

21. Elliott Roosevelt, *op. cit.* 717, p. 37-68.

22. *Ibidem*, *cf.* notes 3 et 4.

23. Parker, *op. cit.* 812, p. 115 et suiv.

24. Elliott Roosevelt, *op. cit.* 717, p. 115 et suiv.

25. Churchill est très discret sur cette expédition. *Cf. Tournant du destin*, II, p. 103-105 : 18 % des 5 000 embarqués de la 2e division canadienne furent tués et près de 2 000 faits prisonniers.

26. *US Archives*, Washington, 851/00, n° 2765. Document inédit.

27. Casey, *op. cit.* 701, p. 339-361.

28. Duroselle, *op. cit.* 326, p. 407.

29. Moran, *op. cit.* 214, p. 658.

30. Hopkins, *op. cit.* 715, II, p. 715 et suiv.

31. Ferro, *op. cit.* 328, p. 310-326, ainsi que Coutau-Begarie et Huan, *Darlan*, Paris, Fayard, 1989, *passim*.

32. Ferro, *op. cit.* 328.

33. Crémieux-Brilhac, *op. cit.* 323, I, p. 219.

34. *Ibidem*.

35. Thomas, *op. cit.* 218, p. 134-137.

36. Crémieux-Brilhac, *op. cit.* 323, I, p. 546-547.

37. Ferro, *op. cit.* 328, *passim*, ainsi que Crémieux-Brilhac, *op. cit.* 323, *passim*, et Hopkins, *op. cit.* 715, II, *passim*.

38. Rist, cité *in* Ferro, *op. cit.* 328, p. 353.

39. Loyer, *op. cit.* 346, p. 167 et suiv.

40. Aglion, *op. cit.* 306, p. 22-23, ainsi que Loyer et Kersaudy, *op. cit.* 340, *passim*.

41. Muselier, *op. cit.* 351, p. 247-317, ainsi que Crémieux-Brilhac, *op. cit.* 323, I, p. 368-377, ainsi que Kaspi, *op. cit.* 714, p. 514 et suiv.

42. Voir Marc Ferro, *Pétain*, Paris, Fayard, 1987, la section « Au Québec, du pétainisme sans l'Occupation », p. 687-689.

43. Aglion, *op. cit.* 306, *passim*.

44. Roussel, *op. cit.* 361, p. 298-302.

45. Cité *in* Jean Lacouture, *op. cit.* 343, I.

46. Archives Paramount.
47. Elliott Roosevelt, *op. cit.* 717, p. 68-154.
48. Kaspi, *op. cit.* 714, ainsi que, du même, *La Mission de Jean Monnet à Alger*, Paris-Sorbonne, 1971. Voir également Crémieux-Brilhac *op. cit.* 322, et Kersaudy, *op. cit.* 340.
49. Gromyko, *op. cit.* 520.
50. Molotov, *op. cit.* 528.
51. *Correspondance, op. cit.* 207, p. 256-257.
52. Gromyko, *op. cit.* 520, p. 77.
53. *New York Times* du 19 janvier 1944.
54. Gromyko, *op. cit.* 520, p. 79.
55. Gromyko, *op. cit.* 520, p. 83.
56. *Ibidem, passim.*
57. *Ibidem,* p 103.
58. Churchill, *op. cit.* 206, IV, 1 et 2.
59. *Ibidem,* p. 434.
60. *Ibidem,* VI, 1, p. 221.
61. *Correspondance, op. cit.* 207, II.
62. Churchill, *op. cit.* 206, VI, 1, p. 235.
63. *Ibidem,* p. 240-242.
64. Ulam, *op. cit.* 544 *a*, p. 365.
65. Anders, *op. cit.* 901, p. 368.
66. *Correspondance, op. cit.* 207, II.
67. Churchill, *op. cit.* 206, VI, 2.
68. *Cf.* Arthur Funk, *De Yalta à Potsdam*, Paris, Complexe, 1986.
69. Kaspi, *op. cit.* 714, p. 585.
70. Dimitrov, *op. cit.* 510, p. 216-217.
71. Broué, *op. cit.* 505, p. 795.
72. Ciechanowski, *op. cit.* 902, p. 328-329.
73. Harriman, *op. cit.* 709, *passim.*
74. Montefiore, *op. cit.* 529, p. 510-514.
75. Keiji, *op. cit.* 624, p. XXIX-XXXIII.
76. Témoignage de Chang Ching-kuo.
77. Lin, *op. cit.* 626 *a.*
78. Lacouture, *op. cit.* 343, II, p. 79.

79. Aglion, *op. cit.* 306, p. 216, ainsi que Kersaudy, *op. cit.* 340, p. 447-479.

80. *Ibidem.*

81. Roussel, *op. cit.* 361, p. 465.

82. Werth, *op. cit.* 905, p. 232.

83. Lacouture, *op. cit.* 343, p. 90.

84. Entretiens Staline-de Gaulle, 1944, in *Le Contrat social*, mai-juin 1966, p. 171-185.

85. Guy, *op. cit.* 334 *a*, p. 141.

5. FIN DE PARTIE

1. Témoignage, le 4 janvier 1992.

2. Keitel, *op. cit.* 141 *b*, p. 204 et 335.

3. Goebbels, *op. cit.* 127, *passim*, et p. 388 ainsi que Parker, *op. cit.* 812, p. 134.

4. Fest, *op. cit.* 117, II, p. 406-407.

5. Sur ces faits, outre Steinert, Kershaw, *cf.* Strik-Strikfeldt, *op. cit.* 541 *b*, p. 38-51.

6. *Ibidem*, et témoignages du fils Rommel et du fils Speidel, des 5 juin et 22 octobre 1994.

7. Fest, *op. cit.* 117.

8. Kaspi, *op. cit.* 714, p. 589 et suiv.

9. Charmley, *op. cit.* 205, p. 630-632.

10. Roussel, *op. cit.* 361, p. 497.

11. Ulam, *op. cit.* 544 *a*, *passim*.

12. Steinert, *op. cit.* 164, p. 564.

13. Fest, *op. cit.* 117, II, p. 434.

14. Deakin, *op. cit.* 404, p. 571 et suiv.

15. Ferretti, *op. cit.* 406 *b*.

16. Höttl, *op. cit.* 408 et Brissaud, *op. cit.* 402, *passim*.

17. Cité *in* Deakin, *op. cit.*, note 14, p. 658.

18. Höttl, *op. cit.* 408, p. 281 et suiv.

19. Rachel, *op. cit.* 413, *passim*.

20. Milza, *op. cit.* 411, p. 867-869.

21. Barthélemy, *op. cit.* 401, p. 456 et suiv.

22. *Ibidem*, p. 459-460.

23. *Ibidem*.
24. *Ibidem*, p. 482-483.
25. Milza, *op. cit.* 411, *passim*.
26. Rachel, *op. cit.* 413, p. 350 et suiv.
27. *Ibidem*.
28. Langer, *op. cit.* 149, p. 251 et suiv.
29. Speer, *op. cit.* 162, p. 295, et Kershaw, *op. cit.* 144, *passim*.
30. *Cf.* Speer, *op. cit.* 162 et 163, Kershaw, *op. cit.* 144, Fest, *op. cit.* 117, et Trevor-Roper, *op. cit.* 168 *b*.
31. *Ibidem*, surtout Fest.
32. Calic, *op. cit.* 112, p. 664-668.
33. Kershaw, *op. cit.* 143, II, p. 1156 et suiv.
34. *Ibidem*, p. 1170 et suiv.
35. Volkogonov, *op. cit.* 546 *b*, p. 436.
36. Trevor-Roper, *op. cit.* 168 *b*, p. 70.
37. Dans le film *Hitler*, de Pabst, 1955, la fuite éperdue des Berlinois dans les égouts est reconstituée. Dans *Untergang*, inspiré de Fest, c'est la vie dans le bunker qui est recréée. Comme il n'a pas eu de témoin, le suicide de Hitler n'est pas montré.
38. Moran, *op. cit.* 214, p. 243.
39. Bedarida, *op. cit.* 203, p. 414-418.
40. Charmley, *op. cit.* 205, p. 638.
41. Hamby, *op. cit.* 716, p. 293-312.
42. Yergin, *op. cit.* 816, p. 19-39.
43. Garçon, *op. cit.* 615, p. 111.
44. Khrouchtchev, *op. cit.* 524, p. 78.
45. Hamby, *op. cit.* 716, p. 312-338.
46. Holloway, *op. cit.* 522, p. 96-132.
47. Ulam, *op. cit.* 544 *a*, p. 378-408.
48. Mosley, *op. cit.* 627, p. 28 et suiv.
49. *Ibidem*, p. 286-324, et Behr, *op. cit.* 602, p. 364 et suiv.
50. *Ibidem* et Bix, *op. cit.* 606.
51. Kanroji, *op. cit.* 623, p. 123-130, et Mosley, *op. cit.* 627, p. 316-317.
52. Kanroji, *op. cit.* 623, p. 133-134.
53. Behr, *op. cit.* 602, p. 519-520.
54. *Correspondance*, *op. cit.* 207, II, p. 331.

Sources et documentation

Archives filmiques
Documents d'actualité

France :
Les actualités françaises (zone occupée – sauf juin-août 1940)
Pathé Journal
Le Journal Gaumont
Éclair Journal

Grande-Bretagne :
The British Pathé News

États-Unis :
The Paramount News

Allemagne :
Deutsche Wochenschau (jusqu'en 1945)
Welt im Film (après la guerre)
Defa (*Der Augenzenge*, Allemagne de l'Est)

URSS :
Novosti

Japon :
Nippon News

Italie :
Luce
La Settimana

Espagne :
Nodo

Pologne :
Polska Kronika Filmova

Tchécoslovaquie :
Filmove Noviny

Hongrie :
Magyar Filmhivado

Films d'archives

Frank Capra, *Pourquoi nous combattons*, 1942-1945, en sept épisodes, 421 minutes.
Erwin Leiser, *Mein Kampf*, 1959, 1 h 40.
Patrick Rotman et Patrick Barberis, *La Foi du siècle*, 210 minutes, Arte-Video, 1999.
Daniel Costelle et Henri de Turenne, *Les Grandes Batailles*, 1966-1974, notamment *La Bataille de Moscou, La Bataille du Pacifique* (2 épisodes).
Stalin, Thames-Television, 1990.
Marcel Ophuls, *Le Chagrin et la Pitié*, 1969, 256 minutes.
Claude Lanzmann, *Shoah*, 1985, 470 minutes.
Marc Ferro et Louisette Neil, *Histoire parallèle*, 1989-2001, 630 émissions.

Films de fiction

Across the Pacific (Griffes jaunes), de John Huston (1943)
L'Assassinat de Trotski, de Joseph Losey (1972)

Behind the Rising Sun (Face au soleil levant), d'Edward Dmytryk (1943)
Casablanca, de Michael Cartiz (1943)
Chute de Berlin (La), de Sofino Tchiaourelli (1949)
La Chute, d'Oliver Hirschbiegel (2005)
Citizen Kane, d'Orson Welles (1941)
Confessions d'un espion nazi, d'Anton Livtak (1939)
Dernier Train pour Madrid (Le), de James Hogan (1939)
Go West, Laurel et Hardy au Far West, Horne (1936)
Dictateur (Le), Charlie Chaplin (1940)
Fin de Hitler (La), de Georg Pabst (1955)
Hilter, un film d'Allemagne, de Hans Jürgens Syberberg, 1977
Idi i Smotri (Va et regarde), Requiem pour un massacre, Elem Klimov (1985)
Lady Hamilton, d'Alexandre Korda (1941)
Mission à Moscou, de Michael Curtiz (1943)
Moon is down, d'Irving Pichel (1943)
North Star, de Lewis Mileston (1943)
Rashomon, d'Akira Kurosawa (1950)
Sergeant York, de Howard Hawks (1941)
The Seventh Cross, de Fred Zinnemann (1944)
Soleil trompeur, de Mikhalkov (1996)
Tchapaev, des frères Vassiliev (1934)
Terre d'Espagne, de Joris Ivens (documentaire de 1937)
Vivre libre (This land is mine), Jean Renoir (1943)
The Man I Married, d'Irwing Pichel (1940)
Watch on the Rhine, de Shumlin et Hellman (1943)
Trois camarades, de Joseph Mankiewicz (1943)

Bibliographie des ouvrages cités en note

(Les ouvrages suivis d'astérisques comportent une excellente bibliographie)

L'Allemagne et Hitler

100 – *L'Allemagne nazie et le génocide juif*, voir n° 148.

101 a – Aly et Gotz, et Heim Suzanne, *Les Architectes de l'extermination*, Paris, Calmann Levy, 2006.

101 b – Allen, W.S., *Une petite ville nazie, 1930-1935*, préface d'Albert Grosser, Paris, Robert Laffont, 1967, 360 p.

102 – Ayçoberry, Pierre, *La Société allemande sous le IIIe Reich, 1933-1945*, Paris, Le Seuil, 1998, 440 p.

103 – Bauer, Yehuda, *Juifs à vendre*, Paris, Liana Levi, 1996, 414 p.

104 – Bartov, Omer, *L'Armée de Hitler*, préface de Ph. Burrin, Paris, Hachette, 1999, 320 p.

105 – Bedarida, François, *Le Nazisme et le génocide*, Paris, Nathan, 1989, 64 p.

106 – Benoist-Méchin Jacques, *Histoire de l'armée allemande*, tomes 1 et 2, 412 p. et 672 p., Paris, Albin Michel, 1938.

107 – Broszat, Martin, *L'État hitlérien, l'origine et l'évolution des structures du IIIe Reich*, Paris, Fayard, 1985.

108 – Browning Christopher, *Des hommes ordinaires. Le 101ᵉ bataillon de réserve de la police allemande et la solution finale en Pologne*, préface de Pierre Vidal-Naquet, 1996.

109 a – Bullock, Alan, *Hitler, ou les Mécanismes de la tyrannie*, Paris, Marabout, 1963.

109 b – Bullock, Alan, *Hitler et Staline, vies parallèles*, préface de Marc Ferro, Paris, Albin Michel-Robert Laffont, 2 vol., 1991.

110 – Burrin, Philippe, *Hitler et les Juifs, genèse d'un génocide*, Paris, Le Seuil, 1989.

111 – Burrin, Philippe, *Ressentiment et apocalypse, essai sur l'antisémitisme nazi*, Paris, Le Seuil, 2004, 104 p.

112 – Calic, Édouard, *Himmler et son Empire*, Paris, Stock, 1965, 678 p.

113 – *Devant l'Histoire, les documents de la controverse sur la singularité de l'extermination des Juifs par le régime nazi*, préface de Luc Ferry, introduction de J. Rovan, Paris, Le Cerf, 1988, 346 p.

113 b – Courtois, Stéphane, Rayski, A. *L'Extermination de Juifs, qui savait quoi ?*, Paris, La Découverte, 1987.

114 – *Documents on the Holocaust, Selected Sources on the Destruction of the Jews of Germany and Austria, Poland and the Soviet Union*, édité par Yitzahak Arad, Ysrael Gutman, Abraham Margaliot, Yad Vashem, Jérusalem, 1981, 504 p.

115 – El Kenz, David, *Le Massacre, objet d'histoire* (collectif), en particulier les articles de N. Beaupré, C. Ingrao, A. Ter Minassian, D. El Kenz, Paris, Folio, 2005.

116 – Engelman, Bernt, *In Hitler's Germany*, Methuen, 1986, 304 p.

117 – Fest, Joachim, *Hitler*, 2 vol., 1999, 500 p. et 524 p., Paris, Gallimard, 1973.

118 – Finkelstein, N. et Birn, Ruth, *L'Allemagne en procès, la thèse de Goldhagen et la vérité historique*, postface de H. Miard-Delacroix, Paris, Albin Michel, 1999, 186 p.

119 a – Fisher, Fritz, *Griff nach der Weltmacht, die Kriegszielpolitik das Kaiserlichen Deutschland, 1914-1918*, Düsseldorf, 1961.

119 b – Fleury-Villatte, Béatrice, *Cinéma et Culpabilité en Allemagne, 1945-1990*, Perpignan, Jean Vigo, 1995.

120 – Frei, Norbert, *L'État hitlérien et la société allemande, 1933-1945*, préface de Henri Rousso, Paris, Le Seuil, 1994, 294 p.

121 – Friedlander, Saül, *Hitler et les États-Unis, 1939-1941*, Paris, Le Seuil, 1966.

122 – Friedlander, Saül, *Reflets du nazisme*, Paris, Le Seuil, 1982, 140 p.

123 – Gaudard, P.Y., *Le Fardeau et la Mémoire, le deuil collectif allemand après le national-socialisme*, Paris, Plon, 1997.

124 – Gellately, Robert, *The Gestapo and German Society, Enforcieng racial policy*, Oxford, 1990.

125 – Givesius, Berndt, *Jusqu'à la lie*, 2 vol., Paris, Payot, 1947.

126 – *(The) Goebbels Diaries*, éd. Fred Tylor, New York, 1983, 480 p.

127 – Goebbels, Joseph, *Journal, 1943-1945*, éd. Pierre Ayçoberry, Paris, Tallandier, 2005, 766 p.

128 – Goldensohn, Léon, *Les Entretiens de Nuremberg*, présentés par R. Gellately, Paris, Flammarion, 2005, 548 p.

129 – Goldhagen, Daniel J., *Les Bourreaux volontaires de Hitler, les Allemands ordinaires et l'Holocauste*, Paris, Le Seuil, 1997.

130 – Gotz Aly et Suzanne Heim, *Les Architectes de l'extermination*, Calmann-Lévy/Memorial de la Shoah, 2006.

131 – Guérin, Daniel, *Fascisme et Grand Capital*, Paris, Gallimard, 1936.

132 – Haffner, Sébastien, *Histoire d'un Allemand, Souvenirs, 1914-1933*, Arles, Actes Sud, 2003, 435 p.

133 – Hamann, Brigitte, *La Vienne d'Hitler*, Paris, Édition des Syrtes, 2001, 500 p.

134 – Hillgruber, A., *Les Entretiens secrets de Hitler*, Paris, Fayard, 1969, 702 p.

135 – Hilberg, Raul, *La Destruction des Juifs d'Europe*, Paris, Gallimard, nouvelle édition Folio, 2006.

136 – Hitler, Adolf, *Mon Combat* (Mein Kampf), Paris, Nouvelles Éditions latines, 1934.

137 – Hitler, Adolf, *Libres Propos sur la guerre et sur la paix*, recueillis par Martin Bormann, Paris, 2 vol., 1952 et 1954, Paris, Flammarion, 366 et 354 p.

138 – Husson, Édouard, *Comprendre Hitler et la Shoah, les historiens et la RFA depuis 1949*, préface de I. Kershaw, Paris, PUF 2002, 300 p.

139 – Ingrao, Christian, « Conquérir, aménager, exterminer », Recherches récentes sur la Shoah, *Annales*, HSS, 2003, p. 417-438.

140 – Jackel, Eberhard, *La France dans l'Europe de Hitler*, Paris, Fayard, 1968, 556 p.

141 a – Johnson, Éric A., *La Terreur nazie, la Gestapo, les Juifs et les Allemands ordinaires*, Paris, Albin Michel, 2001, 584 p.

141 b – Keitel Wilhelm von, *Le Maréchal, souvenirs, lettres, documents*, présentés par Walter Görlitz, Paris, Fayard, 1963, 346 p.

142 – Kellog, Michael, *The Russian Roots of nazism, White Emigres and the Making of National Socialism*, Cambridge, 2004, 328 p.

143 – Kershaw, Jan, *Hitler*, 2 vol., 1999, 603 p. et 2000, 1 630 p., Paris, Flammarion.**

144 – Kershaw, Jan, « Se rapprocher du Führer : réflexions sur la nature du pouvoir de Hitler », *Annales ESC*, 1988, p. 593-615.

145 – Kershaw, Jan, *L'Opinion allemande sous le nazisme*, Bavière, 1933-1945, Paris, CNRS, éd. 1995.

146 – Klein, Claude, *Weimar*, Paris, Flammarion, 1968

147 – Klemperer, Victor, *Mes soldats de papier, Journal, 1933-1941*, Paris, Le Seuil, 2000.

148 – *L'Allemagne nazie et le génocide juif*, colloque, Paris, Gallimard/Le Seuil, 1985, 602 p.

149 – Langer, Walter C., *Psychanalyse d'Adolf Hitler*, Paris, Denoël, 1973, 290 p.

150 – Lewy, Gunther, *La Persécution des Tsiganes par les nazis*, avant-propos de Henriette Asseo, Paris, Les Belles-Lettres, 2003, 468 p.

151 – Machtan, Lothar, *La Face cachée d'Adolf Hitler*, Paris, L'Archipel, 2002.

152 – Maser, Werner, *Hitler Adolf*, Paris, Plon, 1973, 510 p.

153 – Merkl, Peter H., *The Making of a Stormtrooper*, Princeton, 1980, 330 p.

154 – Mistscherlich, A. et M., *Le Deuil impossible*, Paris, Payot, 1972.

155 – Moller, Horst, *La République de Weimar*, Paris, Tallandier, 2004, 368 p.

156 – Mommsen, Hans, *Le National-Socialisme et la société allemande*, MSH, 1997, 404 p.

156 *b* – Moracchini, M., *Un procès de Nuremberg en 1947, les Einsatzgruppen*, Paris, 1999.

157 – Pliever, Theodor, *Stalingrad*, 2 vol., Genève, Crémille, 1970.

158 *a* – Powers, Thomas, *Le Mystère Heisenberg, l'Allemagne nazie et la bombe atomique*, Paris, Albin Michel, 1993, 654 p.

158 *b* – Rauschning, Hermann, *Hitler m'a dit*, avant-propos de R. Girardet, Paris, rééd. Hachette, 2005.

159 – Salomon, Ernst von, *Le Questionnaire*, Paris, Gallimard, 1953.

160 – Schmidt, Paul, *Sur la scène internationale, ma figuration auprès de Hitler* (par son interprète) [*1933-1945*], Paris, Plon, 1950, 370 p.

161 – Semelin, Jacques, *Sans armes face à Hitler, La résistance civile en Europe, 1939-1945*, Paris, Payot, 1989.

162 – Speer, Alfred, *Journal de Spandau*, Paris, Robert Laffont, 1975, 554 p.

163 – Speer, Alfred, *Au cœur du IIIe Reich*, Paris, Fayard, 1971.

164 – Steinert, Marlis, *Hitler*, Paris, Fayard, 1991, 710 p.

165 – Stern, J.-P., *Le Führer et le peuple*, préface de P. Ayçoberry, Paris, Flammarion, 1985.

166 – Taylor, Telford, *Procureur à Nuremberg*, Paris, Le Seuil, 1992, 710 p.

167 – Thaelmann, Rita, *Être femme sous le IIIe Reich*, Paris, Robert Laffont, 1982.

168 a – Traverso, Enzo, *Les Juifs et l'Allemagne de la symbiose judéo-allemande à la mémoire d'Auschwitz*, Paris, La Découverte, 1992.

168 b – Trevor-Roper, Hugh, *Les Derniers Jours de Hitler*, Genève 1975.

169 – Valtin, Jan, *Sans patrie ni frontières*, Paris, rééd Lattès, 1975.

170 – Warlimont, général, *Cinq Ans au GQG de Hitler*, Bruxelles, 1975.

171 – Weisenborn, Günther, *Une Allemagne contre Hitler*, préface d'Alfred Grosser, Paris, Belin, 2000.

172 – Weizsacker, Richard von, *De la République de Weimar à la réunification allemande, Mémoires d'un président*, Monaco, Éditions du Rocher, 2000, 322 p.

Ainsi que les témoignages de :

Klaus Wenger (septembre 1989 et avril 1990) – Rudolf von Thadden, nombreuses interventions, Daniel Cohn-Bendit (2 et 9 janvier 1990 et 20 et 27 février 1990) – A. von Kageneck (30 janvier 1990) – Rainer Hudemann (6 mars 1990, 1er janvier 1993 et 31 décembre 1994) – Jutta Scherrer (20 mars 1990) – Helmut Gogrof (3 avril 1990) – Stefen Martens (10 avril 1990) – Bert Engelmann (19 juin 1990) – Ernst Weisenfeld (29 septembre 1990) – Franz Knipping (17 et 24 novembre 1990) – Ernst Gellner (15 décembre 1990) – Helma Sanders (23 février 1991) – Marlis Steinert (10 août 1991, 4 janvier 1992 et 27 février 1993) – K.J. Muller (15 février 1992) – St. Martens (16 mai 1992) – Rainer Hudemann (25 juillet 1992) – Gilbert Ziebura (29 août 1992) – Hans Umbreit (21 novembre 1992 et 26 décembre 1992) – A. von Kageneck (2 janvier 1993) – Jan Kershaw (30 janvier 1993) – Gilbert Ziebura (13 février 1993 et 9 septembre 1995) – R. von Thadden (17 avril 1993 et 18 février

1995) – Klaus Schwabe (10 juillet 1993) – Kurt Hinzmann (4 décembre 1993) – Franz Knipping (12 février 1994) – Hans Humbreit (28 mai 1994) – Manfred Rommel (5 juin 1994) – Hans H. Speidel (22 octobre 1994) – Klaus Wenger (17 décembre 1994) – G.F. Arend (7 janvier 1995) – Dietrich Schwarzkopf (29 avril 1995) – Alfred Grosser (17 juin 1995) – Michael Werner (29 juillet 1995) – Hans Mommsen (30 décembre 1995) – Peter Calvocoressi (9 février 1996) – Alfred Grosser (18 mai 1996) – Klaus Wenger (28 septembre 1996) – Alain Finkelkraut (17 octobre 1998).

Churchill et la Grande-Bretagne

201 – Barker, Élizabeth, *Churchill and Eden at War*, Londres, 1978.

202 – Bedarida, François, *La Bataille d'Angleterre*, Paris, Complexe, 1985.

203 – Bedarida, François, *Churchill*, Paris, Fayard, 1999, 568 p.

204 – Bibesco, princesse, *Churchill ou le Courage*, Paris, Albin Michel, 1956, 252 p.

205 – Charmley, John, *Churchill, the End of Glory*, Londres, 1988, 726 p.

206 – Churchill, Winston, *Mémoires de la Seconde Guerre mondiale*, Paris, Plon, 1953, 6 tomes, 12 vol.

207 – Decaux, Alain. *L'Abdication*, Paris, Perrin, 1995.

208 – Delpla, François, *Churchill et les Français* (septembre 1939-juin 1940), Paris, Polygone, nouvelle édition 2000, 612 p.

209 – Feis, Herbert, *Churchill, Roosevelt, Stalin*, Oxford, 1957.

210 a – Hastings, Max, *The Bomber Command*, Londres, 1979, 179 p.

210 b – Henderson, Sir Nevile, *Deux ans avec Hitler*, Paris, Flammarion, 1940, 344 p.

211 *a* – Kersaudy, François, *Winston Churchill, le pouvoir de l'imagination*, Paris, Tallandier, 2000, 600 p.

211 *b* – Livre bleu anglais, n° 1 : *Documents concernant les relations germano-polonaises et le début des hostilités entre la Grande-Bretagne et l'Allemagne*, His Majesty's Stationary Office, Paris, 1939, 170 p.

212 – Longmate, Norman, *The Bombers, The RAF Offensive against Germany*, Londres, 1983, 416 p.

213 – Lukacs, John, *Churchill, Londres, mai 1940*, Paris, Odile Jacob, 2002, 252 p.

214 – Moran William I., *Mémoires, vingt-cinq ans aux côtés de Churchill*, Paris, Odile Jacob, 2002, 252 p.

215 – Manchester, William, *Winston Churchill*, 2 vol., Paris, Robert Laffont, 1988.

216 – Overy, R.J., *The Air War*, New York, 1981.

217 – Rowley, Anthony, « Churchill » in *Personnages*, sous la direction de Leroy-Ladurie, Paris, PUF, 2004, p. 225-233.

217 *b* – Terraine, John, *The U-boat Wars, 1916-1945*, Londres, 1989.

218 – Thomas, R.T., *Britain and Vichy, 1940-1942*, Londres, 1979.

219 – Winterbotham, F. W., *The Ultra Secret*, New York, 1974, 280 p.

220 – Woodward, Sir Llewellyn, *British Foreign Policy and the Second World War*, Londres, 1970.

Et les témoignages de :

Alistair Parker (17 et 14 juillet 1990 – 22 février 1990 – 19 juin 1993 et 1er avril 1995) – James Steel (21 et 28 août 1990 – 30 décembre 1991 – 26 décembre 1992 et 1er octobre 1994) – Stephen Ashton (7 août 1993) – Alan Bullock (14 mai 1994) – Alan Stripp (24 décembre 1994) – Vicomte Montgomery of Alamein (5 juin 1994) – Anthony Rowley (17 février 1996).

De Gaulle et la France

300 – *Dictionnaire De Gaulle*, sous la direction de Claire Andrieu, Philippe Brand, Guillaume Piketty, Paris, Robert Laffont, 2006, 1 266 p.

301 – *Archives nationales*, Fonds AG II et W III.

302 – *Archives Groult*, Montréal.

303 – *National Archives*, Department of European Affairs of the Departement of States, Fonds 851-00.

304 – *Public Archives of Canada*, Ottawa, RG 25 D.

305 – Agi, Marc, *René Cassin*, Paris, Perrin, 1998, 378 p.

306 – Aglion, Raoul, *De Gaulle et Roosevelt, La France libre aux États-Unis*, rééd., Paris, La Bruyère, 1997.

307 – Amouroux, Henri, *La Grande Histoire des Français sous l'Occupation*, Paris, Robert Laffont (coll. « Bouquins »), 6 vol. 1999.

308 – Auphan, amiral, *Les Grimaces de l'Histoire*, 1945.

309 – Aron, Raymond, *Chronique de guerre, La France libre*, Paris, Gallimard, 1990.

310 – Azema, Jean-Pierre, *De Munich à la Libération, 1938-1944*, Paris, Le Seuil, 1979.

311 – Azema, Jean-Pierre, Antoine Prost, Jean-Pierre Rioux, *Le Parti communiste pendant les années sombres*, Paris, Le Seuil, 1986.

312 – Azema, Jean-Pierre, *Jean Moulin*, Paris, Perrin, 2003.

313 – Barré, Jean-Luc, *Devenir de Gaulle, 1939-1943*, Paris, Perrin, 2003, 428 p.

314 – Baruch, M.O., *Servir l'État français, l'administration en France de 1940 à 1944*, Paris, Fayard, 1997.

315 *a* – Belot, Robert, *Henri Frenay, de la Résistance à l'Europe*, Paris, Le Seuil, 2003.

315 *b* – Belot, Robert, *La Résistance sans de Gaulle*, Paris, Fayard, 2006.

316 *a* – Bois, Élie, *Le Malheur de la France*, Londres, 1941.

316 *b* – Bonnet, Georges, *De Washington au Quai d'Orsay*, Genève, 1946.

317 – Burrin, Philippe, *La France à l'heure allemande*, Paris, Le Seuil, 1995, 564 p.

318 – Cointet, Michèle, *De Gaulle et Giraud*, Paris, Perrin, 2006, 550 p.

319 – Cordier, Daniel, *Jean Moulin, l'inconnu du Panthéon*, Paris, Jean-Claude Lattès, 1989.

320 – Courtois, Stéphane, *Le PCF dans la guerre*, Paris, Ramsay, 1980.

321 – Courtois, Stéphane, *Histoire du Parti communiste français*, Paris, PUF, 1995, 420 p.

322 – Crémieux-Brilhac, Jean-Louis, *Les Français de l'an quarante*, 2 vol., Paris, Gallimard, 1990.

323 – Crémieux-Brilhac, Jean-Louis, *La France libre*, 2 vol., Paris, Folio Gallimard, 1 520 p.

324 *a* – Déat, Marcel, *Mémoires politiques*, introd. L. Theis, Paris, Denoël, 1989, 990 p.

324 *b* – Defrasne, Jean, *Le Pacifisme en France*, Paris, PUF, 1994.

325 – Douzou, L., *La Désobéissance : histoire d'un mouvement et d'un journal clandestin : Libération Sud*, Paris, Odile Jacob, 1995.

326 – Duroselle, J. B., *L'Abîme, 1939-1945*, rééd. Paris, Le Seuil, 1982.

327 – Duroselle, J. B., *La Décadence, 1932-1939*, rééd. Paris, Le Seuil, 1982.

328 – Ferro, Marc, *Pétain*, Paris, Fayard, 1987.

329 – Funk, Arthur, « Nagociating the Deal with Darlan », *Journal of Contemporary History*, 2 août 1983.

330 – Gaulle, Charles de, *Lettres, Notes et Carnets*, compléments, 12 vol., Paris, Plon, 1959.

331 – Gaulle, Charles de, *Mémoires de guerre*, rééd., 3 vol., Paris, Pocket, 2006.

332 – Gaulle, Philippe de, *De Gaulle, mon père*, Paris, Plon, 2005.

333 *a* – Gaulle, Philippe de, *Mémoires accessoires*, Paris, Plon, 1997.

333 *b* – *De Gaulle et la Russie*, sous la direction de M. Vaïsse, Paris, CNRS, 2006, 296 p.

334 *a* – Guy, Claude, *En écoutant de Gaulle, Journal 1946-1949*, Paris, Grasset, 1996.

334 *b* – Guérin, Alain, *La Résistance*, Paris, Omnibus, 2000.

335 – Gun, N. E., *Les Secrets des archives US, Pétain, Laval, de Gaulle*, Paris, 1980.

336 – Hutsfield, J.G., *America and the French Nation, 1939-1943*, Université de Caroline du Nord, 1986.

337 – Jackson, Julian, *La France sous l'Occupation*, Paris, Flammarion, 2001, 854 p. **

338 – Kaspi, André, *La Mission de Jean Monnet à Alger, mars-octobre 1943*, Paris, Richelieu, 1971.

339 – Kersaudy, François, *De Gaulle et Churchill, La Mésentente cordiale*, Paris, Perrin, 2001.

340 – Kersaudy, François, *De Gaulle et Roosevelt, Le Duel au Sommet*, Paris, Perrin, 2004, 522 p.

341 – Klarsfeld, S., *Vichy-Auschwitz : le rôle de Vichy dans la Solution finale en France*, Fayard, Paris, 1985.

342 – Laborie, Pierre, *Les Français des années troubles*, Paris, Le Seuil, 2001.

343 – Lacouture, Jean, *De Gaulle*, Le Seuil, 3 vol., 1999.

344 – Langer, W. L., *Le Jeu américain à Vichy*, Paris, Plon, 1948.

345 – Leahy, amiral, *J'étais là*, Paris, Plon, 1950.

346 – Loyer, Emmanuelle, *Paris à New York, intellectuels et artistes français en exil, 1940-1947*, Paris, Grasset, 2006, 600 p.

347 – Martens S. et Vaisse, éd., *Frankreich und Deutschland im Krieg (Nov. 1942-Herbst 1944), Okkupation, Kollaboration, Resistance*, 2000.

348 – Milward, A., *The New Order and the French Economy*, Londres, 1970.

349 – Miribel, Élisabeth de, *La Liberté souffre violence*, Paris, Plon, 1981.

350 – Moulin de La Barthète, Henri du, *Le Temps des illusions, souvenirs (juillet 1940 – avril 1942)*, Genève, 1946.

351 – Muselier, Émile (vice-amiral), *De Gaulle contre le gaullisme*, Paris, Le Chêne, 1646.

352 – Noguères, Henri (*et al.*), *Histoire de la Résistance en France, de 1940 à 1945*, Paris, Robert Laffont, 1967-1983, 5 vol.

353 – Passy, colonel, *Missions secrètes en France*, préface de Crémieux-Brilhac, Paris, Odile Jacob, 2000.

354 – Paxton, Robert, *La France de Vichy, 1940-1944*, préface de St. Hoffmann, Paris, Le Seuil, 1973.

355 – Pertinax, *Les Fossoyeurs*, New York, 1943.

356 – Peschanski, D., *La France des camps, l'internement, 1938-1946*, Paris, Gallimard, 2002.

357 – Piketty, Guillaume, *Pierre Brossolette, un héros de la Résistance*, Paris, Odile Jacob, 1998.

358 – Pineau, Christian, *La Simple Vérité*, Paris, Julliard, 1960.

359 – Rayski, Adam et Courtois, Stéphane, *Qui savait quoi, l'extermination des Juifs*, Paris, La Découverte, 1987.

360 – Rémond, René, *Les Droites en France*, Paris, Aubier, 1982.

361 – Roussel, Éric, *De Gaulle*, Paris, Flammarion, 2000.

362 – Steinberg, Lucien, *Les Allemands en France*, Paris, Albin Michel, 1981.

363 – Sternhell, Z., *Ni droite, ni gauche : l'idéologie fasciste en France*, rééd., Paris, Fayard, 2000.

364 – Tournoux, Raymond, *Pétain et de Gaulle*, Paris, Plon.

365 – Wieviorka, Annette, *Ils étaient juifs, résistants, communistes*, Paris, Denoël, 1986.

366 – Wieviorka, Olivier, *Une certaine idée de la Résistance : défense de la France, 1940-1949*, Paris, Le Seuil, 1995.

367 – Winock, Michel, *La France et les Juifs de 1789 à nos jours*, Paris, Le Seuil, 2004.

Ainsi que les témoignages de :

François Kersaudy (24 avril 1990) – Francis Ballace (5 juin 1990) – François Bedarida (22 mai 1990) – Henri Rousso (7 août 1990) – René Reymond (27 octobre 1990 et 12 janvier 1991) – Raoul Girardet (10 novembre 1990) – Y. Durand (1er février

1990) – D. Rossignol (8 décembre 1990) – Françoise Giroud (29 décembre 1990) – André Kaspi (9 février 1991 et 10 septembre 1994) – J. Delarue (16 février 1991) – C. Delage (13 mars 1991) – P. Laborie (18 mai 1991) – J.-B. Duroselle (3 août 1991) – M. C. Vaillant-Couturier (2 novembre 1991) – J.-L. Cremieux-Brilhac (25 janvier 1992) – Maurice Schumann (1er février 1992) – Chr. Pineau (29 février 1992) – Henri Amouroux (7 mars 1992) – J.-P. Britin-Maghit (28 mars 1992) – Jean-Pierre Azema (18 avril 1992 et 28 septembre 1992) – Michel Winock (9 mai 1992) – Ph. Burrin (13 juin 1992) – Robert Paxton (17 octobre 1992) – J.-B. d'Astier de La Vigerie (7 novembre 1992) – Jean Lacouture (23 janvier 1993) – H. Alekan (6 mars 1993) – H. Lottman (20 mars 1993) – A. Wievorka (24 mars 1993) – S. Ravanel (3 juillet 1993) – C. Castoriadis (14 août 1993) – R. Girault (28 août 1993) – Michel Couve de Murville (2 octobre 1993) – Général Lanquetot (30 octobre 1993) – Jorge Semprun (6 novembre 1993) – Henri de Turenne (5 février 1994) – Lucie Aubrac (9 avril 1994) – A. Métral (19 mars 1994) – J.-L. de Villalonga (12 mars 1994) – J. Douchet (7 mai 1994) – Pierre Messmer (21 mai 1994 et 25 mars 1995) – Jean Marin (4 juin 1994) – Philippe de Gaulle (5 juin 1994) – R. Ruffin (11 juin 1994) – Pierre Lefranc (9 juillet 1994) – Général Delmas (23 juillet 1994) – Stanley Hoffmann (3 septembre 1994) – Geneviève de Gaulle (15 octobre 1994) – Jean-Pierre Rioux (26 novembre 1994) – Jean Meyer (3 décembre 1994) – E. Burin des Rosiers (10 décembre 1994) – B. Goldschmidt (21 janvier 1995) – Jean Vedrine (8 avril 1995) – Serge Klarsfeld (22 avril 1995) – Alfred Grosser (17 juin 1995) – Frédéric Pottecher (22 juillet 1995) – Jacques Isorni (12 août 1995) – Jacques Julliard (30 septembre 1995) – Albert Jacquard (14 octobre 1995).

Mussolini et l'Italie

401 – Barthélemy, Victor, *Du communisme au fascisme*, Paris, Albin Michel, 1978.

402 – Brissaud, A., *La Tragédie de Vérone*, Paris, Perrin, 1972.

403 – Ciano, comte Galeazzo, *Journal politique*, 1939-1943, 2 vol. Paris, La Baconnière, 1946.

404 – Deakin, F. W., *L'Axe brisé, l'amitié brutale de Hitler et Mussolini*, Paris, Stock, 1962, 886 p.

405 – De Felice, R., *Comprendre le fascisme*, Paris, Seghers, 1975.

406 a – De Felice, R., *Mussolini et Hitler, 1922-1933*, Paris, Florence Le Monnier, 1983.

406 b – Ferretti, Maria, « Mémoires divisées : résistance et guerre aux civils en Italie », à propos du livre d'Alessandro Portelli sur le massacre des fosses Ardéatines, *Annales*, 2005.

406 c – Groppo, Bruno, « La spécificité de l'antifascisme de Carlo Rosselli dans le contexte de l'antifascisme européen », *Matériaux pour l'histoire de notre temps*, 57, BDIC, Nanterre, 2000, n° 57, p. 29-36.

407 – Hagen, Walter, *Le Front secret*, Îles d'Or, 1950, 422 p.

408 – Höttl, Wilhelm, *The Secret Front*, Londres, 1953, 340 p.

409 a – *L'Italia nella seconda guerra mondiale e nella ressistenza*, collectif, Rome, 1988, 568 p.

409 b – Lupo, Salvador, *Le Fascisme italien*, Paris, Flammarion, 2003, 498 p.

410 – Mack, Smith, *Mussolini*, Paris, Flammarion, 1987.

411 – Milza, Pierre, *Mussolini*, Paris, Fayard, 1999, 984 p. **

412 – Milza, P., et Berstein, S., *Le Fascisme italien, 1919-1945*, Paris, Le Seuil, 1970, 440 p.

413 – Mussolini, Rachel, *Le Duce, mon mari*, Paris, Fasquelle, 1958, 304 p.

414 – Paris, Robert, *Histoire du fascisme en Italie*, tome 1, Paris, Maspero, 1962.

415 – Romano, Sergio, *Histoire de l'Italie, du Risorgimento à nos jours*, Paris, Le Seuil, 1977.

416 – Tasca, A., *Naissance du fascisme*, Paris, Gallimard, 1967.

417 – Zara, Felipe de, *Mussolini contra Hitler*, Rome, 1935. Textes de Mussolini Sorlot, 142 p (interdit en 1942, 2e liste Otto).

Ainsi que les témoignages de :

Corrado Vivanti (5 janvier 1991) – Ruggiero Romano (6 avril 1991) – Pierre Milza (27 janvier 1991) – Sergio Romano (28 septembre 1991) – Emilio Gentile (24 octobre 1992 et 26 décembre 1992) – Carlo Lizzani (15 mai 1993) – Bruno Archidiacono (26 juin 1993) – David Elwood (24 juillet 1993) – Claudio Pavone (21 août 1993) – Giuliano Procacci (9 octobre 1993) – Ange Rovere (23 octobre 1993) – Pierre Milza (5 mars 1993) – Roman Rainero (1er janvier 1994).

Staline et l'URSS

501 – Archives Naumov *1941, god, v 2-x Knigax*, Documenty, Pod. Red. V.P. Naumov M., 1998, 737 p. et 597 p.

502 – Alliluyeva, Svetlana, *En une seule année*, Paris, Robert Laffont, 1970.

503 – Andrew, Christopher, et Mitrokhine, *Le KGB contre l'Ouest, 1917-1991*, Paris, Fayard, 2000, 278 p.

504 a – Besymenski, Lew, *Stalin und Hitler, Das Pokerspiel das Diktatoren*, Aufbau Verlag, 2002, 488 p.

504 b – Bialer, Seweryn, *Stalin and his Generals*, New York, 1969.

505 – Broué, Pierre, *L'Internationale communiste*, Paris, Fayard, 1999.

506 – Bullock, Alan, *Hitler et Staline, Vies parallèles*, Paris, Albin Michel – Robert Laffont, 2 vol., 1994.

507 – Carrère d'Encausse, Hélène, *L'Union soviétique de Lénine à Staline*, Paris, Richelieu, 1972.

508 – Chinsky, Pavel, *Staline, archives inédites, 1926-1936*, préface de N. Werth, Berg International, 2001, 152 p.

509 a – Davies, Joseph, *Mission to Moscou*, Londres, 1942.

509 b Dimitrov, G., *Journal 1933-1949*, éd. par G. Moullec, Paris, Belin, 2005.

510 – *Dimitrov and Staline, 1934-1943*, éd. par A. Dallin et F.I. Firsov, Yale, 2000, 278 p.

511 – Djilas, Milovan, *Conversations avec Staline*, Arles, Actes Sud, 2001.

512 – Dullin, Sabine, *Des hommes d'influence, les ambassadeurs de Staline en Europe, 1930-1939*, Paris, Payot, 2001, 384 p.

513 – Erickson, John, *Soviet High Command 1917-1941*, Londres, 1942.

514 – Ferro, Marc, *Des soviets au communisme bureaucratique*, Paris, Gallimard, 1981, 265 p.

515 – Gor'kov, Jurii, *Gosudartsvennyi Komitet Oborony Postanovljaet, 1941-1945*, Sirfy Documenty, Moscou, 2002, 572 p.

516 – Gor'kov, Jurii, *Kreml, Stavka, Genschtab*, Tver, 1995.

517 – Gorodetsky, Gabriel, *Le Grand Jeu de dupes, Staline et l'invasion allemande*, Paris, Les Belles-Lettres, 2002, 570 p.

518 – Goure, Léon, *Le Siège de Leningrad*, Paris, Stock, 1962, 350 p.

519 – Grikorenko, Piotr, *Staline et la Seconde Guerre mondiale*, préface de Carol Head, Paris, L'Herne, n° 3.

520 – Gromyko, Andreï, *Mémoires*, Paris, Belfond, 1990.

521 – Grossman, Vassili, *Stalingrad, Choses vues*, Paris, 1945.

522 – Holloway, David, *Stalin and the Bomb (1939-1956)*, Yale, 1994, 460 p.

523 – Joukov, G., *Vospominania i Rasmychliena* (Souvenirs et réflexions), M. Novosti, 3 vol., Moscou, 1992.

524 – Khrouchtchev, N., *Mémoires inédits*, Paris, Belfond, 2006.

525 – *Komintern i vtoraja mirovaja vojna*, pod. Red. N.S. Lebedeva i M.N. Narinski M., 1994, tome I, 1939-1941, 540 p.

526 *a* – Knight, Amy, *Beria*, préface d'Hélène Carrère d'Encausse, Paris, Aubier, 1994, 428 p.

526 *b* – Kostyrchenko, G.B., *Tajinaja Politika Stalina, Vlast i Antisemitism*, Moscou, 2001. (Politique secrète de Staline, le pouvoir et l'antisémitisme.)

527 *a* – Marcou, Lilly, *Les Staline, vus par les hôtes du Kremlin*, Paris, Gallimard, 1979, 250 p.

527 *b* – Lewin, Moshe, *La Formation du système soviétique*, Paris, Gallimard, 1987.

528 – Molotov, V.N., *Sto Sorok Besed Molotovym* (140 entretiens avec Molotov), M. 1991 (avec Tchouev).

529 – Montefiore, Simon Sebag, *Staline, la cour du tsar rouge*, Paris, Syrtes, 2005, 794 p. **

530 – « Natachalo vojny » (01/18 I jujla 1941g), *Dokumenty, Izvestija Tsk kpss, 7 (306) 1990 (débuts de la guerre)*.

531 – Marie, Jean-Jacques, *Staline*, Paris, Fayard, 2001, 994 p.

532 – Marie, Jean-Jacques, *Les Peuples déportés d'Union soviétique*, Paris, Complexe, 1996.

533 – Nekritch, Alexandre, *L'Armée rouge assassinée*, Paris, Grasset, 1968.

534 – Ohayon, Isabelle, « La déportation des peuples vers l'Asie centrale », *in Siècles des guerres*, p. 172-181.

535 – Sokoloff, G., *La Puissance pauvre*, Paris, Fayard, 1994.

536 – Soudoplatov, P. et A., *Missions spéciales*, préface de Robert Conquest, Paris, Le Seuil, 1994, 600 p.

537 – Souvarine, Boris, *Staline*, Paris, Ivrea, 1940, rééd. 1985.

538 – *Stalin v obiatiakh semi* (Dans les bras de la famille), Moscou, 1993.

539 – *Stalin and His Generals*, Soviet Military Memoirs of World War II, éd. par Seweryn Bialer, New York, 1969, 644 p.

540 – *Stalin*, éd. par T.H. Rigby, Londres, 1966, 176 p.

541 a – *Stalin I Tito*, Moscou.

541 b – Strik-Strikfeldt W., *Contre Staline et Hitler, le général Vlassov et le mouvement de libération russe*, Paris, Presses de la Cité, 1971, 234 p.

542 – Trotski, Léon, *Sur la Seconde Guerre mondiale*, textes rassemblés par Daniel Guérin, Bruxelles, 1970, 276 p.

543 – Ulam, Adam U., *Staline, l'homme et son temps*, 2 vol. Paris, Calmann/Gallimard, 1973.

544 a – Ulam, Adam U., *Expansion and Coexistence, Soviet Foreign Policy, 1917-1973*, Holt, Rinehart and Winston Inc., 1974, 796 p.

544 b – Viatteau, Alexandra Kwiatkowska, *Katyn, L'armée polonaise assassinée*, Paris, Complexe, 1989, 196 p.

545 – Vokrug, Stalina, *Istoriko-biograficheskii Spravotchnik*, pod. Red. V.A. Tortchinov i A.M. Leonjuk (guide historico-biographique), Saint-Pétersbourg, 2000.

546 *a* – Vaksberg, Arkady, *Staline et les Juifs*, préface de Stéphane Courtois, 2000, Robert Laffont, 2003, 306 p.

546 *b* – Volkogonov, Dimitri. *Staline, triomphe et tragédie*, Paris, Flammarion, 1991, 540 p.

547 – Werth, Nicolas, *Histoire et l'Union soviétique*, Paris, PUF, 2001.

548 – Werth, Nicolas, « Un État contre son peuple », *in Livre noir du communisme*, préface de Stéphane Courtois, Paris, Robert Laffont, 1997, p. 49-299.

549 – Werth, Nicolas et Moullec, G., *Rapports secrets soviétiques : la société russe dans les documents confidentiels*, Paris, Gallimard, 1995.

550 – « *Zanjat'cja podgotovkoj buduschshego mira* », Documenty, *Istochnik*, 1995, p. 114-159.

Ainsi que les témoignages de :

Antonin Liehm (22 septembre 1990 et 25 décembre 1993) – Mikhael Narinski (19 janvier 1991) – Vladislav Smirnov (2 février 1991) – Stevan Pavlovitch (27 avril 1991) – Tamara Kondreteva (11 mai 1991) – Jan Zamoiski (22 juin 1991) – Samuel Pisar (6 juillet 1991) – Vladlen Sirotkine (13 juillet 1991) – Lucia Cathala-Galinskaja (7 septembre 1991) – Evgeni Kojokine (8 et 11 août 1991) – Mikhael Narinski (19 septembre 1992) – Nicolai V. Naumov (26 décembre 1992) – G. Charachidze (9 janvier 1993) – G. Mink (16 janvier 1993) – Iuri Afanassiev (6 février 1993) – Alexandra Kwiatkowska-Viatteau (8 mai 1993) – Alex Yakovlev (17 juin 1993) – Cornelius Castoriadis (14 août 1993) – René Girault (28 août 1993) – Jan Novak (4 septembre 1993) – Leonid Plioutch (20 novembre 1993) – Andrei Gratchev (1er janvier 1994) – Moshe Lewin (22 janvier et 19 février 1994) – Mirko Grmek (26 février 1994) – Lily Marcou (26 juin 1994) – Jezzy Kloczowski (6 août 1994) – B. Geremek (28 août 1994 et 11 février 1995) – Jacques Rupnik (12 novembre 1994) – Predrag Matvejevitch (24 septembre 1994) – Andreï Gratchev (18 mars 1995) – Victor Malkov (15 juillet 1995) – Karel Bartosek (8 juillet 1995) – Nikita Mikhalkov (11 mai 1996) – Michel Heller (9 novembre 1996) – Michael Gorbatchev (3 janvier 1998).

L'Extrême-Orient

601 – Bastide-Brugière, Marianne, « Mao Zedong » in Emmanuel Le Roy-Ladurie (dirigé par), *Personnages et Caractères*, Paris, PUF, 2004, p 309-347.

602 – Behr, Édouard, *Hiro Hito, l'empereur ambigu*, Paris, Robert Laffont, 1989, 530 p.

603 – Bergère, Marie-Claire, Bianco Lucien, Domes J., *La Chine au XXᵉ siècle*, 2 vol., Paris, Fayard, 1989-1990.

604 – Bergère, Marie-Claire, *Sun Yat Sen*, Paris, Fayard, 1994, 536 p.

605 – Bianco, Lucien, *Les Origines de la révolution chinoise*, Paris, Gallimard, 1967.

606 – Bix, Herbert P., *Hirohito* and the Making of Modern Japan*, New York, 2000, 800 p. **

607 – Carrère d'Encausse, Hélène, et Schram, Stuart, *Le Marxisme et l'Asie*, Paris, Armand Colin, 1962.

608 – Chang, Iris, *The Rape of Nanking the Forgotten Holocaust of World War II*, Londres, 1998.

609 – Chesneaux, Jean, et Le Barbier, Françoise, *La Chine, la marche de la révolution, 1921-1949*, Paris, Hatier, 1975, 224 p.

610 – Chevrier, Yves, *Mao Tse Toung*, Paris, Casterman-Giunti, 1993.

611 – *China Struggle for Freedom*, Generalissimo Chiang Kaishek's wartime messages to the nation, the China information committee, Hankow, 1938.

---

* Nous indiquons l'orthographe telle qu'elle figure dans les ouvrages cités (exemple : Chiang Kaï-Shek, Tchang Kaï-Shek, etc.).

612 – Dimitrov and Stalin, *Letters from the Soviet archives* (spécialement les p. 83-148), éd. par Alexandre Dallin et F. I. Forsov., Yale, 2000, 276 p.

613 – Domenach, Jean-Luc, *Chine, l'archipel oublié*, Paris, Fayard, 1992.

614 – Dower, John W., *War Without Mercy, Race and Power in the Pacific War*, 1986, 400 p.

615 – Garçon, François, *La Guerre du Pacifique*, Paris, Casterman, 1998.

616 – Guillain, Robert, *La Guerre au Japon*, de Pearl Harbor à Hiroshima, Paris, Stock, 1979, 390 p.

617 – Guillermaz, Jacques, *Une vie pour la Chine, Mémoires, 1937-1989*, Paris, Robert Laffont, 1989, 452 p.

618 – Hammond, Thomas « The Communist takeover of Outer Mongolia », in *The Anatomy of Communists Takeovers*, 1975, 660 p. spécialement p. 107-145.

619 – Harold, Isaacs, *La Tragédie de la révolution chinoise*, Paris, Gallimard, 1967.

620 – *History in Communist China*, éd. par Albert Feuerwerker, M.I.T., 1968, 382 p.

621 – Irye, Akira, *The Origins of the Second War in Asia and the Pacific*, Londres, 1987, 202 p.

622 – Johnson, C.A., *Nationalisme paysan et pouvoir communiste*, Paris, Payot, 1969.

623 – Kanroji, Osanaga, *Hirohito, an Intimate Portrait of the Japonese Emperor*, 1975, 168 p.

624 – Keiji, Furuya, *Chiang Kaï-shek, his life and times*, abridged éd. par Chun-Ming Chang, New York, 1981, 978 p.

625 – Lattimore, Owen, *China Memoirs, Chiang Kaï-Shek and the War against Japan*, Tokyo, 1990, 248 p.

626 *a* – Lin, Hua, *Chiang Kaï-Shek, de Gaulle contre Ho Chi Minh*, préface de J. Guillermaz, Paris, Lharmattan, 1994, 326 p.

626 *b* Mikaye, Masaki, « Sino Western Rapprochment and the Response of Japanese Foreign Policy decision-makers. 1928-1938 : military Intervention in Politics and Japanese diplo-

macy », *The Bulletin of the Institute of Social Sciences*, université de Meiji, vol. 12, 2, 1989.

627 – Mosley, Leonard, *Hirohito, Emperor of Japan*, Prentice Hall, 1966, 672 p.

628 – North, C. Robert, *Moscow and Chinese Communists*, Stanford, 1953, 306 p.

629 – Poujade, P.-J., 8 mars 1945, « *Un Japonais parle* », *Journal des combattants*, 1993.

630 – Sheng, Michael, and Garver John W., « New Light ont the Second United Front : an exchange », *China Quaterly*, vol. 129, march 1992, p. 149-183.

631 – Short, Philip, *Mao Tse Toung*, Paris, Fayard, 2005, 674 p.

632 – Smith, Leonard V., « La guerre entre les USA et le Japon, une guerre totale ? » in *Le Siècle des guerres*, p. 71-81.

633 *a* – Souyri, Pierre-François, *Révolution et contre-révolution en Chine, des origines à 1949*, préface de J.-F. Lyotard, Paris, Christian Bourgois, 1982, 440 p.

633 *b* – Souyri, Pierre-François, *Comment enseignait-on l'Histoire aux jeunes Japonais avant la guerre*, maîtrise Paris-X, 1977.

633 *c* – Stilwell J. W., *L'Aventure chinoise*, Paris, 1948, 337 p.

634 – Tchiang Kaï-Shek, *Comment les communistes se sont emparés de mon pays*, Paris, Morgan, 1958, 362 p.

635 – Vie, Michel, *Histoire contemporaine du Japon*, Paris, Masson.

636 – Wego, W. K. Chiand, *How Generalissimo Chiang Kaï-Shek won the Eight Year Sino-Japanase war, 1937-1945*, T'ai-pei, 1979, 360 p.

637 – Wilcox, K. Robert, *Japan's Secret War*, New York, 1985.

638 – Wray Harold, *Changes and Continuity in Japanese Image of the Kokutai and Attitudes and Roles towards the Outside World*, Manoa, 1971.

Ainsi que les témoignages de :

Akamatsu, Paul (1991) – Lucien Bianco (12 octobre 1991) – Edward Behr (21 décembre 1991) – Michel Vie (11 mars 1992) – Lucien Bodard (3 octobre 1992) – Yoichi Higouchi (13 mars

1993) – Junzo Kawada (1er mai 1993) – Shuichi Kato (1er janvier 1994 et 13 novembre 1994) – Hisanori Isomura (30 juillet 1994) – Seichi Kitayama (1er juillet 1995) – Kenzaburo Oe, prix Nobel (5 août 1995) – Carole Gluck (2 septembre 1995) – J.-L. Domenach (9 août 1997 et 19 décembre 1998) – François Godement (21 décembre 1998) – Ying Shih-Yu (23 janvier 1999) – Zhao Qi-Zeng (25 septembre 1999).

Roosevelt et les États-Unis

701 – Casey, Steven, « F.D. Roosevelt Ernst "Putzi" Hanfdtaengl and S-Project, June 1942 – June 1944 », *Journal of Contemporary History*, 2000, 33-3, p. 339-361.

702 – Ceplair, Larry, and Englund, Steven, *The Inquisition in Hollywood, politics in the film*, 1979, 546 p.

703 – Costello, John, *La Guerre du Pacifique*, Paris, Watelet-Pygmalion, 2 vol., 1981.

704 – Daniels, Jonathan, *White House Witness, 1942-1945*, New York, 1975, 300 p.

705 – Delmas, Claude, *1941, Pearl Harbor*, Paris, Complexe, 1990, 246 p.

706 – Duroselle, Jean-Baptiste, *De Wilson à Roosevelt, la politique extérieure des États-Unis*, Paris, Armand Colin, 1960, 480 p.

707 – Freidel, Frank, *F.D.R. Roosevelt, a Rendez-Vous with Destiny*, Boston, 1990.

708 – Gaddis, John Lewis, *The United States and the Origins of the cold War*, New York, 1972.

709 – Harriman, W. Averell, and Abel, *Special Envoy to Churchill and Stalin, 1941-1946*, New York, 1975, 596 p.

710 – Harter, Hélène, *L'Amérique en guerre*, préface d'André Kaspi, Paris, Gallade, 2006, 214 p.

711 – Heffer, Jean, *Les États-Unis et le Pacifique, Histoire d'une frontière*, Paris, Albin Michel, 1995, 504 p.

712 a – Hoffmann, Stanley, *Gulliver empêtré : essai sur la politique étrangère des États-Unis*, Paris, Le Seuil, 1971.

713 – Irving, David, *La Guerre entre les généraux*, Paris, Belfond, 1981, 392 p.

714 – Kaspi, André, *Franklin Roosevelt*, Paris, Fayard, 1988, 644 p. **

715 – *Le Mémorial de Roosevelt*, d'après les papiers de Harry Hopkins, par R. Sherwood, 2 vol., Paris, Plon, 1950.

716 – Hamby, Alonzo L., *Man of the people, a life of Harry and Truman*, Oxford, 1995, 760 p.

717 – Roosevelt, Elliott, *Mon père m'a dit*, Paris, Flammarion, 1947, 300 p.

718 – Sherwood, Robert, *E. Roosevelt and Hopkins, an Intimate history*, New York, 1948.

719 – *The Forestal Diaries*, New York, 1951.

720 – Wyman, David S., *The Abandonment of the Jews – America and the Holocaust, 1941-1945*, New York, 1984, 446 p.

Ainsi que les témoignages de :

André Kaspi (14 septembre 1991 et 20 mars 1993) – André Harris (28 décembre 1992) – Bernard Sinsheimer (21 mars 1992 et 27 mars 1992) – John Costello (15 août 1992) – Édouard Behr (12 septembre 1992) – Ridgway Knicht (14 novembre 1992 et 13 août 1994) – Robert Paxton (26 décembre 1992) – Warren F. Kimball (29 mai 1993) – Thomas Power (11 décembre 1992) – Ronald Spector (12 juin 1993) – Pamela Harriman (5 juin 1994) – David Brown (18 juin 1994) – Claude Julien (5 novembre 1994) – Alan Stripp (24 décembre 1994) – Bertrand Goldschmidt (21 janvier 1995) – Henry Kissinger (8 mai 1995) – Élisabeth Byron (26 août 1995) – Robert Maddox (23 septembre 1995) – Maurice Vaysse (13 janvier 1996) – Fred Macdonald (9 mars 1996) – Richard Pipes (2 novembre 1996) – Jean Heffer (7 décembre 1996).

Synthèses, analyses

801 – Arendt, Hannah, *Les Origines du totalitarisme*, Paris, Gallimard, 3 vol., 1990.

802 *a* – Bosworth, R.J.B., *Explaining Auschwitz and Hiroshima*, Londres, 1993, 262 p.

802 *b* – Colas, Dominique, *Races et racisme, de Platon à Derrida*, Anthologie critique, Paris, Plon, 2004, 764 p.

803 *a* – Courtois, Stéphane, *Le Livre noir du communisme* (collectif), Paris, Robert Laffont, 1997.

803 *b* – Erinnerung und Geschichte, *60 Jahre nach dem 8 mai 1945, Hehrensgegehen von R. von Thadden and Steffen Kaudelka*, Wallenstein, 2006, 160 p.

804 – Furet, François, *Le Passé d'une illusion, essai sur l'idée communiste au xxe siècle*, Paris, Robert Laffont/Calmann-Lévy, 1995, 578 p.

805 *a* – Hermet, G., *Totalitarisme*, notamment l'article de P. Hassner, Paris, Economica, 1984.

805 *b* – Israelian, V.L., *Histoire diplomatique de la Grande Guerre patriotique*, Moscou, 1959 (en russe), 368 p.

806 – Kotek, Joel, et Rigoulot, Pierre, *Le Siècle des camps*, Paris, Jean-Claude Lattès, 2000, 806 p.

807 – *Le Siècle des guerres*, coll. sous la direction de Pietro Causareno et autres, Paris, L'Atelier, 2004.

808 – *Le Siècle des communistes*, coll. sous la direction de Michel Dreyfus et autres, Paris, L'Atelier.

809 *a* – Michel, Henri, *La Seconde Guerre mondiale*, Paris, PUF, 2 vol., 1969.

809 *b* – Munich, *Revue d'études slaves*, tome 52, 199, 249 p.

810 – *Nazisme et communisme, Deux régimes dans le siècle*, présenté par Marc Ferro (articles de Ph. Burrin, Ian Kershaw, Moshe Lewin, F. Furet, Krystof Pomian, V.V. Dam'e et J.A. Drabkin, Pierre Bouretz, Tim Mason, N. Werth, Béatrice Villate, Maria Ferreti, Claude Lefort), Paris, Hachette, 1999.

811 *a* – Nolte, Ernst, *Les Mouvements fascistes*, éd. de 1991, préface d'Alain Renaut, Paris, Calmann-Lévy.

811 b – Olender, Maurice, *La Chasse aux évidences, sur quelques formes de racisme entre mythe et histoire*, Paris, Galaade, 2005 (les p. 17-43, sur la fabrication d'un faux, les *Protocoles des Sages de Sion*).

812 – Parker, Alistair, *Struggle for survival, the History of the Second World War*, Oxford, 1990, 330 p.

813 – Rousso, Henry (sous la direction de), *Stalinisme et nazisme : Histoire et Mémoires comparées*, Paris, Complexe, 1999, 380 p. (articles de Ph. Burrin, N. Werth, P. Hassner, K. Pomian).

814 – Seton-Watson, Hugh, *The East European Revolution*, Londres, 1956.

815 – Vidal-Naquet, Pierre, *Les Assassinats de la mémoire*, Paris, La Découverte, 1987, 227 p.

816 – Yergin, Daniel, *La Paix saccagée, les origines de la guerre froide*, Paris, Balland, 1980, 328 p.

Autres témoignages

901 – Anders, général Wladyslaw, *Mémoires (1939-1946)*, Paris, La Jeune Parque, 1948, 480 p.

902 – Ciechanowski, Jan, *La Rançon de la victoire. Les raisons secrètes de l'immolation de la Pologne*, Paris, Plon, 1947, 514 p.

903 – Curie, Ève, *Voyage parmi les guerriers*, Paris, Flammarion, 1944, 504 p.

904 – Gafenco, Grégoire, *Préliminaires de la guerre à l'Est*, Paris, Egloff, 1945, 408 p.

905 – Werth, Alexandre, *France, 1940-1945, with a Foreword by G.D. Cole, and a Letter from P. Mendès France*, Londres, 1956, 762 p.

Index

ABCI, opération : 279
ABZUG, R. H. : 417
ACHESON, Dean : 160
Acier, Pacte d' : 255
Acier, pacte d' : 32, 54, 59, 255, 264, 269, 270
Açores, opération : 279
ACQUARONE, Pietro : 270
AGLION, Raoul : 293, 419, 420
AGNELLI, Giovanni : 257, 364
AKAMATSU, Paul : 413, 414
ALAIN : 51
Alaric, opération : 272
ALEXANDRA, impératrice : 23
ALEXANDRE, Michel : 51
ALFIERI, Dino : 261, 269
ALI, Rachid : 82, 287
ALI, Rachid : 287
ALLILUÏEVA, Eugenia : 119, 412
ALY, Gotz : 417, 429
AMBROSIO, général : 262, 266, 269, 270
AMERY, Lord : 92
Anakim, opération : 279
ANAMI, Korechika : 397
ANDERS, général Wladyslaw : 204, 206, 315 à 317, 410, 416, 420
ANDREW, Christopher : 412

Anfa, conférence d' : 301
ANTONOV, général : 201, 306
AOSTE, duc d' : 254, 263
ARAD, Yitzak : 415, 416
Arcadia, conférence : 248, 279
ARGENLIEU, amiral Thierry d' : 295
ARNIM, von : 262, 266
ARNOLD, général : 321
ARON, Raymond : 417
ARTAMANOV, M. I. : 416
ASHER, Lee : 411
Atlantic, opération : 279
Atlantique, charte de l' : 277
ATLEE : 280, 302, 309, 354, 380, 386
ATTOLICO, Bernardo : 47, 55
Auchinleck, général : 264
Avalanche, opération : 279
AYÇOBERRY, Pierre : 415, 429

B

BABEUF, Gracchus : 16
BADE, Max de : 18
BADOGLIO, maréchal : 251, 270 à 272, 356, 357, 365
BAGRANIAN, maréchal : 116
BALDWIN, Stanley : 69, 71
Barbarossa, opération : 108, 110, 112, 115, 131

BARING : 146
BARRÉ, Jean-Luc : 410
BARTHÉLEMY, Victor : 361 à 365, 421
BARTHOU, Louis : 31, 63
BASSI, Mario : 366-367
BASTIANINI, Giuseppe : 262, 268, 270
BAUDOUIN, Paul : 52
BAUER, Yehuda : 417, 429
BEBEL, Auguste : 123
BECKER, Annette : 409
BEDARIDA, François : 410, 411, 422, 429
BEETZ, Frau : 360
BEEVOR, Anthony : 416
BEHR, Édouard : 413, 422, 423
BENEŠ, Édouard : 44 à 48, 50, 56, 57, 71
BENOIST-MÉCHIN, Jacques : 408, 429
BERGÈRE, Marie-Claire : 413
BERGERY, Gaston : 51
BERIA, Lavrenti : 117, 118, 128 à 130, 179, 180, 186, 200, 206, 209, 215, 218, 246, 324, 388
BERL, Adolf : 129, 318
BERLING, colonel : 206
Bermudes, conférence des : 236, 237, 238
BERNADOTTE, comte : 234, 375
BERSTEIN, Serge : 408
BIALER, Seweryn : 412, 415
BIANCO, Lucien : 413
BIDAULT, Georges : 329, 331
BIERUT, Boleslaw : 309, 315
BISMARCK, Otto von : 12, 255
BIX, Herbert P. : 413, 414, 418
BLANQUI, Auguste : 16
BLOMBERG, général von : 33, 42
BLUM, Léon : 49, 84, 88, 286
BLUNT, Wilfrid : 128
BOCK, von général : 187, 191, 277, 342, 343, 349, 400

BOEGNER, Étienne : 296 à 299
BOGART, Humphrey : 161, 173
BOGOMOLOV, Alexandre : 330
BOHLEN, Charles : 385
BOISLAMBERT, général Claude Hettier de : 286
BOISSON Pierre : 97
BOLDIN, général : 116
BOLDT, Gerhardt : 371
Bolero, opération : 279
BONAPARTE : 10
BONNET, Georges : 50, 51, 64 à 66, 75, 84, 164, 409
BONO, Emilio de : 363
BONOMI, Ivanoe : 270, 328
BORAH, William : 163
BORMANN, Martin : 113, 189, 219, 222, 223, 230, 231, 233, 351, 372, 374 à 378
BORODINE, Mikhael : 147-148
BOSE, Chandra : 402
BOTTAI, Giuseppe : 263
BOUDIENNY, général : 199, 201
BOUKHARINE, Nicolas : 149, 150, 179, 319
BOULANGER, général : 89
BRADFISH, Otto : 232
BRADLEY, Omar : 401
BRAUCHITSCH, von : 104, 113, 191, 342, 343
BRAUN, Eva : 194, 375, 376, 378
Brenner, rencontre de : 103, 255
BRETON, André : 294
BRIAND, Aristide : 31, 84
Briand-Kellog, pacte : 151, 164
BRISSAUD, A. : 418
BROUÉ, Pierre : 410, 413, 420
BUCARD, Marcel : 38
Buccaneer, opération : 279
BUFFARINI, Guido : 365
BULAN, roi des Kazars : 211
BULITT, William : 163, 292, 320
BULLOCK, Alan : 30, 408
BUONARROTI, Philippe : 16

BURCKHARDT, Karl : 74
BURRIN, Philippe : 408, 429
BUSCH, maréchal : 195, 345
BUSH, Vannevar : 165
BUTLER, Richard : 70
BYRNES, James : 386, 389

CAILLAUX, F. : 408
CAILLAUX, Joseph : 183
Caire, conférence du : 251, 326
CAIRNCROSS, John : 129
CALIC, Édouard : 422, 430
CALVOCORESSI, Peter : 219, 417
CAMPINCHI, César : 52
CAMUS, Albert : 382-383
CAPRA, Frank : 162
Casablanca, conférence de : 250, 279
CASEY, Steven : 419
CATROUX, général : 89, 287
CAUDILLO : voir FRANCO
CAVAGLIA, maréchal : 268
CAVALERRO, maréchal : 262, 264
CEPLAIR, Larry : 414
CHABELSKI-BORK : 22
CHALLAYE, Félicien : 51
CHAMBERLAIN, Neville : 44 à 50, 56, 58, 64, 66, 69, 71 à 76, 85, 92, 93, 101, 164
CHAMBRUN, comte de : 293
CHAPLIN, Charlie : 161
CHAPOCHNIKOV, B. : 199, 201, 202
CHARMLEY, John : 410, 421
CHATFIELD, amiral : 64
CHAUTEMPS, Camille : 50, 94, 294
CHENNAULT, général : 327
CHERWELL, Lord : 241
CHEVRIER, Yves : 413
CHICHIBU, prince : 390
CHING-KUO, Chang : 326, 420
CHING-WEI, Wang : 137, 138
CHIOT, Ugor : 360
CHLIAPNIKOV : 209, 213

CHOLTITZ, général von : 351
CHURCHILL, Winston : 10, 62, 69 à 75, 83, 85, 86, 88 à 102, 105, 113 à 115, 117, 122, 123, 127, 132, 133, 165, 166, 169, 171, 176, 177, 196, 205, 237 à 245, 248 à 251, 273, 275 à 280, 283 à 291, 294, 295, 299 à 330, 333 à 341, 354, 369, 377, 379 à 381, 401, 403, 404
CIANO, Edda : voir EDDA MUSSOLINI
CIANO, Galeazzo : 40, 53, 55, 59, 76, 106, 170, 250, 251, 254 à 256, 258 à 260, 262, 268, 270, 271, 356, 357, 359, 360, 363, 410, 418
CIECHANOWSKI, Jan : 238, 320, 418, 420
CLARETTA (voir PETACCI) :
CLAUSS : 262
CLEMENCEAU, Georges : 91, 183, 332, 379
COLAS, Dominique : 225, 417
COOPER, Duff : 72
COOPER, Gary : 161
COSTA, Andrea : 37
COSTELLE, Daniel : 189, 414, 415
COT, Pierre : 294
COULONDRE, Robert : 75
COUTAU, Begarie : 419
COUVE DE MURVILLE, Michel : 301
CRANBORN, Lord : 354
CRÉMIEUX-BRILHAC, Jean-Louis : 410, 419
CRIPPS, Stafford : 75, 100, 122, 123, 132
CURIE, Ève : 189, 415
CURTIZ, Michael : 162
CURZON, lord : 402

D'ANNUNZIO, Gabriele : 39
DAHLERUS, Birges : 114

DALADIER, Édouard : 47, 48, 50, 52, 63 à 65, 74 à 76, 81, 84, 85, 87, 93, 101, 286, 377
DALADIER, Pierre : 409
DARLAN, amiral : 96, 97, 250, 282, 283 à 287, 290, 292, 293, 299, 300
Darlan-Clark, accords : 250
DAVIES, Joseph : 207, 319
DE LATTRE DE TASSIGNY, Jean-Marie : 335, 382
DEAKIN, F. W. : 418, 421
DÉAT, Marcel : 51, 84, 409
DECAUX, Alain : 410, 414
DEFRASNE, Jean : 409
DELMAS, Claude : 414
DELONCLE, Eugène : 39
DELPLA, François : 410
DENTZ, général : 287
DERRIN, Marie-Louise : 408
DEWEY, Julien : 313
DIERTELE, William : 161
DIMITROV, G. : 66 à 68, 144, 152, 155, 204, 206, 207, 320, 413, 416, 420
DISNEY, Walt : 162
DMYTRIK, Edward : 162, 283
DOLLFUSS, chancelier : 34, 40, 57
DÖNITZ, amiral : 196, 219, 275, 348, 373, 377, 378
DONOVAN, William : 171
DOOLITTLE, James H : 393
DORIOT, Jacques : 84, 290, 361, 362
DOUGLAS, Melvyn : 161
DOUMENC, général : 65
DOUMER, Paul : 49
DOWDING, général : 86
DOWER, John W. : 247, 418
DRAGOMIROV, ambassadeur : 188
Dragoon, opération : 280
DRAX-PLUMKETT : 66
DREXLER, Anton : 25
DREYFUS, Alfred : 87

DUCE : voir MUSSOLINI.
DUGGAN, Lavrence : 129
Dumbarton Oaks, conférence de : 338
DUROSELLE, Jean-Baptiste : 283, 408, 410, 411, 414, 419
DU-SIU, Chen : 149

EBERT, Friedlich : 26
ECKART, Dietrich : 21, 24, 223
EDDA (MUSSOLINI) : 258 à 260, 356, 359, 360
EDEN, Anthony : 70, 72, 75, 95, 115, 169, 284, 285, 289, 290, 295, 311, 317, 318, 327, 329, 354, 388
ÉDOUARD VIII : 177
EHRENBOURG, Ilya : 215
EISENHOWER, Dwight David : 301, 328, 345, 378, 401
EISNER, Kurt : 20
EJOV, Nikolai : 210
EMMERICH, Walter : 228
ENDICOTT, Stephen : 247
EN-LAI, Chou : 153
EREMENKO, maréchal : 116, 201, 412
ERICKSON, John : 416
ERZBERGER, Mathias : 23, 26
ESSENBECK, von : 400
EVGENIA, Egova : 210
Évian, conférence d' : 235

FABIEN, colonel : 83
FALKENHEYN : 183
FARINACCI, Robert : 260, 267
FAURE, Paul : 51
FEGELEIN, Hermann : 375
FERMI, Enrico : 245
FERRETTI, Maria : 418, 421
FERRO, Marc : 407, 408, 410, 416
FERRY, Luc : 430
FEST, Joachim : 371, 407, 408, 411, 415, 421

INDEX

FINBERG, colonel : 22
FISHER, Fritz : 183
FLANDIN, Pierre-Etienne : 40, 49
FLEROV, Georgii : 246
Flintlock, opération : 279
FORD, Henry : 160
FORD, John : 162
FORESTER, Albert : 72
FORRESTAL, James : 336
Fortitude, opération : 345
FOUCHET, Christian : 332
FRANCO, général : 34, 52, 54, 71, 96, 107, 110, 256, 283, 379
FRANÇOIS-JOSEPH : 34, 79
FRANÇOIS-PONCET, André : 47
Franco-soviétique, pacte : 331
FRANCK, Hans : 185, 228
FREI, Norbert : 417
FREIDEL, Frank : 414, 419
FREISLER, Roland : 349
FRIEDLANDER, Saul : 414, 417
FRITSCH, général : 43
FUCHS, Klaus : 246
Führer : voir HITLER, Adolf
FUNK, Arthur : 420
FURET, François : 417
FURUYA, Keiji : 413

GAFENCO, Grégoire : 109, 408, 409, 411
GAMELIN, général : 85, 87, 92, 93
GANDHI : 69
GANDIN, général : 356
GARÇON, François : 422
GARDA, secrétaire de HITLER : 57
GAULLE, Charles de : 10, 81, 83, 86, 88 à 91, 96, 97, 121, 177, 178, 250, 251, 280 à 302, 323, 327 à 336, 341, 354, 382 à 384, 403, 404
GAVRILOVIC, Premier ministre yougoslave : 112
GELI, nièce de HITLER : 370
GEORGE V : 134

GEORGE VI : 177
GEORGE, David Lloyd : 69, 71, 101, 380
GERHARDT, Harrison : 238
Germano-soviétique, pacte : 32, 52, 57, 58, 59, 63, 66 à 68, 81, 84, 105, 106, 107, 119, 122, 125, 128, 140, 161, 184, 206, 229, 255, 311, 324
GHOL, Khalkin : 61
GILLOUIN, René : 409
GIRAUD, général : 250, 299 à 301, 330
GOBINEAU, Arthur : 24, 28
GOEBBELS, Joseph : 28, 46, 58, 100 à 103, 105, 106, 111, 114, 127, 157, 187, 190 à 196, 219, 223, 225, 228, 231, 237, 244, 248, 342, 344, 348, 351, 355, 356, 372, 375 à 377, 379
GOEBBELS, Magda : 378
GOLIKOV, général : 130
GÖRING, Hermann : 28, 34, 47, 48, 56, 71, 97 à 99, 101, 104, 106, 107, 110, 113, 114, 123, 190, 192 à 194, 219, 222, 225, 226, 228, 230, 235, 240, 241, 255, 262, 283, 342, 351, 353, 371 à 374, 377
Gor'kov, Surii :
GORODETSKY, Gabriel : 411-412
GOURE, Léron : 416
GRAMSCI, Antonio : 38, 272
Grande Alliance, conférences de la : 302, 385
GRANDI, Dino, maréchal : 263, 270 à 272
GRAZIANI, maréchal : 257, 357, 358, 367
GREW, Joseph : 172, 390
GROMYKO, Andreï : 302 à 309, 420
GROPPO, Bruno : 408
GROSS, Janit : 417

GROSSMAN, Vassili : 203, 215, 416
GUDERIAN : 85, 89, 191, 343, 352, 372
GUILLAUME II : 23, 33, 80, 370
GUNTHER, Lewy : 417
GUTMAN, Ysrael : 415
GUY, Claude : 334, 383, 421
Gymnast : 279, 312

HAASE, Hugo : 123
HACHA, Emil : 56-57
HAFFNER, Sebastien : 407, 418
HAGEN, Walter : 418
HAGERMAN, Edward : 247
HALDER, général : 105, 108, 344, 411
HALIFAX, lord : 64, 65, 72, 75, 93, 97, 101, 102, 106, 115, 284, 298
HAMANN, Brigitte : 22, 407
HAMBY, Alonzo : 422
HAMILTON, duc de : 113
HAMMOND, Thomas : 413
HANFSTAENGL, Ernst : 283
HARRIMAN, Pamela : 158, 305, 314, 321, 420
HARRIS, maréchal : 242, 243, 249
HASHIMOTO : 137
HATANAKA, commandant : 396
HAYE, Henry : 293
HAYS, code : 161
HEDIN, Sven : 102
HEFFER, Jean : 414
HEIM, Heinrich : 170
HEIM, Suzanne : 417, 429
HEINRICI, Gotthard : 373
HEISENBERG, Werner : 243, 244, 246
HELLMAN, Lilian : 319
HEMINGWAY, Ernest: 161
HENDERSON, Loy : 44, 65, 385, 409
HENDERSON, Neville : 71, 73
HENLEIN, Konrad : 44

HERRIOT, Édouard : 63, 87
HERVÉ, Pierre : 384
HESS, Rudolf : 31, 82, 113 à 115, 123, 219
HESSE, Philippe de : 53
HEYDRICH, Reinhard : 185, 221, 222, 228, 233, 237, 249
HILBERG, Raul : 415, 417
HILLGRUBER, A. : 411
HIMMLER, Heinrich : 29, 185, 219, 221 à 223, 228, 229, 231 à 233, 251, 348, 350, 351, 353, 359, 372, 374, 375, 377
HINDENBURG, maréchal : 26
HIRANUMA, Premier ministre : 138
HIRO-HITO : 10, 125, 134 à 142, 174 à 176, 246, 247, 248, 386 à 400, 405
HISS, Alger : 129
HITLER, Adolf : 10 à 12, 17 à 19, 21, 23 à 35, 27 à 36, 38 à 51, 53 à 63, 65, 66, 69 à 74, 76, 79, 81 à 85, 92, 95, 96, 98, 100 à 114, 118, 120, 122, 123, 125 à 128, 139, 140, 155, 157, 158, 164, 170 à 172, 174 à 176, 184, 187 à 196, 206, 219 à 236, 243 à 245, 248, 250, 253, 254, 257, 261 à 274, 287, 288, 308, 337, 339, 342 à 353, 357, 364, 365, 369 à 379, 386, 387, 399 à 405
HOARE, Samuel : 40
HOEPNER, maréchal : 343
HOFER, gauleiter : 256, 358
HOFFMANN, Stanley : 158
HOGAN, James : 161
HOLLOWAY, David : 418
HOLST, E. Rudolf, général : 375
HOPKINS, Harry : 129, 130, 157, 169, 273, 274, 276, 285, 329, 354, 385, 412, 414, 418, 419
HORISHI, Oshima : 143
HORTHY : 230, 231, 233, 337

HÖTTL, Wilhelm : 421
HULL, Cordell : 157, 168, 169, 283, 285, 289, 294, 295, 322, 390
HURLEY, Patrick : 325
Husky, opération : 279
HUSSON, Édouard : 417
HUSTON, John : 173

IAGODA, Henrik : 212
IAKOV, fils de STALINE : 210
IAROSLAVSKI : 203
IBARRURI, Dolorès : 207, 320
Impériale, conférence : 391
INGEWOHL, amiral : 183
INGRAO, Christian : 220, 417
IOFFE, Adolf : 145, 146
IRVING, David : 412
ISRAELIAN, V. L. : 413
IVENS, Joris : 161, 162

JANKÉLÉVITCH, Vladimir : 225
JDANOV, Andreï : 63, 198
JEANNENEY, Jules : 87
JODL, maréchal : 43, 106, 113, 131, 191, 195, 267, 344, 348
JOFFE, Adolf : 178
JONES, R.V. : 418
JOUKOV, Gueorgui, maréchal : 83, 116, 121, 190, 198 à 202, 324, 335, 375, 378, 379, 388, 416
JUIN, général : 302
JULIA, Iakova : 210
JUNG-WEI, Wang : 154, 176
Jupiter, opération : 279

KAGANOVITCH, Lazar : 118, 209, 210, 211, 216
KAI-CHEK, Chiang : 10, 125, 137 à 139, 144 à 155, 166, 176, 206, 279, 323 à 327, 336, 387, 411
KALININE, Mikhail : 203, 211
KALLAI, Miklas von : 337
KAMENEV, Leonid : 212

KAMMERER, A. : 411
KANROGI, Osanaga : 390, 394, 422
KAPISTA, P. L. : 246, 388
KAPP, Wolfgang : 27
KARAKHAN, Lev : 147
KARNAU, Hermann : 378
KASPI, André : 245, 413, 414, 418, 419, 421
KAUTSKI, Karl : 123
KAZAKOV, docteur : 412
KEITEL, maréchal : 43, 188, 191, 219, 230, 270, 335, 343, 346, 348, 356, 415
KELLOG, Michael : 22, 407
KENNAN, George : 385
KENNEDY, Joseph : 164
KERENSKI, Alexandre : 23, 212, 369
KERMSLEY, Lord : 74
KERSAUDY, François : 419, 420
KERSHAW, Ian : 408, 411, 412, 418, 421, 423
KESSELRING, maréchal : 262, 266, 362, 373
KHMELNITSKI, Bogdan : 203
KHROUCHTCHEV, N. : 60 à 62, 116, 117, 209, 387
Khrouchtchev, rapport : 11
KIDO, Koichi : 391
KIMMEL, amiral : 156
KING, amiral : 280, 311
KING, MacKenzie : 124
KISSINGER, Henry : 13
KITCHENER, Horation-Herbert : 70
KLARSFELD, Serge : 417
KLEIST, maréchal von : 350
KLIMOV, Elem : 415
KLUGE, von, maréchal : 346, 351
KNOX, Frank, amiral : 156
KOENIG, général : 302, 382
KOHN : voir KUN Bela.
KOISO, Kumaki : 390, 393
KOLLONTAÏ, Alexandra : 262

KOMINTERN : voir DIMITROV
KONIEV : 199
KONOE : 136 à 138, 141, 142, 144, 168, 169, 393, 394
KORDA, Alexandre : 275
KORNILOV, général : 23
KOSTYRCHENKO, G. B. : 416
KOURLEX, Robert : 247
KOUTOUZOV, général : 203
KOUZNETSOV : 116
KULIK, maréchal : 121
KUN, Bela : 20, 21, 178
KURCHATOV, I.V. : 246, 388
KUROSAWA, Akira : 9

LABARTHE, André : 177
LACOUTURE, Jean : 410, 419 à 421
LAMMERS : 230, 351
LANG, Fritz : 28, 161
LANGER, Walter C. : 370, 421
LATSIS : 21
LATTIMORE, Owen : 413
LAVAL, Pierre : 31, 40, 49, 82, 84, 88, 184, 249, 282, 289 à 292, 297, 301, 331
LE GENTILHOMME, général : 287
LE ROY LADURIE, Emmanuel amiral : 414
LEAHY : 292, 297
LEBRUN, Albert : 87
LECA, Dominique : 89
LECLERC, général : 286, 302, 382
LEEB, von, maréchal : 343
LÉGER, Alexis (Saint-John Perse) : 294 à 297, 298, 301
LENINE, Vladimir, Ilitch, Oulianov, dit : 11, 16, 21, 29, 37, 80, 179, 210, 211, 234
LESLIE, R. F. : 415
LEVI, Primo : 358
LIANG, Zhang Xue :
LIEBNECHT, Karl : 20, 21
Lifebelt, opération : 279
Light-foot, opération : 279

LIN, Hua : 420
LINDBERG, Charles : 159
LINGE, Heinz : 378
LIST, maréchal : 344
LITVAK, Anatole : 161
LITVINOV, Maxime : 59, 64, 75, 214, 284
LIZZANI, Carlo : 265
Locarno, pacte de : 26, 33, 48
Locarno, traité de : 26, 48
LOSEY, Joseph : 180
LOUIS XIV : 80
LOUIS XVIII : 13
LOYER, Emmanuelle : 419
LUDENDORFF, général : 23, 26, 27
LUDLOW, Louis : 163
LUKACS, John : 94, 104, 410, 411
LUNDE : 100
LÜTTWITZ, Walter von : 27
LUXEMBOURG, Rosa : 20, 21
Lvov : 315, 321
LYTTLETON, Lord : 287, 354
LYTTON, lord : 151

MACARTHUR, général : 155, 249, 280, 401
MACDONALD, Fred : 69
MACKENSEN, général : 267
MACMILLAN, Harold : 70
Magnet, opération : 279
MAÏSKI, Ivan : 64, 102, 115
MALENKOV, Gueorgui : 118
MALIK, Iakov : 393
MALINOVSKI, maréchal : 197
MALRAUX, André : 149
MANCHESTER, William : 410
MANDEL, Georges : 84, 88
MANKIEWICZ, Joseph : 161
MANN, Thomas : 29
MANSTEIN, général von : 104, 127, 191
MANUILSKI, Dmitri : 207
MARCH, Frederic : 161

MARIE, Jean-Jacques : 409, 410, 416
MARITAIN, Jacques : 297, 298
MARSHALL, généralissime : 156, 171, 281, 284, 312, 401
MARTOV, Leonid : 212
MARTY, André : 207
MARX, Karl : 28, 224
MASER, Werner : 170, 414, 415
MATSUOKA : 125, 136, 141, 402
MATTEOTI, Giacomo : 38, 267
MAUROIS, André : 294
MAURRAS, Charles : 87
MAYER, lieutenant-colonel : 88
MAZZINI, Giuseppe : 357
MCLEAN, général : 129
MEKHLIS : 117, 203, 211, 212
MENGERSHAUSEN : 378
MENJOU, Adolf : 162
MERETSKOV, Kyrill : 121, 130
MESSE, général : 266
MICHEL, Henri : 341, 418
MIHAILOVIC : 206
MIKADO : voir HIRO-HITO
MIKHALKOV, Nikita : 11
MIKOÏAN, Anastase : 118, 123, 179, 200
MIKOLAJCZYK, Stanislas : 309, 315, 321
MILESTONE, Lewis : 319
MILIUKOV, Pavel : 23
MILZA, Pierre : 408, 409, 418
MODEL, maréchal : 352
MOLLIER, Maddalena : 361
MOLOTOV, V. N. : 59, 64, 66, 110, 111, 116 à 118, 123 à 126, 131, 179, 200, 209, 210, 214, 216, 278, 302, 303, 308 à 311, 315, 321, 333, 385, 388, 402, 412
MOMMSEN, Hans : 417
MONNET, Jean : 90, 294, 301

MONROE, doctrine : 138
MONTEFIORE, Simon Sebag : 210, 323, 409, 412, 416, 420
MONTGOMERY, Alexander : 250, 264, 279, 302, 345, 401
MONTIGNY, Jean : 64
MONZIE, Anatole de : 47
MORAN, Lord : 284, 380, 410, 419, 422
MORAND, Paul : 294
MORELLE, docteur : 194
MORGANTHAU, Henry : 353
MORI, général : 397
Moscou, accord de : 41
Moscou, conférence de : 338
MOSLEY, Leonard : 38, 176, 413, 422
MOULIN, Jean : 178, 250
MUFTI, Grand : 287, 288
MÜLLER, K.A. : 25
MUNI, Paul : 161
Munich : 20, 22, 41, 48, 53, 59, 64, 75, 88, 119, 122, 126, 133, 164
Munich, accords de : 41, 48, 62
Munich, conférence de : 47, 50, 55, 56, 64, 81
MURPHY, Robert : 82, 292
MUSELIER, Émile, amiral : 96, 177, 294, 295, 419
MUSIL, Robert : 28
MUSSOLINI, Alessandro : 37
MUSSOLINI, Anna : 367 à 369
MUSSOLINI, Benito : 10, 24, 25, 27, 30 à 40, 47 à 49, 52 à 56, 59, 70, 71, 93, 103, 105, 114, 171, 180, 194, 195, 206, 248, 253 à 275, 306, 328, 338, 347, 353 à 371, 387, 401, 405
MUSSOLINI, Bruno, : 368
MUSSOLINI, Edda : voir EDDA
MUSSOLINI, Elena : 367, 368
MUSSOLINI, Rachel : 258 à 260, 271, 273, 359, 360, 367 à 369

Mussolini, Romano : 367 à 369
Mussolini, Vittorio : 273, 367

Nagano, amiral : 141
Napoléon : 13, 275
Nasser, Gamal Abdel : 288
Naumov, archives : 411
Négus : 263
Nelson, amiral : 275
Neurath, von : 47, 283
Nevski, Alexandre : 203
Nicolas, grand-duc : 23
Nicoletti, préfet : 366
Nicolson, Harold : 64
Nietzsche, Friedrich : 24, 25
Nippo-soviétique, pacte : 168
Noël, Léon : 50
Non-agression germano-soviétique, pacte de : 116, 133
North, C. Robert : 413

Oberg, Carl-Albercht : 347
Oe, Kenzaburo : 184
Olender : 225
Outil, opération : 180
Overlord, opération : 279

P'ou-yi, de Mandchoukouo : 145, 151
Paasaviki : 320
Pabst, Georg : 422
Palewski, Georges : 330
Papen, Franz von : 233
Paris, accords de : 286, 287, 293
Parker, Alistair : 418, 421
Parrish, Robert : 162
Patch, général : 295, 302
Patton, général : 401
Pauker, Anna : 207
Paul, de Yougoslavie : 112
Paulus, maréchal von : 193, 250, 345, 348

Pavlov, général : 117
Pavolini : 356, 358
Payot, René : 41
Percival, général : 143, 249
Petacci, Clara : 260, 359, 367 à 370
Pétain, maréchal : 50, 81, 82, 86 à 88, 90, 94 à 96, 107, 177, 221, 249, 282, 283, 286, 291 à 293, 299 à 301, 338, 358
Peter, Solange : 407
Petrov, A.A. : 325
Philby, Kim : 128
Philip, André : 299
Philips, Éric : 71
Pichel, Irving : 283
Pieck, Wilhelm : 207
Pierre de Yougoslavie : 206
Pierre Le Grand : 172
Pilsudski, maréchal : 49
Pineau, Christian : 177, 178, 414
Pintsch, Karl-Heinz : 113
Pirelli, Alberto : 364
Pisar, Samuel : 187, 198
Pitirim, archimandrite : 265
Pleven, Mme : 296
Pleven, René : 97, 286, 294, 296, 330
Pliever, Theodor : 203, 416
Pointbank, opération : 280
Portal, général : 242
Potsdam, conférence de : 246, 280, 302, 309, 339, 391, 393, 397
Poutine, Vladimir : 385
Powers, Thomas : 244, 418
Pozzi, docteur : 268
Primo de Rivera, Miguel : 38
Puaux, Gabriel : 287

Qing-ling, Song : 154
Qiu-bai, Qu : 149
Quadrant, opération : 279

INDEX

Québec, conférence de : 245, 280
QUISLING, Vidkun: 100, 176, 315

RADEK, Karl : 179, 212, 319
RAEDER, amiral : 42, 106, 189
RAFT, George : 161
RAHN, Otto : 358
RAINER, gauleiter : 358
RAINERO, Roman : 273
RAKOSI, Mathias : 207
RATHENAU, Walter : 23, 26
RAUF, colonel : 366
RAUSCHNING, Hermann : 24
REINHARDT, Fritz : 188
RENOIR, Jean : 162
RENOUVIN, Pierre : 407
RENTHE-FINK, von : 358
REYNAUD, Paul : 81, 84, 85, 88 à 90, 93 à 95, 286, 294
RIBBENTROP, Joachim von : 32, 47, 55, 58 à 61, 66, 76, 106, 110, 123, 124, 126, 129, 142, 143, 170, 219, 234, 262, 266, 268, 269, 273, 303, 348, 359, 372, 402
RIEFENSTAHL, Leni : 28
Riga, traité de : 316
RIOUX, Jean-Pierre : 410
RIST, Charles : 293, 419
ROBERT, amiral : 297
RÖHM, Ernst : 29, 348, 399
Roi des Belges : 93
ROKOSSOVSKI, général : 128
ROMANOV, Cyrille : 22, 23
ROMANOV, dynastie des :
ROMMEL, maréchal Ernst : 82, 117, 143, 249, 250, 255, 261 à 266, 281, 312, 314, 342, 345, 346, 350, 356 à 359
ROOSEVELT, Eleanor : 354
ROOSEVELT, Elliott : 276, 277, 300, 323, 419, 420

ROOSEVELT, Franklin Delanoe : 10, 82, 83, 96, 109, 124, 129, 137, 138, 141, 144, 155 à 171, 173, 174, 207, 222, 234 à 239, 245, 250, 251, 262, 273 à 285, 291 à 295, 299 à 309, 311, 313 à 338, 353, 355, 379, 384, 385, 401 à 405
ROOSEVELT junior : 162
ROSENBERG, Alfred : 22, 230
ROSSELLI, frères : 39
ROSSI, Angelo : 410
Round-up, opération : 279
ROUSSEL, Éric : 296, 297, 299, 330, 410, 419, 420, 421
RUBLEE, George : 235
RUMBOLD, Horace : 71
RUNDSTEDT, von : 195
RUTHERFORD, Lucie Mercer : 353, 354
RYDZ-SMIGLY, Edward : 186
RYKOV, Alexei : 212

SAINT PAUL : 224
SAINT-EXUPÉRY, Antoine de : 294
Saint-Germain, traité de : 26
SAINT-JUST, Louis : 21
SAIONJI, prince KINMOCHI : 134
SAKHAROV, A.D. : 388
Salzbourg, conférence de : 255
San Francisco, conférence de : 325, 354, 385
SAPIR, Jacques : 412, 415
SARRAUT, Albert : 33
SAÜL : 224
SCHACHT, docteur : 235, 283
SCHEIBNER-RICHTER, Max : 22
SCHMIDT, Paul : 44, 46, 47, 74, 274, 342, 408 à 410
SCHROEDER, Christa : 57
SCHULENBURG, Werner von : 110, 123
SCHULTSTER, cardinal : 367
SCHUSCHNIGG, chancelier : 34, 35

See Löwe, opération : 97, 98, 106, 107
SELZNICK, David O. : 161
SÉOUD, Ibn : 317, 318
SETON-WATSON, Hugh : 411, 412
Sextant, opération : 279
SEYDLITZ, von : 193, 350
SEYSS-INQUART, Arthur : 34
SHAW, Bernard : 101
SHENG, Michael : 413
SHERWOOD, Robert E. : 173, 174, 353
SHIMOMURA, Kainan : 396
Shingle, opération : 279
SHINIBU, O. : 414
SHIRER, William : 409
SHORT, Philip : 156, 413
SHOUMATOFF, Élizabeth : 353
SHU, Kyu : 386
SIKORSKI, opération : 204 à 206, 209, 217, 237, 283
SIMON, Sir John : 115
SIMPSON, Mrs : 177
SINSHEIMER, Robert : 158
SIROTKINE, Vladlen : 415
Sledgehammer, opération : 279
SMORAWINSKI, Mieczyslaw : 186
SNOW, Edgar : 153
SOKOLOVSKI, général : 200
SOONG, T. V. : 325, 326
SORGE, Richard : 132
SOUDOPLATOV, Pavel : 130, 179, 180, 414
SOUKHANOV, Nikolai : 179
SOUVOROV, général : 203
SOUYRI, Pierre-François : 135, 413, 414
SPAATZ, général : 240
SPEARS, Edward : 95, 97, 411
SPEER, Albert : 113, 191, 194, 223, 243, 244, 346, 351, 353, 355, 372, 376, 377, 388, 399, 422

SPEIDEL, Hans von : 346, 350
STALINE, Joseph : 10, 11, 30, 41, 48 à 51, 55, 58 à 68, 75, 83, 100 à 102, 106, 108, 110, 112, 113, 115 à 133, 141, 143 à 145, 148 à 150, 152 à 155, 163, 172, 175, 176, 178, 179, 186, 190, 195, 196, 198 à 217, 246, 250, 251, 279, 280, 302 à 339, 354, 355, 364 à 366, 377 à 394, 401 à 404
STAMENOV, Ivan : 118
STARK, amiral : 165, 171
STAUFFENBERG, Claus Schenk von : 337, 350
STEINER, Felix : 374, 375
STEINERT, Marlis : 343, 408, 409, 421
STETTINIUS, Edward : 322, 329
STEWART, James : 162
STILWELL, Joseph : 155, 413
Strangle, opération : 279
Stresa, accords de : 71
Stresa, conférence de : 31, 33, 40
STRESEMANN, Gustav : 26
STRIK-STRIKFELDT, W. : 421
STÜLPNAGEL, C. H. von : 347
SUGIYAMA, Hajima : 246
SUÑER, Serrano : 53
Sun-Ioffe, convention :
SUZUKI, Kantaro : 391 à 394
SVANITZE, Maria : 210
SYBERBERG, Hans-Jürgen : 12
SZÁLASI, Ferenc : 231

T'EI, Chiang : 146
TABOUIS, Geneviève : 294
TARDIEU, André : 49
TAYLOR, Myron C. : 235
TAYLOR, Robert : 162
TAYLOR, Telford : 417
TCHIAOURELLI, Mikhail : 379
TCHOUEV, Félix : 116, 302
TCHOUNG, Félix :

INDEX

TE, Chu : 150
Téhéran, conférence de : 251, 302, 319, 323, 324
TERBOVEN : 100
Terre-Neuve, conférence de : 169
THADDEN, Rudolf von : 185, 415, 417
THALMANN, Herbert : 400
THIERACK, Otto : 231
THOMAS, général : 344
THOMAS, R. T. : 289, 419
THOREZ, Maurice : 68, 207, 320, 333, 334, 384
THYSSEN, Fritz : 400
Tigre : *voir* CLEMENCEAU
TIMOCHENKO, général : 117, 130, 131, 201
TISO, monseigneur : 221
Tito : 206, 336
TIULENEV, général : 116
TIXIER, Adrien : 296
TODT, Fritz : 342
TOGO, Shinegori : 394
TOJO, Hideki : 140, 141, 169, 176, 391
TOLSTOÏ, Sergueï : 129
Torch, opération : 250, 278, 279, 312
TORRÈS, Henri : 294
TOSHIYA, Iko : 247
TOUKHATCHEVSKI, maréchal : 127, 190, 212
TOYODA, amiral : 394
TRESKOW, George von : 349, 350
TREVOR-ROPER, Hugh : 422
Trianon, traité de : 15
Trident, opération : 279
Tripartite, pacte : 140, 313
TROTSKI, Léon : 149, 179, 180, 211, 212
TRUMAN, Harry : 280, 302, 309, 325, 326, 339, 354, 384 à 389, 394, 400 à 403

TSÉ-TOUNG, Mao : 139, 144, 149, 150, 152 à 155, 176, 323, 326, 327
TURENNE, Henri de : 189, 414, 415

UEHARA, Shigerato : 396
ULAM, Adam B. : 413, 420, 421
ULBRICHT, Walter : 320
ULLMAN, Richard H. : 409
UMEZU, Yoshijiro : 394

VABRÈS, Donnadieu de : 354
VAKSBERG, Arkady : 208, 416
VANDEBERG, Arthur : 322
VANNIKOV, colonel : 412
VASSILIEV, frères : 146
VASSILIEVSKI, général : 200 à 202
Velvet, opération : 279
Versailles, traité de : 15, 18, 19, 26, 30, 33, 41, 48, 51
Viatteau, Alexandra Kwiatkowska : 415, 416
VICTOR-EMMANUEL : 36, 38, 54
VIDOR, King : 162
VIE, Michel : 413
Vienne, congrès de : 15
VIETINGHOFF, général : 362
VISCONTI, général : 400
VLASSOV, général : 192
VOITINSKY : 146, 149
VOLKOGONOV, Dimitri : 118, 202, 378, 409, 412, 413, 423
VOROCHILOV, maréchal : 60, 118, 201, 303
VORONOV, maréchal : 116, 200, 201
VOZNECENSKI : 118
VUILLEMIN, général : 50, 75
VYCHINSKI, Andreï : 335, 379

WAGNER, Richard : 24, 25, 28
WALLACE, Henri : 129
WALTER : voir TITO

WANG, Ching-wei :
Wannsee, conférence de : 220, 227, 232, 249
WARLIMONT, général : 104, 411
Washington, conférence de : 282, 279
WAVELL, général : 257
WAYNE, John : 162
WEGO, W. K. Chiand : 413
Weimar, constitution de : 19, 22, 23, 26
WEIZSÄCKER, Richard Ernst von : 44, 47, 75, 77, 123, 410
WELLES, Orson : 10, 427
WELLES, Sumner : 115, 277, 293, 297, 298
WENCK, Walter : 375
WERTH, Alexandre : 231, 233, 321, 331, 333
WERTH, Nicolas : 214, 216, 415, 416, 420
Weserübung, opération Weser : 104
Westphalie, traité de : 225
WEYGAND, général : 68, 82, 86, 90, 93 à 96, 286, 292, 293
WHITE, William : 129, 160
WILLKIE, Wendell : 108, 165
WILSON, Horace : 47
WILSON, W. : 13
WINDSOR, duc de : 74, 176
WINTERBOTHAM, Frederick W. : 99, 411
WITZLEBEN, Erwin von : 349

WOLFF, Karl : 355
WOOD, Kingsley : 92
WOOD, Sam : 162
WRAY, Harold : 414
WYMAN, David S : 417

XUE LIANG, Zhang : 152, 153

YAKOV, fils de Staline : 324
YAKOVLEV, Alex : 129
Yalta, conférence de : 280, 302, 313, 316, 318, 323 à 326, 329, 335, 338, 402
YAMAMOTO, amiral Isoroku : 142, 173
YAMASHITO : 143
YASUGI, Okamura : 247
YAT-SEN, Sun : 145, 146, 150, 154
YERGIN, Daniel : 422
YOSHIAKI, Yoshimi : 247
YOUGOSLAVIE, Alexandre de : 31, 49

ZARA, Felipe de : 408
ZEDERBLUM, Isaac alias Lénine : 20
ZEITZLER, Kurt : 192
ZERBINI, Pado : 365, 366
ZINNEMANN, Fred : 283
ZINOVIEV, Georges : 146, 179, 212, 234, 319
ZOG, roi d'Albanie : 53

Remerciements

Mes remerciements vont à toute l'équipe de « Histoire parallèle » et, pour la rédaction de cet ouvrage, plus particulièrement aux plus compétents des assistants et documentalistes : Michèle Fournier, Pauline Kerleroux, Mathias Steinlé et Marie-Pierre Thomas.

J'y associe naturellement Jérôme Clément, Louisette Neil, Didier Deleskevicz, Klaus Wenger, R. Thiescè.

Ils vont également à mes collègues de la BDIC, la meilleure bibliothèque du monde, et notamment à Nadedja Allerme.

Grâce à l'aide désintéressée de Michel Cartier et Pierre-François Souyri, j'ai pu mettre à jour ma documentation sur la Chine et le Japon.

Chez Robert Laffont, sans le coup d'œil et la vigilance d'Elsa Rosenberger et Christel Mouchard, combien de maladresses n'auraient-elles pas entaché un texte dont, à son accoutumée et au préalable, Christine Murco avait suivi l'élaboration.

Table

Ouverture 9

Chapitre 1 : Prélude à la guerre (1918-1939)

L'héritage 15
Hitler et l'Allemagne : ressentiments en résonance 17
   Origines de l'antisémitisme de Hitler 21
   La semence du nazisme se répand 27
   Et le Führer vola de victoire en victoire 30
Mussolini : succès et déboires 36
Le pacte Hitler-Staline : réplique à Munich ? 41
   En France, Daladier et la peur de la guerre 48
   Les dilemmes de Mussolini 52
   Hitler mécontent de Munich 55
   Les calculs de Staline 59
Seul, Churchill... 69
Le prélude reconsidéré 73

Chapitre 2 : Identifier l'ennemi principal (1939-1941)

Une différence entre les deux guerres 79
De Gaulle : au-delà de la fracture patriotique 83
Churchill : *never say die* 91
Hitler : l'Angleterre ne joue pas le jeu 101

L'escapade de Rudolf Hess : Churchill, Hitler
et Staline s'interrogent 113
Staline : un comportement à la Munich 116
  Des certitudes à l'épreuve 119
Hiro-Hito : le double-je de l'empereur caché 133
Chiang Kai-chek : les communistes ou les Japonais...... 144
Qui est l'ennemi principal selon Roosevelt ?
Avant comme après Pearl Harbor : Hitler..................... 155
Une réévaluation du problème 172

Chapitre 3 : Guerre ou extermination (1939-1945) ?

La spécificité du conflit.. 183
  À l'est, guerre ou prémices
  à l'extermination ? 184
  Hitler, la campagne de Russie................................... 187
  Staline à la manœuvre 198
  Staline, les Juifs et les nationalités............................ 208
  URSS : la déportation ou la mort 216
  Hitler et le génocide des Juifs 219
  Devant l'extermination :
  Roosevelt et les autres 234
Armes de destruction massive 239
  Churchill : « Vous avez dit Koventrieren ? »............. 240
  Hitler : la bombe ou les fusées ? 243

Chapitre 4 : Alliances et mésalliances (1940-1945)

Mussolini et Hitler : de l'amitié à la dépendance.......... 253
  La honte ou le reniement 253
  Le désaveu et la chute du Duce................................. 264
Churchill et Roosevelt : le pilote et le capitaine 273
  De Gaulle selon Churchill :
  un personnage attachant et irritant........................... 284
  De Gaulle selon Roosevelt :
  cet homme est dangereux 292
Les conférences de la Grande Alliance......................... 302
  Les entretiens vus par Staline.................................... 302

Les entretiens vus par Churchill.................................... 310
Les entretiens vus par Roosevelt..................................... 318
Les entretiens vus par Chiang Kaï-chek......................... 324
Les avanies du général de Gaulle 327
Quel bilan ?... 335

Chapitre 5 : Fin de partie

Hitler : la victoire ou l'apocalypse 343
La maladie emporte Roosevelt 353
La double mort de Benito Mussolini.................................. 356
    Le testament moral du Duce 361
    L'exécution de Mussolini.. 366
Hitler : « Je mourrai dans Berlin »...................................... 370
    Les noces et le testament 376
Winston Churchill : la chute 379
De Gaulle : l'étrange victoire… 382
La guerre froide ou bien la lutte contre le Japon…....... 387
Potsdam : la bombe A ouvre une nouvelle ère 387
Le mikado entre deux feux... 390
Hiro-Hito parle... 395

Conclusion : Quelles Traces… 399
Notes 407
Sources et documentation... 423
Bibliographie des ouvrages cités en note........................ 427
Index 453
Remerciements 467

collection tempus
Perrin

Déjà paru

1. *Histoire des femmes en Occident* (dir. Michelle Perrot, Georges Duby), *L'Antiquité* (dir. Pauline Schmitt Pantel).
2. *Histoire des femmes en Occident* (dir. Michelle Perrot, Georges Duby), *Le Moyen Âge* (dir. Christiane Klapisch-Zuber).
3. *Histoire des femmes en Occident* (dir. Michelle Perrot, Georges Duby), XVIe-XVIIIe siècle (dir. Natalie Zemon Davis, Arlette Farge).
4. *Histoire des femmes en Occident* (dir. Michelle Perrot, Georges Duby), *Le XIXe siècle* (dir. Michelle Perrot, Geneviève Fraisse).
5. *Histoire des femmes en Occident* (dir. Michelle Perrot, Georges Duby), *Le XXe siècle* (dir. Françoise Thébaud).
6. *L'épopée des croisades* – René Grousset.
7. *La bataille d'Alger* – Pierre Pellissier.
8. *Louis XIV* – Jean-Christian Petitfils.
9. *Les soldats de la Grande Armée* – Jean-Claude Damamme.
10. *Histoire de la Milice* – Pierre Giolitto.
11. *La régression démocratique* – Alain-Gérard Slama.
12. *La première croisade* – Jacques Heers.
13. *Histoire de l'armée française* – Philippe Masson.
14. *Histoire de Byzance* – John Julius Norwich.
15. *Les Chevaliers teutoniques* – Henry Bogdan.
16. *Mémoires, Les champs de braises* – Hélie de Saint Marc.
17. *Histoire des cathares* – Michel Roquebert.
18. *Franco* – Bartolomé Bennassar.
19. *Trois tentations dans l'Église* – Alain Besançon.
20. *Le monde d'Homère* – Pierre Vidal-Naquet.
21. *La guerre à l'Est* – August von Kageneck.
22. *Histoire du gaullisme* – Serge Berstein.
23. *Les Cent-Jours* – Dominique de Villepin.
24. *Nouvelle histoire de la France*, tome I – Jacques Marseille.
25. *Nouvelle histoire de la France*, tome II – Jacques Marseille.
26. *Histoire de la Restauration* – Emmanuel de Waresquiel et Benoît Yvert.
27. *La Grande Guerre des Français* – Jean-Baptiste Duroselle.
28. *Histoire de l'Italie* – Catherine Brice.
29. *La civilisation de l'Europe à la Renaissance* – John Hale.
30. *Histoire du Consulat et de l'Empire* – Jacques-Olivier Boudon.
31. *Les Templiers* – Laurent Daillez.
32. *Madame de Pompadour* – Évelyne Lever.
33. *La guerre en Indochine* – Georges Fleury.

34. *De Gaulle et Churchill* – François Kersaudy.
35. *Le passé d'une discorde* – Michel Abitbol.
36. *Louis XV* – François Bluche.
37. *Histoire de Vichy* – Jean-Paul Cointet.
38. *La bataille de Waterloo* – Jean-Claude Damamme.
39. *Pour comprendre la guerre d'Algérie* – Jacques Duquesne.
40. *Louis XI* – Jacques Heers.
41. *La bête du Gévaudan* – Michel Louis.
42. *Histoire de Versailles* – Jean-François Solnon.
43. *Voyager au Moyen Âge* – Jean Verdon.
44. *La Belle Époque* – Michel Winock.
45. *Les manuscrits de la mer Morte* – Michael Wise, Martin Abegg Jr. & Edward Cook.
46. *Histoire de l'éducation*, tome I – Michel Rouche.
47. *Histoire de l'éducation*, tome II – François Lebrun, Marc Venard, Jean Quéniart.
48. *Les derniers jours de Hitler* – Joachim Fest.
49. *Zita impératrice courage* – Jean Sévillia.
50. *Histoire de l'Allemagne* – Henry Bogdan.
51. *Lieutenant de panzers* – August von Kageneck.
52. *Les hommes de Dien Bien Phu* – Roger Bruge.
53. *Histoire des Français venus d'ailleurs* – Vincent Viet.
54. *La France qui tombe* – Nicolas Baverez.
55. *Histoire du climat* – Pascal Acot.
56. *Charles Quint* – Philippe Erlanger.
57. *Le terrorisme intellectuel* – Jean Sévillia.
58. *La place des bonnes* – Anne Martin-Fugier.
59. *Les grands jours de l'Europe* – Jean-Michel Gaillard.
60. *Georges Pompidou* – Éric Roussel.
61. *Les États-Unis d'aujourd'hui* – André Kaspi.
62. *Le masque de fer* – Jean-Christian Petitfils.
63. *Le voyage d'Italie* – Dominique Fernandez.
64. *1789, l'année sans pareille* – Michel Winock.
65. *Les Français du Jour J* – Georges Fleury.
66. *Padre Pio* – Yves Chiron.
67. *Naissance et mort des Empires*.
68. *Vichy 1940-1944* – Jean-Pierre Azéma, Olivier Wieviorka.
69. *L'Arabie Saoudite en guerre* – Antoine Basbous.
70. *Histoire de l'éducation*, tome III – Françoise Mayeur.
71. *Histoire de l'éducation*, tome IV – Antoine Prost.
72. *La bataille de la Marne* – Pierre Miquel.
73. *Les intellectuels en France* – Pascal Ory, Jean-François Sirinelli.
74. *Dictionnaire des pharaons* – Pascal Vernus, Jean Yoyotte.
75. *La Révolution américaine* – Bernard Cottret.
76. *Voyage dans l'Égypte des Pharaons* – Christian Jacq.

77. *Histoire de la Grande-Bretagne* – Roland Marx, Philippe Chassaigne.
78. *Histoire de la Hongrie* – Miklós Molnar.
79. *Chateaubriand* – Ghislain de Diesbach.
80. *La Libération de la France* – André Kaspi.
81. *L'empire des Plantagenêt* – Martin Aurell.
82. *La Révolution française* – Jean-Paul Bertaud.
83. *Les Vikings* – Régis Boyer.
84. *Examen de conscience* – August von Kageneck.
85. *1905, la séparation des Églises et de l'État*.
86. *Les femmes cathares* – Anne Brenon.
87. *L'Espagne musulmane* – André Clot.
88. *Verdi et son temps* – Pierre Milza.
89. *Sartre* – Denis Bertholet.
90. *L'avorton de Dieu* – Alain Decaux.
91. *La guerre des deux France* – Jacques Marseille.
92. *Honoré d'Estienne d'Orves* – Étienne de Montety.
93. *Gilles de Rais* – Jacques Heers.
94. *Laurent le Magnifique* – Jack Lang.
95. *Histoire de Venise* – Alvise Zorzi.
96. *Le malheur du siècle* – Alain Besançon.
97. *Fouquet* – Jean-Christian Petitfils.
98. *Sissi, impératrice d'Autriche* – Jean des Cars.
99. *Histoire des Tchèques et des Slovaques* – Antoine Marès.
100. *Marie Curie* – Laurent Lemire.
101. *Histoire des Espagnols*, tome I – Bartolomé Bennassar.
102. *Pie XII et la Seconde Guerre mondiale* – Pierre Blet.
103. *Histoire de Rome*, tome I – Marcel Le Glay.
104. *Histoire de Rome*, tome II – Marcel Le Glay.
105. *L'État bourguignon 1363-1477* – Bertrand Schnerb.
106. *L'Impératrice Joséphine* – Françoise Wagener.
107. *Histoire des Habsbourg* – Henry Bogdan.
108. *La Première Guerre mondiale* – John Keegan.
109. *Marguerite de Valois* – Éliane Viennot.
110. *La Bible arrachée aux sables* – Werner Keller.
111. *Le grand gaspillage* – Jacques Marseille.
112. *« Si je reviens comme je l'espère » : lettres du front et de l'Arrière, 1914-1918* – Marthe, Joseph, Lucien et Marcel Papillon.
113. *Le communisme* – Marc Lazar.
114. *La guerre et le vin* – Donald et Petie Kladstrup.
115. *Les chrétiens d'Allah* – Lucile et Bartolomé Bennassar.
116. *L'Égypte de Bonaparte* – Jean-Joël Brégeon.
117. *Les empires nomades* – Gérard Chaliand.
118. *La guerre de Trente Ans* – Henry Bogdan.
119. *La bataille de la Somme* – Alain Denizot.
120. *L'Église des premiers siècles* – Maurice Vallery-Radot.

121. *L'épopée cathare*, tome I, *L'invasion* – Michel Roquebert.
122. *L'homme européen* – Jorge Semprún, Dominique de Villepin.
123. *Mozart* – Pierre-Petit.
124. *La guerre de Crimée* – Alain Gouttman.
125. *Jésus et Marie-Madeleine* – Roland Hureaux.
126. *L'épopée cathare*, tome II, *Muret ou la dépossession* – Michel Roquebert.
127. *De la guerre* – Carl von Clausewitz.
128. *La fabrique d'une nation* – Claude Nicolet.
129. *Quand les catholiques étaient hors la loi* – Jean Sévillia.
130. *Dans le bunker de Hitler* – Bernd Freytag von Loringhoven et François d'Alançon.
131. *Marthe Robin* – Jean-Jacques Antier.
132. *Les empires normands d'Orient* – Pierre Aubé.
133. *La guerre d'Espagne* – Bartolomé Bennassar.
134. *Richelieu* – Philippe Erlanger.
135. *Les Mérovingiennes* – Roger-Xavier Lantéri.
136. *De Gaulle et Roosevelt* – François Kersaudy.
137. *Historiquement correct* – Jean Sévillia.
138. *L'actualité expliquée par l'Histoire*.
139. *Tuez-les tous! La guerre de religion à travers l'histoire* – Élie Barnavi, Anthony Rowley.
140. *Jean Moulin* – Jean-Pierre Azéma.
141. *Nouveau monde, vieille France* – Nicolas Baverez.
142. *L'Islam et la Raison* – Malek Chebel.
143. *La gauche en France* – Michel Winock.
144. *Malraux* – Curtis Cate.
145. *Une vie pour les autres. L'aventure du père Ceyrac* – Jérôme Cordelier.
146. *Albert Speer* – Joachim Fest.
147. *Du bon usage de la guerre civile en France* – Jacques Marseille.
148. *Raymond Aron* – Nicolas Baverez.
149. *Joyeux Noël* – Christian Carion.
150. *Frères de tranchées* – Marc Ferro.
151. *Histoire des croisades et du royaume franc de Jérusalem*, tome I, *1095-1130, L'anarchie musulmane* – René Grousset.
152. *Histoire des croisades et du royaume franc de Jérusalem*, tome II, *1131-1187, L'équilibre* – René Grousset.
153. *Histoire des croisades et du royaume franc de Jérusalem*, tome III, *1188-1291, L'anarchie franque* – René Grousset.
154. *Napoléon* – Luigi Mascilli Migliorini.
155. *Versailles, le chantier de Louis XIV* – Frédéric Tiberghien.
156. *Le siècle de saint Bernard et Abélard* – Jacques Verger, Jean Jolivet.
157. *Juifs et Arabes au XXᵉ siècle* – Michel Abitbol.
158. *Par le sang versé. La Légion étrangère en Indochine* – Paul Bonnecarrère.

159. *Napoléon III* – Pierre Milza.
160. *Staline et son système* – Nicolas Werth.
161. *Que faire ?* – Nicolas Baverez.
162. *Stratégie* – B. H. Liddell Hart.
163. *Les populismes* (dir. Jean-Pierre Rioux).
164. *De Gaulle, 1890-1945*, tome I – Éric Roussel.
165. *De Gaulle, 1946-1970*, tome II – Éric Roussel.
166. *La Vendée et la Révolution* – Jean-Clément Martin.
167. *Aristocrates et grands bourgeois* – Éric Mension-Rigau.
168. *La campagne d'Italie* – Jean-Christophe Notin.
169. *Lawrence d'Arabie* – Jacques Benoist-Méchin.
170. *Les douze Césars* – Régis F. Martin.
171. *L'épopée cathare*, tome III, *Le lys et la croix* – Michel Roquebert.
172. *L'épopée cathare*, tome IV, *Mourir à Montségur* – Michel Roquebert.
173. *Henri III* – Jean-François Solnon.
174. *Histoires des Antilles françaises* – Paul Butel.
175. *Rodolphe et les secrets de Mayerling* – Jean des Cars.
176. *Oradour, 10 juin 1944* – Sarah Farmer.
177. *Volontaires français sous l'uniforme allemand* – Pierre Giolitto.
178. *Chute et mort de Constantinople* – Jacques Heers.
179. *Nouvelle histoire de l'Homme* – Pascal Picq.
180. *L'écriture. Des hiéroglyphes au numérique*.
181. *C'était Versailles* – Alain Decaux.
182. *De Raspoutine à Poutine* – Vladimir Fedorovski.
183. *Histoire de l'esclavage aux États-Unis* – Claude Fohlen.
184. *Ces papes qui ont fait l'histoire* – Henri Tincq.
185. *Classes laborieuses et classes dangereuses* – Louis Chevalier.
186. *Les enfants soldats* – Alain Louyot.
187. *Premiers ministres et présidents du Conseil* – Benoît Yvert.
188. *Le massacre de Katyn* – Victor Zaslavsky.
189. *Enquête sur les apparitions de la Vierge* – Yves Chiron.
190. *L'épopée cathare*, tome V, *La fin des Amis de Dieu* – Michel Roquebert.
191. *Histoire de la diplomatie française*, tome I.
192. *Histoire de la diplomatie française*, tome II.
193. *Histoire de l'émigration* – Ghislain de Diesbach.
194. *Le monde des Ramsès* – Claire Lalouette.
195. *Bernadette Soubirous* – Anne Bernet.
196. *Cosa Nostra. La mafia sicilienne de 1860 à nos jours* – John Dickie.
197. *Les mensonges de l'Histoire* – Pierre Miquel.
198. *Les négriers en terres d'islam* – Jacques Heers.
199. *Nelson Mandela* – Jack Lang.
200. *Un monde de ressources rares* – Le Cercle des économistes et Érik Orsenna.

201. *L'histoire de l'univers et le sens de la création* – Claude Tresmontant.
202. *Ils étaient sept hommes en guerre* – Marc Ferro.
203. *Précis de l'art de la guerre* – Antoine-Henri Jomini.
204. *Comprendre les États-unis d'aujourd'hui* – André Kaspi.
205. *Tsahal* – Pierre Razoux.
206. *Pop philosophie* – Mehdi Belahj Kacem, Philippe Nassif.
207. *Le roman de Vienne* – Jean des Cars.
208. *Hélie de Saint Marc* – Laurent Beccaria.
209. *La dénazification* (dir. Marie-Bénédicte Vincent).
210. *La vie mondaine sous le nazisme* – Fabrice d'Almeida.
211. *Comment naissent les révolutions*.
212. *Comprendre la Chine d'aujourd'hui* – Jean-Luc Domenach.
213. *Le second Empire* – Pierre Miquel.
214. *Les papes en Avignon* – Dominique Paladilhe.
215. *Jean Jaurès* – Jean-Pierre Rioux.
216. *La Rome des Flaviens* – Catherine Salles.
217. *6 juin 44* – Jean-Pierre Azéma, Philippe Burrin, Robert O. Paxton.
218. *Eugénie, la dernière impératrice* – Jean des Cars.
219. *L'homme Robespierre* – Max Gallo.
220. *Les Barbaresques* – Jacques Heers.
221. *L'élection présidentielle en France, 1958-2007* – Michel Winock.
222. *Histoire de la Légion étrangère* – Georges Blond.
223. *1 000 ans de jeux Olympiques* – Moses I. Finley, H. W. Pleket.
224. *Quand les Alliés bombardaient la France* – Eddy Florentin.
225. *La crise des années 30 est devant nous* – François Lenglet.
226. *Le royaume wisigoth d'Occitanie* – Joël Schmidt.
227. *L'épuration sauvage* – Philippe Bourdrel.
228. *La révolution de la Croix* – Alain Decaux.
229. *Frédéric de Hohenstaufen* – Jacques Benoist-Méchin.
230. *Savants sous l'Occupation* – Nicolas Chevassus-au-Louis.
231. *Moralement correct* – Jean Sévillia.
232. *Claude Lévi-Strauss, le passeur de sens* – Marcel Hénaff.
233. *Le voyage d'automne* – François Dufay.
234. *Erbo, pilote de chasse* – August von Kageneck.
235. *L'éducation des filles en France au XIXe siècle* – Françoise Mayeur.
236. *Histoire des pays de l'Est* – Henry Bogdan.
237. *Les Capétiens* – François Menant, Hervé Martin, Bernard Merdrignac, Monique Chauvin.
238. *Le roi, l'empereur et le tsar* – Catrine Clay.
239. *Neanderthal* – Marylène Patou-Mathis.
240. *Judas, de l'Évangile à l'Holocauste* – Pierre-Emmanuel Dauzat.
241. *Le roman vrai de la crise financière* – Olivier Pastré, Jean-Marc Sylvestre.
242. *Comment l'Algérie devint française* – Georges Fleury.

Composition Nord Compo
Villeneuve-d'Ascq

Achevé d'imprimer en février 2015
sur les presses numériques de l'Imprimerie Maury S.A.S.
Z.I. des Ondes – 12100 Millau
Dépôt légal : février 2008
N° d'édition : 05
N° d'impression : B15/51897N

Imprimé en France